イラスト版 食材図鑑

子どもとマスターする［旬］［栄養］［調理法］

赤堀栄養専門学校［編］ 赤堀永子［監修］（赤堀栄養専門学校校長）

合同出版

まえがき

きちんとした食の教育を

栄養についての知識や調理技術の社会的な普及などによって、子どもたちの身体がめざましい発達をとげてきたことは喜ばしいことです．

しかし、心の成長・発達が体の成長とうまくバランスが取れず、社会的不適応状態に陥っている子どもたちの存在が目につきます．友だち関係をうまく作ることができず、いじめたり、いじめられたりの殺伐とした事件が繰り返され、登校拒否などという悲しい出来事が時としてマスコミに取り上げられます．

最近の子どもたちのこうした悲しい現状を見るにつけ、食文化の一端を担う者として、子どもたちの食のあり方にも思いを馳せてしまいます．

幼児期に始まる厳しい競争社会の中で、子どもたちは振り分けられ、孤立化し、拠り所を失っています．大人たちも毎日のあわただしさに、ともすると子どもたちとの会話を欠いてしまいます．つい最近まで、朝夕の食卓が親子団らんの場でした．そこで供された食事が子どもの身体を育てるのと同時に、心も育んできたのです．

今、子どもの与えられる食事内容、食生活のありようがともに貧しくなっているのではないかと気になります．「食は命なり」という格言どおり、食の大切さ、食べ物の神秘を大人がよく理解し、子どもたちにきちんと教えていく必要が今ほど強調されてしかるべき時代はないでしょう．

この食材図鑑は、野菜、きのこ、魚貝、食肉、海藻、果物、種実・豆、卵、穀物、乳製品の10編で構成されています．私たちの食卓にのぼる150の食材をとりあげ、子どもたちと学んでほしい知識や、その食材を使ってマスターしたい簡単料理を紹介しています．

ぜひ、家庭で、学校で、地域で子どもたちと一緒に食べ物のことを学んで戴きたいと思います．

旬について

食材が一番おいしく、たくさん採れる時期を旬（しゅん）といいます．この時期は、一番栄養豊かな時でもあります．

食材をえらぶ時、私たちはまず、旬を知らなくてはなりません．しかし、いまは温室栽培や輸入によって、1年中ほとんどの野菜が店頭に並んでいるため、季節感がなくなっています．

国産の野菜の旬を知ることは、日本の豊かな四季を再認識し、移り変わっていく自然に心を向けることでもあります．そして、子どもたちと一緒に調理をすることで、旬と献立の関係、自然と食生活の関わり合いを教えたいものです．

おふくろの味

最近は、おふくろの味を知らない子どもたちが増えています．おふくろの味の代表はお味噌汁でしょう．このお味噌汁もインスタントものがテレビのCMをにぎわすこの頃、かつおぶしでだしをとり、好みの味噌を合わせ、豆腐、なめこ、ねぎなどを具にした朝の味噌汁はすっかり少なくなってしまいました．

あわただしい生活のなかで、つい身近にあるインスタント食品、レトルト食品、出来合いのお惣菜に走ってしまいがちです．しかし、一品でも多く手作りの料理を食卓に並べたいものです．1週間の献立をまとめてたてたり、冷蔵庫、電子レンジを上手に使って、手早く美味しい料理を作るコツもマスターしたいものです．

子どもと一緒に料理を作ろう

食卓に並べる一品は子どもにやらせてみましょう．分担を決め、買い物から調理までまかせてみましょう．もちろん、毎日でなくても、週1回でも月1回でもいいのです．

料理を作る時、あまりうるさいと嫌がられます．余裕をもって見守ってあげましょう．できばえは悪くても、ほめると次にチャレンジする意欲もわきます．

旬を考え、洗い方、切り方、茹で方、炒め方などをマスターし、味つけの大事さ、盛りつけの工夫もさせましょう．基本をしっかり身につけると、応用が効くようになります．

赤堀永子

もくじ

まえがき

■野菜編
- アスパラガス……… 6
- うど………………… 8
- えだまめ…………… 10
- オクラ……………… 12
- かいわれだいこん…… 14
- かぶ………………… 16
- かぼちゃ…………… 18
- カリフラワー……… 20
- きゃべつ…………… 22
- きゅうり…………… 24
- ごぼう……………… 26
- こまつな…………… 28
- さつまいも………… 30
- さといも…………… 32
- しそ………………… 34
- じゃがいも………… 36
- しゅんぎく………… 38
- しょうが…………… 40
- セロリ……………… 42
- だいこん…………… 44
- たけのこ…………… 46
- たまねぎ…………… 48
- ちんげんさい……… 50
- とうもろこし……… 52
- とまと……………… 54
- なす………………… 56
- にら………………… 58
- にんじん…………… 60
- にんにく…………… 62
- ねぎ………………… 64
- はくさい…………… 66
- パセリ……………… 68
- ピーマン…………… 70
- ブロッコリー……… 72
- ほうれんそう……… 74
- みょうが…………… 76
- もやし……………… 78
- やまのいも………… 80
- らっきょう………… 82
- ラディッシュ……… 84
- レタス・サラダな…… 86
- れんこん…………… 88
- わさび……………… 90

■きのこ編
- えのきだけ………… 92
- しいたけ…………… 94
- なめこ……………… 96
- ほんしめじ………… 98
- まつたけ…………… 100
- マッシュルーム…… 102

●野菜・きのこ編
　旬の一覧　104
　かんたん料理　106
　かいせつ　110

■魚貝類
- あかがい…………… 112
- あさり……………… 114
- あじ………………… 116
- あなご……………… 118
- あゆ………………… 120
- あんこう…………… 122
- いか………………… 124
- いわし……………… 126
- いわな・やまめ…… 128
- うなぎ……………… 130
- うに………………… 132
- えび………………… 134
- かき………………… 136
- かつお……………… 138
- かに………………… 140
- かれい……………… 142
- きす………………… 144
- さけ・ます………… 146
- さざえ……………… 148
- さば………………… 150
- さより……………… 152
- さわら……………… 154
- さんま……………… 156
- しじみ……………… 158
- しらうお・しろうお… 160
- たい………………… 162
- たこ………………… 164
- たら………………… 166
- どじょう…………… 168
- とびうお…………… 170
- なまこ……………… 172
- にしん……………… 174
- はまぐり…………… 176
- ひらめ……………… 178
- ふぐ………………… 180
- ぶり………………… 182
- ほたてがい………… 184
- まぐろ……………… 186
- わかさぎ…………… 188

■食肉類
うし……………… 190
かも・あいがも…… 192
にわとり………… 194
ひつじ…………… 196
ぶた……………… 198

■海藻類
あおのり・のり…… 200
こんぶ…………… 202
ひじき…………… 204
もずく…………… 206
わかめ…………… 208

●魚貝・食肉・海藻類編
　旬の一覧　210
　かんたん料理　212
　かいせつ　216

■果物類
アボガド………… 218
あんず…………… 220
いちご…………… 222
いちじく………… 224
いよかん………… 226
うめ……………… 228
オレンジ………… 230
かき……………… 232
かぼす…………… 234
キーウィフルーツ… 236
グレープフルーツ… 238
ココナッツ……… 240

さくらんぼ……… 242
すいか…………… 244
すだち…………… 246
なし……………… 248
なつみかん……… 250
パイナップル…… 252
はっさく………… 254
バナナ…………… 256
パパイア………… 258
びわ……………… 260
ぶどう…………… 262
マンゴー………… 264
みかん…………… 266
メロン…………… 268
もも……………… 270
ゆず……………… 272
ようなし………… 274
ライム…………… 276
りんご…………… 278
レモン…………… 280

■種実・豆類
あずき…………… 282
いんげん………… 284
えんどう………… 286
ぎんなん………… 288
ごま……………… 290
そら豆…………… 292
だいず…………… 294

■卵類
うずらの卵……… 296
にわとりの卵…… 298

■穀物類
大麦……………… 300
小麦……………… 302
米………………… 304
そば……………… 306

■乳製品類
牛乳……………… 308
チーズ…………… 310
バター…………… 312
ヨーグルト……… 314

●果物・種実,豆
・卵・穀物類編

　旬の一覧　316
　知っておきたい
　料理のマメ知識　318
　かいせつ　322

　あとがき

＊凡例　料理の解説で,（大1）は
　　　大さじ1を意味し,（小1）
　　　は小さじ1を意味する.

5

【アスパラガス】

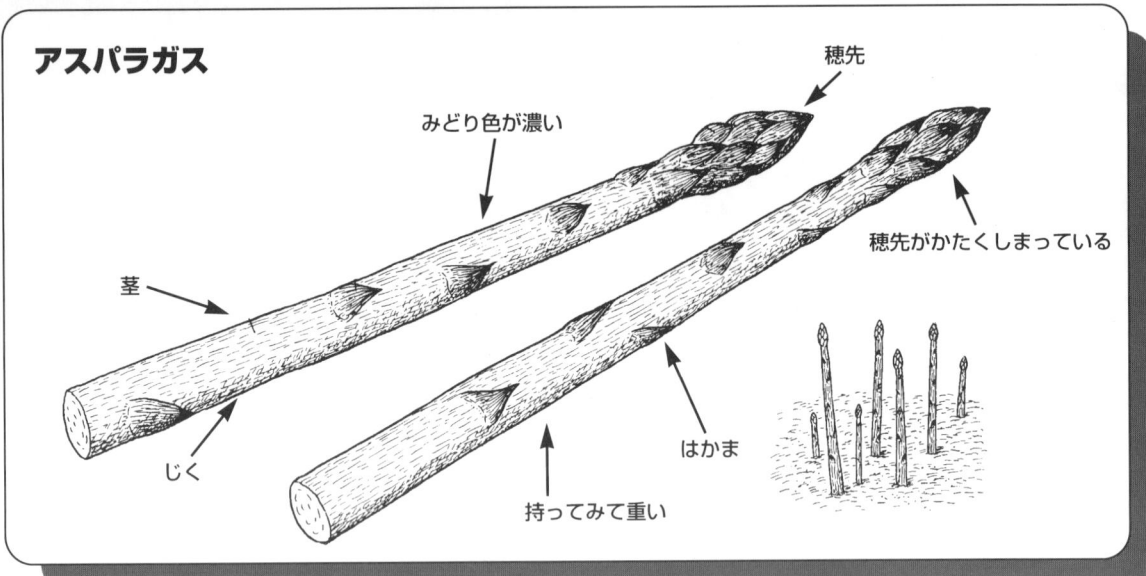

選び方のポイント

- 穂先がかたくしまっているもの．
- 太さは味にはあまり関係がない．
- 持ってみて重みを感じるもの．
- ホワイト・アスパラガスは，かんづめに加工されることが多い．

栄養価

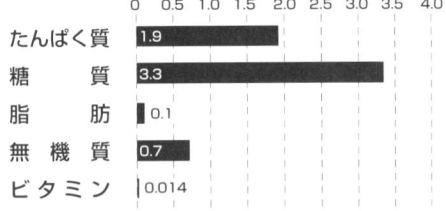

栄養の特徴

糖質が多く，甘味がある．高血圧をふせぐといわれるルチンを多く含む．

料理メモ

- はかまを包丁で削り取る．じくの下のほうのかたい皮も削る．少量の塩を加えてゆでる．
- なべに少量の塩を入れ，かたいほうのじくから先になべに入れる．じくのほうを少しゆでてから，全体をゆでる．
- ゆでたアスパラガスは，マヨネーズをかけたり，レモン汁，特製ソース（右参照）をかけて食べるとおいしい．
- バターソテーの炒めものや揚げもの，肉巻きなどに使うとよい．
- うらごしてスープにする．
- ホワイト・アスパラガスは，グラタン，サラダにしてもおいしい．

旬

輸入品があるため，1年中出回っている．かおりも味もよいのは5月～7月ごろ．

原産地

南ヨーロッパが原産．世界中で食べられている野菜で，日本では北海道が産地．

　ユリ科の多年草の野菜．江戸時代に日本に入ってきたといわれます．
　地下茎から芽を出した若茎を食べます．その食感とうま味はとても優れています．ホワイトとグリーンの二種がありますが，別の種類ではなく，さいばいの方法が違うだけです．
　ホワイト・アスパラガスは，日にあてないよう，茎が伸びるとどんどん土をよせていくために，白い茎になるのです．保存性がよくないため，ほとんどがかんづめになります．
　グリーン・アスパラガスは，十分に日光をあてて育てるため，みどり色になり，栄養面でも優れています．

アスパラガスのオランデーズ

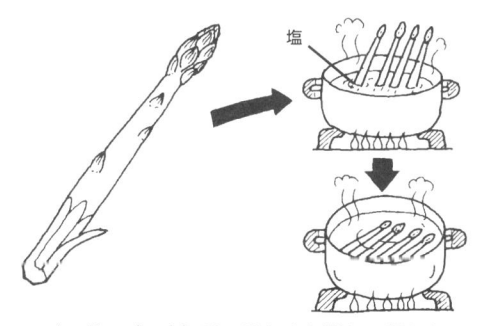

① アスパラガス（4本）は，はかまを削り，根もとのほうの皮をむく．なべに少量の塩を入れ，先に根もとをゆでてから全体を長いままゆでる．

② オランデーズ・ソースを作る．ボールに卵黄（2個）と水（大1）を入れてまぜ合わせ，湯せん（水を入れたなべを弱火にかける）であたためながら，かきまぜる．

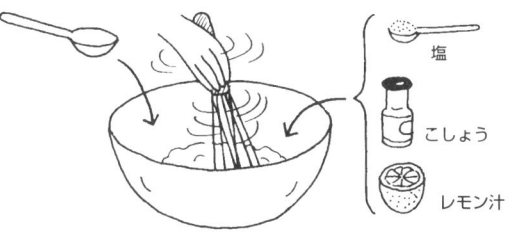

③ カスタード・クリームのようになったら，溶かしたバターのうわずみ（100g）を少しずつ入れ，かきまぜ続ける．マヨネーズのようになったら，塩（少々），こしょう（少々），レモン汁（大1～2）を加え，味をととのえる．

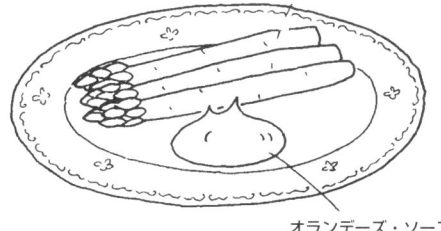

④ 皿にアスパラガスをもりつけ，オランデーズ・ソースをそえる．

【うど】

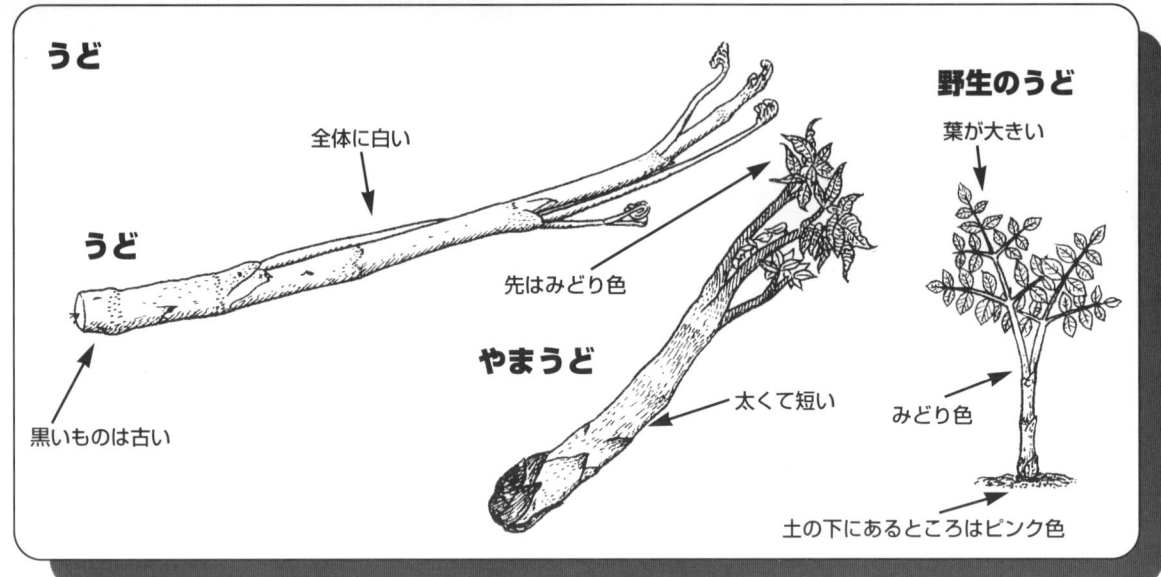

選び方のポイント

- 80cmぐらいの長さで，全体に白く，太いもの．
- うぶ毛がしっかりしてツヤがあるもの．
- 茎の赤いはん点がかっ色のものは古い．
- 根もとの切り口が白っぽいもの．
- 立てて手に持った時，ピンとしているもの．
- やまうどは，先のほうのみどりがあざやかなもの．

料理メモ

- 皮を厚めにむいてから調理をするが，アクの強いうどは，皮をむいたらすぐに，黒っぽくなってしまうので，うすい酢水の中に入れてアクをとる．
- みそをそえたり，サラダ（右参照）にしたり，生のまま食べることが多い．
- つけものにしたり，サッとゆでて酢みそあえにしたりする．

栄養価

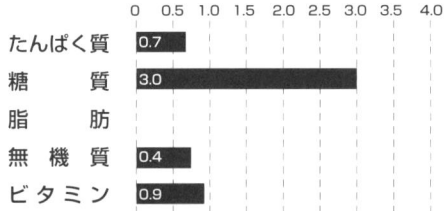

栄養の特徴

約95％が水分．皮には食物繊維を含む．

- うどは，かおりとサクサクした食感を楽しむものなので，炒める時には，あまり火を通しすぎないようにする．
- 厚めにむいた皮も，すてずにきんぴらにするとおいしい．

旬

さいばい品は，ほぼ1年中出回っているが，おいしいのは春の間．野生のものは4月～6月ごろが旬．

原産地

日本（東京都がいちばんさいばい量が多い）から中国北東部にかけてが原産．ヨーロッパやアメリカではさいばいされていない．

ウコギ科の大形多年草．若茎を食べる野菜です．野生のものとさいばいのものがあります．地下の暗い室（むろ）で育てるので，全体に白い色をしています．一方，野生のものは太陽の光をあびて育つのでみどり色をし，土の中にかくれたところはピンク色をしています．

春になると，「やまうど」という名前でやおやさんの店先にならびます．太くて短いうどは，地上の畑で育てるので，先のほうがみどり色をしています．
　うどは，生長すると大きな木になりますが，弱くてすぐ折れてしまいます．そこで，見かけだけで役に立たない人のことを「うどの大木」といいます．

うどのサラダ

① うど（1本）は，皮をむいてたんざく切りにする．うどは切ったらすぐに酢水につける．

ドレッシングの割合
サラダ油　大2～3
酢　　　　大1
塩，こしょう　少々

② フレンチ・ドレッシングを作り，好みでいりゴマを少々入れる．

③ うどの水気を切って，ドレッシングであえる．

④ 器にもりつけて，プチトマトなどをかざる．

【えだまめ】

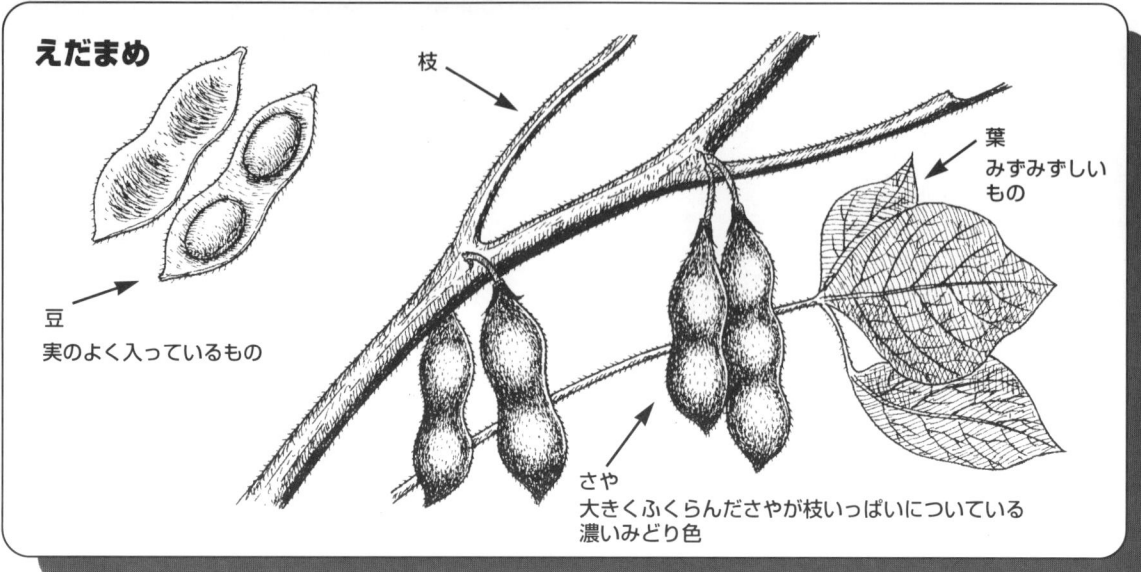

えだまめ
枝
葉　みずみずしいもの
豆　実のよく入っているもの
さや　大きくふくらんださやが枝いっぱいについている　濃いみどり色

選び方のポイント

- 大きくふくらんださやが枝いっぱいについているもの．
- 実のよく入っているもの．
- さやのみどり色が濃いもの．
- さやの黄色いものは古い．
- 枝つきのものは，葉がみずみずしいものを選ぶ．

栄養価

食材の100g中の含有率（％）

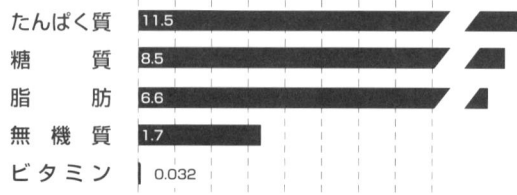

たんぱく質	11.5
糖質	8.5
脂肪	6.6
無機質	1.7
ビタミン	0.032

栄養の特徴

だいずの若い種を食べる．ほかの野菜にくらべて，たんぱく質，糖質などの栄養価が優れている．

料理メモ

- すり鉢にさやと塩を入れ，手でよくもみ，うぶ毛を取り，水でさっと洗う．
- 塩を加えた熱湯でさやごとゆでる．火加減は中火．
- ゆであがったら，ザルにあけて冷ます．ゆでる時間は長いほうが，食べた時に甘くておいしい．
- 塩をふって，おやつや酒のつまみとして食べたり，ごはんといっしょにたき込み，えだまめごはんにする（右参照）．
- えび，鶏肉といっしょに炒めて中華風にするとよい．
- ゆでたえだまめをすりつぶして「じんだあえ」にするとよい．

旬

夏の7月～8月ごろがおいしい．冷凍のものは1年中ある．

原産地

中国の北部が原産．日本では東北地方が産地．

　マメ科の1年草．夏のはじめから出はじめます．だいずの若い実で，枝つきのまま収穫するために，「えだまめ」（枝豆）といい，田のあぜに植えたので，「あぜまめ」ともいいます．
　甘味やかおりがあり，ゆでて食べます．たんぱく質，ビタミンB₁，ビタミンCを多く含み，栄養価が優れています．
　えだまめは，からだの中に入ったアルコールの酸化をふせぐので，肝臓の負担をやわらげます．お父さんがビールを飲んでいたら，「ゆでたえだまめをいっしょに食べたほうがいいよ」といって，えだまめをすすめてあげてください．

えだまめごはん

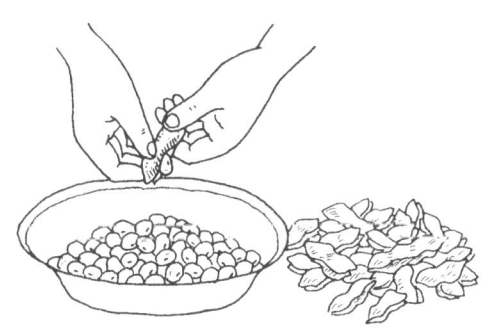

① さやから豆を取り出す．うす皮も取る．

② 米（カップ3）を洗って，ざるに上げ，水（3 $\frac{1}{3}$ カップ），えだまめ（カップ1）をすいはん器の中に入れる．

③ ②に塩（小1）を入れてたく．

④ たきあがったら，器にもりつける．

【オクラ】

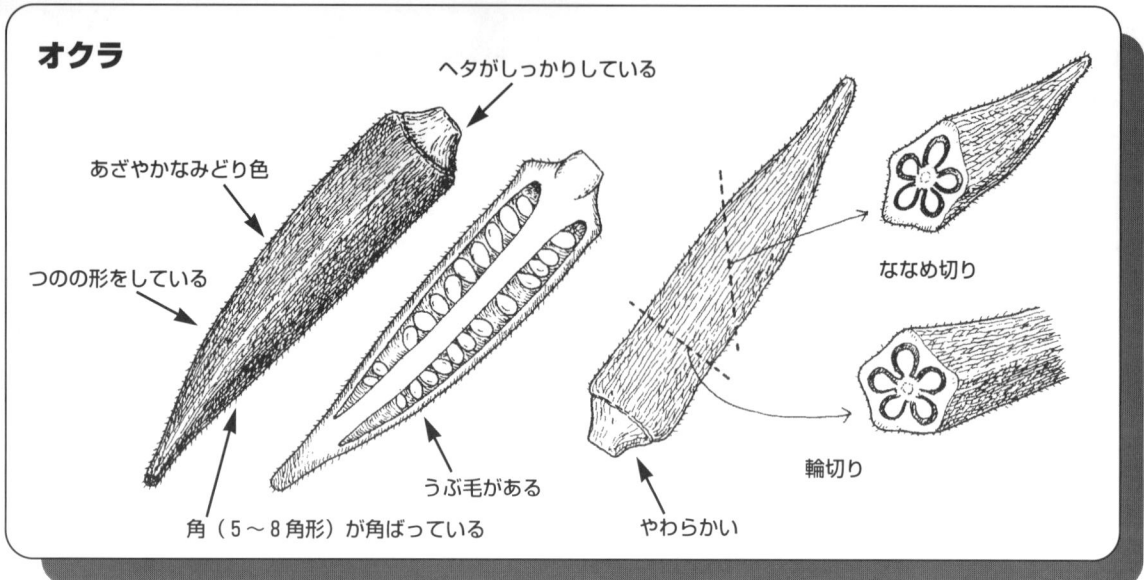

選び方のポイント

- あざやかなみどり色のもの．
- さやがつのの形をしていて，うぶ毛があるもの．
- ヘタがしっかりしているもの．
- 角（5〜8角形）が角ばっているもの．
- やわらかい，若いさやがよい．

栄養価

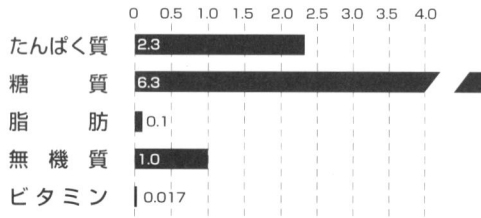

栄養の特徴

なっとうのようなヌルヌルとしたねばりを含む．

料理メモ

- 表面のうぶ毛は塩でもむと取れる．
- 下ゆでして，サラダやあえものにして食べる．
- 下ゆでして，ウインナーソーセージなどといっしょにバターで炒める（右参照）．
- 生のものをうすく輪切りにして，しょう油を加えてかきまぜる．ねばりがでたら，かつおぶしをかけて，なっとうとあえて食べる．
- 生のまますりおろして，わさびじょう油で食べる．
- オクラは，冷蔵庫に入れても長くもたないので注意が必要．

旬

夏の7月～8月ごろがおいしい．ハウスさいばいも盛んで，10月～12月にも店頭に並ぶ．

原産地

アフリカ東北部，エジプトが原産．日本では秋田県，埼玉県，高知県が産地．

アオイ科の1年草．今から100年ぐらい前にアメリカから入ってきましたが，日本で食べられはじめたのは最近です．

長さ5～8cmの若いさやを食べます．花が咲いた後の実です．西洋では生のままマヨネーズなどをかけて食べますが，少しくさみがあるので，食べられない人は，ゆでてサラダやあえもの，バター炒めにして食べるとよいでしょう．

ななめ切りや輪切りにすると，切り口がきれいな形になります．おつゆやサラダの中に入れると，料理がひきたちます．

オクラの炒めもの

① オクラ（1袋）はうぶ毛を塩でよくもみ，洗い流す．

② 中火でゆでる．

③ 塩（少々），こしょう（少々）を入れ，8本ほどのウインナーソーセージ（ななめ切り）とともにバター（大1）で炒める．

④ 器にきれいにもりつける．

【かいわれだいこん】

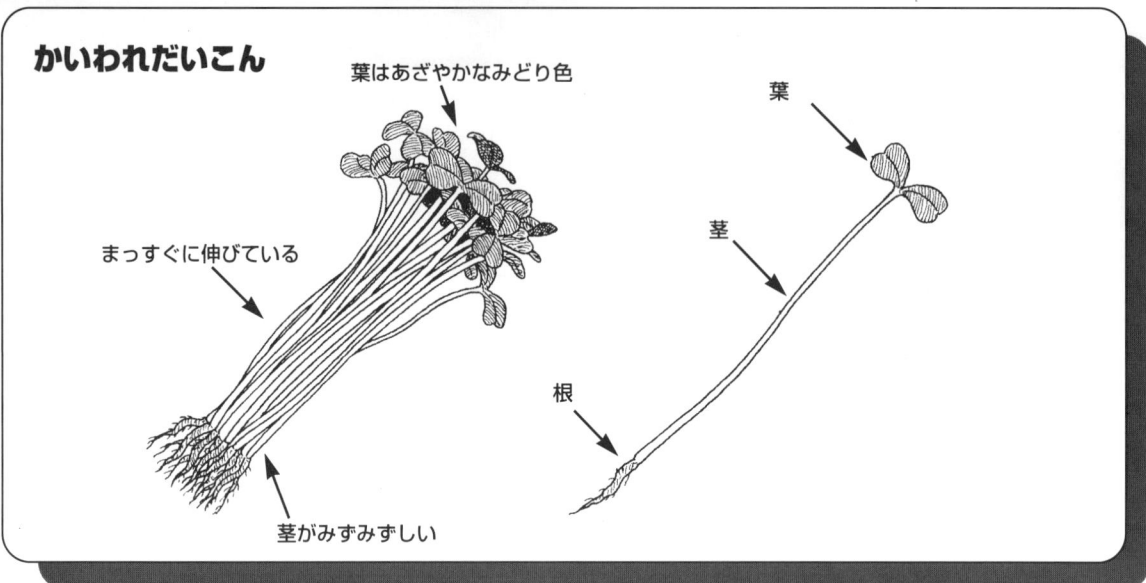

選び方のポイント

- 小さい葉があざやかなみどり色をしているもの．
- 茎がみずみずしいもの．
- 茎がまっすぐに伸びているもの．

栄養価

食材の100g中の含有率（%）

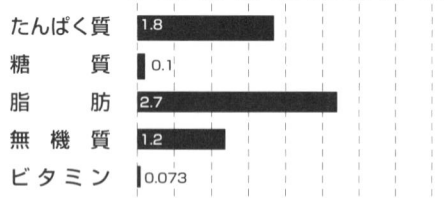

たんぱく質	1.8
糖　　質	0.1
脂　　肪	2.7
無　機　質	1.2
ビタミン	0.073

栄養の特徴

ピリッとから味がある．

料理メモ

- かよわい野菜なので，生のままほかの野菜といっしょにドレッシングをかけてサラダにして食べる．
- ゆでる時はさっとゆでて，冷ましてからあえたり（右参照），汁のあしらいにする．
- 料理のかざりや手巻き寿司といっしょに食べる．
- スーパーなどではプラスチックの容器の中に入っているので取り出し，根の部分を包丁で切り，よく洗う．

旬

1年中出回っている．植物の生長に必要な無機質を溶かした水溶液を培地として植物を育てる水耕（すいこう）さいばいで作られている．

原産地

埼玉県，千葉県が主な産地だが，全国でさいばいされている．

　だいこんのおさない双葉（ふたば）が二枚貝のカラを開いたような形をしているので，「貝割れ大根」（かいわれだいこん）という名前がついています．

　むかしは，お料理屋さんで使われていましたが，最近では，一般野菜として有名になり，家庭でも多く使われるようになりました．

　水耕（すいこう）さいばいなので，多くの企業が生産にのり出し，気候に左右されないため，価格が安定しています．ビタミンC，アミラーゼを多く含んでいます．長さは6〜10cmで，茎の白色と葉のみどり色がきれいな野菜です．

かいわれだいこんのあえもの

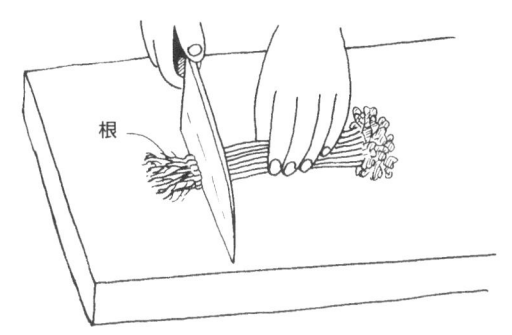

① かいわれだいこん（1パック）は，根と茎のわかれるところを包丁で切る．

② なべに入れてさっとゆでる．

③ ボールの中で，ねり辛子（小 $\frac{1}{2}$）としょう油（大1）を入れて，かいわれだいこんとあえる．

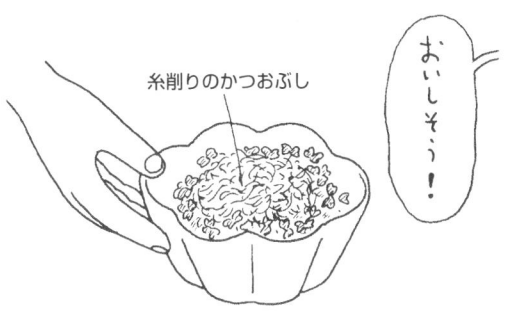

④ 器にもりつけたら，糸削りのかつおぶし（大2）を上にのせてできあがり．

【かぶ】

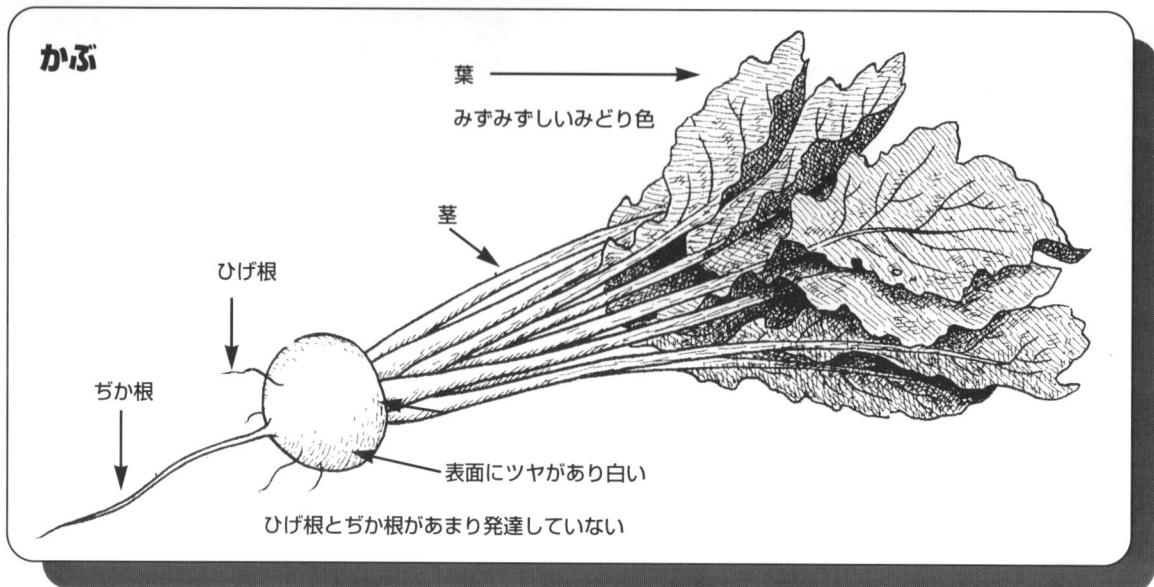

かぶ
葉
みずみずしいみどり色
茎
ひげ根
ぢか根
表面にツヤがあり白い
ひげ根とぢか根があまり発達していない

選び方のポイント

●ひげ根とぢか根が発達していないもの.

●根の表面が，ツヤのある白色をしているもの.

●葉がついているものは新鮮だが，葉がついていても黄色くしおれているものではなく，みずみずしいみどり色をしているもの.

●根の断面がまん丸で左右対称のもの.

栄養価

食材の100g中の含有率（%）

0 0.5 1.0 1.5 2.0 2.5 3.0 3.5 4.0
たんぱく質 0.9
糖　質 3.2
脂　肪 0.1
無機質 0.6
ビタミン 0.018

栄養の特徴

上の棒グラフは根の含有率で，栄養価は根よりも葉に多い．ビタミンは根の５倍，無機質は２倍も含んでいる．

料理メモ

●かぶのふくめ煮などでかぶを煮る時は，煮すぎないようにする．

●米のとぎ汁を入れてゆでるとアクがぬけて，白く仕上がり，甘味もます．

●かぶのサラダ（右参照），かぶの一夜づけなど生のまま食べてもおいしい．

●おろしたかぶを白身魚などにかけて蒸すかぶら蒸しや，かぶに細かい切り込みを入れて菊の花に見立てて，甘酢につける菊花（きくか）かぶなど，お料理屋さんにいくと食べられる料理もある．

●かぶの葉も栄養がある．すててしまわないで，みそ汁に入れたり，つけものにしたり，きざんで小魚と煮つけてつくだ煮にするとおいしい．

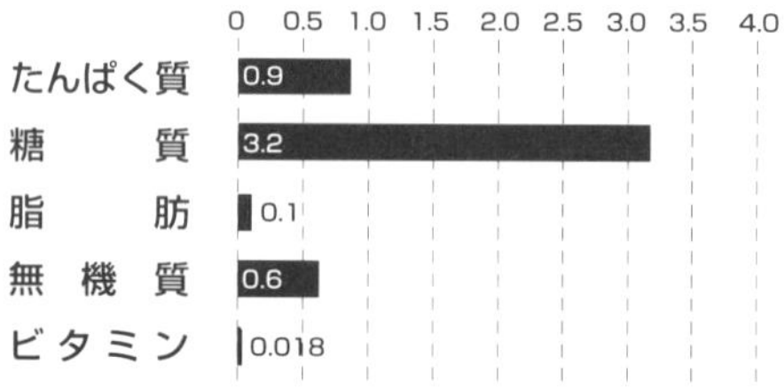

旬

冬から初夏．1月～4月ごろがおいしい．

原産地

西アジア，ヨーロッパが原産．日本では福井県，岐阜県，愛知県が産地．

　アブラナ科の越年草．日本ではだいこんよりはやくさいばいされ，『日本書紀』などを見ると，奈良時代から関東地方でさいばいされていたようです．
　春の七草のひとつで古名を「すずな」といいます．かぶには白いものだけでなく，赤い色をしたものもあり，主につけものなどにされています．
　寒さに強く，大，中，小の形があり，大と小がスーパーに出回っています．聖護院かぶ，金町小かぶなど各地域ごとに特産品があります．
　甘味があり，やわらかいので，つけもの，煮ものなどで，広く人々に好まれている野菜のひとつです．

かぶのサラダ

① かぶ（1束）は，茎についている泥や砂をよくとり，皮をむく．

② 大きさにあわせて，たてに8～16等分し，塩（小1）をかけてから，少し時間をおく．

ドレッシングの割合
サラダ油　大2
酢　　　　大1
塩，こしょう　少々

③ 手でよくもみ，出てきた水気を取り除き，ドレッシングであえる．

④ 器にきれいにもる．

【かぼちゃ】

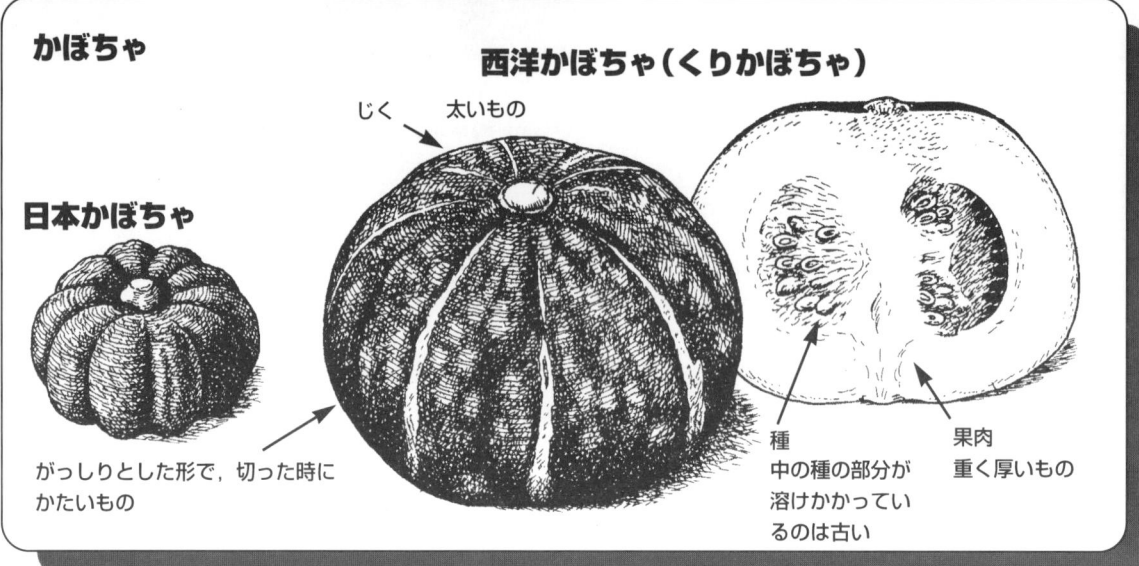

かぼちゃ

日本かぼちゃ
がっしりとした形で，切った時にかたいもの

西洋かぼちゃ（くりかぼちゃ）
じく　太いもの

種
中の種の部分が溶けかかっているのは古い

果肉
重く厚いもの

選び方のポイント

- じくが太いもの．
- がっしりとした形で重いもの．
- 切った時にかたいもの．
- 中の種の部分が溶けかかっているものは古い．
- 果肉の厚いもの．

栄養価

食材の100g中の含有率（%）

	0　0.5　1.0　1.5　2.0　2.5　3.0　3.5　4.0
たんぱく質	1.7
糖　　質	17.5
脂　　肪	0.2
無機質	0.9
ビタミン	0.041

栄養の特徴

糖質の含まれる量が多いので，甘味がある．カロチンが多く含まれる緑黄色野菜．

料理メモ

- かぼちゃは表皮がかたいので，切るのはたいへん．大きめの牛刀（包丁）でよくおさえながら切る．指を切らないように注意をする．
- 種の部分はスプーンなどですくい取るとよい．
- うす味のだし汁でふくめ煮や天ぷらにして食べる．

- かぼちゃのパイ（パンプキン・パイ），かぼちゃのケーキ（パンプキン・ケーキ），かぼちゃをゆでてからうらごししたスープは若者に人気がある．
- 山梨県の郷土料理であるほうとうにもかぼちゃが入っている．
- うすく切ったかぼちゃをベーコンなどで巻いて炒めてもおいしい（右参照）．

旬

夏の終わった9月～10月ごろがおいしい．

原産地

南米ペルーやボリビア，チリなどの高原地帯が原産．九州地方（ナンキン），関東地方（トウナス）と呼び名が違う．

　ウリ科の1年草．今から140年ぐらい前に，アメリカから日本の九州に伝わりました．「トウナス」，「ナンキン」などといろいろな名前で呼ばれています．
　欧米で10月31日ごろに行われる有名なハロウィンというお祭りでは，飼料用のポンキンという種類のかぼちゃが主として使われます．
　西洋かぼちゃの外見は，みどり色でつるっとしており，日本かぼちゃはでこぼこしているのが特徴です．
　保存性がよい野菜です．1年で太陽が最も南に傾く冬至（とうじ＝12月22日ごろ）の日にかぼちゃを食べる習慣が江戸時代から続いています．

かぼちゃのベーコン巻き

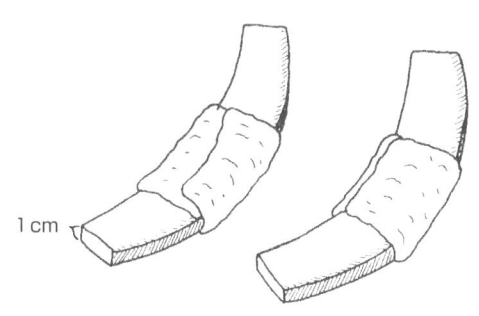

① かぼちゃ（1/4個）は厚さ1cmの幅に切り，8枚用意する．かぼちゃにベーコンを1枚ずつ巻きつける．

② フライパンにバター（大2）を入れ，ベーコンがこんがり焼けたらうら返す．

③ ふたをして，5分ぐらい蒸し焼きにする．

④ ようじをさして，かぼちゃがやわらかくなっていたら，塩（少々），こしょう（少々）をして，器にもりつける．

【カリフラワー】

カリフラワー

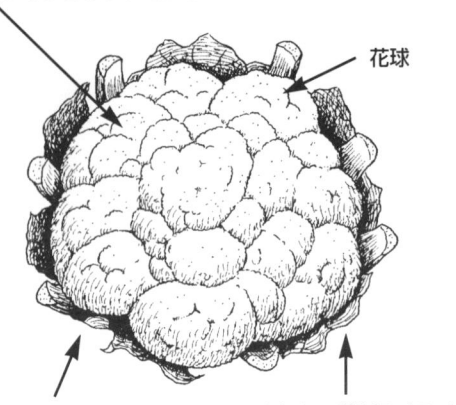

かたまりがよくひきしまっている
花球
つぼみが開いていない
まわりの葉がみずみずしい

選び方のポイント

- つぼみが開いていないもの．
- まわりの葉のみずみずしいもの．
- かたまりがよくひきしまっているもの（重いもの）．
- 白いカリフラワーとむらさき色のカリフラワー（パープル・フラワー）がある．

栄養価

食材の100g中の含有率（％）

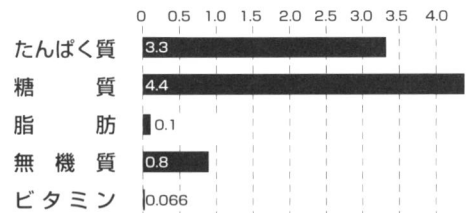

たんぱく質 3.3
糖　　質 4.4
脂　　肪 0.1
無 機 質 0.8
ビタミン 0.066

栄養の特徴

ビタミンB_1，ビタミンB_2，ビタミンCを多く含む．

料理メモ

- 外の葉をとって、小房に分けて，さっとザルに入れて洗う．
- ゆでてから使う．ゆでる時はアクが強いので，湯に小麦粉や酢を加えてアク抜きをするとよい．小麦粉は湯のふっとう点を少し上げるので，はやくやわらかくなり，酢はアクによる黄変をふせいで白くゆであがる．
- ゆであがったら冷ましてほかの野菜とサラダにしたり，マヨネーズといっしょに焼いて食べる（右参照）．
- グラタンなどに使う時は，塩を加えてゆでてもよい．

旬

冬から初夏．1月～6月のはじめごろがおいしい．

原産地

地中海沿岸が原産．日本では埼玉県，愛知県，静岡県が産地．

　アブラナ科の越年草．別名，花野菜，花きゃべつともいいます．原産地の地中海沿岸では，2,000年も前からさいばいされていましたが，ブロッコリーからかいりょうされて花球という肥厚したつぼみができたのは，18世紀以降です．

　秋も終わりになってくると，カリフラワーの花球を外側の葉でおおい，ワラでしばったりしますが，これは寒さによるいたみ，直射日光による花球が黄色く変わるのをふせぐためです．わざわざ太陽があたらないようにさいばいするために，白いカリフラワーができるのです．

カリフラワーのマヨネーズ焼き

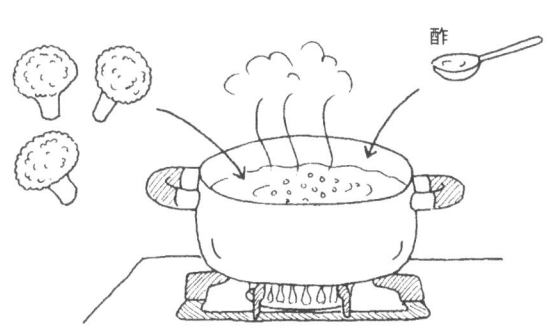

① 外側の葉をとり，小房に分けて，たっぷりの湯に酢（大1）を入れてゆでる．

② じくのところに竹串をさして，すーっと入ればよい．ザルにあげ，水気をきる．

③ グラタン皿にゆであがったカリフラワーを入れ，マヨネーズをかけ，200度の天火でこんがりと焼く（オーブン・トースターでもよい）．

④ お皿の上に布かナプキンをおき，あたたかいグラタン皿をのせる．パセリのみじん切りをちらすとよい．

【きゃべつ】

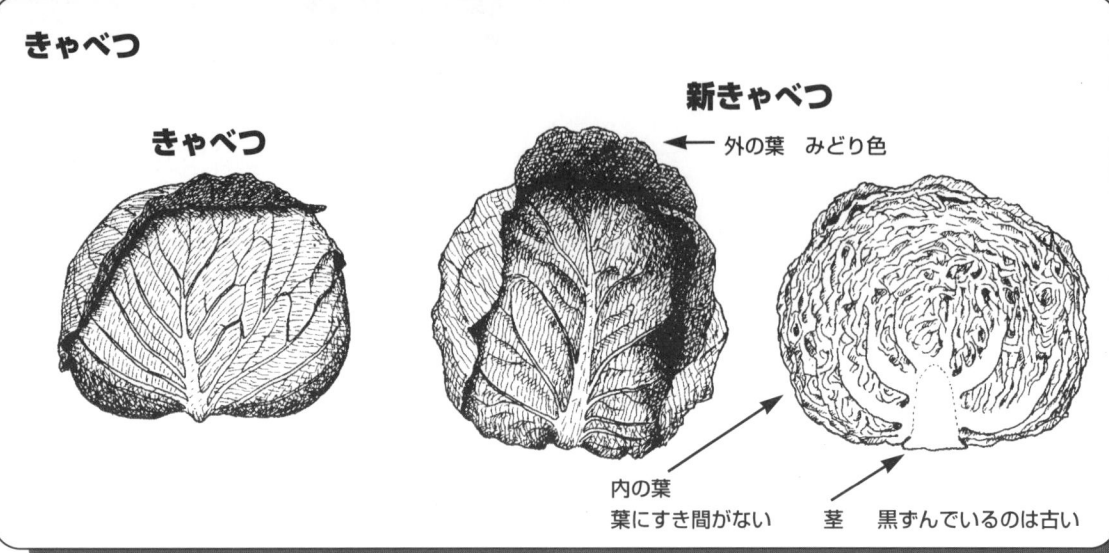

きゃべつ／新きゃべつ／外の葉 みどり色／内の葉 葉にすき間がない／茎 黒ずんでいるのは古い

選び方のポイント

- 重くてかたいもの．
- 葉が重なって，ほどよく球状になっているもの．
- 外の葉がみどり色で新鮮なもの．
- 半分に切ってあるものは，葉にすき間のないもの．
- 根もとの切り口が，黒ずんでいるものは古い．

栄養価

食材の100g中の含有率（％）

たんぱく質	1.4
糖　　質	4.9
脂　　肪	0.1
無 機 質	0.4
ビタミン	0.044

栄養の特徴

ビタミンC，ビタミンUが多い．

料理メモ

- きゃべつはロール・キャベツ（右参照）ややわらかく煮ると甘味がでておいしい．ロール・キャベツは，トマト・ソースとスープ，ホワイト・ソースとスープで煮る2つの調理法がある．
- きゃべつは，ソーセージやベーコン，豚肉などとあいしょうがよい．
- 新きゃべつは強火でさっと炒めたり，せん切りにして生のまま食べるとおいしい．
- 赤むらさき色のきゃべつもあり，むらさききゃべつという．葉がふつうのきゃべつよりかたく，ほかのやさいといっしょにせん切りにしてサラダとして食べる．

旬

1年中生産されているが，3月に出回るきゃべつを，特に新きゃべつといい，やわらかくておいしい．3月〜4月が旬．

原産地

地中海沿岸のギリシャやイタリアのローマが原産．日本では，各地で生産されているが，新きゃべつは，愛知県，千葉県，神奈川県が産地．

アブラナ科の越年草．ギリシャ時代は薬用として，また，ローマ時代には保健食として使われていました．むかしは軟球型で，かたく結球していませんでした．今日のように結球した形にかいりょうされたのは13世紀ごろからです．

日本では，明治時代のはじめから関東以北でさいばいされるようになりました

が，第二次世界大戦で種の輸入が絶えてしまい，以後は日本で独自にかいりょうをし，今日では代表的な野菜のひとつになるまで一般化しました．

夏には病害虫にかかりやすい野菜です．

青汁でおなじみの「ケール」は，きゃべつの先祖にあたる植物です．

ロール・キャベツ

① きゃべつのしんを包丁の先で丸く切り抜く．ひとり1〜2枚ぐらいを目安にきゃべつの葉を使う．

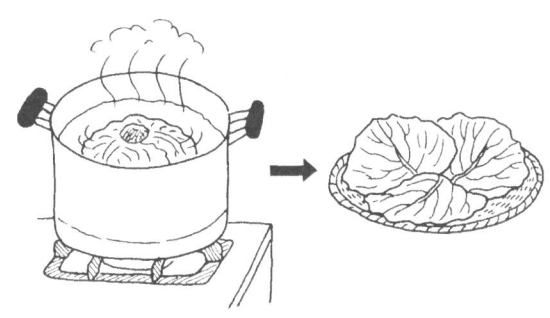

② きゃべつの葉を熱湯で短時間ゆでる．しんなりしてきたら1枚ずつ，すぐはがれるようになる．

③ 豚のひき肉（300g），たまねぎのみじん切り（100g），牛乳でしめらせたパン粉（30g），塩（小$\frac{1}{2}$），こしょう（少々）をよくまぜ，きゃべつの葉に分けて細長く丸める．しんをそいだきゃべつの葉の中央に肉をおいてつつむ．

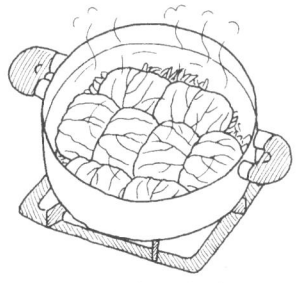

④ なべ底にせん切りした香味野菜（たまねぎ10g，にんじん10g）をしいてから，巻いたきゃべつをすき間がないようにおき，きゃべつに少しかかるぐらいブイヨン・スープ（1〜1$\frac{1}{2}$カップ）を入れ，ゆっくりと煮る．

【きゅうり】

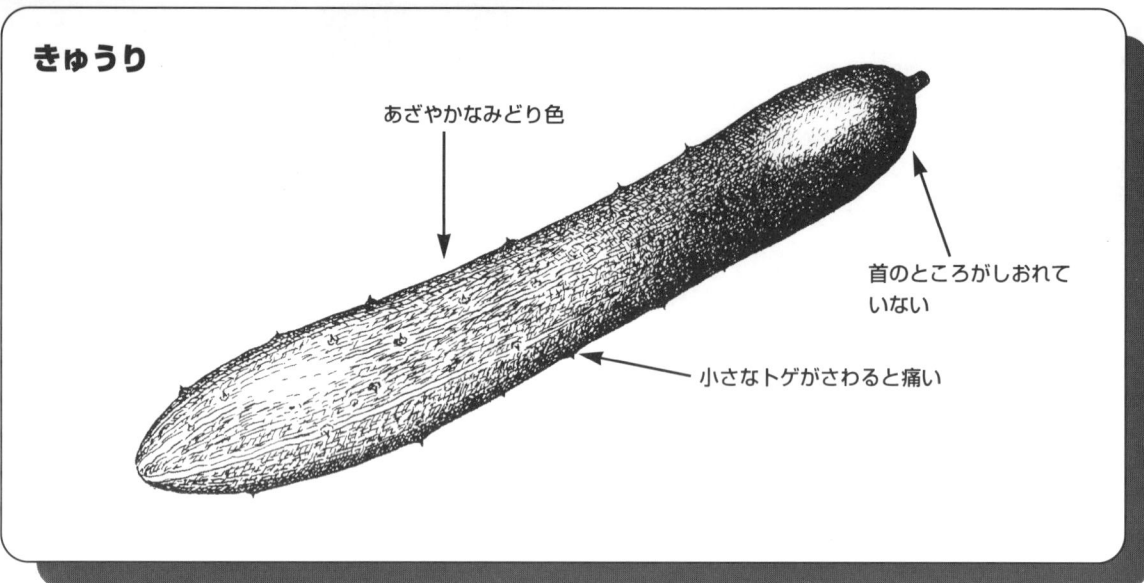

きゅうり
- あざやかなみどり色
- 首のところがしおれていない
- 小さなトゲがさわると痛い

選び方のポイント

- みどり色のあざやかなもの．
- まっすぐなものが多いが，まがっていても味は変わらない．
- 小さなトゲが，さわると痛いぐらいのもののほうが，鮮度がよい．
- 首のところがしおれていないもの．

栄養価

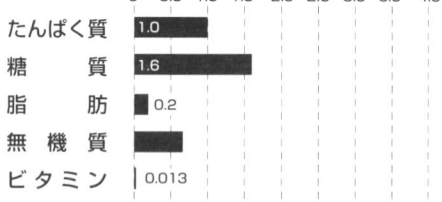

食材の100g中の含有率（％）

	0　0.5　1.0　1.5　2.0　2.5　3.0　3.5　4.0
たんぱく質	1.0
糖　　質	1.6
脂　　肪	0.2
無 機 質	
ビタミン	0.013

栄養の特徴

ビタミンCの酸化酵素を含む．

料理メモ

- サラダ（右参照）は冷水につけてパリッとさせて食べる．
- あえものにはうすく切った後，きゅうりの1％ぐらいの塩をかけて，しんなりさせ，水で洗ってからかたくしぼって使う．
- つけもの，ピクルス（酢づけ）にしてもおいしい．
- きゅうりを洗った後に片手に少量の塩をおいて，よくきゅうりにもみこんでから水洗いをすると，みどり色がさらにあざやかになり，うま味が出る．
- きゅうりをうすく切って炒めものやスープの具にしてもおいしい．
- 小型のきゅうりは花丸きゅうりといい，さしみのつまなどに使う．

旬

品種かいりょうやハウスさいばいなどで、1年中さいばいされているため季節感がなくなっているが、夏の7月〜9月ごろが旬.

原産地

インドやヒマラヤの山ろく地方が原産.日本では埼玉県,千葉県,群馬県などで露地栽培（ろじさいばい）されている.

ウリ科の1年草のつる草.熟すと黄色く変わるので、黄瓜（きうり）といわれ、「きゅうり」になったともいわれます.

日本では平安時代から食べられていたという記録があります.かいりょうがつみかさねられ、現在は生食や加工用として世界的にさいばいされている野菜です.果実は長短いろいろあり、長いものは1メートル以上のものもあります.

日本では生のままで食べることが多いのですが、中国料理では炒めものや煮ものにも使われています.

きゅうりは利尿効果のある成分を含んでいます.

きゅうりのサラダ

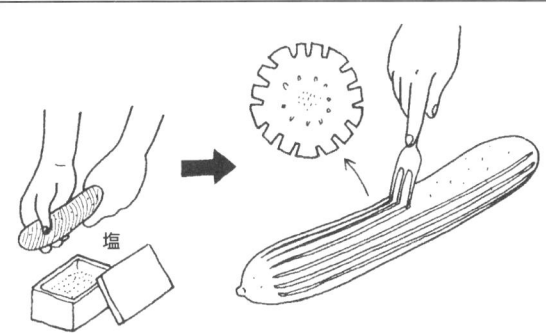

① きゅうり（2本）は塩みがきしてから水で洗い、表面にフォークですじをつける.

② すじのついたきゅうりをうすく切り、冷水につける.

ドレッシングの割合
サラダ油　大3
酢　　　　大1.5
塩,　　　小0.3
こしょう　少々

③ 水気をよくきり、ボールにきゅうりを入れてドレッシングで下味をつけ、好みでいりゴマを少々入れる.

④ 好みで適量のマヨネーズなどをかけ、プチトマト（1人＝2個ぐらい）などをのせて、きれいにもりつける.

【ごぼう】

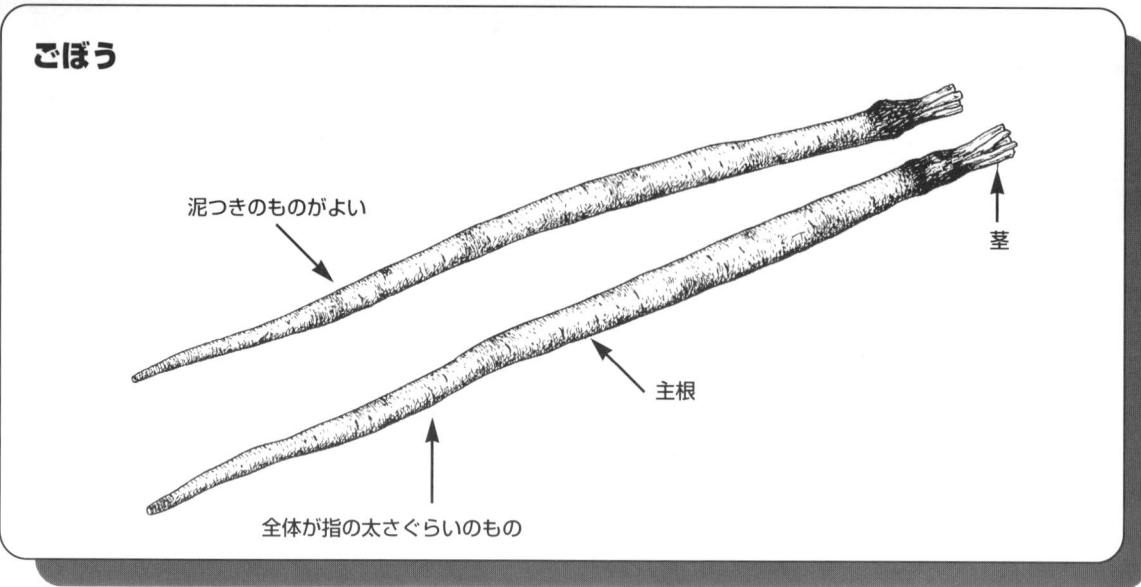

ごぼう
- 泥つきのものがよい
- 茎
- 主根
- 全体が指の太さぐらいのもの

選び方のポイント

- ●泥つきのものは鮮度がよい．
- ●指の太さぐらいで，全体が同じ大きさのものがよい．
- ●太めのものの中には「ス」が入っていることがある．
- ●切ってパックづめにされているものは栄養がないので，おすすめしない．

栄養価

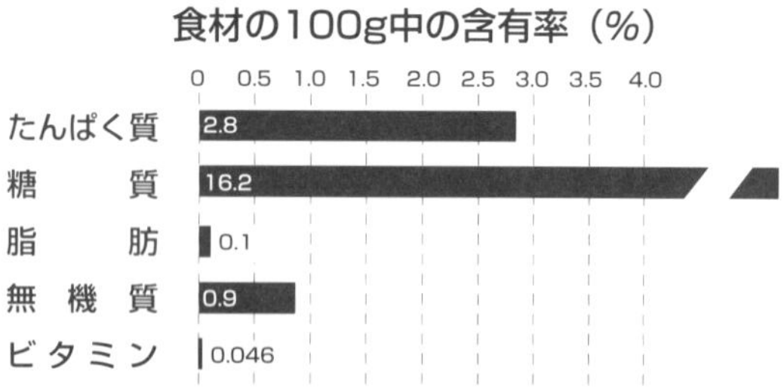

食材の100g中の含有率（％）

	0　0.5　1.0　1.5　2.0　2.5　3.0　3.5　4.0
たんぱく質	2.8
糖　　　質	16.2
脂　　　肪	0.1
無 機 質	0.9
ビタミン	0.046

栄養の特徴

食物繊維が多く，炭水化物の一種であるイヌリンが多く含まれ，カルシウムも多く含む．

料理メモ

- ●アクが強いので，空気にふれたらすぐに色が変わってしまう．切ったらすぐに水かうすい酢水（1カップの水，小さじ1の酢）につけて，アク抜きをする．
- ●特有の風味は皮にあるので，皮はむかずに，タワシでこするか，包丁の背側で表面をこそげて使う．

- ●きんぴらごぼう　ささがきにしたごぼうを油で炒め，やわらかくなってきたら，みりん，しょう油などを加えてさいばしでまぜながら，中火で煮つめ，仕上げる．
- ●ごぼうのサラダ　せん切りにしてからゆでたごぼうをマヨネーズやドレッシングであえる（右参照）．

旬

春と秋に種をまくので1年中出回っているが、夏前に出回るものを新ゴボウという。11月～1月ごろが旬。

原産地

ヨーロッパからアジア地方が原産だが、野菜としてさいばいし、食べているのは日本のみ。茨城県、埼玉県、千葉県が産地。

　キク科の2～3年草。欧米では食用にはしない日本独特の野菜で、平安時代には食べられていたといわれています。
　四季を通して出回っていますが、旬は11月～1月。土が深くて肥えた土地がさいばいには向いています。軽い土では実のしまりが悪く、かおりもあまりしません。
　お正月のおせち料理の中にごぼうの料理が入っていますが、細く、長く、つつましく生きるという意味が込められています。
　ごぼうの食物繊維はコレステロールの値を下げ、便秘を解消する作用があります。

ごぼうのサラダ

① ごぼう（1本）は、皮をこそげ取り、4～5cmの長さに切り、うすい酢水につける。

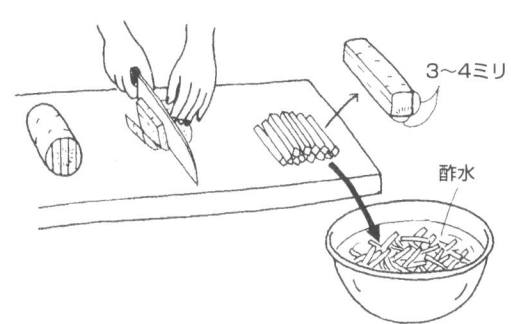

② ごぼうは3～4ミリ角のせん切りにし、また酢水につける。

③ 歯ざわりを残すぐらいに熱湯でゆでる。

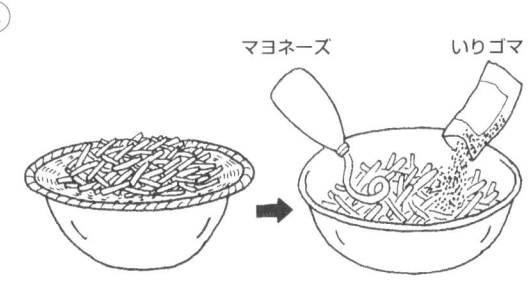

④ ゆで上がったら熱いうちに水気をきり、その上に適量の酢をふりかけて下味をつけ、適量のマヨネーズであえる。好みでいりゴマをふる。

【こまつな】

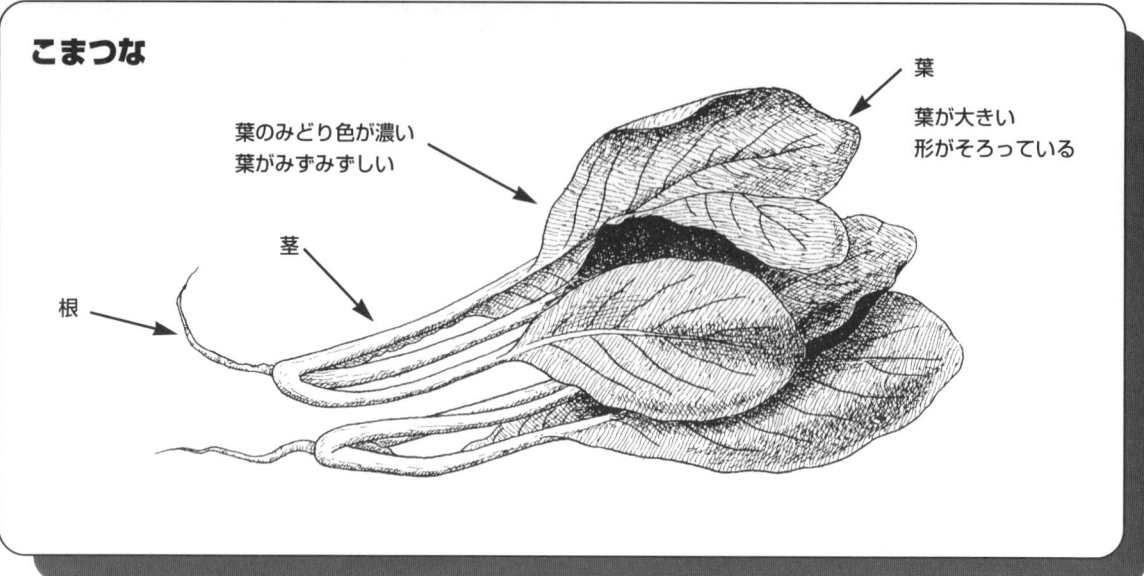

こまつな
- 葉のみどり色が濃い
- 葉がみずみずしい
- 葉
- 葉が大きい
- 形がそろっている
- 茎
- 根

選び方のポイント

- 葉が大きく厚いもの．
- 葉がみずみずしいもの．
- 葉のみどり色が濃いもの．
- 葉が黄色いものはさける．
- ひとかぶが太いもの．
- 背丈が短く大きさのそろっているもの．

料理メモ

- 根の部分に泥が入っているので，根もとを切り，水でよく洗う．
- こまつなは，かおりとやわらかい歯ざわりを楽しむ野菜なので，新鮮なものを選ぶ．
- アクが少ないので，ゆであがっても水にさらす必要はない．
- おひたしや煮びたし，みそ汁の具や中国料理の炒めものなどにするとおいしい．ほかの食材といっしょにたきこみごはんにしてもよい（右参照）．
- ゆですぎると，グチャグチャになるので，少量の塩を入れ熱湯でさっとゆでる．

栄養価

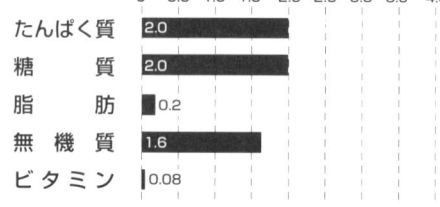

食材の100g中の含有率（％）

たんぱく質	2.0
糖質	2.0
脂肪	0.2
無機質	1.6
ビタミン	0.08

栄養の特徴

カルシウム，鉄分，からだの中でビタミンAになるカロチン，食物繊維を多く含む．

旬

さいばいしやすく1年中出回っているが，11月～3月ごろの寒い時期が旬．

原産地

日本が原産．東京都がこまつなの産地．

アブラナ科の植物．外国ではほとんど見ることのできない野菜です．こまつなのルーツは北欧から中国を経て，日本に入ってきたなの花が，江戸の小松川（東京都江戸川区）で多く作られるようになり，こまつなという名になったといわれています．

寒い冬の時期はみどりの野菜が少なく，寒い時期にもできる葉もののこまつなは，むかしはとても貴重な野菜でした．

ただ，かたくてくさみがあるためか，最近では今ひとつ人気がありません．栄養価も高く，からだによい野菜なので，もっと食べてほしい野菜です．

こまつなと豚肉のたきこみごはん

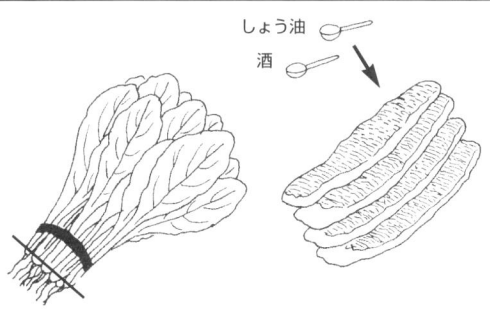

① こまつな（1束）は根もとを切り，洗って2cmの長さに切る．豚肉（150g）は2cmの長さに切り，適量のしょう油，酒で下味をつける．

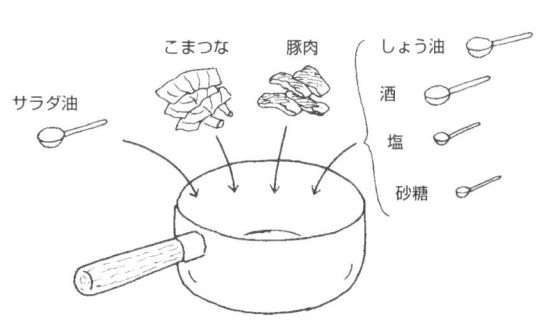

② なべをあたためて，サラダ油（大3）を入れ，豚肉，こまつなを炒め，しょう油（大2），酒（大1）塩（小1$\frac{1}{2}$）砂糖（小1）の調味料を入れる．

③ ②の具と汁を分けておき，洗った米（3カップ）に②の汁と水を合わせ3カップにして，すいはん器に入れる．上に②の具をのせてたく．

④ たきあがったら具とごはんをよくまぜあわせ，ちゃわんにもる．

【さつまいも】

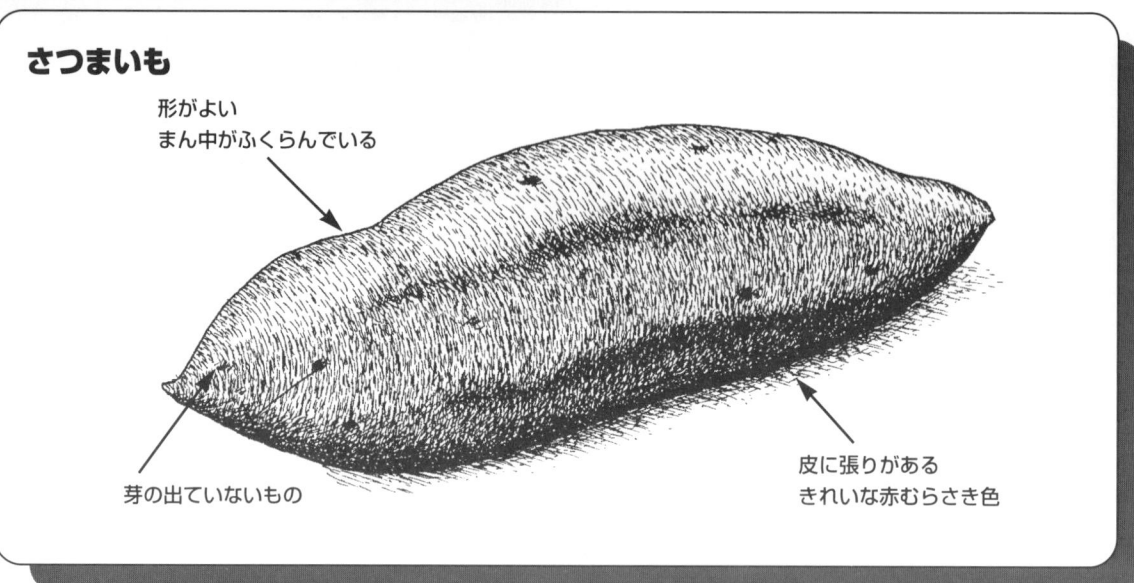

さつまいも
- 形がよい まん中がふくらんでいる
- 芽の出ていないもの
- 皮に張りがある きれいな赤むらさき色

選び方のポイント

- 皮に張りがあるもの．
- 赤むらさき色のきれいなもの．
- ずんぐりとしていて太いもの（細いものは食物繊維が多く，水っぽい）．
- 形がよくて，まん中がふくらんでいるもの．
- 芽の出ていないもの．

栄養価

食材の100g中の含有率（％）

	0 0.5 1.0 1.5 2.0 2.5 3.0 3.5 4.0
たんぱく質	1.2
糖　　質	28.7
脂　　肪	0.2
無 機 質	0.6
ビタミン	0.03

栄養の特徴

からだの中でビタミンAとなるカロチン，ビタミンC，食物繊維を多く含む．

料理メモ

- さつまいもは寒さに弱いので，冷蔵庫に入れてはいけない．
- 土の中で育っているものなので，たわしなどでよくこすり，泥などを洗い流してから料理をする．
- アクが強いので，切った後はよく水につけてから料理をすると，さつまいもの色が美しく仕上がる．
- 甘味があるさつまいもは，いろいろな料理に使われる．甘く煮たり，天ぷら，ふかしいも，バター煮，スイート・ポテト，あめをからめた大学いも，茶きんしぼり（右参照）などにするとよい．
- お正月にかかせないくりきんとんのきんとん（あん）はさつまいもを使っている．

旬

9月～11月ごろが旬．ちょぞうされ，水分が少なくなった1月～3月のほうが甘味がある．

原産地

中央アメリカが原産．コロンブスが新大陸を発見した時に，ヨーロッパに持ち帰ったものが日本に渡ってきた．

ヒルガオ科の植物．甘く，食物繊維，ビタミンC，カロチンが多く含まれているので，とても健康によい野菜です．

中国から沖縄を経て日本に入り，鹿児島でさいばいされるようになりました．鹿児島は江戸時代「さつま」と呼ばれていたので，さつまいもの名がついたといわれています．

やせた土地でも，気候が不安定でもさいばいが可能なので，凶作の時には，空腹を満たす大切な食べものでした．

現在は，きんとんに使う金時，甘味のある紅あずまなどが有名な品種です．

さつまいもの茶きんしぼり

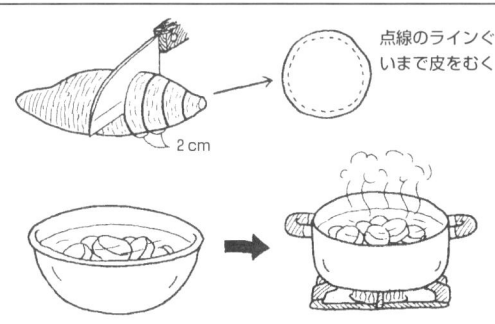

① さつまいも(400g)は2cmぐらいの輪切りにする．アクが強いので厚めに皮をむき，切ったらすぐに水につける．切り終わったら，やわらかくゆでる．

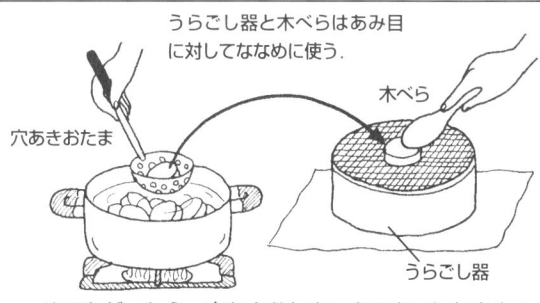

② ゆであがったら，穴あきおたまでさつまいもをすくい，あついうちにふきんを上にしいたうらごし器でうらごしする．うらごしたさつまいもに砂糖（大2），さっと洗ったレーズン（20g）を加える．

③ 20×20cmのラップを用意し，②を丸めて上をギュッとしぼる．

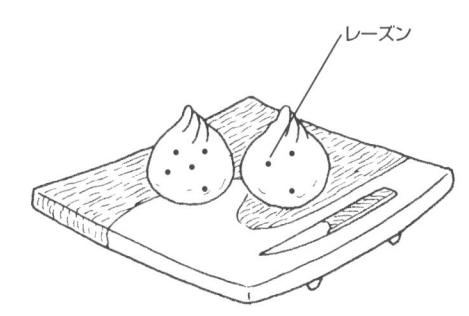

④ ラップから取り出し，きれいにもりつけてできあがり．

【さといも】

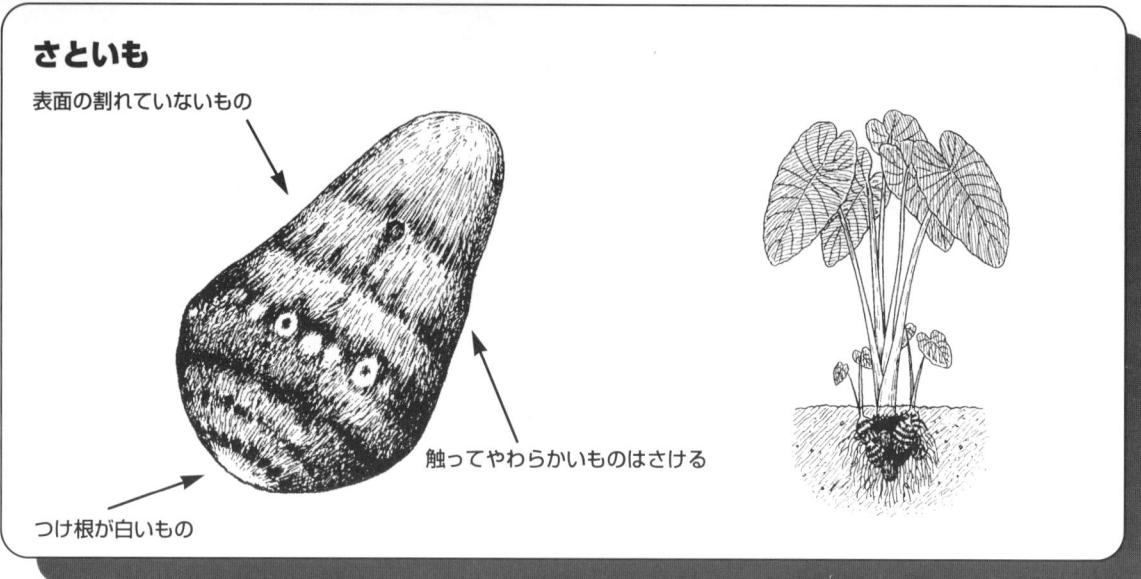

さといも
- 表面の割れていないもの
- 触ってやわらかいものはさける
- つけ根が白いもの

選び方のポイント

- 泥のついたものを選ぶ．
- 泥がついていると見えにくいが，表面の割れていないものを選ぶ．
- つけ根が白いもの．
- 皮をむいて売っているものはさける．
- さわってやわらかいものはさける．

栄養価

食材の100g中の含有率（％）

たんぱく質	2.6
糖　　質	12.3
脂　　肪	0.2
無 機 質	0.7
ビタミン	0.006

栄養の特徴

炭水化物が多い．カルシウム，カリウム，ビタミンB_1，ビタミンB_2も多く含む．

料理メモ

- 泥がついているさといもは，タワシでこすって泥を落とし，洗い流す．
- 皮つきのまま蒸したり，皮をむいて煮ものなどにして食べることが多い（右参照）．また，みそ汁などに入れてもおいしい．
- 洗ったさといもは，よくふいてから皮をむく．
- さといもの皮をむくとヌルヌルするので，手がすべりやすくなる．
- さといもは，両はしを切り，皮をむく．ぬめりを取るために，水とさといもをなべに入れ，ふっとうさせる．ふっとうして少したったらザルにとる．水洗いをすると，さといものぬめりが取れる．

旬

1年中さいばいされているが，おいしいのは10月ごろ．

原産地

インドや中国南部が原産．日本ではかなりむかしから食べられている．

さといも科の1年草．高温で，ジメジメとしたところを好む植物です．葉も食べられますが，地面の下にあるいも（地下茎）を食べる根菜類です．

里でできるのでさといも（里芋）といい，田でさいばいするので「田いも」と呼ぶところもあります．

さといも科には200種類以上の品種があります．いちばん多く食べられているものは子いもといわれるもので，さといもというとこれをさします．このほかにお正月に食べるボコボコした八ツ頭，エビのようにまがっているエビいもなどもあります．

さといもの特徴はねばりがあることです．

さといもの煮っころがし

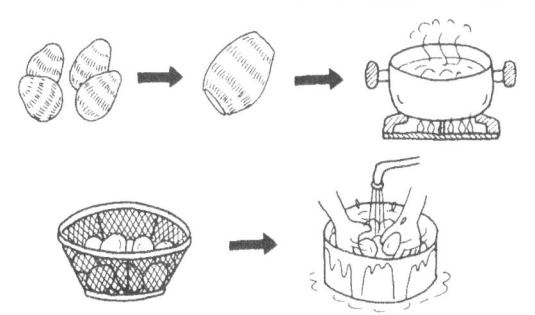

① さといも（500g）は両はしを切り，皮をむく．なべに水とさといもを入れてから，下ゆでをする．ふっとうしたら2～3分ゆで，ザルにあげて水洗いする．

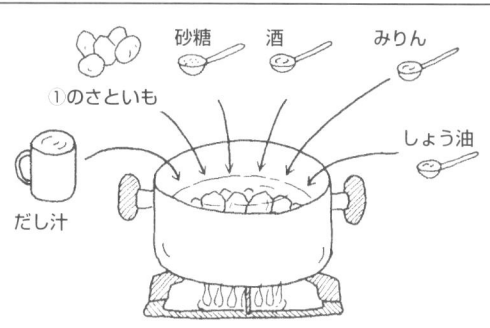

② だし汁（カップ2），①のさといも，砂糖（大2），酒（大2），みりん（大2），しょう油（大2）を入れて火にかける．さといもがやわらかくなるまで煮る．

③ やわらかくなったらさといもを取り出す．なべの汁を煮つめ，ツヤを出し，ツヤが出たらさといもをもどして，からめる．

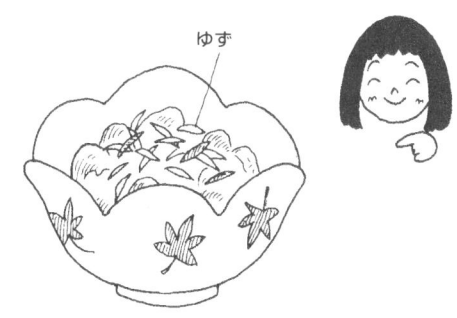

④ 器にもり，上にゆずのせん切りをかざる．

【しそ】

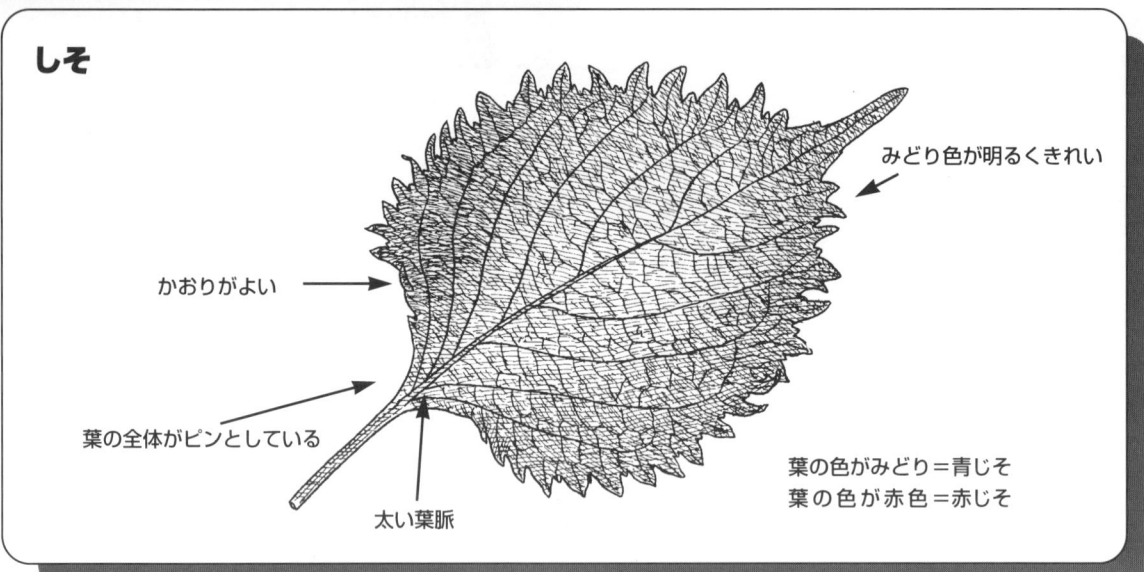

しそ
- みどり色が明るくきれい
- かおりがよい
- 葉の全体がピンとしている
- 太い葉脈
- 葉の色がみどり＝青じそ
- 葉の色が赤色＝赤じそ

選び方のポイント

- 青じそは葉がみどり色で，明るいきれいなもの．
- 赤じそは葉が赤色で，明るいきれいなもの．
- かおりのよいもの．
- 葉の全体がピンとしているもの．

栄養価

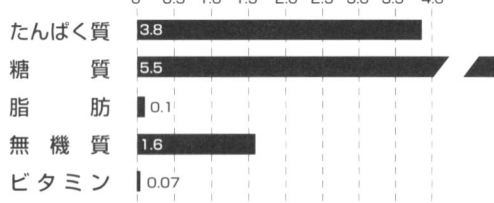

食材の100g中の含有率（％）

たんぱく質	3.8
糖　　質	5.5
脂　　肪	0.1
無　機　質	1.6
ビタミン	0.07

栄養の特徴

カロチンを多く含む．

料理メモ

- かおりがよいので，冷ややっこ，そば，そうめんなどの薬味に使うとよい．
- 刺身やあらいのつまに使う．きざんだ葉をごはんに入れてたくとおいしい（右参照）．
- 赤じそは梅をつける時に使う．梅干しの赤色は赤じその色による．
- しそをせん切りにする時は，太い葉脈を取り除いて，半分に切ってから，4～5枚重ねて切ると切りやすい．
- しそがかんそうしないように，ぬれたペーパーなどにつつんで冷蔵庫に入れると長持ちする．
- 天ぷらのころもをしその片面（うら面）につけ，揚げると色あいが美しく，おいしい．

旬

青じそは1年中手に入る．初夏から夏の終わりの6月～9月ごろまでが赤じその旬．

原産地

中国，ヒマラヤが原産．日本でも古くから各地でさいばいされている．

シソ科シソ属の植物．草の全体に特有のかおりがあります．花，実，葉のすべてが食べられます．

葉の色で青じそ，赤じそに分けられます．

葉，花は刺身などのつまとして使われ，実はつけものなどに使われます．赤じその葉は，梅といっしょにつけられ，梅を赤い色にそめあげます．

しそはかおりのよい野菜なので，かおりを大切にし，かおりを楽しみながら食べるとよいでしょう．

青じその葉は大葉（おおば）とも呼ばれ，赤じそよりもかおりが優れています．

しそごはん

①  米（カップ3）を洗い，ザルに上げ，水気をきる．しそ（10枚）の太い葉みゃくを取り除き，半分にして重ね，せん切りにする．せん切りにした葉を塩でよくもむ．

②  梅干し（2個）の種を取り，少しほぐしておく．ちりめんじゃこ（20g）はお湯をかけておく．

③ 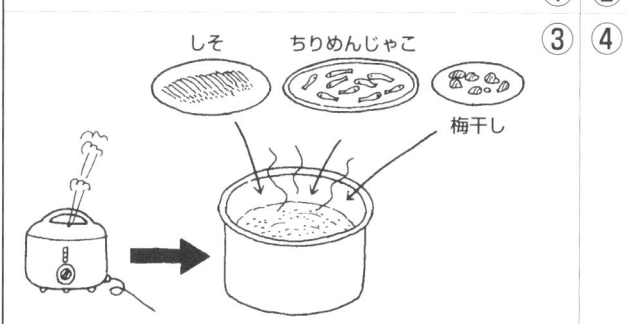 すいはん器に米（カップ3），水（カップ3），酒（大1），塩（少々）を入れてたきあげ，塩でもんだしそ，ほぐした梅干し，ちりめんじゃこ（大3）をよくまぜあわせる．

④  あたたかいうちに，みそ汁などといっしょに食べる．

「まあ おいしそう！いただきます」「どーぞ」

【じゃがいも】

じゃがいも

だんしゃく　　　　　　　　**メイクイーン**

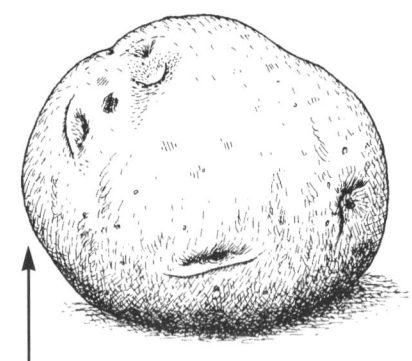

↑全体がふっくらとしているもの　　　↑細長い

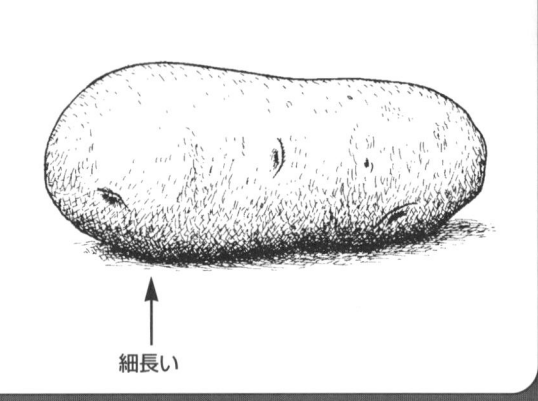

選び方のポイント

- 表面があまりボコボコしていないもの．
- 傷がついていないもの．
- 芽が出ていないもの．
- 持って重いもの．
- 皮がうすいもの．
- 全体がふっくらとして形がよいもの．

栄養価

食材の100g中の含有率（％）

	0 0.5 1.0 1.5 2.0 2.5 3.0 3.5 4.0
たんぱく質	2.0
糖　　質	16.8
脂　　肪	0.2
無 機 質	0.5
ビタミン	0.03

栄養の特徴

ビタミンCが多く，加熱してもこわれにくい．

料理メモ

- じゃがいもはよく泥を落とす．芽の部分には，少量ですがソラニンという毒素が含まれているので，取り除いてから料理をする．
- ポテト・サラダ（右参照），コロッケ，肉じゃが，シチュー，粉ふきいもなどいろいろな料理に使われている．
- シチュー，カレーなどの煮込み料理には，煮くずれの少ないメイクイーンがよい．
- 春には形が小さく，皮もやわらかい新じゃがいもが出回り，煮っころがしやフライなどにするとおいしい．
- おやつによく食べるポテト・チップスはじゃがいもをうすく切り，水にさらした後に油で揚げたお菓子．

旬

新じゃがいもの出た春から1年中出回っているが，いちばんおいしいのは5月～7月ごろ．

原産地

南アメリカが原産．日本では北海道でいちばん多く作られている．

ナス科の多年草植物．白い花を咲かせ，花がちると，土の中の地下茎に栄養分がたまって子いもができます．これが新じゃがいもで，しだいに大きなじゃがいもになります．

日本にはジャワのジャガタラからオランダ船によって長崎に入ってきたことから，じゃがいもと呼ばれるようになったといわれています．

じゃがいもはホクホクしていて，形の丸いだんしゃく，煮くずれが少なく，細長いメイクイーンの2種類に大きく分けられますが，だんしゃくのほうが多く出回っています．

ビタミンCが多く，2個のじゃがいもで1日の必要量がとれます．

ポテト・サラダ

① じゃがいも（4個）を1cmの厚さに切り，ゆで，やわらかくなったらザルにあけ，つぶす．にんじん（$\frac{1}{2}$本）はひと口大に切り，やわらかくゆでる．きゅうり（1本）はうすく切る．たまねぎ（$\frac{1}{4}$個）はみじん切りにする．

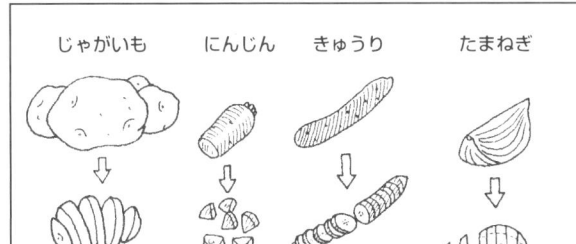

② つぶしたじゃがいもにフレンチ・ドレッシング（大1）をかけ，下味をつける．

③ すべての材料をボールに入れ，マヨネーズ（大5）であえ，塩（少々），こしょう（少々）で味をととのえる．

④ 器にもり，プチトマトなどできれいにかざる．

【しゅんぎく】

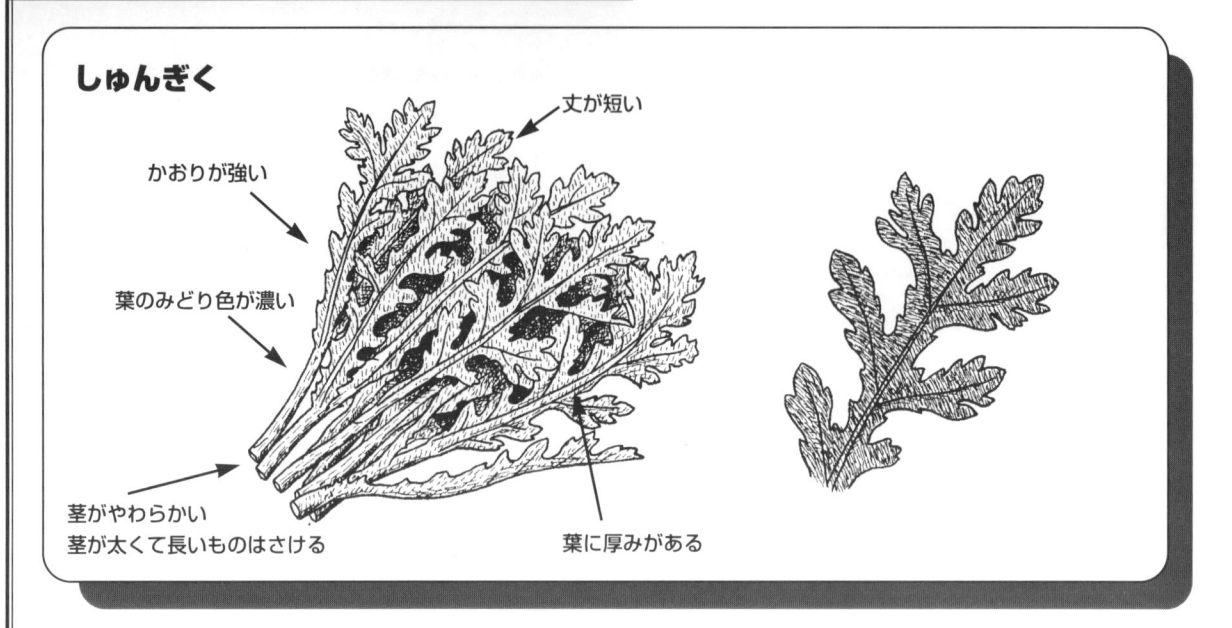

しゅんぎく
- かおりが強い
- 葉のみどり色が濃い
- 茎がやわらかい
- 茎が太くて長いものはさける
- 丈が短い
- 葉に厚みがある

選び方のポイント

- 葉のみどり色が濃いもの．
- 葉に厚みがあるもの．
- 茎がやわらかいもの．
- 丈が短いもの．
- 茎が太くて長いものはさける．
- かおりが強いもの．

栄養価

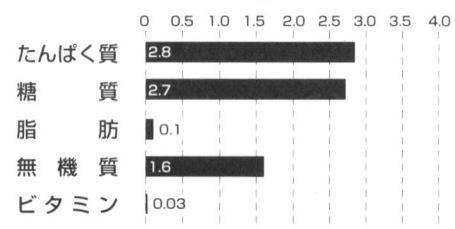

食材の100g中の含有率（％）

たんぱく質	2.8
糖　　　質	2.7
脂　　　肪	0.1
無　機　質	1.6
ビタミン	0.03

栄養の特徴

カロチンはほうれんそうより多く含む．

料理メモ

- ゆでて，あえもの（右参照）やすきやきなどのなべ料理に使われる．
- 菊の独特のかおりがあり，このかおりを楽しむ野菜．
- アクが強いので，あえもの，おひたしなどの時は，ゆでてから水にさらし，アクを取ってから使う．
- かおりを大切にするために，ゆでてから長く水にさらさないようにする．
- かたい茎の部分も葉と別にゆでると，おいしく食べることができる．

旬

1年中さいばいされているが，12月〜3月ごろが旬．

原産地

地中海沿岸が原産．日本全国でさいばいされているが，大葉種は関西より西が産地．

キク科の1〜2年草．ヨーロッパではかおりが好まれないために観賞用で，食用にしているのは日本人を含めて東洋人だけです．日本で食用になったのは戦国時代からだといわれています．

なべ料理にはかかせない野菜で，冬に多く食べられている野菜です．

なべに入れる時は，あまり煮込まず色が変わったらすぐに食べます．

葉の大きさにより大葉種，中葉種，小葉種があります．東日本では葉が小さいもの，西日本では葉が大きいものが好まれています．

特有のかおりは便秘にも効果があり，消化吸収をよくします．

しゅんぎくのゴマあえ

① しゅんぎく（250g）を葉と茎に分け，別々にやわらかくゆでてから，2〜3cmの長さに切る．

② 水気をしぼったしゅんぎくにしょう油（小$\frac{1}{2}$），だし汁（大2）で下味をつける．

③ いった白ゴマ（大2.5）をすりばちに入れてすり，砂糖（小2）としょう油（大1）を加えて，すりまぜ，この中に②を入れてふんわりとまぜる．

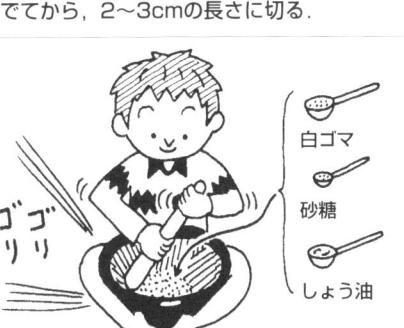

④ 器に山高く，きれいにもる．

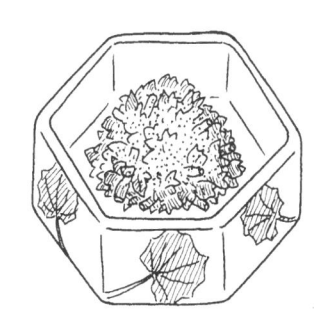

【しょうが】

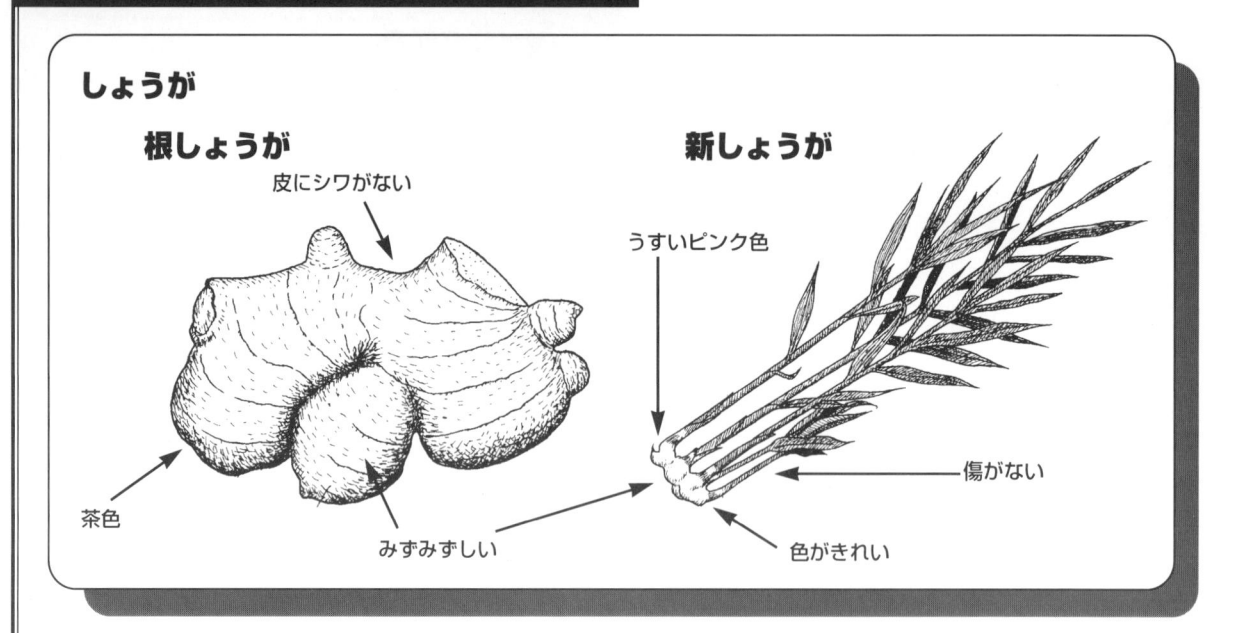

しょうが

根しょうが
- 皮にシワがない
- 茶色
- みずみずしい

新しょうが
- うすいピンク色
- 傷がない
- 色がきれい

選び方のポイント

- 皮にシワのないもの．
- みずみずしいもの．
- 新しょうがは，色がみずみずしく，傷のないもの．

栄養価

食材の100g中の含有率（％）

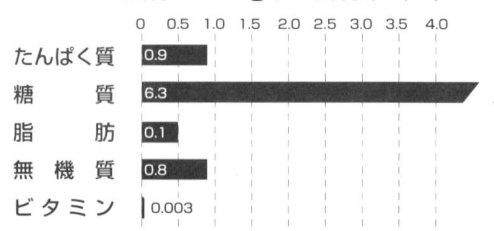

	0　0.5　1.0　1.5　2.0　2.5　3.0　3.5　4.0
たんぱく質	0.9
糖　　質	6.3
脂　　肪	0.1
無機質	0.8
ビタミン	0.003

栄養の特徴

から味はショウガオールという成分．

料理メモ

- そうめん，冷ややっこの薬味，つけもの，炒めものなどに使う．料理の下味やかおりづけに使うことも多い．
- 肉や魚のくさみをけす効果があるので，魚の煮ものにうすく切った根しょうがを入れたり，肉野菜の炒めものにしょうが汁（右参照）をまぶしたりする．
- 日本ではしょうが焼きが好まれているが，肉のくさみを取り除いて，しょうがのかおりを楽しむことができる．
- しょうがのかおりは食欲を増進させ，からだをあたためる効果があるので，かぜの時にはしょうが湯をのむ．
- 英語ではしょうがのことを「ジンジャー」といい，ジンジャエールというのみものがある．

旬

新しょうがは，季節野菜で，5月～9月ごろに出回る．根しょうがは7月ごろにあたらしいものが出るが，ちょぞうされ1年中出回っている．

原産地

熱帯アジアが原産．日本では千葉県，埼玉県などが産地．

ショウガ科の多年草．特有のかおりと，から味を持っています．日本では，弥生時代には食べられていたといわれています．

スーパーなどでよく見るゴツゴツとしたしょうがは根しょうがといわれ，新しょうがのように季節感はなく，1年中出回っています．

新しょうがは別名「ハジカミ」とも呼ばれ，日本料理では，甘酢につけたものを焼魚のつけあわせにしたりします．

寿司を食べる時についている「がり」は，根しょうがをうすく切り，甘酢につけたものです．食べた後，口がさっぱりします．

しょうがのおろし方

●おろししょうが

しょうが（30g）を用意し，おろししょうがにする時は，皮をむいてからおろす．

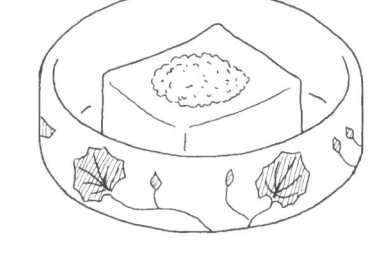

おろししょうがは，そうめんに冷ややっこの薬味などに使うとよい．

●しょうが汁

しょうが（30g）を用意し，しょうが汁を作る時は皮をよく洗い，皮をつけたままおろす．

しょうが汁は，肉，魚のくさみを取ったり，すまし汁に少し入れると食欲がます．

【セロリ】

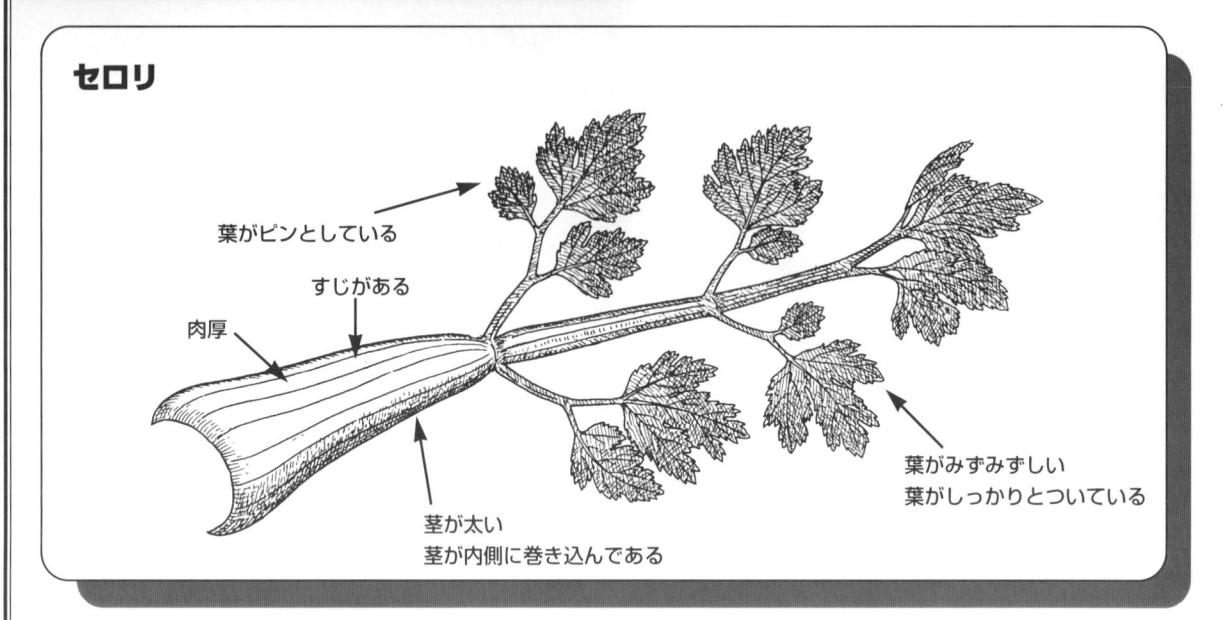

セロリ
- 葉がピンとしている
- すじがある
- 肉厚
- 茎が太い
- 茎が内側に巻き込んである
- 葉がみずみずしい
- 葉がしっかりとついている

選び方のポイント

- 茎が太いもの．
- 茎が内側に巻き込んでいるもの．
- 肉厚なもの．
- 葉がみずみずしいもの．
- 葉がよくついているもの．

栄養価

食材の100g中の含有率（％）

	0　0.5　1.0　1.5　2.0　2.5　3.0　3.5　4.0
たんぱく質	0.9
糖　　質	2.3
脂　　肪	0.1
無機質	0.9
ビタミン	0.009

栄養の特徴

葉に多くのカロチンを含む．

料理メモ

- サラダ，クリーム煮，炒めもの，つけものなどに使われる．
- セロリはよく洗い，表面のすじを取り，棒状に切って，スティック野菜にすると，手軽に食べられる．
- マヨネーズの中にタラコ，辛子，チーズなどを入れて，オリジナルソースを作り，ドレッシングにするとセロリによくあう．
- 葉の部分には多くのビタミン，ミネラルが含まれている．葉もすてずにチャーハンに入れたり，バター炒めなどにするとおいしく食べられる．
- スープ（右参照）を作る時に少し入れるとかおりがよくなる．

旬

1年中出回っているが，6月～10月ごろが旬．

原産地

南ヨーロッパが原産．日本では長野県，静岡県，北海道が産地．

　セリ科の1年草．特有のかおりと葉ざわりが特徴です．古代ローマ，ギリシャ時代には薬用植物として食べられていて，腸の働きをよくしたり，つかれを取る効果があるとされていました．
　日本へは豊臣秀吉の朝鮮出兵の時に入ってきて，「清正にんじん」といわれ食べられていました．
　かおりの強いセロリはアメリカで好まれ，世界の中でいちばんの消費国とされています．
　葉はあまり食べられていませんが，葉にはミネラル，ビタミンが多く含まれています．葉もすてずに利用しましょう．

具だくさんのセロリ入りスープ

① お湯（カップ4）にチキンコンソメ（1個）を溶かしたものをなべに入れ，1cm角に切った野菜（セロリ，にんじん，たまねぎ＝各100g），ベーコンを入れ，やわらかくなるまで煮込む．

② 3cmの長さに折ったスパゲッティ（20g）をゆでておく．

③ ①に②を加え，適量の塩，こしょうで味をととのえる．

④ 器にもり，好みで粉チーズを少しかけて食べる．

さあ めしあがれ

43

【だいこん】

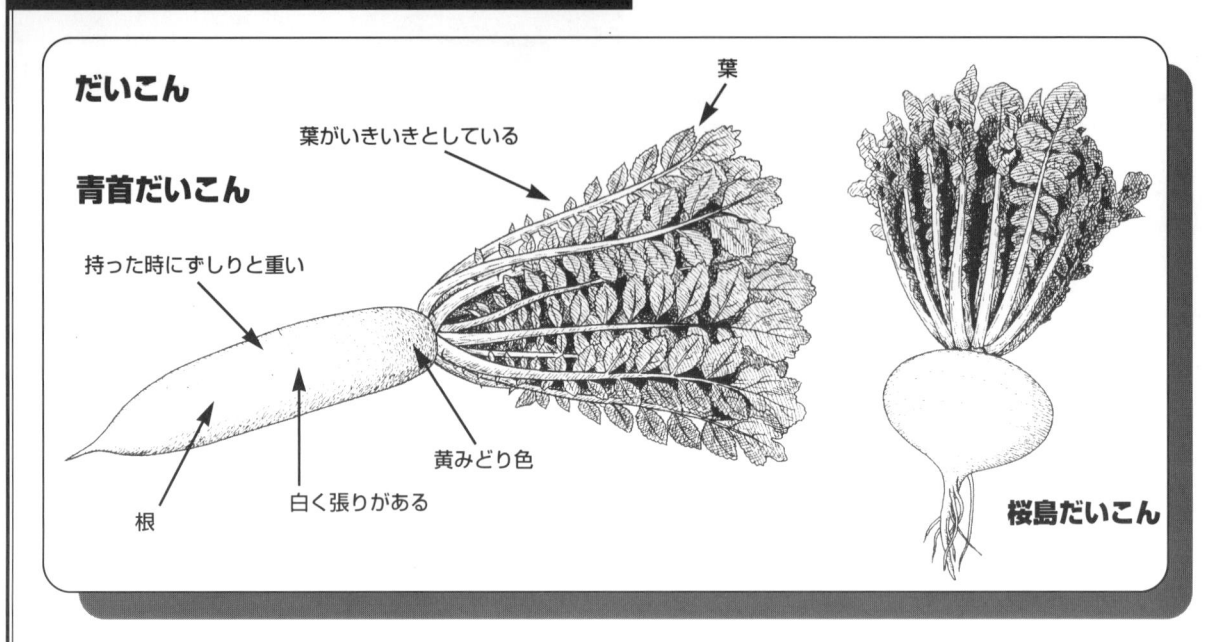

だいこん

青首だいこん

- 葉がいきいきとしている
- 葉
- 持った時にずしりと重い
- 黄みどり色
- 白く張りがある
- 根

桜島だいこん

選び方のポイント

- 白くて張りのあるもの．
- 葉がいきいきとしているもの．
- 持った時にずしりと重いもの．
- 切ってあるものは，切り口がかわいていないものが新鮮．

栄養価

食材の100g中の含有率（％）

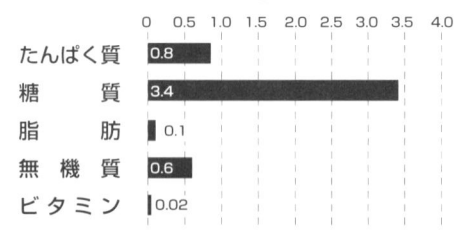

たんぱく質	0.8
糖　　質	3.4
脂　　肪	0.1
無 機 質	0.6
ビタミン	0.02

栄養の特徴

葉も根におとらず，多くのビタミンを含む．

料理メモ

- 煮もの，大根おろし，酢のもの，みそ汁の具，つけものなどに使われる．
- 葉に近いほうが甘味があり，尾のほうにいくにつれ，から味がある．甘い大根おろしが好きなら，葉に近く，白いところをすりおろすとよい．
- 煮もの，おでんに使う時は，米のとぎ汁かひとつまみの米を入れて下ゆでをすると，にが味の成分が米のでんぷんに吸い取られ，甘くなり，色もきれいな白色になる．
- 大根おろしは消化を助ける効果があり，魚，肉，卵などの料理，天ぷらの時にいっしょに食べるとよい．
- もみじおろし（右参照）はぴりっとからくておいしい．

旬

1年中出回っているが，寒い冬の10月～1月ごろが旬．

原産地

地中海沿岸であるという説と，中国，中央アジアであるという説がある．日本では北海道，千葉県，鹿児島県が産地．

かぶ，はくさいなどと同じ仲間のアブラナ科の1年草．

日本では，いろいろなだいこんがさいばいされています．桜島だいこんのように20kgもある大型のものから，二十日だいこんのように40gの小型のものまであり，形も丸いものから，長細いもの，色も赤いもの，白いものといろいろあります．

だいこんと日本で呼ばれるようになったのは室町時代からで，それ以前は「おおね」と呼ばれていました．

だいこんは日本でいちばんたくさん消費されている野菜です．やおやさんで多く見かける品種は青首だいこんで，いちばん食べられています．

なめこのもみじおろし

① だいこん（$\frac{1}{4}$本）を10cmの輪切りにし，皮をむく．赤唐辛子（1本）は水につけてもどし，種を取る．だいこんの中心に割りばしなどで穴をあけ，水でもどした赤唐辛子を中に入れる．

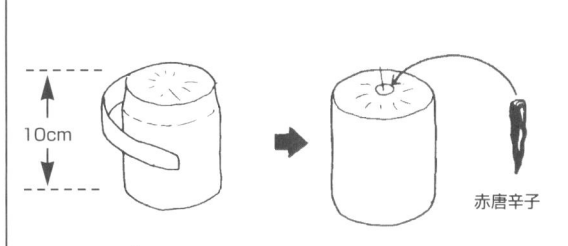

② ①をおろし金でおろすと，もみじおろしができる．

③ なめこ（1パック）に熱湯をかける．

④ ③を②であえ，適量のしょう油，酢で味をつけ，器にもりつける．

【たけのこ】

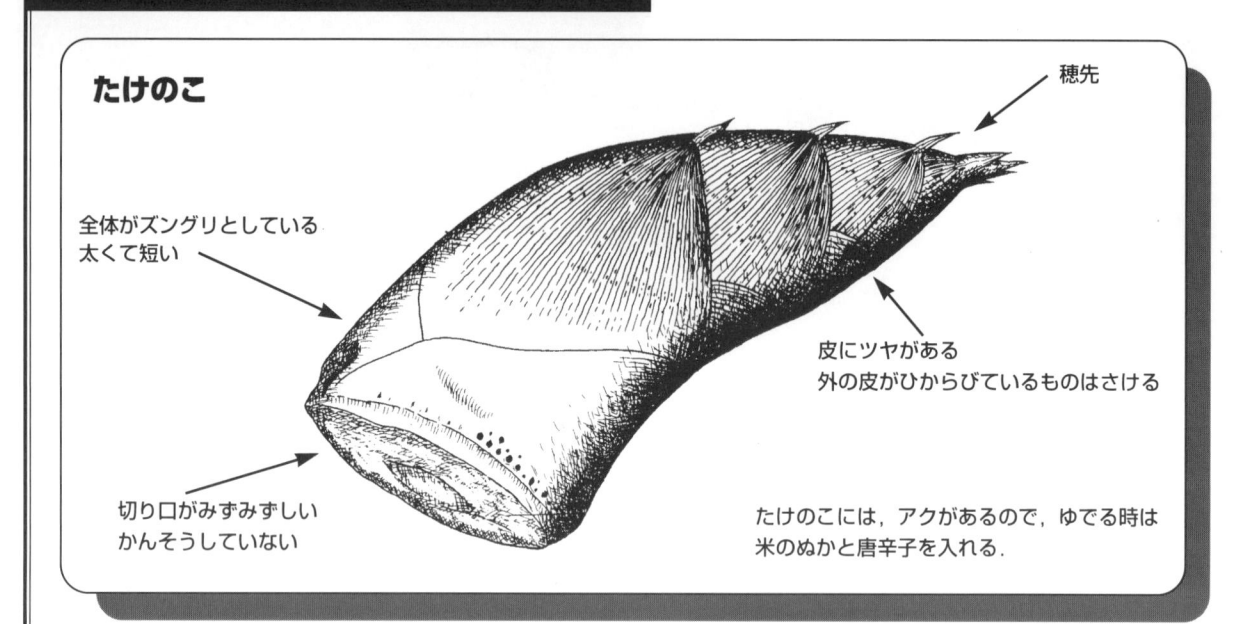

たけのこ

- 穂先
- 全体がズングリとしている 太くて短い
- 皮にツヤがある 外の皮がひからびているものはさける
- 切り口がみずみずしい かんそうしていない

たけのこには，アクがあるので，ゆでる時は米のぬかと唐辛子を入れる．

選び方のポイント

- 皮にツヤがあるもの．
- 外の皮がひからびているものはさける．
- 全体がズングリしているもの．
- 太くて短いもの．
- 切り口がみずみずしく，かんそうしていないもの．

栄養価

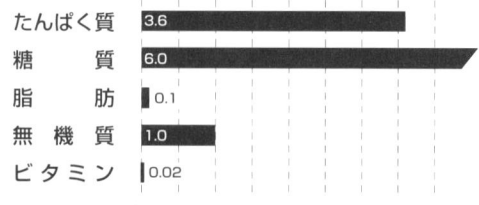

食材の100g中の含有率（％）

たんぱく質	3.6
糖質	6.0
脂肪	0.1
無機質	1.0
ビタミン	0.02

栄養の特徴

ビタミンや無機質が少なく，栄養価は少ないが，特有のうま味がある．

料理メモ

- なまのたけのこは，まずゆでてから料理に使う（右参照）．
- 穂先のやわらかい部分は，汁もの，サラダ，あえものなどにむいている．
- 中央の部分は煮もの，揚げもの，炒めものなどによい．
- 下のほうのかたい部分は，すりおろして丸めて天ぷらにしたり，細かく切って肉だんごの中に入れたり，炒めもの，たけのこごはんなどにしてもよい．
- 店で売られているゆでたたけのこも，もう一度家庭内でゆでなおすと，特有のくさみがなくなる．
- ラーメンなどに入っているメンマはたけのこを利用したもの．

旬

3月～5月ごろに生のたけのこが出回る．

原産地

アジアが原産で，中国から日本に入ってきた．日本では京都府などが産地．

イネ科の植物．竹の地下茎から伸びた若い茎がたけのこで，竹の種類や大きさによって，味などが違ってきます．

いちばん多くさいばいされている品種は，モウソウチクで，ほかにもスズタケ，マダケなどの品種があります．

地上に出て，一旬（10日間）で竹になるので，筍（たけのこ）という漢字で書かれます．

特有のうま味は，チロシン，アスパラギンなどのたんぱく質で，このチロシンは，ゆでた時に白く粉のように残りますが，無害です．少し水洗いをすれば落ちます．

たけのこのゆで方

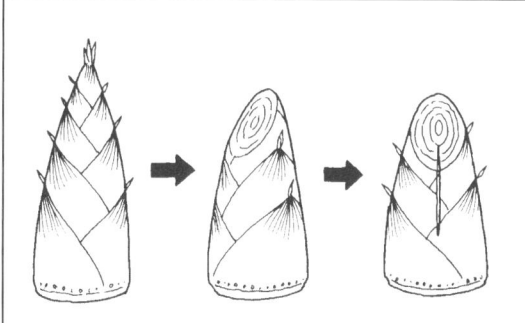

① たけのこ（1本＝400g）はよく洗い，穂先の部分をななめに切り落とし，たてに切り込みを入れる．

② なべにたけのこ，米ぬか（$\frac{1}{2}$カップ），赤唐辛子（1本），たっぷりの水を入れ，落としぶたをして，中火で1時間ぐらいゆでる．

③ ゆで汁がたりなくなったらお湯をたしていく．根もとのかたい部分に竹串をさしてすーっと通ったらゆであがり．火を止め，そのまま冷ます．

④ 冷めたら水にさらし，ぬかを洗い流して，できあがり．いろいろな料理に使える．

【たまねぎ】

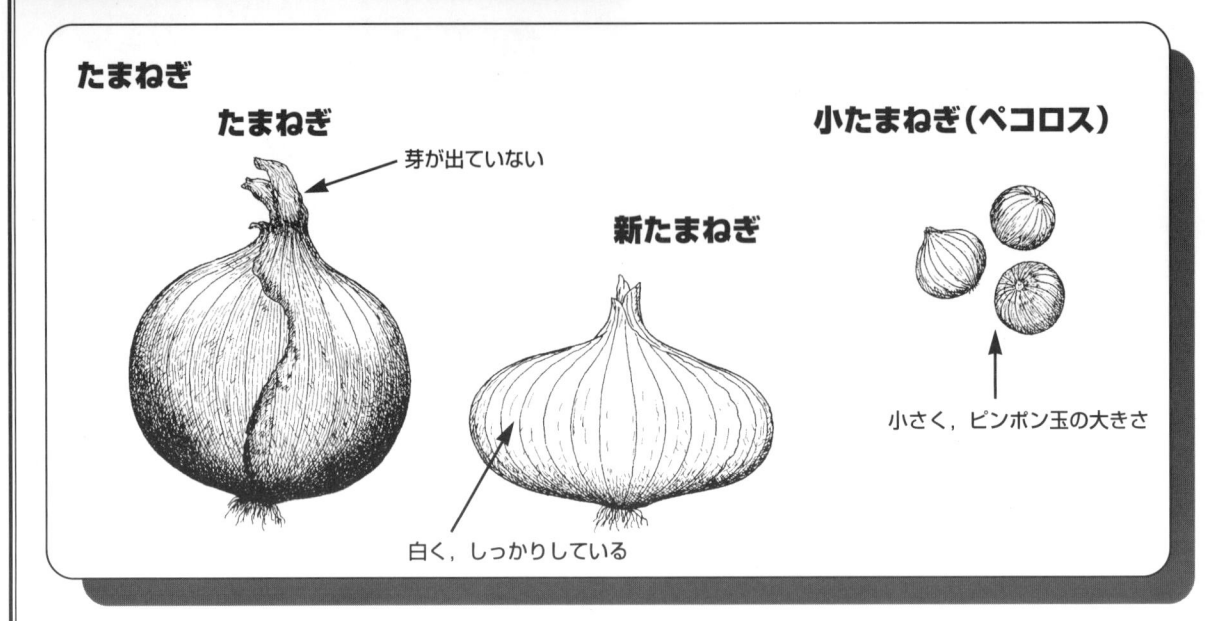

たまねぎ
たまねぎ　←芽が出ていない
新たまねぎ　白く，しっかりしている
小たまねぎ（ペコロス）　↑小さく，ピンポン玉の大きさ

選び方のポイント

- 全体がかたく重いもの．
- 皮がよくかわいていているもの．
- 皮が茶色でツヤがあるもの．
- 新たまねぎは白く，しっかりしているもの．
- 芽の出ていないもの．

栄養価

食材の100g中の含有率（％）

	0　0.5　1.0　1.5　2.0　2.5　3.0　3.5　4.0
たんぱく質	1.0
糖　　質	7.6
脂　　肪	0.1
無 機 質	0.2
ビタミン	0.007

栄養の特徴

ビタミンB_1を体内でよく吸収する物質硫化アリルを含む．

料理メモ

- 肉じゃがに入れたり，天ぷら，炒めものなどにするとよい．
- 洋風ではオニオン・スープ（右参照）がよく食べられる．ハンバーグなどに入れてもおいしい．
- たまねぎは，西洋の「あじのもと」といわれ，炒めれば炒めるほど，甘味が強くなり，コクもでる．カレーなどに使う時は，茶色くなるまでよく炒めるとおいしくなる．
- 生で食べる時には，から味があるので，一度水にさらすと，から味がやわらぐ．新たまねぎ，小たまねぎはあまりから味がないので，そのままうす切りにして食べることができる．サラダ，マリネ，あえものなどに向いている．

旬

1年中出回っているが，新たまねぎは3月〜4月ごろ．たまねぎは5月〜6月ごろがおいしい．

原産地

イラン，パキスタン，地中海が原産といわれている．日本では兵庫県，佐賀県，北海道などが産地．アメリカは世界でいちばんの生産国．

ユリ科の植物．土の中の球根を食べます．5,000年以上前の古代エジプト時代からさいばいされていたようで，神様のおそなえになったり，ピラミッドを作った人々は，エネルギー源として生のたまねぎをかじって仕事をしていたといわれています．

から味のあるたまねぎを切るとなみだが出ます．これは強い殺菌力を持つ硫化アリルなどが空気中の酸素にふれ，目を刺激するからです．

このから味のもとである物質は水に溶けやすく，切る時に水をかけると，なみだがあまり出ません．最近では品種かいりょうでから味も少なくなり，なみだもあまり出なくなりました．

オニオン・スープ

① たまねぎ（2個）の皮をむいて，半分に切り，うすくスライスする．

② なべにバター（大2）を入れ，①を入れ，こがさないように茶色くなるまでゆっくり炒める．

スープ
カップ4.5（湯4.5カップにビーフコンソメ1個を溶かしたもの）

③ ②の中にスープ，塩（小$\frac{1}{2}$），こしょう（少々）を入れ，30分ぐらい煮込む．

④ フランスパン1切れ
とろけるチーズ0.5枚

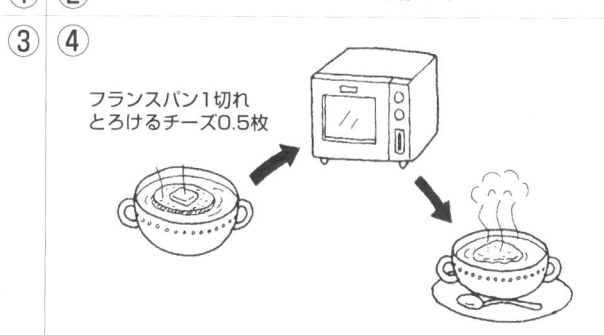

じっくりと煮込み終わったら，器にもり，フランスパン（1切れ），とろけるチーズ（$\frac{1}{2}$枚）をのせる．200度のオーブンで，チーズが溶けるまで焼いてできあがり．

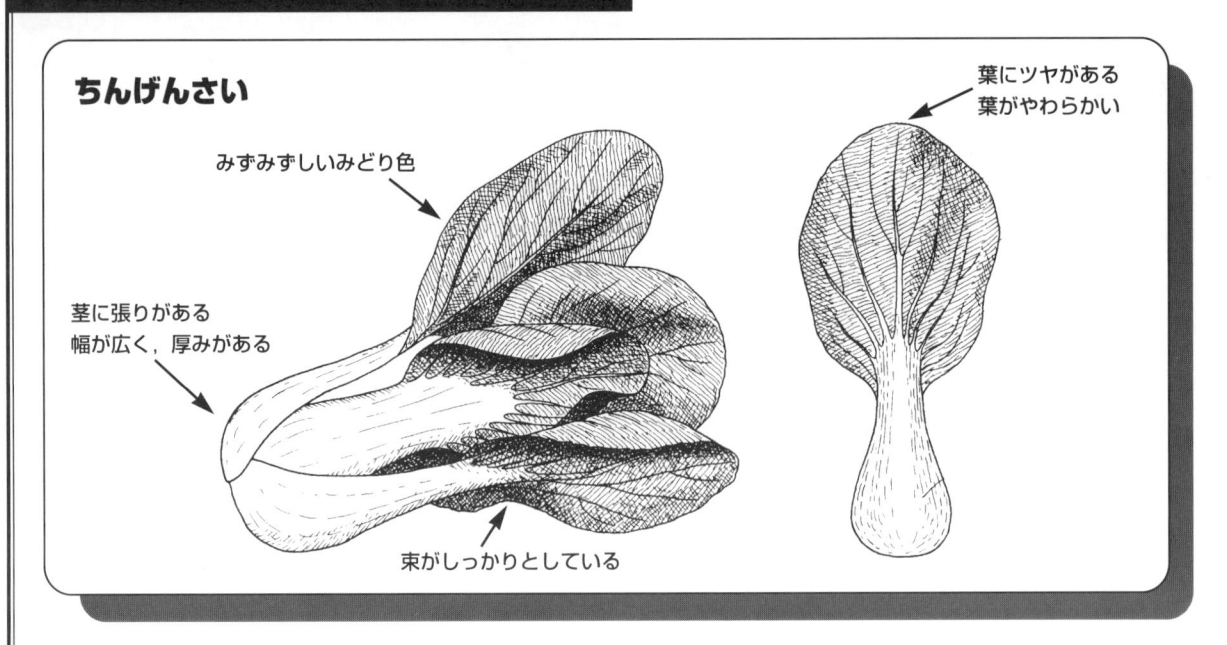

【ちんげんさい】

ちんげんさい

- 葉にツヤがある
- 葉がやわらかい
- みずみずしいみどり色
- 茎に張りがある
- 幅が広く，厚みがある
- 束がしっかりとしている

選び方のポイント

- ●葉にツヤがあるもの
- ●葉がやわらかいもの．
- ●茎に張りがあるもの．
- ●茎の幅が広く，厚みがあるもの．
- ●束（たば）がしっかりとしているもの．
- ●みずみずしいみどり色をしているもの．

栄養価

食材の100g中の含有率（％）

	0 0.5 1.0 1.5 2.0 2.5 3.0 3.5 4.0
たんぱく質	1.5
糖　　質	1.6
脂　　肪	0.1
無　機　質	1.0
ビタミン	0.03

栄養の特徴

ビタミンA・C，カルシウム，鉄分を多く含む．

料理メモ

- ●炒めもの，クリーム煮，牛乳煮（右参照），あえものなどに使うとよい．
- ●火を通すと，あざやかなみどり色になる．油で炒めるとさらにきれいな色になる．
- ●やわらかく，くせのない野菜なので，どんな料理にでもあわせやすい．
- ●歯ざわりがよく，煮くずれが少ないので，火を通しすぎても大丈夫．しかし，油で炒めすぎると色が悪くなるので，あまり長く炒めないほうがよい．
- ●茎の間には泥が入っているので，1枚ずつはがして泥をよく落とす．
- ●火が通りやすいように，茎には十字に包丁を入れる．
- ●あまり小さく切らないで料理に使う．

旬

1月～3月はハウスさいばいのもの．4月ごろからは露地栽培（ろじさいばい）ものが出回る．春から夏の間が旬．

原産地

中国が原産．日本では都市近郊でさいばいされている．

アブラナ科の植物．中国ではごくふつうの野菜です．日本でもっとも知られる中国野菜です．日本で食べられている中国野菜の60%を占めるといわれています．

さいばいしやすく，はやく収穫できるので，消費量の多い都市の近郊でさいばいされています．

ちんげんさいは，ビタミンAを多く含む野菜です．ビタミンAは，油で炒めると吸収がよくなるという長所があります．また，ゆでても，あまり量が変わりません．しゃきしゃきとした歯ざわりを楽しむことができる野菜です．

ちんげんさいの牛乳煮

① ちんげんさい（3束）を水洗いし，1枚を4等分に切る．

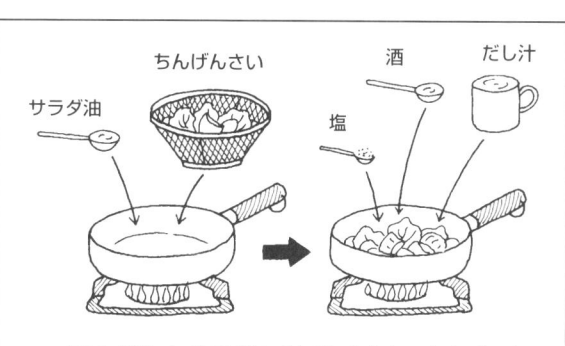

② フライパンにサラダ油（大2）を入れ，ちんげんさいを炒める．全体に油がのったら，だし汁（1カップ），塩（少々）酒（大1）を入れ，15分ぐらい煮る．

③ 牛乳（1カップ）に片栗粉（大1$\frac{1}{2}$）を入れてとき，②に加えて煮る．とろみがついたらできあがり．

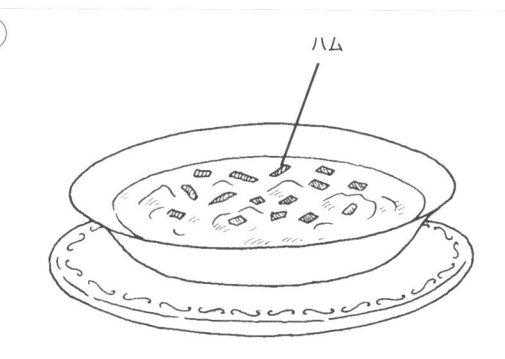

④ 器にもりつけ，みじん切りにした適量のハムなどをちらす．

【とうもろこし】

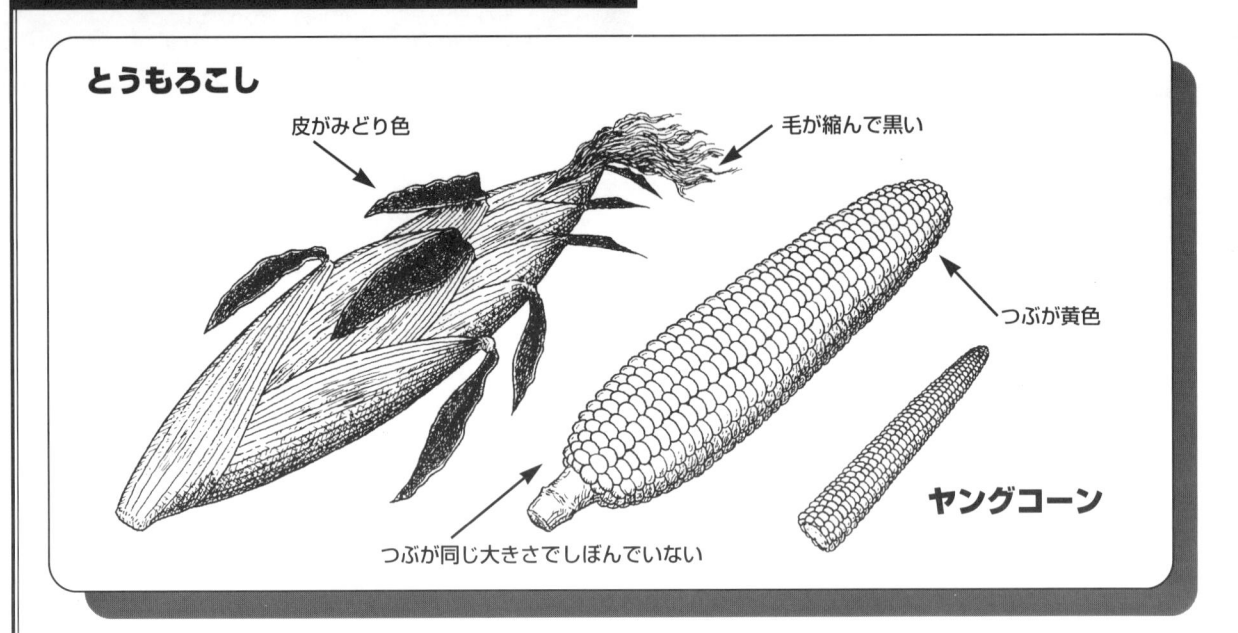

とうもろこし
- 皮がみどり色
- 毛が縮んで黒い
- つぶが黄色
- つぶが同じ大きさでしぼんでいない

ヤングコーン

選び方のポイント

- 皮がみずみずしいもの．
- 皮のみどり色が濃いもの．
- 頭の毛が縮んで黒っぽいもの．
- つぶが同じ大きさのもの．
- つぶのそろっているもの．
- つぶが黄色で，しぼんでいないもの．
- つぶが少しつぶれるぐらいやわらかいもの．

栄養価

食材の100g中の含有率（％）

	0 0.5 1.0 1.5 2.0 2.5 3.0 3.5 4.0
たんぱく質	3.3
糖　　質	18.7
脂　　肪	1.4
無 機 質	0.7
ビタミン	0.013

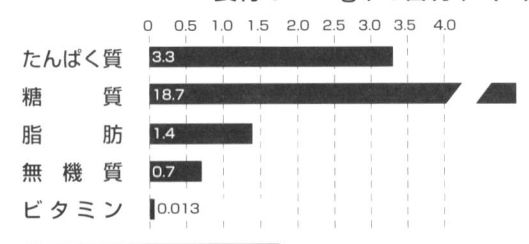

栄養の特徴

主成分は糖質で，たんぱく質，脂肪も多い．ビタミン類ではB_1，B_2，ナイアシンが多いのが特徴．

料理メモ

- とうもろこしは，皮をむいたものをゆでたり，焼いたりして，塩，しょう油をつけて食べる．
- つぶを天ぷらのかき揚げにしたり，バター炒めにして肉料理のつけあわせにしたり，コロッケに入れたり，鶏肉との煮込みスープ（右参照）にする．
- 中国料理には卵ととうもろこしのスープ，野菜ととうもろこしのあんかけ料理がある．
- 西洋料理では甘味の出るコーン・クリーム・スープにする．
- 甘味を生かし，風味を逃がさないためには，あまり煮すぎないほうがよい．スープなどの味つけは，味見をしてから最後に塩味を補うとよい．

旬

夏の間の7月～8月ごろが旬.

原産地

南アメリカ北部が原産. 日本では北海道, 千葉県, 鹿児島県, 茨城県が産地.

　イネ科の1年草. さいばいがかんたんで, 生長もはやく, 土質をあまり選びません. コロンブスがヨーロッパへ持ち込み, 食用や飼料用, 工業用として世界に広まりました. 日本へはポルトガル船で長崎へ入りました. その後, 北海道の開拓でアメリカから新品種が入り, 本格的にさいばいがはじまりました.

　とうもろこしの加工品には, コーン・スターチ, コーン・ミール, コーン・オイル, コーン・フレーク, アルコール類などがあります. 生食用にされるスイートコーン（甘味種）の代表的な品種には, 風味のあるゴールデンクロスバンダム, 甘味の強いハニーバンダムがあります.

　6～8cmの未熟な若い穂を食べるヤングコーンという種もあります.

とうもろこしのスープ（コーン・スープ）

① たまねぎ（40g）を繊維に直角にせん切りする. かんづめのとうもろこしをうらごしする.

② バター（大3）, たまねぎ, 小麦粉（大3）を炒め, 鶏ガラスープ（カップ4）, 適量のとうもろこしの皮を入れ, 10分ぐらい煮てからこす.

③ ②でこしたスープに, うらごしたとうもろこしと牛乳（1カップ）を加えて火にかける.

④ 塩（少々）などで味をととのえ, 生クリーム（大3）を加えて皿にもる. 最後にクルトンを少し入れる.

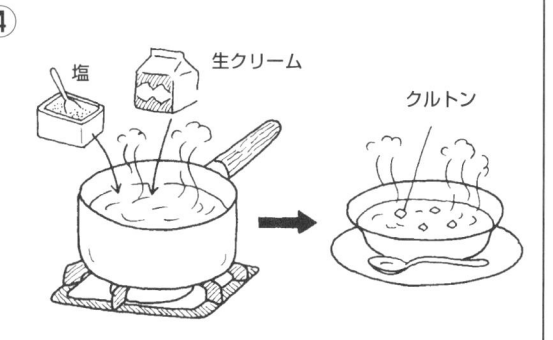

【とまと】

とまと

丸玉
丸い形
果実は赤色

ヘタ

ファースト
果実の先がとがっている

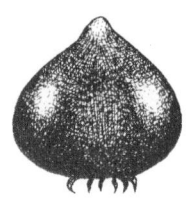

ももたろう
果皮がかたい
果実は丸玉より濃い赤い色

ミニとまと
直径1～4ミリぐらいの小型
果皮がかたい

選び方のポイント

- 形が角ばらず，すじ，みぞがないもの．
- 果肉が厚く，空洞のないもの．
- 実のかたくしまったもの．
- さわってやわらかくないもの．
- ヘタがきれいなみどり色をしたもの．

栄養価

食材の100g中の含有率（％）

	0 0.5 1.0 1.5 2.0 2.5 3.0 3.5 4.0
たんぱく質	0.7
糖　　質	3.3
脂　　肪	0.1
無 機 質	0.5
ビタミン	0.022

栄養の特徴

ビタミンが豊富で，特にA，B，Cを多く含む．無機質のカリウムも多く，アルカリ度の高い食品である．

料理メモ

- 新鮮なとまとは，水で洗って冷やしてうすく切るか，輪切り，くし形切りにし，そのまま食べる．少量の塩をかけて食べてもおいしい．
- 大きめに切ってサラダ（右参照）に使ったり，輪切りにし，サンドイッチの具にするのもよい．
- とまとを煮込み料理に入れたり，スープに使う時は，皮と種は長時間煮込んでも残るので，調理をする前に取る．
- 底に十文字に切れ目を入れ，へたを取り，さっと熱湯に通してすぐ冷水に入れると，皮がむきやすくなる．
- 横半分に切って，スプーンなどで種と汁を取り除く．

旬

味，形がよいものは，露地栽培（ろじさいばい）されたもので，6月〜10月が旬．

原産地

南アメリカのペルー，エクアドルが原産．日本では千葉県，長野県，熊本県，茨城県が産地．

とまとは，新鮮なおいしさを味わうためにサラダに使ったり，とまとの味を生かして，形はくずれてもよいスープ，ソース，シチュー，煮込み料理などに使われます．

とまとのにおいは，肉や魚のくさみをやわらげ，脂っこさをけす働きがあるので，肉類，いわし，卵などとよくあいます．

トマト・ピューレ（とまとをくだき，うらごし濃縮したもの），トマト・ペースト（ピューレをさらに濃縮したもの），トマト・ケチャップ（ピューレに香辛料，塩，砂糖，食酢を加えたもの），トマト・ジュースなどの加工品としても多く使われています．

サマー・サラダ

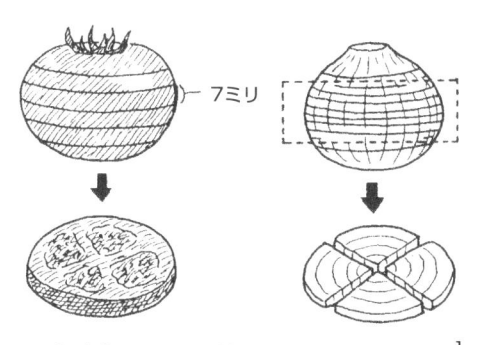

① とまと（2個）を7ミリの輪切りにする．たまねぎ（1/2個）はうすい輪切りにし，いちょう形に切る．

② パセリ（1/2枝）の葉を手で取り，みじん切りにする．

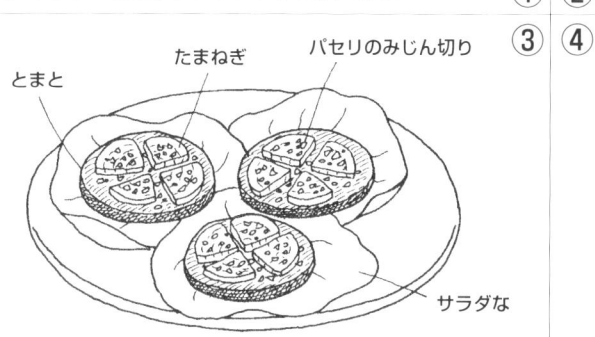

③ サラダなを洗って，水気をふき，皿にしく，とまとをのせ，その上にたまねぎをのせ，パセリをちらす．

④ 最後にドレッシングをかける．

●ドレッシングの割合
サラダ油　　大2
アップルビネガー　大1
塩，こしょう　少々

【なす】

なす

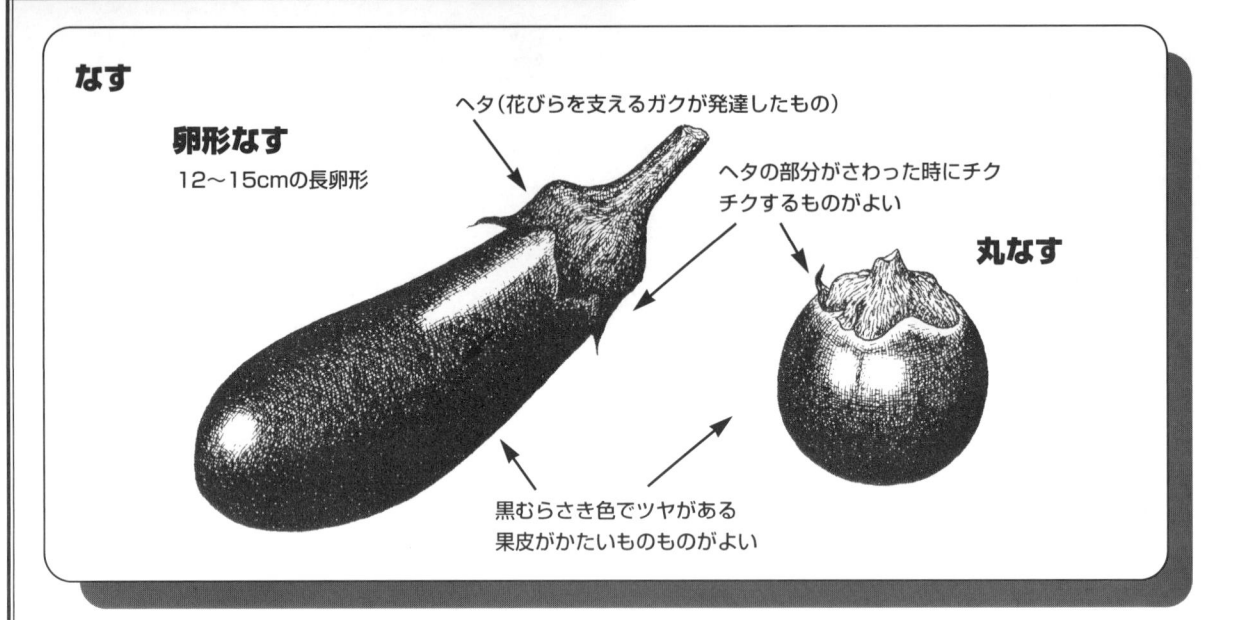

卵形なす 12～15cmの長卵形

ヘタ（花びらを支えるガクが発達したもの）

ヘタの部分がさわった時にチクチクするものがよい

丸なす

黒むらさき色でツヤがある 果皮がかたいものものがよい

選び方のポイント

- 卵形なす，丸なすは果皮がかたいもの．
- 新鮮で，果皮が黒むらさき色で，ツヤがよいもの．
- 胴の部分が張っているもの．
- ヘタの色が充実しているもの．
- ヘタの部分がさわった時にチクチクするものがよい．

栄養価

食材の100g中の含有率（％）

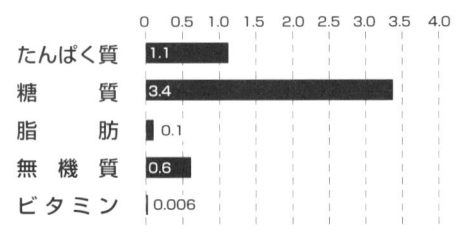

たんぱく質	1.1
糖　　　質	3.4
脂　　　肪	0.1
無　機　質	0.6
ビタミン	0.006

栄養の特徴

糖質が主で，ビタミン類，無機質はほかの野菜と比べて特に多くはない．

料理メモ

- なすは，炒めものや天ぷらなどによい．
- なすのつけものには，みょうばんやクギを入れると，なす特有の濃いむらさき色がきれいにでる．
- なすをみそ汁の具にする時は，煮すぎるとやわらかくなり，色も味が悪くなるので，なすに軽く火が通ったところで，手ばやくみそを入れて仕上げる．
- 焼きなす（右参照），煮もの，グラタン，スパゲッティに使ってもおいしい．
- 切るとアクが出て，なすの身の色が悪くなるので，料理によっては水にさらしてから使う．炒めものや天ぷらに使う時には，水気がはねて危険なので，かならずペーパーふきんなどで水気を取ってから調理をする．

旬

ハウスさいばいは，1年中出回っているが，夏野菜の代表で，露地栽培（ろじさいばい）ものは6月～9月に多く出回る．

原産地

インドの東部，東南部が原産．日本では高知県，福岡県，茨城県，埼玉県が産地．

なす科．なすびともいいます．インドが原産とされ，中国へ伝わり，1,200年以上さいばいされています．日本の代表的な野菜としてさまざまにかいりょうされ，長筒形，卵形，球形などいろいろな形があります．色も黒むらさき色，白，淡いみどり色があります．

「親の意見となすびの花はむだがない」ということわざは，なすの花には実がかならずなることから生まれたものです．

「秋なすは嫁には食わさぬ」ということわざは，秋なすはおいしいので食べさせないという解釈と，逆に，食べすぎて，からだをこわすことを心配した親心という解釈があります．

なすのなべしぎ焼き

① なす（4個）はヘタを切りそろえ，たて半分に切った後，水にさらす．

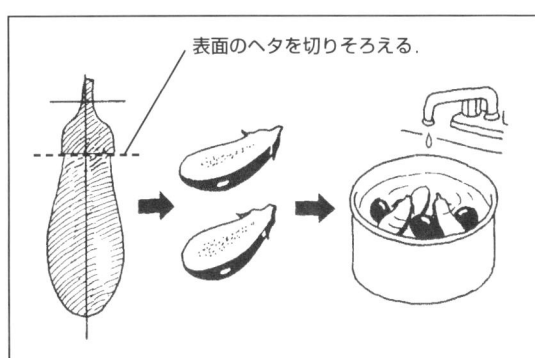

表面のヘタを切りそろえる．

② 酒（大1），砂糖（大3），しょうが汁（小1/2）を入れて，火が通ったら，みそ(60g)，だし汁(大1)を入れて，とろりとねる．

③ ①のなすの水気をふいて，フライパンにサラダ油を入れ，両面をこがさないように焼く．

④ 焼き上がったら器にもり，②のねりみそをかけてできあがり．

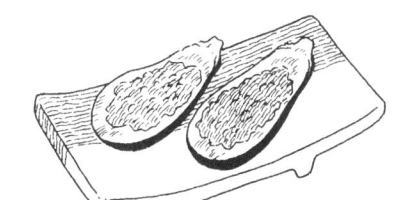

57

【にら】

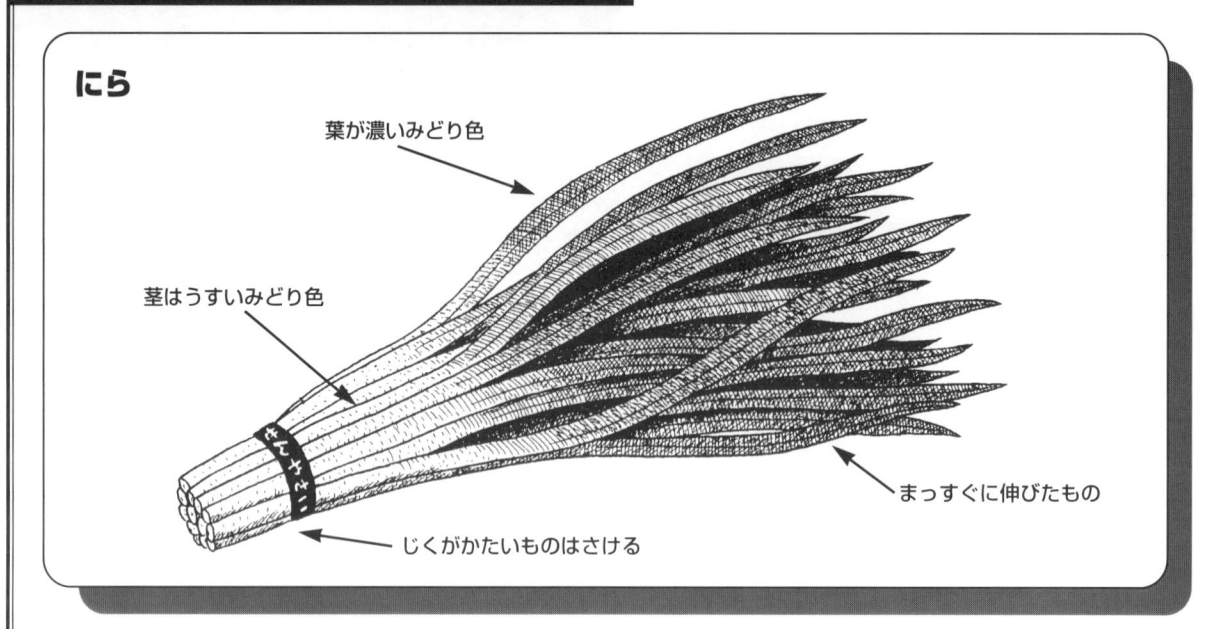

にら
- 葉が濃いみどり色
- 茎はうすいみどり色
- まっすぐに伸びたもの
- じくがかたいものはさける

選び方のポイント

- 茎が太くて，短いもの．
- にら独特のかおりがするもの．
- 葉がかれていないもの．
- 葉が濃いみどり色のもの．
- 茎はうすいみどり色のもの．
- 葉がまっすぐ伸びたもの．
- じくがかたくなく，やわらかいもの．

栄養価

食材の100g中の含有率（％）

成分	含有率
たんぱく質	2.1
糖質	2.8
脂肪	0.1
無機質	1.0
ビタミン	0.029

栄養の特徴

ビタミンAはとまとの10倍．代表的な緑黄色野菜．においは硫化アリルという物質．

料理メモ

- 独特のにおいで，肉料理のくさみをけし，肉のうま味とよく調和をする．
- 中国料理でレバニラ炒め，ぎょうざの具，スープ（右参照）などに使われる．
- 最近では，中国料理に使われる黄にら（日にあてないので色がつかない）にも人気がでている．
- 日本料理では卵とじ，雑炊の中に入れるとおいしい．
- にらのかおりを残すために，加熱は短時間のほうがよい．
- にらは傷つきやすく，保存ができないので，なるべく買った日に調理するようにする．

旬

5月～7月ごろがおいしい．

原産地

中国，フィリピン，インドネシア，台湾が原産．
日本では埼玉県，群馬県，福島県が産地．

にらは，「古事記」（712年）に登場するように，日本では古くから食べられています．むかしのにらは細長くてにおいの強い野菜でしたが，最近はいろいろな品種が出ています．

にらはビタミンA，B，C，カリウム，カルシウムを多く含み，不眠症，腰痛，冷え症，神経痛，精力減退，夏バテ防止によく効く野菜です．

昭和35年以降，日本で中国料理に人気が出てきたころから各地でさいばいされるようになりました．

1日2cmも生長するじょうぶな野菜で，ひと夏に3回も収穫するところもあります．

にらとカニのスープ

① にら（1/2束）は洗って，5cmの長さに切る．ゆでたからつきのカニ（200g）は，軟骨を除いてほぐす．

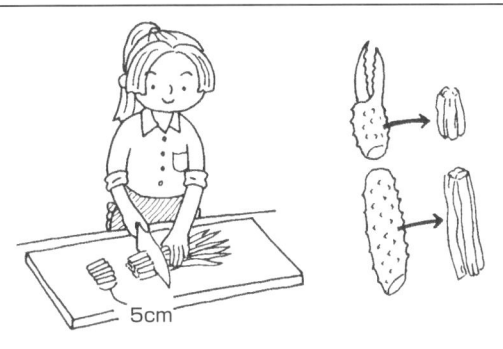

② 水とき片栗粉は水と片栗粉を同量で作る．
水＝大1，片栗粉＝大1

にら，カニを中華鍋で炒め，鶏ガラスープ（カップ4）と塩（少々），こしょう（少々），酒（大1）で味をつける．煮立ったら水とき片栗粉（大1）を入れて，とろみをつける

③ 卵（2個）をといて，なべの中に回し入れる．卵が半熟になったら，火を止める．

④ 器にきれいにもりつける．

【にんじん】

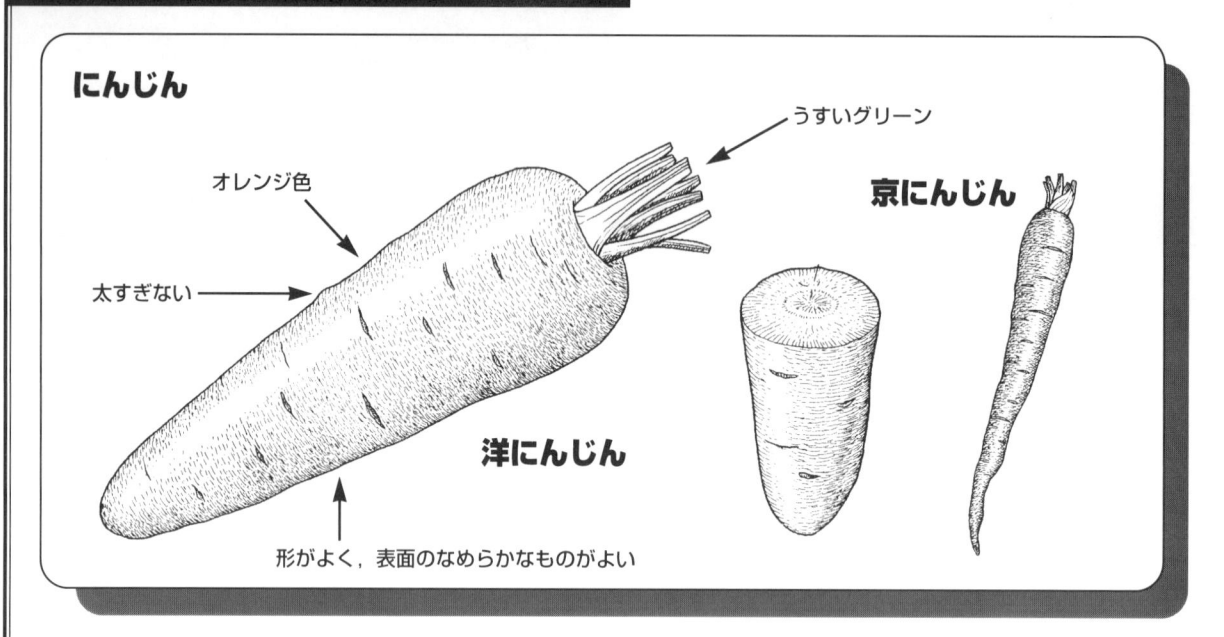

にんじん

洋にんじん
- オレンジ色
- 太すぎない
- うすいグリーン
- 形がよく，表面のなめらかなものがよい

京にんじん

選び方のポイント

- あまり太すぎないもの．
- 色が濃くて，形がよく，表面のなめらかなものがよい．
- 太陽があたりすぎて，首のまわりが青いものはさける．
- 古くなって，黒くなったものやかたいものはさける．
- 泥つきのにんじんがよい．

料理メモ

- にんじん嫌いな子どもには，ミキサーにかけ，砂糖を加えてキャロット・ジュースにするとよい．
- にんじんとごぼうを組み合わせてきんぴらごぼう，だいこんと組み合わせて紅白なます，もみじおろしなどに使われる．
- 栄養価を考え，なるべく皮をうすくむく．むきくずはスープなどの香味野菜に利用するとよい．
- 肉料理のつけ合わせとして，にんじんのグラッセがある．
- 天ぷら，サラダ(右参照)，煮ものなどにもよく使われる．

栄養価

食材の100g中の含有率（％）

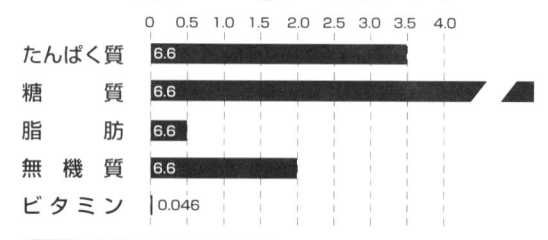

	0　0.5　1.0　1.5　2.0　2.5　3.0　3.5　4.0
たんぱく質	6.6
糖　　質	6.6
脂　　肪	6.6
無 機 質	6.6
ビタミン	0.046

栄養の特徴

野菜の中で，抜群のビタミンAがある．しんより皮の近くにビタミンAを多く含む．

60

旬

6月～10月までのものと，10月～3月までのものがある．

原産地

ヨーロッパが原産．日本では埼玉県，茨城県，静岡県が産地．

　セリ科．古くから世界中でさいばいされています．
　朝鮮にんじんに形や色が似ていることからにんじんという名がついたといわれています．
　東洋種のにんじんは濃い赤色をしており，京にんじんが代表的なものです．西洋種は，太くて短く，肉質がやわらかいという特徴があります．
　西洋種のほうがベーター・カロチンを多く含んでいます．
　むかしから，子どもたちが嫌いな野菜の代表選手といわれていますが，ジュースやケーキ，グラッセなどでにんじん好きの子どももふえてきました．

キャロット・サラダ

① にんじん（300g）はうすく皮をむく．3～4cmの長さに輪切りにしてから，うすく切り，せん切りにする．

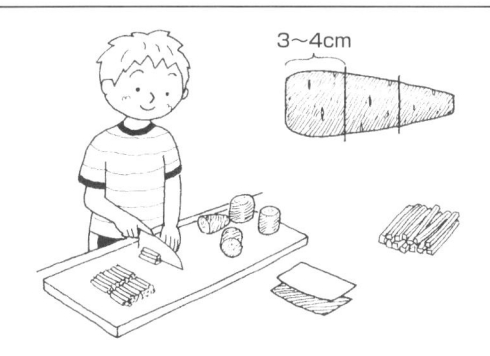

② 干しぶどう（30g）は熱湯をかけ，パセリ（1/2 枝）は手でちぎり，包丁でみじん切りにする．

③ ドレッシングの割合
アップルビネガー　大3
オレンジのしぼり汁　1個分
サラダ油　大3
はちみつ　小1
塩　小0.25
こしょう　少々

せん切りしたにんじん，干しぶどうにドレッシングをかける．

④ 皿にきれいにもりつけ，みじん切りをしたパセリを上にかける．

「上手にできたわね」

【にんにく】

にんにく

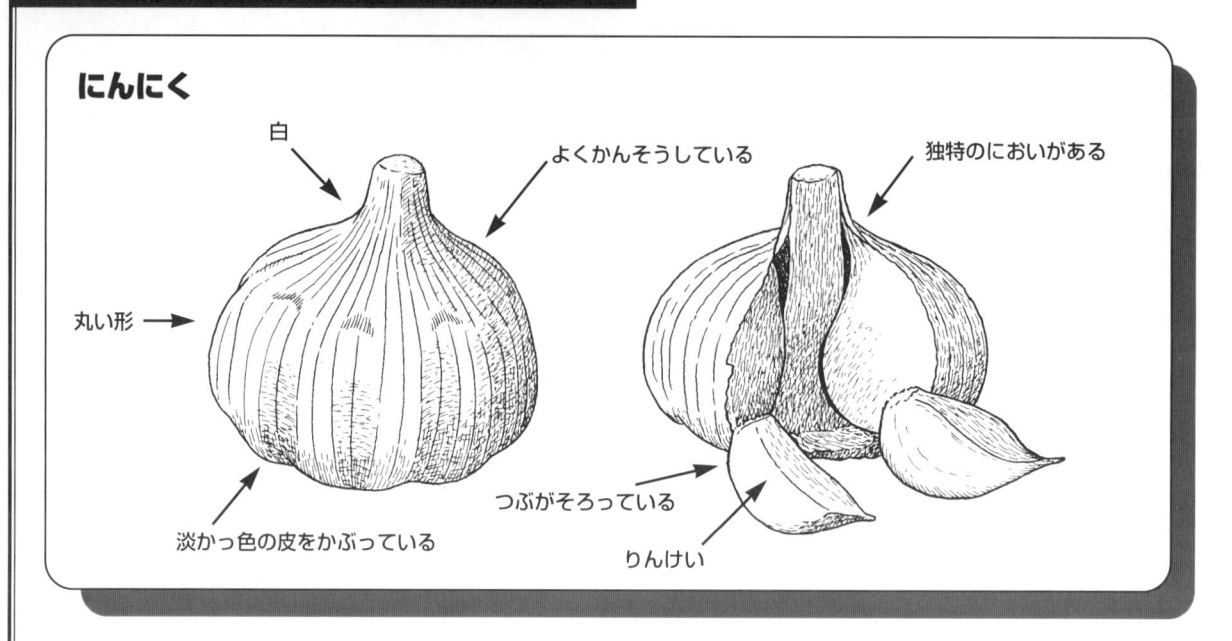

- 白
- よくかんそうしている
- 独特のにおいがある
- 丸い形
- 淡かっ色の皮をかぶっている
- つぶがそろっている
- りんけい

選び方のポイント

- よくかんそうしているもの．
- かたく，しまっているもの．
- 黄ばみの少ないもの．
- 独特のにおいがあるもの．
- 丸い形のもの．
- 大きめでつぶがそろっているもの．

栄養価

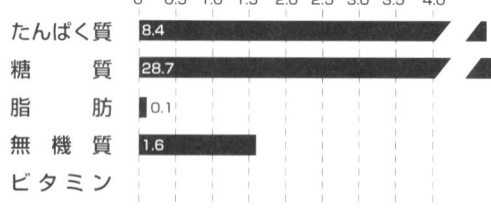

食材の100g中の含有率（％）

	0 0.5 1.0 1.5 2.0 2.5 3.0 3.5 4.0
たんぱく質	8.4
糖　　質	28.7
脂　　肪	0.1
無 機 質	1.6
ビタミン	

栄養の特徴

主成分は炭水化物．におい，から味は硫化アリル類．

料理メモ

- 強いにおいは，あまり好まれないが，料理によっては使うとよい風味を出す．
- 生のにんにくはから味があり，中国料理では食事中にかじることもある．
- すりおろしてカツオのたたきの薬味，パンにこすりつけてガーリック・トースト（右参照）などにするとよい．
- 煮ものにはうす切りにして入れると，から味は消えるがかおりは残る．
- うす切りのにんにくをつけておいたしょう油は，焼肉のたれに最適．
- にんにく自体を味わうためには，しょう油4に対して酒1を加えて一度煮立て，皮をむいた丸のままのにんにくをつけておく．うす切りにして食べても，きざんで炒めものに入れてもよい．

旬

5月～6月ごろが旬．

原産地

中国が原産．日本では佐賀県が産地．

中国では，2,000年以上前からにんにくはさいばいされていました．日本でもすでに10世紀に薬として使われていたという記録があります．殺菌作用が強く，かぜなどのウイルスを殺す薬効作用があるといわれています．また，古くから香辛料，強壮剤として使われてきました．

食べたにんにくの強いにおいは，牛乳を飲んでも消えません．生のにんにくは，刺激が強いので，一度に多く食べすぎると，胃炎，げりなどの胃腸障害をおこす場合があるので，注意しましょう．毎日，1～2片ぐらいの少量を食べるとよいでしょう．

ガーリック・トースト

① フランスパンを1.5cmの厚さにななめに切る．

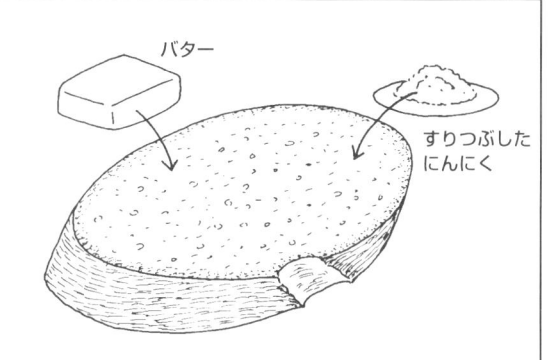

② 断面に適量のバターとすりつぶしたにんにくをぬる．

③ トースターでこんがりと焼く．

④ 焼きあがったら，皿にもりつける．

ハイできたわ

【ねぎ】

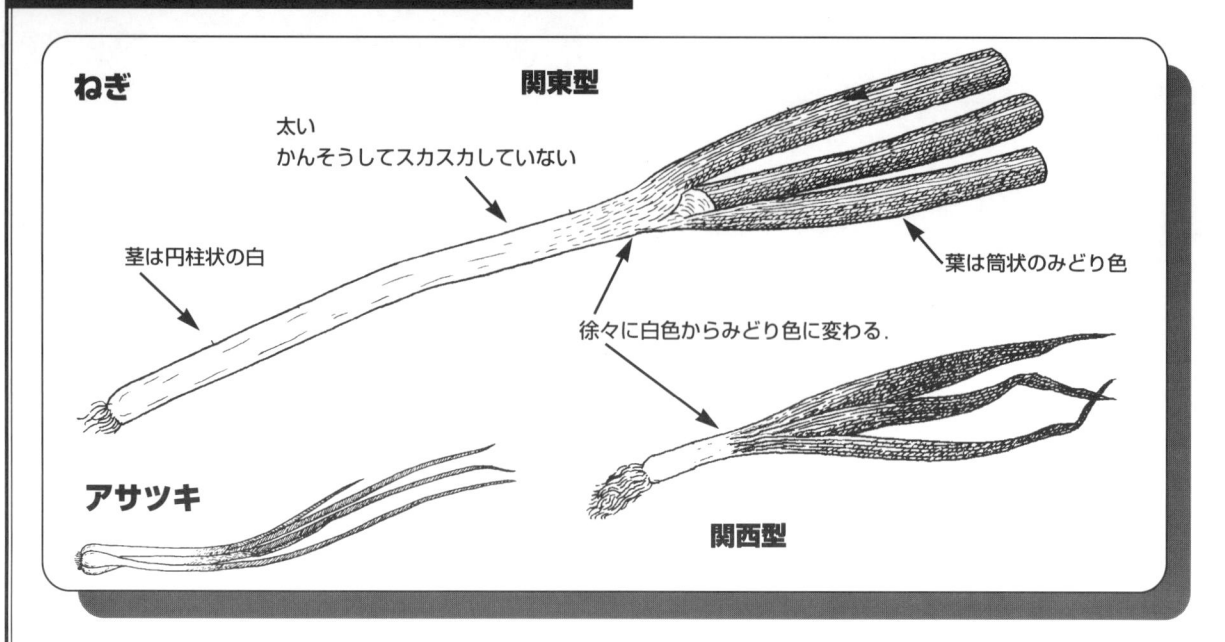

ねぎ　**関東型**
- 茎は円柱状の白
- 太い　かんそうしてスカスカしていない
- 葉は筒状のみどり色
- 徐々に白色からみどり色に変わる．

アサツキ　**関西型**

選び方のポイント

- あざやかな白色で，黄色くかれていないもの．
- 白色の部分が太く，つまっているもの．
- 白色の部分がかんそうしてスカスカしていないもの．
- 少し湿っているもの．
- 少しねばねばしたものがよい．

栄養価

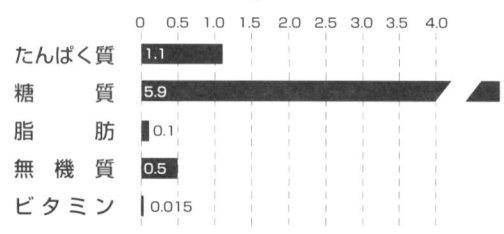

食材の100g中の含有率（％）

	0　0.5　1.0　1.5　2.0　2.5　3.0　3.5　4.0
たんぱく質	1.1
糖　　　質	5.9
脂　　　肪	0.1
無　機　質	0.5
ビタミン	0.015

栄養の特徴

みどり色の部分にビタミン類が多い．硫化アリルを含む．

料理メモ

- 生のままみじん切りにし，めん類，なべもののつけ汁の薬味にするとよい．
- 白く太い部分は，高温で短時間加熱すると，甘味がひきたつので，揚げものや加熱調理に向いている．鶏肉と交互に串にさして焼くとおいしい（右参照）．
- すきやきなどの肉料理や魚料理にねぎを入れると，肉や魚の生ぐさみをけす効果がある．また，ねぎもおいしく食べられる．
- 香味野菜としてスープや炒めものに使われる．
- 中国料理のあんかけ料理には，白髪ねぎ（ねぎの白い部分を使ってせん切りにしたもの）にして天盛りにされるが，見た目もよく，味もひきたつ．

旬

9月～4月ごろが旬．

原産地

中国西部が原産．日本では群馬県，茨城県，京都府が産地．

ユリ科の多年草．食用や薬用として古くからさいばいされています．

秋から春にかけて生長し，晩春に50cm以上の花茎を伸ばし，ネギ坊主をつけます．

関東型と関西型があり，関東では特に白色の部分が好まれます．関西では九条ねぎのようにみどり色の葉も食べられています．全国でさいばいされているので，さまざまな品種がありますが，輸送の関係から，全国的に食べられている品種はかぎられています．

最近は，葉を食べる万能ねぎやアサツキにも人気が出てきています．

鶏肉とねぎの串焼き

① 鶏のもも肉は（1枚，300g）を2cm角に切り，下味のしょう油（大1），しょうが汁（小1）につける．

② ねぎ（1本）は2cm幅に切る．

③ 鶏肉とねぎを交互に串にさす．フライパンにサラダ油を少し入れ，熱して焼く．たれのみりん（大2），しょう油（大2）を別のなべであたため，煮つめる．

④ 煮つめたたれをはけでぬって，もりつける．好みで粉山しょうを少しふりかけてもよい．

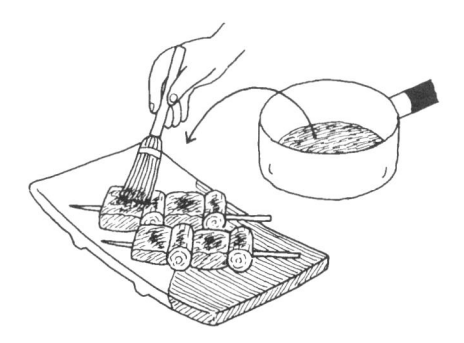

【はくさい】

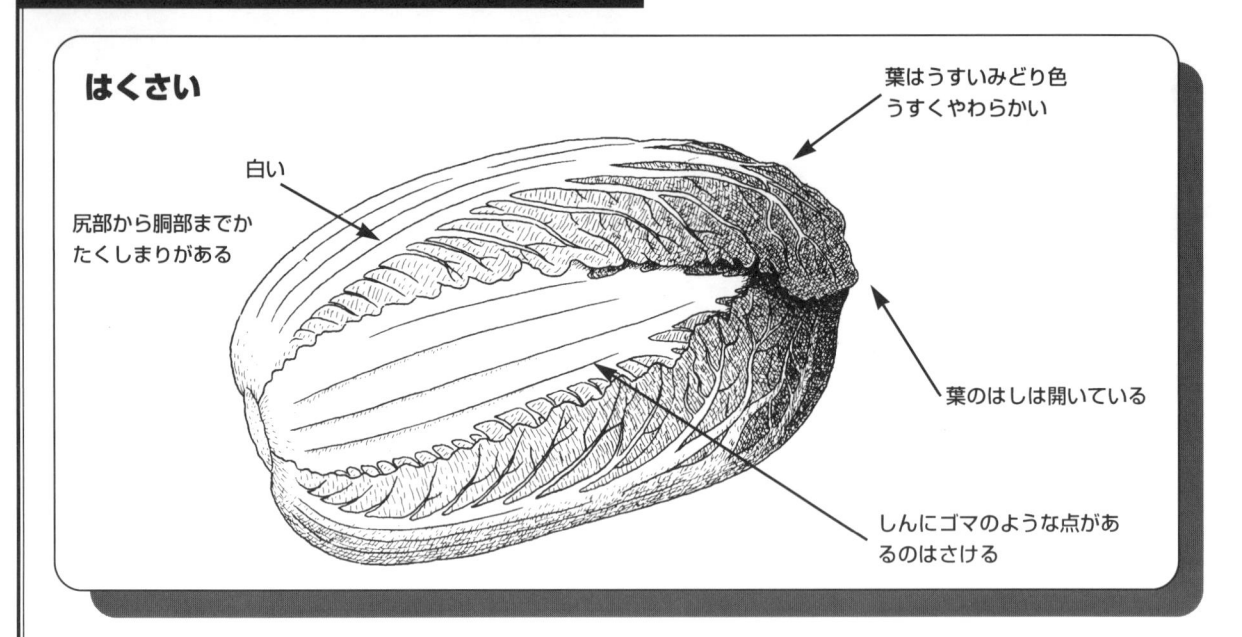

はくさい

- 葉はうすいみどり色 うすくやわらかい
- 白い
- 尻部から胴部までかたくしまりがある
- 葉のはしは開いている
- しんにゴマのような点があるのはさける

選び方のポイント

- 新鮮で傷がないもの．
- かたくしまっていて重いもの．
- 葉がうすく，質もやわらかいもの．
- 葉の巻きがしっかりしているもの．
- しんにゴマのような点があるものはさけたほうがよい．
- 葉のはしは開いている．

栄養価

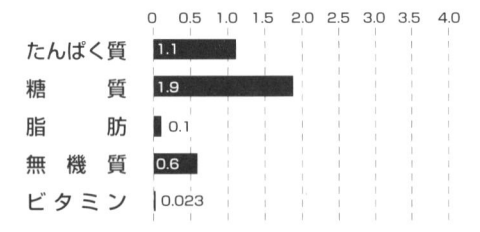

食材の100g中の含有率（％）

たんぱく質	1.1
糖質	1.9
脂肪	0.1
無機質	0.6
ビタミン	0.023

栄養の特徴

ビタミンAとCが比較的多い．やわらかい食物繊維を含むため，消化器の活動をよくする．

料理メモ

- 甘味が強く，肉厚で組織がかたいので，生食には向かない．ただし，つけものは塩分で組織がやわらかくなるので，生食できる．
- 加熱調理の材料として炒めもの，煮もの，なべものなどに使われる．
- 日本料理では，豚肉，鶏肉，まぐろなど脂肪の多い材料が入ったなべものによくあい，なべものをさっぱりと食べることができる．
- はくさいを煮ると，かさがへり，やわらかく，甘味も出るので，たくさんの量を食べることができる．
- 西洋料理ではベーコンを入れたスープ煮（右参照），バターとクリームで煮たクリーム煮などがある．

旬

1年中出回っているが，寒いころの12月～1月が旬．

原産地

中国東北部が原産．日本では茨城県，長野県，愛知県が産地．

アブラナ科．はくさいは大きく分けて葉がかたくしまっている結球種と葉が開いた不結球種とその中間の半結球種があります．

一般にはくさいは，寒さに強く，秋まきで50～90日で収穫されます．

大きくなる野菜で，1個1.8～4kgぐらいあり，葉の数はひとかぶで70～200枚ぐらいあります．

はくさいの生産量はだいこん，きゃべつとならんで多く，家庭で親しまれている野菜のひとつです．

ひとかぶ買って保存する時には，ぬらした新聞紙で包み，暗く，涼しい所に立てておきます．

はくさいと肉だんごのスープ

① はくさい（400g）は3×6cmに切る．はるさめ（40g）は熱湯でもどして5cmの長さに切る．

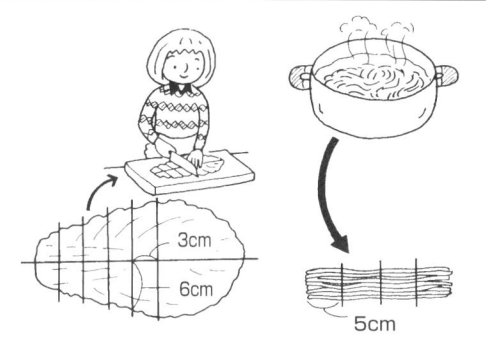

② ボールに豚のひき肉（200g），しょうが汁を少々，ねぎ（$\frac{1}{4}$本）のみじん切り，水（大4），酒（大1），塩（小$\frac{1}{2}$），片栗粉（大$\frac{1}{2}$）をまぜあわせ，小さいだんごにする．

③ 鶏ガラスープ（カップ6）を入れて，ふっとうさせ②を加える．おたまでアクを取りながら，少し煮てから，はくさいを入れる．

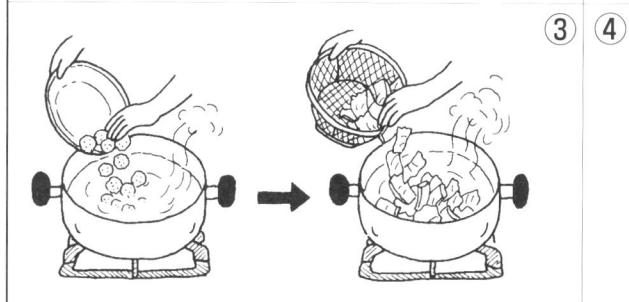

④ ふたたびふっとうしたら，火を弱め，7～8分ぐらい煮立て，はるさめを加える．塩（小1），酒（大1），しょう油（小1）で味をつける．器にもりつける．

【パセリ】

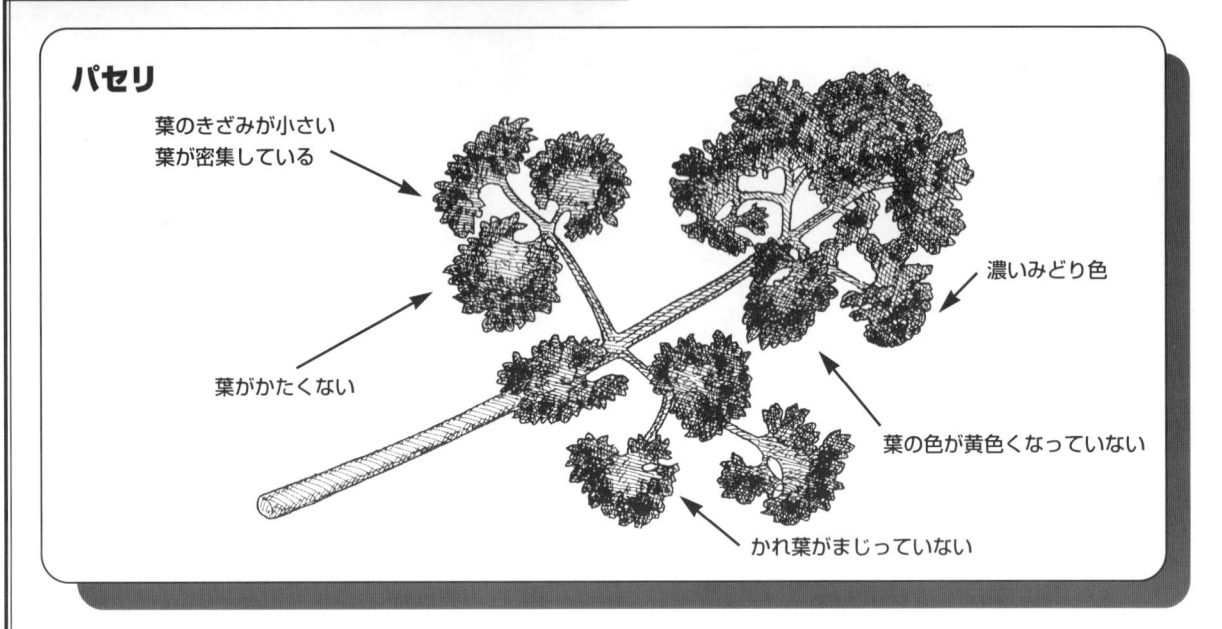

パセリ

- 葉のきざみが小さい
- 葉が密集している
- 葉がかたくない
- 濃いみどり色
- 葉の色が黄色くなっていない
- かれ葉がまじっていない

選び方のポイント

- 葉のきざみが小さいもの．
- 葉が密集しているもの．
- 葉が黄色くなっているものはさける．
- 葉がかたくないもの．
- かれ葉がまじっていないもの．

栄養価

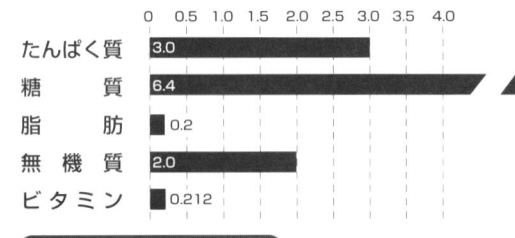

食材の100g中の含有率（％）

成分	含有率
たんぱく質	3.0
糖質	6.4
脂肪	0.2
無機質	2.0
ビタミン	0.212

栄養の特徴

生野菜の中では，比較的水分が少なく，無機質とビタミンが豊富である．

料理メモ

- 西洋料理の皿にはパセリがそなえられ，料理に色どりを与えている．あざやかなみどりと形が美しい野菜．
- 葉や茎がかたいことと，くせのある強い味のために，日本では食べる人は少なく，アクセサリー的にしかあつかわれていない．
- スープ，サラダなどに細かくきざんで，さらしパセリとして使う．色どりと栄養価値をともに利用できる．
- 肉，魚料理には香味野菜として使われるが，煮ると特徴を失ってしまう．
- ころもを少しつけるか，そのまま揚げると，色，かおりともに残る．フライなどのつけあわせにするとよい．低い温度で揚げるのがコツ（右参照）．

旬

春に種をまくものは7月～12月．秋にまくものは12月～5月．1年中出回っているが，初夏のころがやわらかくかおりも高い．

原産地

地中海沿岸が原産．日本では東京都，千葉県が産地．

　セリ科の2年草．ヨーロッパでは紀元前からさいばいされており，食べられていました．古代ローマ人は，血液が浄化する働きがあるとして，薬用にも使っていました．日本には明治以降に入ってきました．現在では世界中で食べられています．
　かおりの高い野菜で，肉，魚料理などのこってりとした料理の後に食べると，口の中のにおいを消し，さっぱりとします．
　縮葉種や平葉種，根を食べる根用種があります．家庭でさいばいする時には，芽が出るのが遅く，夏の暑さやかんそうに弱いので注意が必要です．

揚げパセリ

① パセリ（1枝＝1人分）の葉を手でつみとる．

② パセリを流水で軽く洗う．ふきんで水気をふく．

③ パセリを低温（150～160度）でカリッとするまで揚げる．

④ フライなどのつけあわせにする．

【ピーマン】

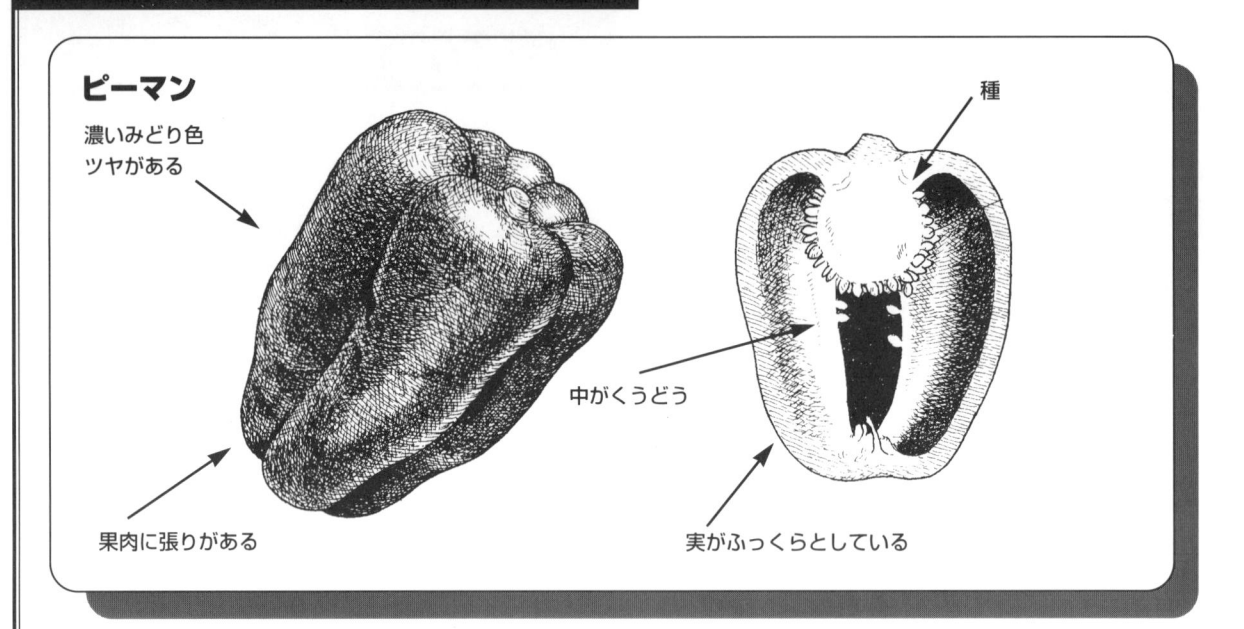

ピーマン
- 濃いみどり色 ツヤがある
- 果肉に張りがある
- 種
- 中がくうどう
- 実がふっくらとしている

選び方のポイント

- ●濃いみどり色をしているもの．
- ●ツヤがあるもの．
- ●果肉に張りがあるもの．
- ●実がふっくらとしているもの．

栄養価

食材の100g中の含有率（%）

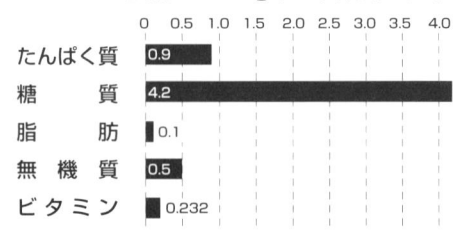

成分	含有率
たんぱく質	0.9
糖質	4.2
脂肪	0.1
無機質	0.5
ビタミン	0.232

栄養の特徴

ビタミン類が多い．みどり色の部分が濃いほうが栄養分を多く含む．

料理メモ

- ●ビタミンが多く，あざやかな色と特有のかおりを持つ．
- ●から味や甘味も強く，生のまま食べることもできる．かたいので，きざんでサラダに使うとよい．
- ●加熱するとやわらかくなり，くせもぬけ風味がよくなる．ただし，加熱しすぎるとかおりと歯ぎれのよさがなくなるので，強火で短時間で調理をする．
- ●肉とあいしょうがよいので，お互いの味がひきたつ．中がくうどうなので，ひき肉のつめものなどにするとよい．
- ●揚げもの，でんがく，コロッケ，ハンバーグ，ミート・ソース，スープの青み，炒めもの(右参照)などに使われる．

旬

ハウスさいばいの発達で1年中出回っている．夏の間が旬．

原産地

中南米が原産．日本では千葉県，静岡県，茨城県が産地．

ナス科の植物．唐辛子の一種．唐辛子の中でから味が少なく，中〜大型で甘味のあるものを「ピマン」とフランス語でいっていたため、ピーマンという名前がついたとされています．

中型のもの，小型で細長く肉のうすいもの，大型で肉厚のものがあります．スーパーなどでよく見かけるものは中型のものです．皮はツヤのあるみどり色です．大型のものには黄色や赤い色になるものもあります．

黄色や赤い色のピーマンは「ピメント」といわれ，皮の表面にはくぼみが少なく，特有の甘味とかおりがあります．

ピーマンと牛肉のせん切り炒め

① 牛肉の赤身のうす切り（100g）をせん切りにし，下味の酒，（大1），しょう油（大1）につけ，サラダ油（大1），片栗粉（小1）をまぶす．

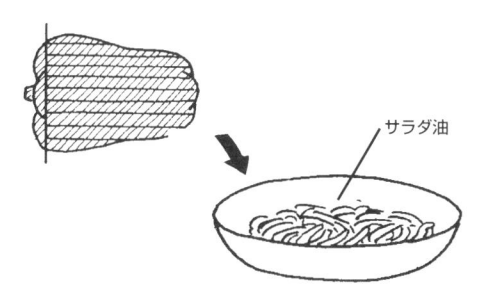

② ピーマン（400g）は種を除き，せん切りにする．ピーマンとサラダ油（大1）をボールに入れ，まぜあわせ，皿においておく．

③ 中華なべにサラダ油（大1$\frac{1}{2}$）を入れ，つぶしたにんにく（大1）を炒める．あらくみじん切りにしたねぎ（大1）を入れて炒める．最後に①の材料，②の材料の順に入れて炒める．

④ 塩（小1$\frac{1}{2}$），砂糖（小$\frac{1}{2}$〜1），酒（大1），しょう油（大1）の順に調味料を加え，手ばやくまぜ，皿にもりつける．

【ブロッコリー】

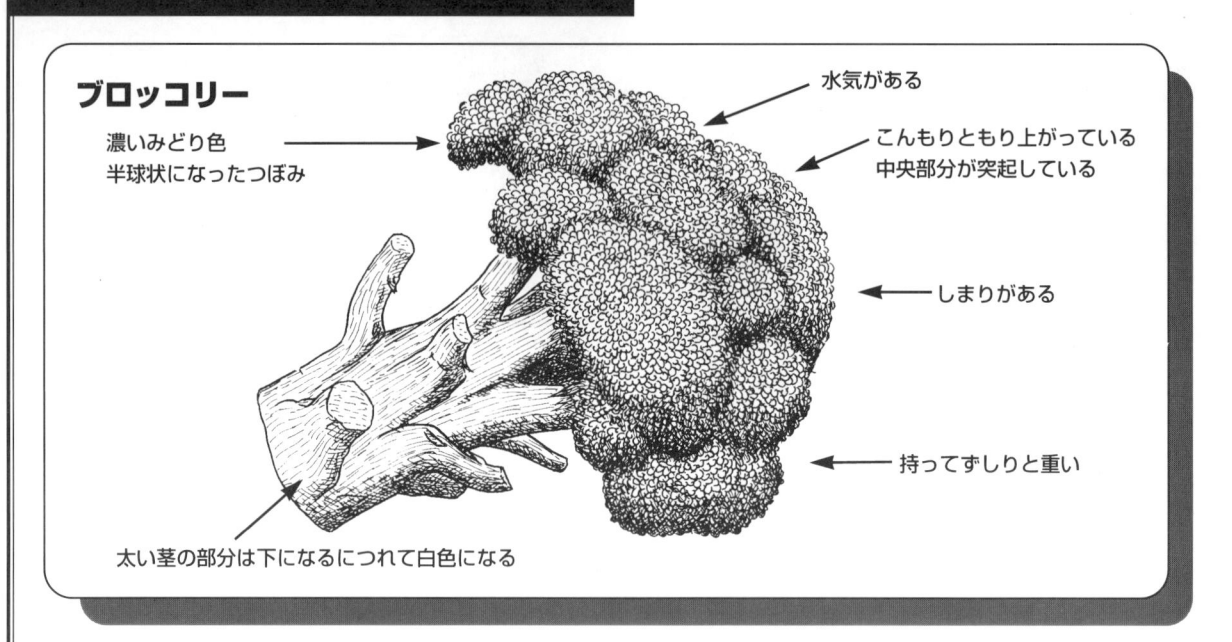

ブロッコリー
- 濃いみどり色 半球状になったつぼみ
- 水気がある
- こんもりともり上がっている 中央部分が突起している
- しまりがある
- 持ってずしりと重い
- 太い茎の部分は下になるにつれて白色になる

選び方のポイント

- 先の部分がこんもりともり上がっているもの．
- 中央部が突起しているもの．
- 黄色くなっているものはさける．
- 汚れているものはよくない．
- 水気があるもの．
- しまりのあるもの．
- 持った時にずしりと重いもの．

栄養価

食材の100g中の含有率（％）

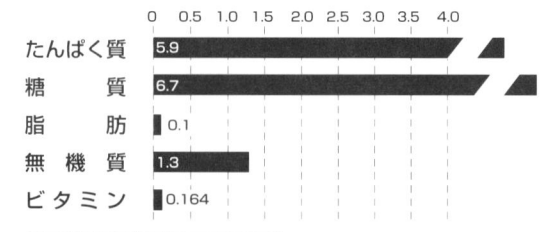

たんぱく質	5.9
糖質	6.7
脂肪	0.1
無機質	1.3
ビタミン	0.164

栄養の特徴

炭水化物，たんぱく質ともに多く，ビタミンも多く含む．

料理メモ

- ブロッコリーはふつうゆでてから，サラダ，炒めものなどいろいろな料理に使われる．
- 花と茎をいっしょに調理することがほとんどだが，花の部分はやわらかく，煮くずれしやすい．うま煮やスープ煮にする時は若い茎だけを用いるとよい．
- 肉料理のつけあわせとして，青みに使う時は，きれいなみどり色にゆであげるためにも，ビタミンなどの栄養をこわさないためにも，ゆですぎないようにする．
- くせのない野菜で，どんな調理法にもあう．サラダ，グラタン（右参照），ソースをかける，チーズ焼き，ピクルスなどいろいろな味つけで食べられる．

旬

1年中出回っているが9月～1月ごろがおいしい．

原産地

イタリアが原産．日本では千葉県，埼玉県，神奈川県，東京都が産地．

アブラナ科．ブロッコリーは，カリフラワーとともにきゃべつから品種かいりょうされてきた野菜です．食べる部分は花のつぼみと若い茎です．カリフラワーは花球を食べます．ブロッコリーはつぼみが発達していますが，カリフラワーは未発達です．

栄養面でもカリフラワーよりブロッコリーのほうが優れています．

欧米で広く食べられるようになったのは第二次世界大戦以降と比較的新しい野菜です．イタリアでかいりょうされ，イタリアの人々に好んで食べられたため，「イタリアン・ブロッコリー」と呼ばれています．

ブロッコリーのグラタン

① ブロッコリー（2個）を小房に分けて，塩をひとつまみ入れた熱湯でゆでる．

② 卵黄（4個），生クリーム（$\frac{3}{4}$カップ），おろしチーズ（100g），塩，こしょう，ナツメグ（各少々）をまぜあわせる．

③ フライパンにバター（大$\frac{1}{2}$）を入れ，ブロッコリーを炒め，塩（少々），こしょう（少々）をする．耐熱容器にブロッコリーを入れ，②をかける．

④ ③を200度の天火で，10分ぐらい焼く．

【ほうれんそう】

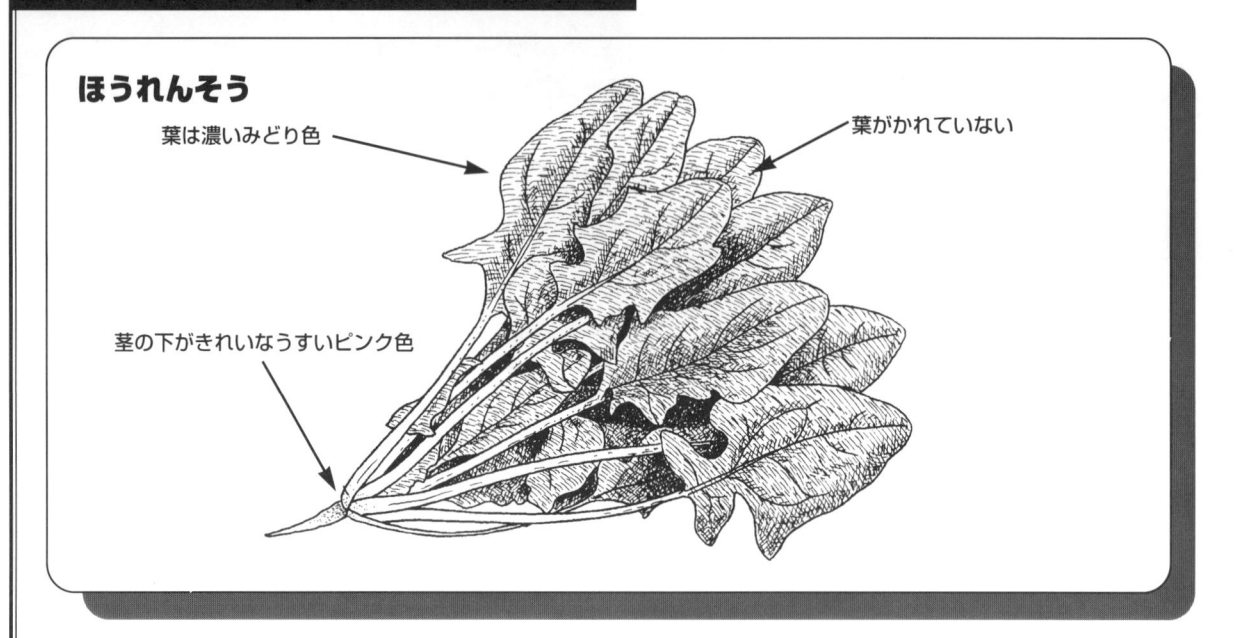

ほうれんそう
- 葉は濃いみどり色
- 葉がかれていない
- 茎の下がきれいなうすいピンク色

選び方のポイント

- 葉の色が濃いみどり色をしているもの．
- 葉がかれていないもの．
- 葉がみずみずしいもの．
- 茎の下がきれいなうすいピンク色のもの．

栄養価

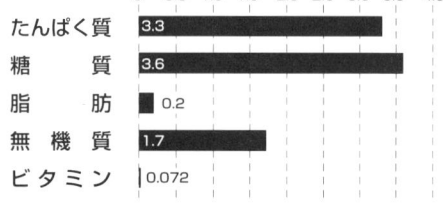

食材の100g中の含有率（％）

たんぱく質	3.3
糖　　質	3.6
脂　　肪	0.2
無機質	1.7
ビタミン	0.072

栄養の特徴

カロチンやビタミンC，鉄分を多く含んでいる緑黄色野菜．

料理メモ

- 葉がやわらかく，加熱しすぎると色があせる．ほうれんそうのゆで方が，野菜をゆでる基本になっている．
- 大きななべに入れたたっぷりの水をふっとうさせ，少量の塩を加え，ほうれんそうを茎からなべに入れ，強火で数分ゆでる．ほうれんそうのみどり色があざやかになったら，根もとはかためでも，すぐになべから取りだし，水で冷やす．
- アクが強いので，あまり生で食べるのにはむいていない．ゆでてうらごし，スープやクリームあえに入れたり，きざんでコロッケ，グラタンなどにする．
- ゆでておひたし（右参照），ゴマあえ，くるみあえなどにするとおいしい．

旬

1年中出回っているが，12月〜2月の冬のころがおいしい．

原産地

イランなどの西アジアが原産．日本では埼玉県，茨城県，千葉県が産地．

アカザ科の1〜2年草．世界中で食べられている野菜のひとつです．日本へは17世紀に東洋種（葉の切り込みが大きい．いたみがはやい）が入ってきました．また，明治以降に西洋種（葉の切り込みが小さい．暑さに強い）が入ってきました．

現在では東洋種と西洋種のよいところをまぜあわせた雑種が多くさいばいされています．

栄養面でも優れた緑黄色野菜で，和食，洋食，中華料理に幅広く使われている野菜です．

アメリカのマンガの主人公であるポパイの大好物で，食べると怪力をだします．ポパイとともに人人気になった野菜のヒーローです．

ほうれんそうのおひたし

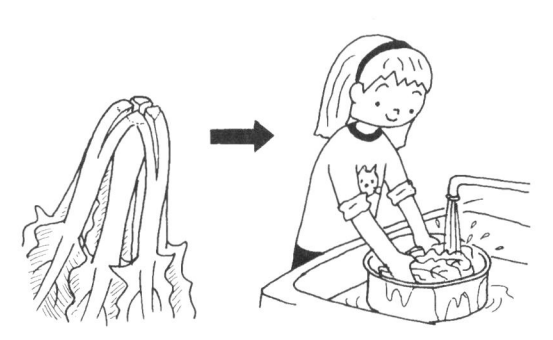

① ほうれんそう（1束）根もとに×印の切れ目を入れ，流水で洗い水気をきる．

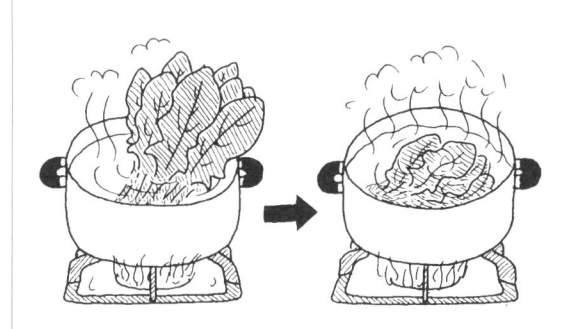

② たっぷりの熱湯のなべの中に根と茎を入れる．少しゆでた後で葉を湯に入れる．やわらかくなるまでゆでる．

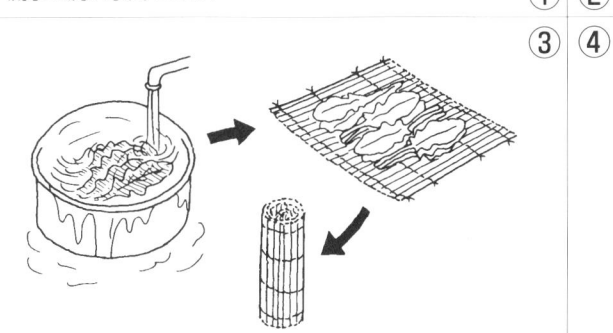

③ たっぷりの冷水にさらす．まきすに葉と茎を交互におき，まきつけてから，水気をきる．

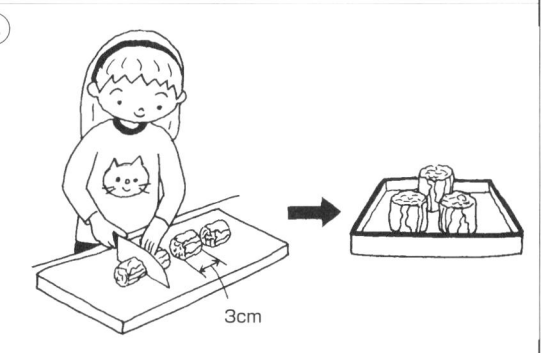

④ まきすを取り，3cmの長さに切り，皿にもりつけ，かつおぶし（少々），しょう油（少々）をかけて食べる．

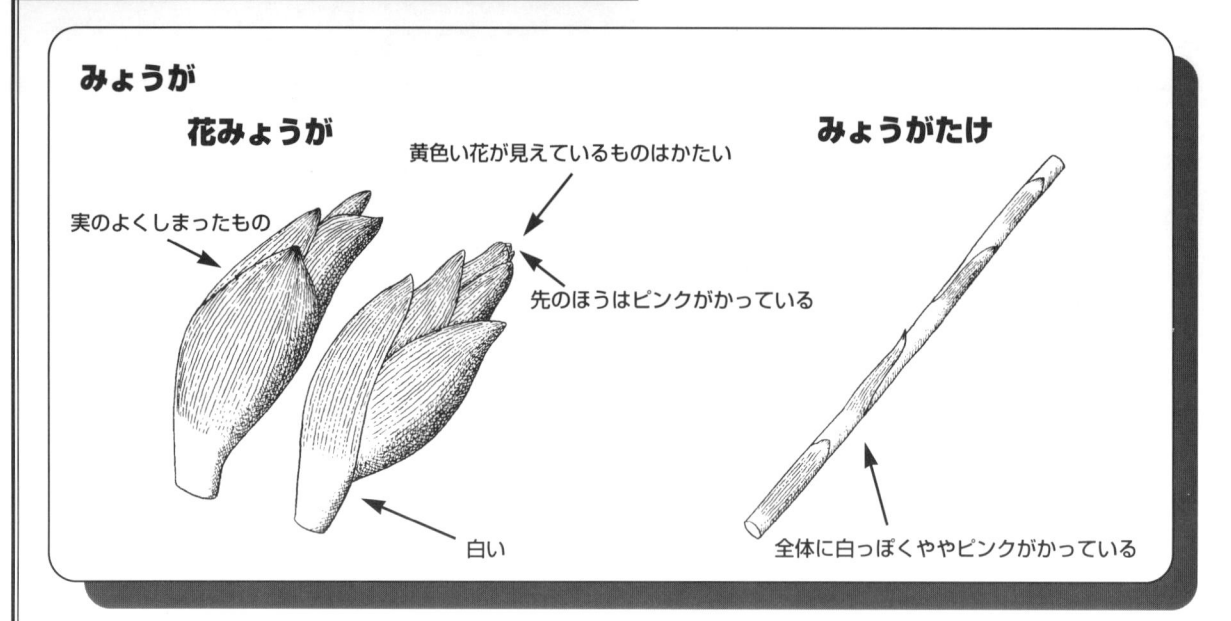

【みょうが】

みょうが

花みょうが　　黄色い花が見えているものはかたい　　みょうがたけ

実のよくしまったもの

先のほうはピンクがかっている

白い

全体に白っぽくややピンクがかっている

選び方のポイント

- 色が白からピンクで，みどりがかっていないもの．
- 先のほうがしっかりと閉じているもの．
- 実がよくしまっているもの．
- 20cmぐらいの長さのみょうがたけは，全体に白っぽく，ややピンクがかっているもの．

栄養価

食材の100g中の含有率（％）

	0	0.5	1.0	1.5	2.0	2.5	3.0	3.5	4.0
たんぱく質	1.2								
糖　　質	2.1								
脂　　肪	0.1								
無 機 質	0.7								
ビタミン	0.006								

栄養の特徴

約94％が水分で，ビタミンはあまり多くない．

料理メモ

- 花みょうが，みょうがたけはさわやかなかおりが特徴の野菜なので，その風味を生かして，生できざんでサラダやつけもののかおりづけ，そうめん，そば，冷ややっこの薬味として使う．
- みょうがの甘酢づけ（右参照）は，少量の塩を入れてからさっとゆで，甘酢につける．

- 刺身のかざりにも使われる．
- さっとゆでてから，酢みそあえなどにしてもおいしい．
- まるのまま，ぬかみそづけやかすづけなどにして食べる．

旬

みょうがたけは5月ごろが旬．みょうがは6月～7月ごろと，8月～11月ごろの2回旬がある．

原産地

日本の本州から沖縄にかけてが原産．数少ない日本が原産の野菜のひとつ．群馬県，奈良県，京都府などが産地．

しょうが科．みょうがたけは茎，みょうがは，花みょうがあるいはみょうがの子といわれ，花のつぼみです．みょうがは別名「忘れ草」ともいわれ，食べると物忘れをするという俗説があります．

日本が原産地．各地の山や林の中にはえているものもあるので，見かける機会があります．庭にもよく生えます．

花みょうがもみょうがたけも，さいばいする時には，土をかけて育てるので，全体の色が白っぽくなります．みどり色がかっているものは太陽があたっているもので，かたくなっています．

みょうがの甘酢づけ

① みょうがはたて半分に切る．

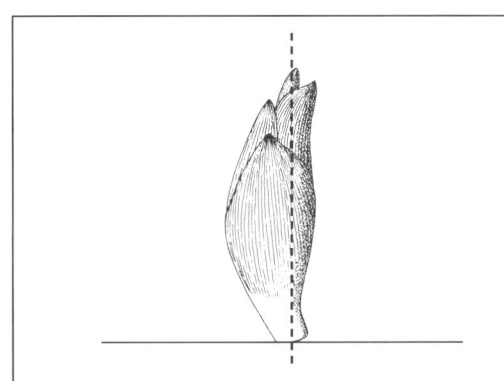

② 甘酢を作る（酢と砂糖は3：1）．

甘酢
酢　　大3
砂糖　大1
塩　　小1/4

③ ①のみょうがを熱湯でさっと湯通しする．

（ゆですぎないでね／ウン）

④ 湯通しをしたみょうがをザルに入れ，お湯をきり，あついうちに②の甘酢につける．

【もやし】

もやし

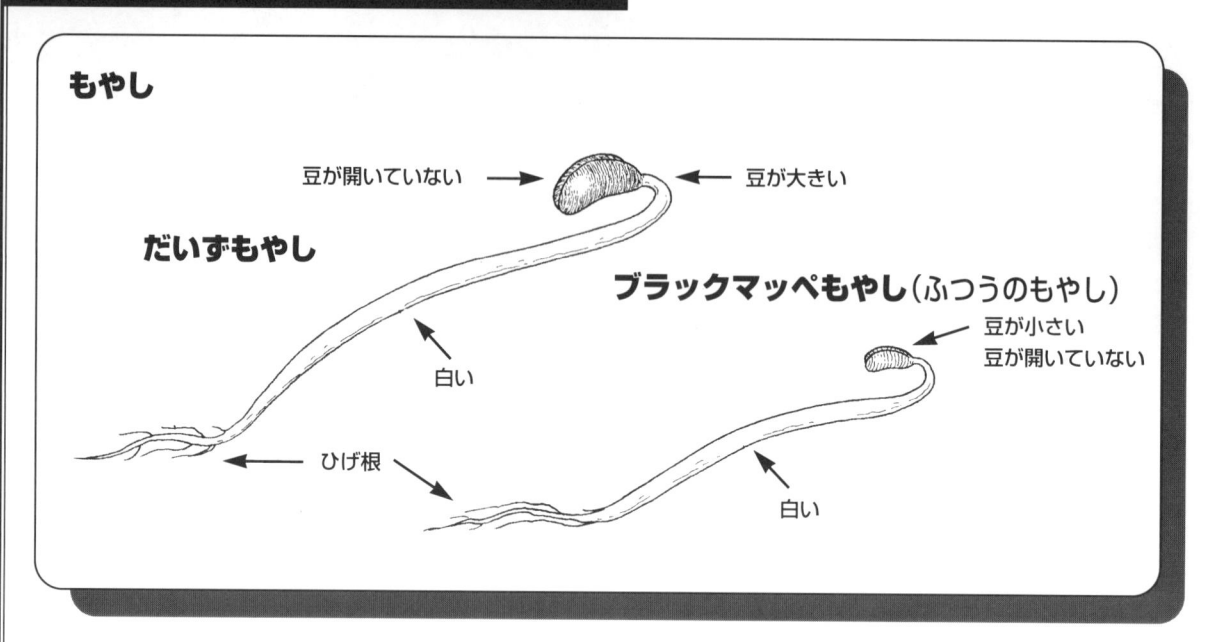

- だいずもやし
  - 豆が開いていない
  - 豆が大きい
  - 白い
  - ひげ根
- ブラックマッペもやし（ふつうのもやし）
  - 豆が小さい
  - 豆が開いていない
  - 白い

選び方のポイント

- 色が白く，ツヤのあるもの．
- 豆が開いていないもの．
- 太くてかたくしまったもの．
- べとついていないもの．

栄養価

食材の100g中の含有率（％）

	0　0.5　1.0　1.5　2.0　2.5　3.0　3.5　4.0
たんぱく質	2.3
糖　　質	2.4
脂　　肪	
無 機 質	0.2
ビタミン	0.013

栄養の特徴

約94％が水分．ビタミンCがやや多い．

料理メモ

- 青くさいにおいがあるので，生のままでは食べずに，ゆでてからサラダやあえものにするとおいしい．また，炒めもの（右参照）にしてもおいしい．
- ゆでる時，少量の塩と酢を入れると，まっ白にゆであがり，においも消える．
- もやしを料理するときは，ひげ根と豆の部分を取ると上品な味に仕上がる．
- みそ汁やスープの具にしてもおいしい．
- 保存があまりきかないので，すぐに使いきる．

旬

さいばい品のみなので1年中いつでもあり，旬はない．

原産地

だいずもやしは中国の北部が原産．ブラックマッペはインドが原産．もやしのさいばいは日本全国で行われている．

　まめ科のいろいろな豆に水をかけて育て，根っこが伸びだしたものがもやしです．ふつうのもやしはブラックマッペという黒いあずきに似た豆から作ります．

　だいずから作ったもやしをだいずもやしといい，ふつうのもやしより大きいものです．

　そのほかにも，りょくとうというみどり色のあずきから作るものやアルファルファという糸くずのような小さいもやしがあります．

　さいばい方法は豆に水をかけ，暗い所でさいばいします．生長後に水でよく洗い，カラや根を取ってもやしができあがります．

もやしの油炒め

① もやし（1/2パック）は水で洗い，ザルで水気をきってから，豆とひげ根を取る．

② なべにたっぷりの水と酢（少々）と塩（少々）を入れてもやしをゆでる．

③ フライパンにサラダ油をひき，ゆであがったもやしと鶏のささみ(2本)を細く切ったものを入れて炒める．塩（少々），こしょう（少々），を入れて味をととのえる．

④ 炒め終わったら，器にもりつける．

「おいしいわよ」

【やまのいも】

やまのいも

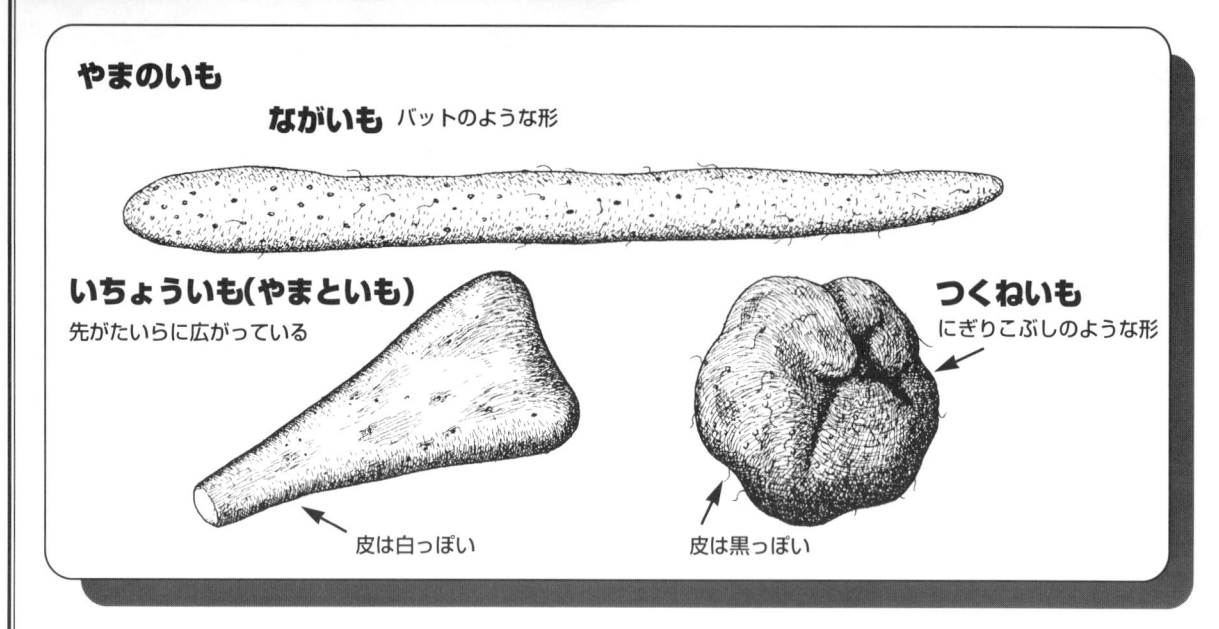

ながいも バットのような形

いちょういも(やまといも)
先がたいらに広がっている
皮は白っぽい

つくねいも
にぎりこぶしのような形
皮は黒っぽい

選び方のポイント

- 11月をすぎて，寒い時期に売られているものがよい．
- ながいもはまがっていないもの．
- ながいもはうぶ毛が少なく，すべすべしているもの．
- 3種類とも重いものがよい．
- 切り口が赤茶けているものは古い．

栄養価

食材の100g中の含有率（％）

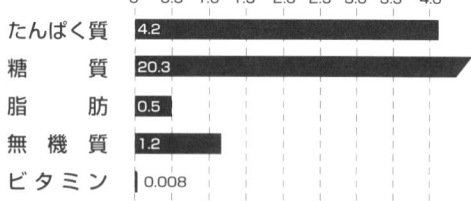

たんぱく質	4.2
糖　　質	20.3
脂　　肪	0.5
無 機 質	1.2
ビタミン	0.008

栄養の特徴

上の棒グラフはいちょういもの含有率ですが，70～80％が水分．ながいもは水分が多く，たんぱく質や糖質がやや少ない．

料理メモ

- ほとんどが生のまま食べられている．細く切ってあえものやサラダ，すりおろしてとろろにする．うどと同じように空気にふれると茶色くなるので，切ったらすぐ，酢水に入れるか，すりおろしたものに酢を少しまぜるとよい．
- すりおろす時は金物の器具だと化学反応をおこし茶色くなるので，せとものまたはおろし金やすりばちを使う．
- 水分の少ないいちょういもやつくねいもはとろろにするとおいしい(右参照)．水分の多いながいもはサラダやあえものにするとよい．
- のりで巻いて油で揚げてもおいしい．
- 白い実の部分をさわるとかゆくなるので，さわらないように料理をする．

旬

寒くなりはじめる11月～2月ごろの冬の間が旬.

原産地

日本と中国が原産.日本各地でさいばいされている.

やまのいも科のつる性多年草.植物の根を食べる野菜です.「トロロイモ」の別名で親しまれています.

日本原産のものは,「じねんじょ」といい,あまりさいばいされていません.畑でさいばいされて,スーパー,やおやさんで売られているやまのいもは,中国産の種類です.ほかには,いちょう型のやまといも,こぶし型のつくねいも,細長いバット型のながいもなどいろいろなものがあります.

葉のつけ根にできる小さないも(ムカゴ)も食べることができます.

月見いも

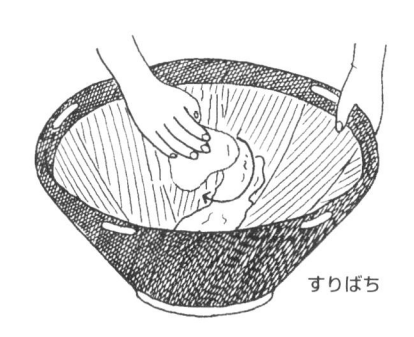

① 皮をむいたやまのいも(300g)をすりばちですりおろす.

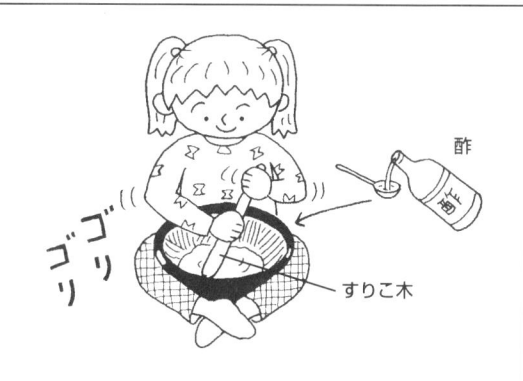

② 酢(大1)を少し入れてすりこ木でよくする.

③ だし汁(大3),塩(少々),うす口しょう油(小1)を入れてよくまぜる.

④ 器にもりつけ,うずらの卵(1個)と適量の青のりをかける.

【らっきょう】

らっきょう

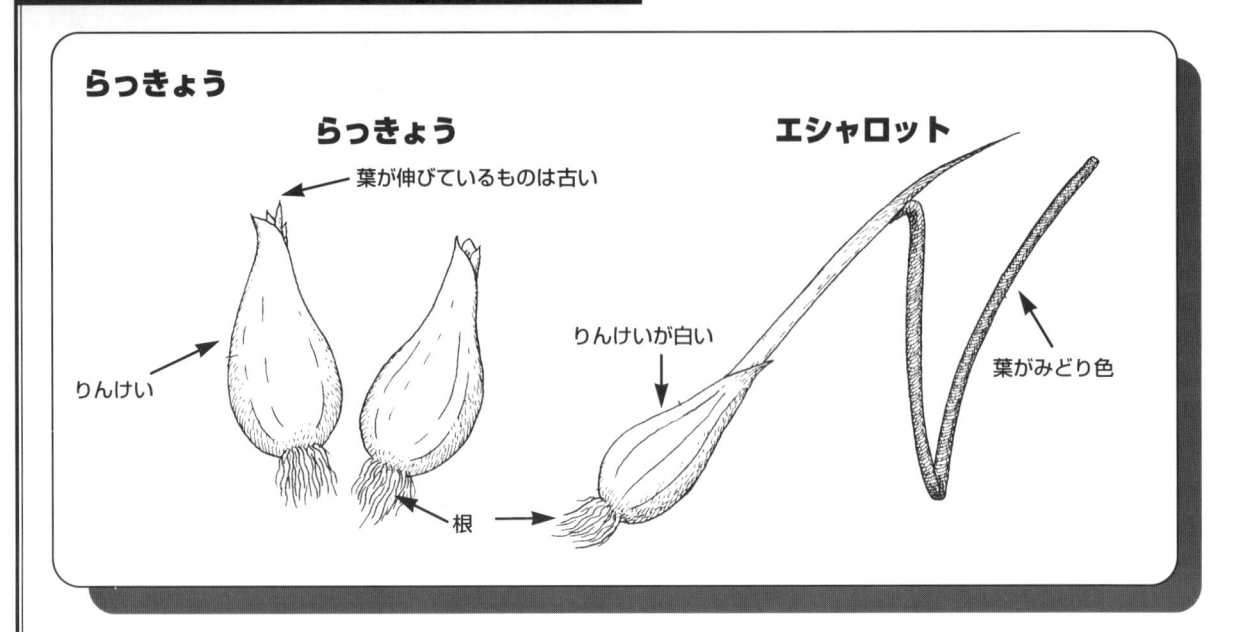

らっきょう
- 葉が伸びているものは古い
- りんけい
- 根

エシャロット
- りんけいが白い
- 葉がみどり色

選び方のポイント

- りんけいがかたいもの．
- みどり色の葉が伸びだしていないもの．
- らっきょうは泥がついているもので，かわいていないもの．
- エシャロットは葉がきれいなみどり色のものがよい．りんけいがよくしまっていて，色の白いものがよい．

料理メモ

- 泥つきで売っているらっきょうは，塩づけやしょう油づけ，甘酢づけ，はちみつづけ（右参照）などにするとおいしい．
- らっきょうのつけものを，炒めものに少し入れたり，あえごろも（すりおろして使ったり，みじん切りにしてマヨネーズにまぜたりする）などにして料理をすると味にアクセントがついておいしい．
- エシャロットは，みそをつけて生のまま食べると，からい味がおいしい．また，さっとゆでて酢みそあえなどのあえものにしてもおいしい．

栄養価

食材の100g中の含有率（％）

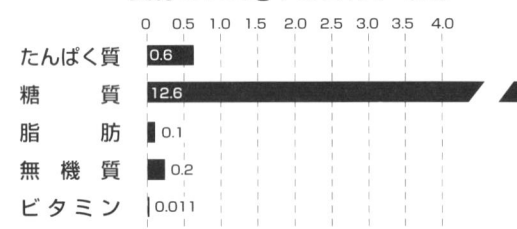

	0　0.5　1.0　1.5　2.0　2.5　3.0　3.5　4.0
たんぱく質	0.6
糖　　質	12.6
脂　　肪	0.1
無 機 質	0.2
ビタミン	0.011

栄養の特徴

生ではからい味がするが，糖質が多く含まれているので，煮たり，焼くと甘くなる．

旬

つけもの用の泥つきらっきょうは6月．エシャロットは3月〜6月ごろが旬．

原産地

中国が原産．日本では，日本海側の海岸の砂地でさいばいされているものが有名．エシャロットは静岡県の特産．

　ユリ科の多年草野菜．地下のりんけいを食べます．たまねぎやねぎ，にんにくと同じ仲間なので，にんにくのようなにおいがあります．

　9世紀ごろ，中国から日本に入ってきたといわれ，最初は薬として用いられており，江戸時代から食用でさいばいされるようになりました．

　らっきょうを若い子どものうちにとり，みどり色の葉のついたものをエシャロットという名前で売っています．ヨーロッパのエシャロットに似ていたので同じ名前になりましたが，本物のエシャロットではありません．フランス料理でよく使われるエシャロットはたまねぎの仲間で，違うものです．

らっきょうのはちみつづけ

① らっきょうの両はしを切り落として水で洗って，泥を落とす
塩
重石
らっきょう（1kg）に塩（50g）の割合でらっきょうを塩づけにする（2〜3日）

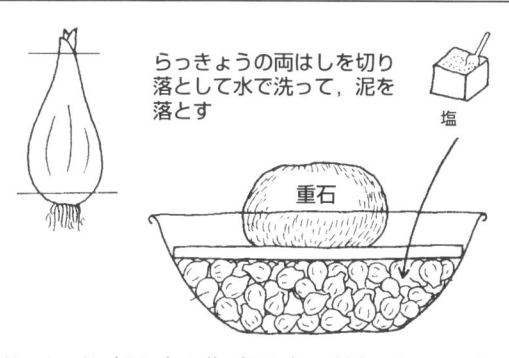

② ザルに広げて，らっきょうを1日かわかす．

③ はちみつ
ビンに②のらっきょうと皮をむいてうすく切ったレモン（3個），はちみつ（カップ3）を入れる．

④ しっかりフタをして，2〜3カ月おいてから食べる．

【ラディッシュ】

ラディッシュ
葉がみずみずしいみどり色
根は赤い色
かさかさしていない
2cmぐらいの大きさ
割れていない
ゆがんでいない

選び方のポイント

- 葉がきれいなみどり色をしているもの．
- 葉がみずみずしいもの．
- 根の表面がかさかさしていないもの．
- 根の大きさが2cmぐらいのもの
- 根が割れたり，ゆがんだりしていないもの．
- 根がかたいもの．

栄養価

食材の100g中の含有率（％）

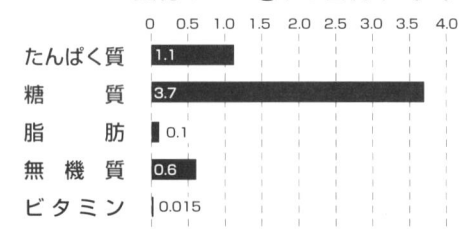

たんぱく質	1.1
糖　　質	3.7
脂　　肪	0.1
無　機　質	0.6
ビタミン	0.015

栄養の特徴

約90％が水分．ビタミンや無機質は少ないが，葉には多く含む．

料理メモ

- 生で食べられる野菜で，サラダの色どりに使われる．かざり切り（右参照）にした後，サンドイッチなどにそえるとよい．
- 日本料理では，菊の花のようにかざり切りにして，甘酢につけたものを焼き魚にそえるとよい．
- 葉をつけたまま，葉のところだけさっとゆでて，ぬかづけ，かすづけ，みそづけなどにしてもよい．
- ピクルス（酢づけ）にしておくと保存できる．
- 根の赤い色はドレッシングなどの酢につけておくと，きれいな紅色になる．長くつけておくと酢のほうも赤くなる．

旬

4月～6月，11月～3月が旬．

原産地

ヨーロッパが原産といわれている．

アブラナ科の根菜類．日本には明治時代に入ってきました．種をまいてから20日（はつか）後には収穫できるので，「はつかだいこん」ともいわれていますが，さいばい方法によっては30～40日かかる時もあります．

赤い小さな丸いものがふつうですが，上半分が赤くて，下半分が白い2色のものや，細長くて丸くないものもあります．ふつう丸い根のものが売られています．

だいこんやかぶと同じく根よりも葉のほうにビタミンCやカロチン，カルシウムなどの栄養分が多く含まれています．すてずに食べるようにしましょう．

ラディッシュのかざり切り（2種）

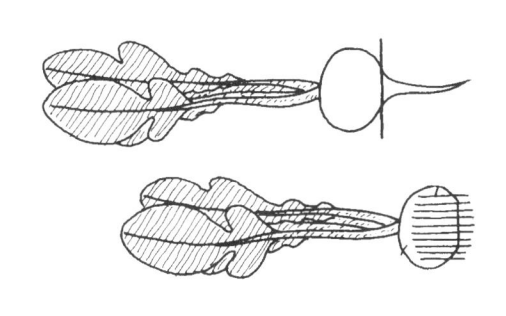

① ラディッシュを用意し，根もとを切り，はじからうすく切り込みを入れる．葉のほうはつなげておく．

② ①を水につけておくと開いた形になる．

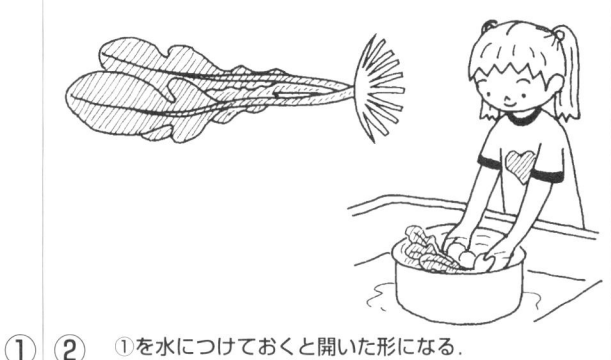

① ラディッシュを用意し，根と葉を切り落とし，うすい輪切りにする．

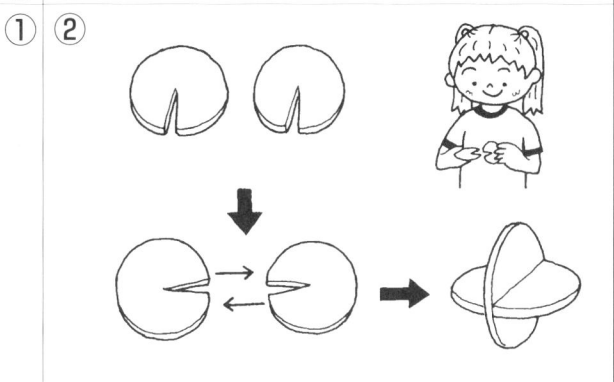

② 半分まで切り込みを入れて2つを組みあわせる．

【レタス・サラダな】

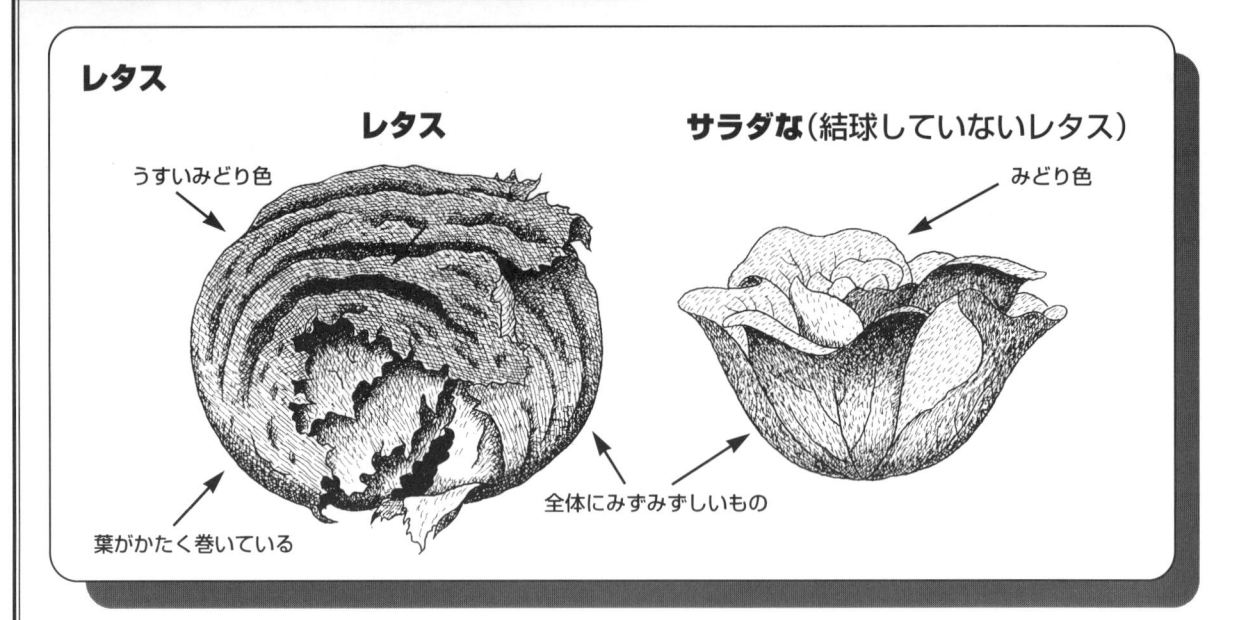

レタス

レタス
- うすいみどり色
- 葉がかたく巻いている
- 全体にみずみずしいもの

サラダな（結球していないレタス）
- みどり色

選び方のポイント

- レタスは葉がかたく，巻いているもの．
- 根もとの切り口が赤くなっているものは古いのでさける．
- 茎の太さが10円玉ぐらいの大きさのもの．
- 全体にみずみずしいもの．

栄養価

食材の100g中の含有率（％）

	0 0.5 1.0 1.5 2.0 2.5 3.0 3.5 4.0
たんぱく質	1.0
糖　　質	2.0
脂　　肪	0.2
無 機 質	0.6
ビタミン	0.006

栄養の特徴

約96％が水分．サラダなにはカロチンを多く含む．

料理メモ

- レタスは生でサラダ（右参照）にするほか，ゆでてあえものにしたり，油炒めにしてもおいしい．
- 油で炒めてから，スープにすることもある．
- 油で炒める時には，レタスのシャキシャキとした歯ごたえを残すように，強い火で豚肉などといっしょに炒めるとおいしい．
- 炒めたひき肉を，レタスでつつんで食べる方法もある．
- 水分をそこなわないように，水にひたすと，水がレタスに浸透して歯切れがよくなる．
- サラダなは料理のつけあわせやサラダなどに使われることがほとんど．

旬

5月～9月ごろまでが旬.

原産地

ヨーロッパが原産．日本では群馬県や長野県などの高原地帯が産地．

レタスは，キク科の「ちしゃ」という野菜の仲間で，葉がボールのように丸く育ちます．ちしゃとは乳草（ちちくさ）の意味で，手でちぎったりする時に乳状の液が出てくるため，このように呼ばれます．

ちしゃの仲間には，レタスのほかに，丸くならないサラダなや葉が大きくて先がちぎれるサニー・レタス，プリーツ・レタスなどがあります．道ばたに黄色い花を咲かせるタンポポもレタスと同じキク科の草です．

レタスはヨーロッパ原産ですが，日本にも同じ品種の野草があり，むかしから食べている地方もあります．

レタスのサラダ

① レタス（1個）は洗ってから，食べやすく手でちぎる．ザルに上げて水気をきる．

② きゅうり（1本）はうす切りにする．

ドレッシング
サラダ油　大2
酢　　　　大1
塩，こしょう　少々

③ ドレッシングを作る．

④ レタスときゅうりをきれいに器にもり，ドレッシングをかける．

「上手にできたわね」

【れんこん】

れんこん

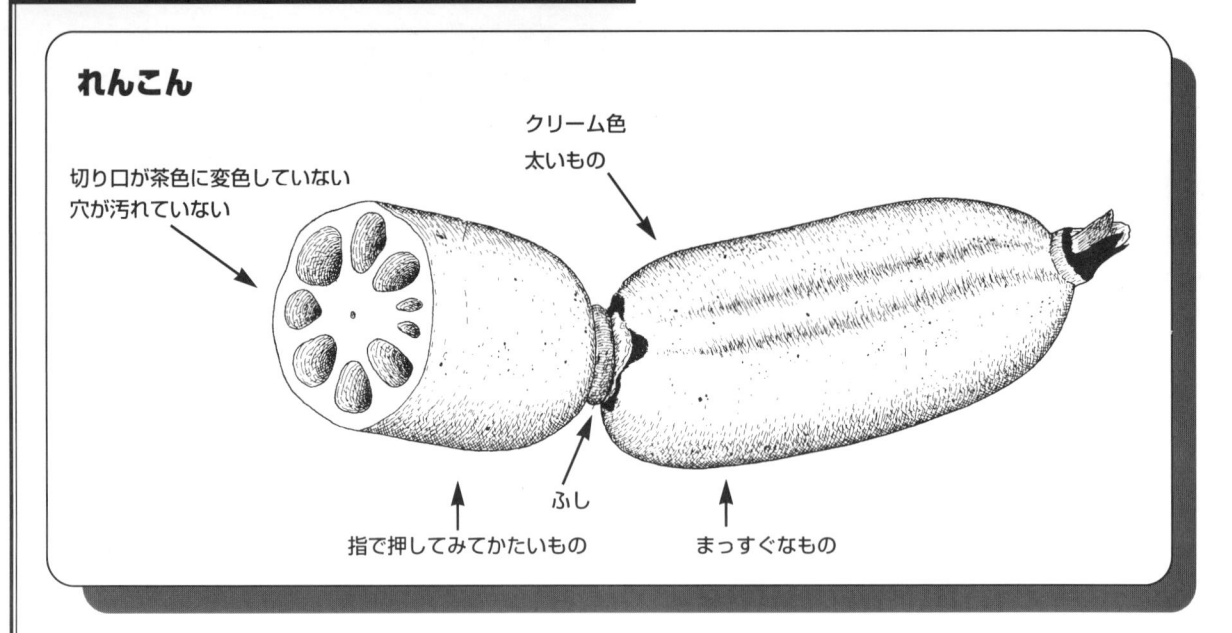

- 切り口が茶色に変色していない
- 穴が汚れていない
- クリーム色 太いもの
- ふし
- 指で押してみてかたいもの
- まっすぐなもの

選び方のポイント

- ふっくらとして重いもの．
- 指で押してみてかたいもの．
- 穴が汚れていないもの．
- クリーム色のもの，白いものは漂白されているのでさけたほうがよい．
- 切り口が茶色に変色していないもの．
- まっすぐなもの．

栄養価

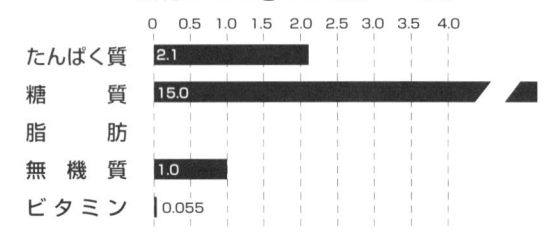

食材の100g中の含有率（％）

	0　0.5　1.0　1.5　2.0　2.5　3.0　3.5　4.0
たんぱく質	2.1
糖質	15.0
脂肪	
無機質	1.0
ビタミン	0.055

栄養の特徴

糖質（でんぷん）とビタミンCを多く含む．

料理メモ

- 天ぷら（右参照），きんぴら，煮もの，酢ばすなどにするとおいしい．
- すりおろしてだんごにする．
- 五目ずし，五目ごはんに入れてもおいしい．また，ゆでたれんこんに辛子みそをつめて，ころもをつけて揚げた熊本県の特産である辛子れんこんは有名な一品．
- うすく切って，油であげたチップスは子どものおやつによい．
- れんこんを切る時は力を入れて切ると割れてしまうので，よく切れる包丁でスパッと切る．
- 切ったものをそのままにしておくと，色が赤っぽく変わってしまうので，酢を入れた水につけておく．

旬

12月～2月ごろまでが旬．寒い季節がおいしい．

原産地

インドが原産．古い時代に日本に入ってきた野菜．茨城県や徳島県が産地．

　スイレン科の「はす」という水草の地下茎（土の中にある茎）．

　花は白色とピンク色の2種類があり，白い花のほうがふしが短く，太いれんこんとなる．

　れんこんは穴があいていて，向こう側が見えるので，先の見通しがよい（これから先，悪いことがおこらない）ということで，おめでたい料理によく使われます．お正月のおせち料理にも入っています．

　れんこんは茎のほかにも，実の中にある種も食べられます．また，葉も料理をつつむのに使われます．すてるところのない有用な野菜です．

れんこんの天ぷら

ころも

小麦粉	1カップ
卵	1個
水	1カップ

（卵と水をあわせて1カップ）

① れんこんを1cmぐらいの輪切りにして皮をむき，酢水につける．

② ころもを作る．

③ れんこんにころもをつけて160～170度の中油でゆっくりと揚げる．

④ 別に天つゆ（だし汁1～1$\frac{1}{2}$カップ，しょう油$\frac{1}{4}$カップ，みりん$\frac{1}{4}$カップ）を作り，揚げたれんこんを器にもりつける．

【わさび】

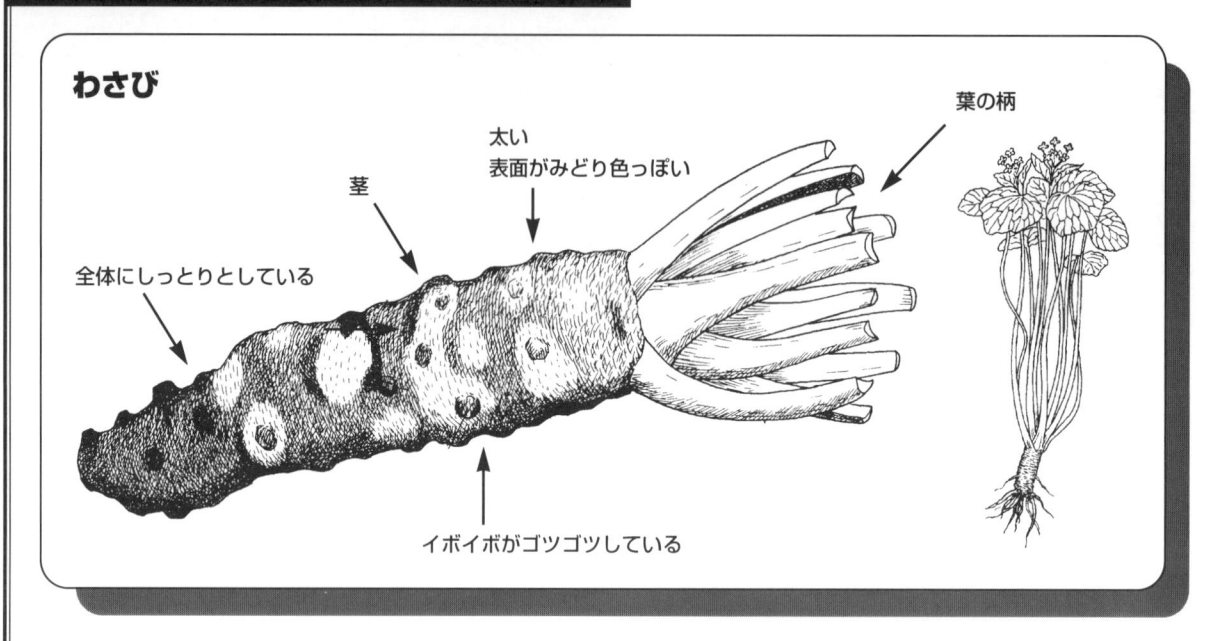

わさび

- 葉の柄
- 茎
- 太い／表面がみどり色っぽい
- 全体にしっとりとしている
- イボイボがゴツゴツしている

選び方のポイント

- 全体にしっとりとしているもの．
- 表面がみどり色っぽく見えるもの．
- 太いもの．
- 表面のイボがゴツゴツしているもの．

栄養価

食材の100g中の含有率（％）

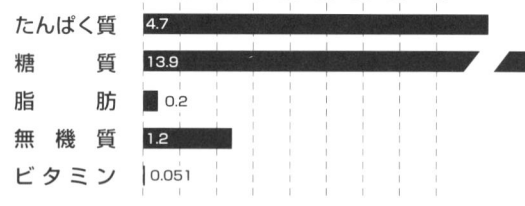

	0	0.5	1.0	1.5	2.0	2.5	3.0	3.5	4.0
たんぱく質	4.7								
糖　　質	13.9								
脂　　肪	0.2								
無 機 質	1.2								
ビタミン	0.051								

栄養の特徴

約80％が水分．たんぱく質，糖質，ビタミンCを多く含む．殺菌効果がある．

料理メモ

- 寿司や刺身にすりおろしたわさびをそえる（右参照）．細く切ったわさびをサラダやあえものに入れてもよい．
- わさびづけなどのつけものにしてもおいしい．
- わさびは，熱を加えるとからさとかおりがにがい味に変わるので，煮たり焼いたりして食べることはない．
- わさびは，生の魚，貝，えびととてもよくあう．生の魚を使ったマリネやサラダには，すりおろしたわさびを入れたわさびドレッシング，わさびマヨネーズがよくあう．
- すりおろしたわさびを保存する時は，ラップなどにつつんで，冷凍しておくとよい．

旬

春から初夏の2月〜6月にかけてが旬．

原産地

数少ない日本原産の野菜．長野県，静岡県が二大産地．

だいこんやきゃべつなどと同じアブラナ科で，多年草の野菜．日本の原産で，5月ごろに白い，小さなかわいい花を咲かせます．

すりおろして料理に使う根のようなところは茎で，その下に白い細い根がはえています．

すりおろしたわさびは特有のから味がありますが，花や葉も同様にから味があります．

わさびはさいばいがむずかしく，北側の斜面で，まわりに落葉樹の森があり，水がきれいなすずしいところでしか育たないといわれます．長野県の北アルプスのふもと，静岡県の伊豆の山々が二大産地です．

わさびのおろし方

① わさび（1本）をたわしなどでこすってきれいに洗う．葉を包丁やナイフで削り取る（えんぴつの先のようになる）．

② 削ったほう（葉のついていたほう）から目の細かいおろし金でまるをえがくようにすりおろす．

③ すりおろしたわさびをまないたの上にのせ，包丁の背でたたく．こうするとわさび特有の味がます．

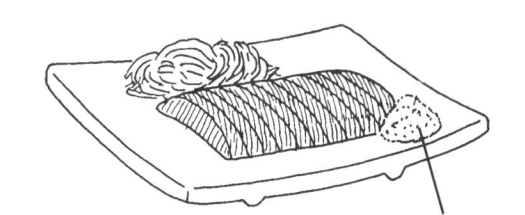

④ さしみなどにそえる．

わさび

【えのきたけ】

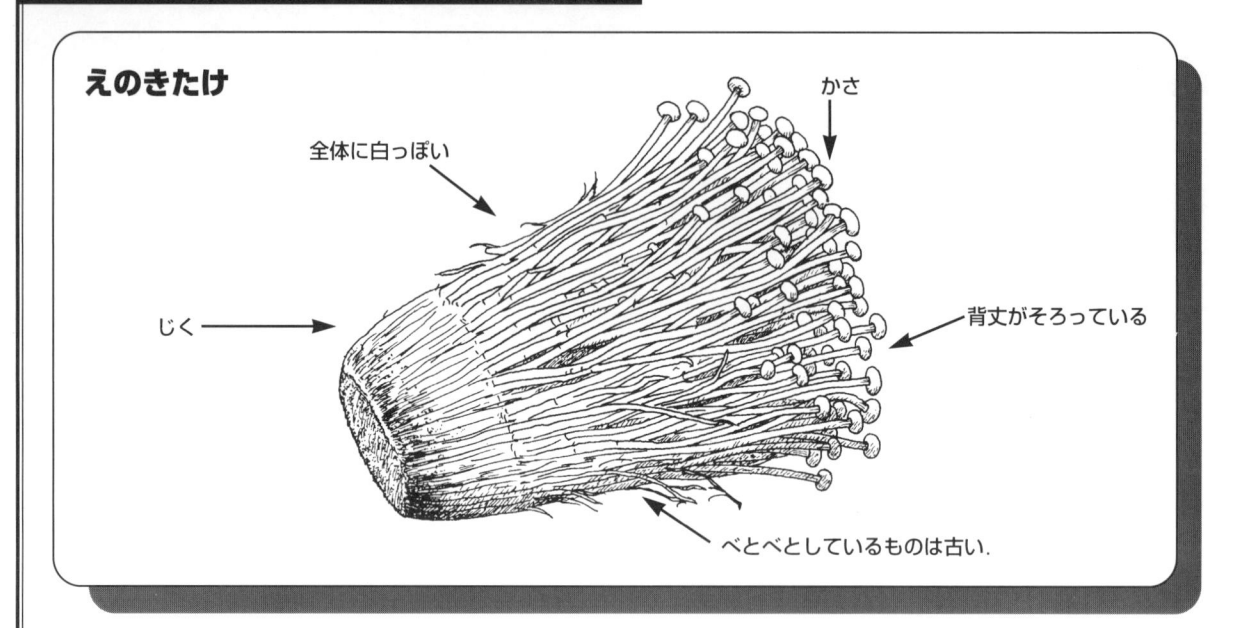

えのきたけ
- かさ
- 全体に白っぽい
- じく
- 背丈がそろっている
- べとべとしているものは古い.

選び方のポイント

- 全体に白っぽいもの.
- べとべとしているものは古い.
- 背丈がそろっているもの.

栄養価

食材の100g中の含有率（％）

	0 0.5 1.0 1.5 2.0 2.5 3.0 3.5 4.0
たんぱく質	2.7
糖　　質	5.4
脂　　肪	0.5
無 機 質	0.9
ビタミン	0.009

栄養の特徴

グルタミン酸などのうま味を多く含む．
きのこ類はビタミンを多く含むのが特徴．

料理メモ

- 根もとのかたいところを切り落とし，ほぐしてからみそ汁（右参照）やなべものに入れたり，いためもの，煮もの，揚げもの，あえものなどなんにでもあい，おいしく食べられる．
- えのきたけは，火を通すと，やわらかくなって，ぬるぬるとした感じになり，のどごしがよくなる．
- 歯ざわりが大切なので，加熱する時はさっと火を通すぐらいにする．
- えのきたけを使う時は，水で洗ったりしないでそのまま使う．水で洗ってしまうと，風味がなくなってしまい，おいしくなくなる．

旬

1年中さいばいされている．天然のものは11月～12月ごろが旬．

原産地

世界中にある．

キシメジ科のきのこ．天然のものは，冬にいろいろな木（広葉樹）の切りかぶにはえます．雪の降るころに群生するので，「ゆきのした」と呼ぶ地方もあります．

天然のものも売られている時がありますが，スーパーなどで売られているものは人工さいばいされたもので，もやしのような形をしています．

人工さいばいは，冬のきのこなので，温度の低い場所で行われています．牛乳ビンのような形をした容器におがくずを入れてさいばいする方法が行われています．

欧米でも「冬のきのこ」と呼ばれ，世界中で食べられています．

えのきたけのみそ汁

① えのきたけ（1パック）は根もとを切り落とし，半分に切ってほぐす．とうふ（½丁）は1～1.5cm角のさいの目に切る．

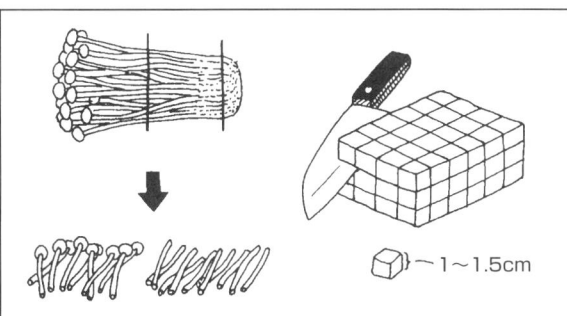

② なべにこんぶなどでだしをとっただし汁（カップ5）を入れてあたためる．

③ えのきたけ，みそ(80g)，とうふの順に入れ，味をととのえる．ふっとうさせるとみそ汁の味が落ちるので，注意をする．

④ おわんにもり，みつばをちらす．

【しいたけ】

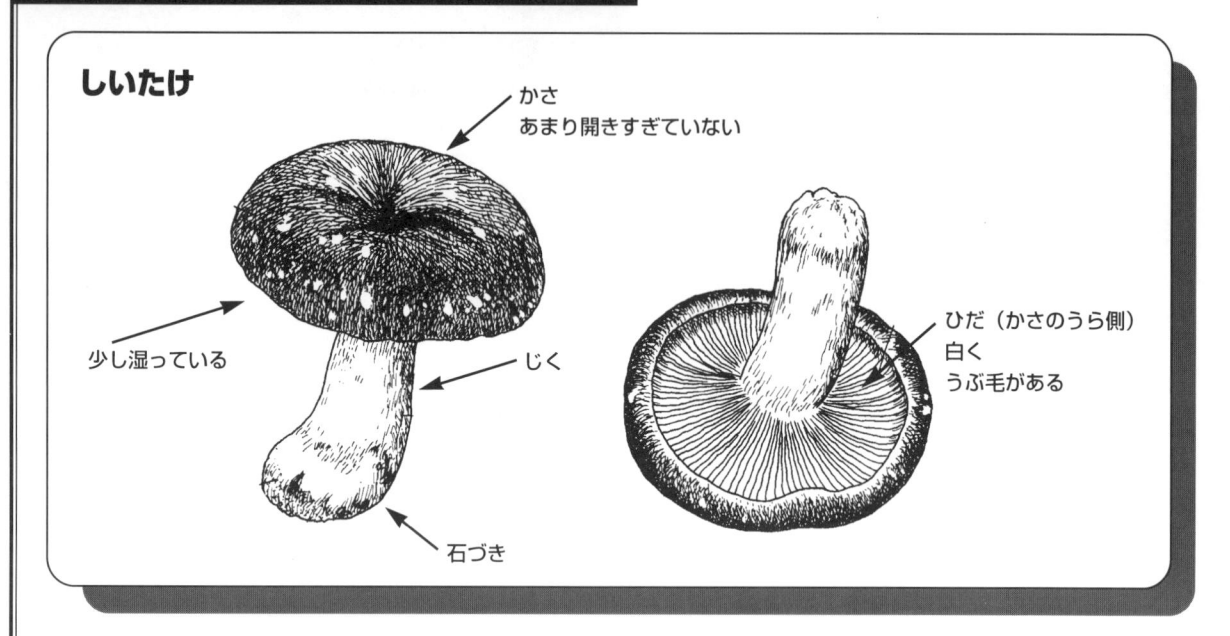

しいたけ

- かさ　あまり開きすぎていない
- 少し湿っている
- じく
- 石づき
- ひだ（かさのうら側）　白く　うぶ毛がある

選び方のポイント

- かさがあまり開きすぎていないもの．
- ひだが白いもの（古くなると茶色くなる）．
- 少し湿っているもの（湿り気が強すぎるものはさける）．
- かさのうら側に白くうぶ毛があるもの．

栄養価

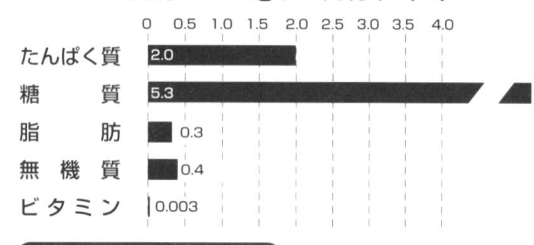

食材の100g中の含有率（％）

	0　0.5　1.0　1.5　2.0　2.5　3.0　3.5　4.0
たんぱく質	2.0
糖　　質	5.3
脂　　肪	0.3
無 機 質	0.4
ビタミン	0.003

栄養の特徴

ビタミンB_2がやや多く，ビタミンDも多い．うま味のもとであるグアニル酸，グルタミン酸を多く含む．

料理メモ

- 肉厚のものは焼いて，しょう油などで食べるとおいしい（右参照）．
- かさのうらに，えびのすり身などを詰めて蒸すか，天ぷらのころもをつけて油で揚げるとおいしい．
- 石づきはかたいので，かならず取り除く．じくは細かくさいてから料理をするとおいしいので，すてない．
- 天日に干すと，干ししいたけになり，長く保存できる．干すとかおりや味がよくなる．
- 干ししいたけをもどす時には，ぬるま湯に砂糖をひとつまみ入れると，はやくよくもどる．
- 水で洗わないで，ぬれたふきんで軽くふいてから使う．

旬

さいばい品が1年中売られている．4月～10月ごろが旬．

原産地

日本と中国が原産．日本全国でさいばいされているが，九州の大分県，宮崎県が産地．

シメジ科のきのこ．天然のものはナラ，クヌギ，クリ，シイ，カシなどのブナ科のかれ木や切りかぶに多くはえています．

さいばいしいたけには，かさがこんもりとした肉厚の「どんこ」，かさがひらたくて肉うすの「こうしん」という2つの種類があります．「どんこ」のほうが味もよく，値段も高い品種です．

干ししいたけのもどし汁は，うま味のもとがたくさん入っているので，おいしいだし汁です．ほかのだしといっしょにして，煮ものや炒めものに使うとおいしくできあがります．

しいたけの焼きびたし

① しいたけはぬれたふきんで軽くふき，石づきを取る．じくを切る．

② もち網でじくとかさを別にして焼く．はじめははひだを下にして焼き，焼けたらひっくり返してかさを焼く．じくも両面焼く．ひだに水分がでてきたら焼き上がり．

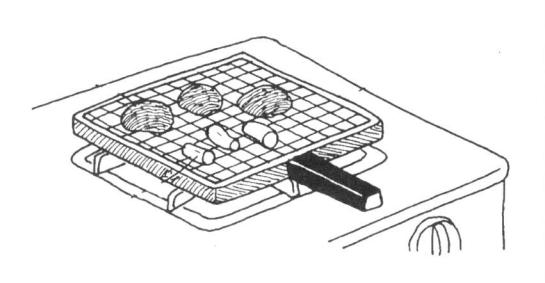

③ かさは2～4つに分けて切る．じくは細く指でさく．だし汁（大3），うす口しょう油（大2）をあわせてたれを作り，②につける．

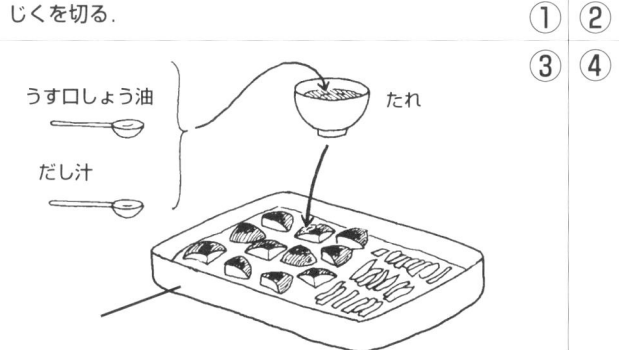

④ 器にもりつけ，たれ，かつおぶしを少しかける．

【なめこ】

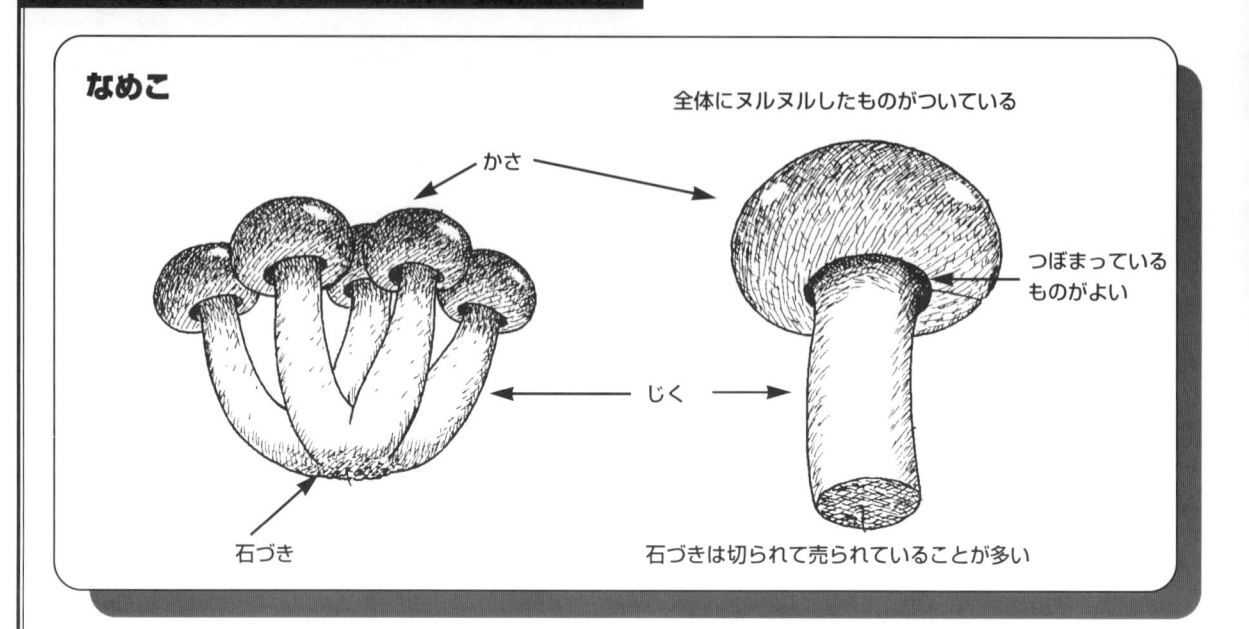

なめこ
全体にヌルヌルしたものがついている
かさ
つぼまっているものがよい
じく
石づき
石づきは切られて売られていることが多い

選び方のポイント

- かさが開ききっていないもの．
- ヌルヌルしたものがたくさんついているもの．
- 肉が厚く，大きいもの．
- 肉質のうら側が，黒く変色していないもの．
- かさの大きさのそろっているもの．

料理メモ

- ほかのきのこにくらべて，きのこらしい味やかおりは少なく，ツルっとしたのどごしを楽しむきのこ．
- みそ汁の具にしたり，ぞうすい（右参照）に入れたりするとよい．
- そのまま料理に使ってもよいが，一度あついお湯をかけてから使うと，かおりがひきたつ．

栄養価

食材の100g中の含有率（%）

たんぱく質	1.1
糖　　質	2.2
脂　　肪	0.2
無　機　質	0.2
ビタミン	0.003

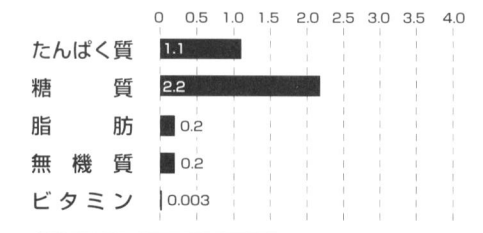

栄養の特徴

ほかのきのこにくらべて，ビタミンDやうま味は少ない．

- さっとゆでたなめこを，大根おろしとあえると，さっぱりした味わいがある．
- なめこのヌルヌルは，火を通してもなくならない．

旬

さいばい品が1年中売られているが，10月〜1月の秋の終わりごろから冬にかけてが旬．

原産地

日本が原産．ほかの国ではあまり食べられていない．

モエギダケ科のきのこ．別名でナメタケともいう．北海道や東北地方などの涼しい地方で，ブナ，トチなどのかれ木や切りかぶにはえてきます．スーパー，やおやさんなどで売られているものは，ほとんどがさいばい品で，小さいうちに収穫したものです．

生長するとしいたけのような形になりますが，ヌルヌルとしたものはついたままです．

なめこの風味は，ヌルヌルとしたところにあるので，ヌルヌルを洗い流さないで料理をします．

なめこのかさが小さいものほど味もよく，高価なものとされています．

なめこのぞうすい

① ごはん（1カップ）を手ばやく水で洗って，ザルにあけてから水気をきる．

② なめこ（$\frac{1}{2}$パック）にあついお湯をかける．

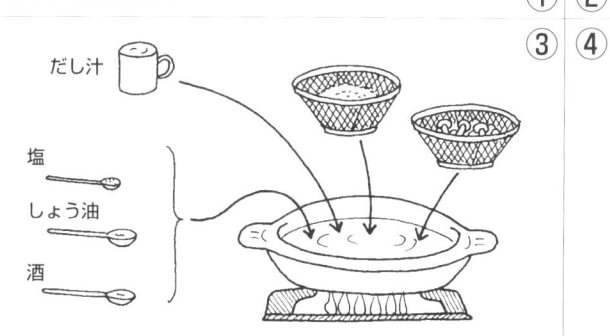

③ なべにだし汁，（4カップ＝800cc）を入れて火にかけ，塩（小$\frac{1}{2}$），しょう油（大1），酒（大1）で味つけをし，ごはんとなめこを入れて煮立てる．

④ 煮立ってきたら，火を止め，適量のみつばと細く切ったのりを少しふりかける．

【ほんしめじ】

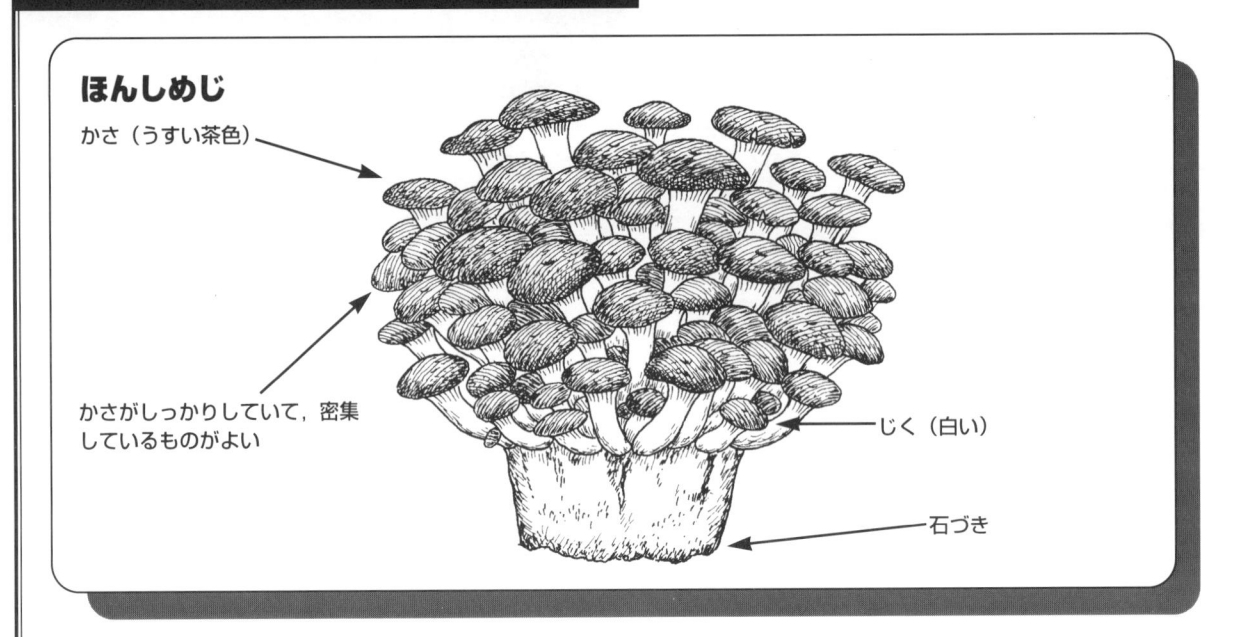

ほんしめじ
- かさ（うすい茶色）
- かさがしっかりしていて，密集しているものがよい
- じく（白い）
- 石づき

選び方のポイント

- じくが白いもの．
- かさの表面が，ヌルヌルとしたものは古い．
- かさがしっかりしていて，密集しているもの．

栄養価

食材の100g中の含有率（％）

たんぱく質	3.5
糖　　質	4.0
脂　　肪	0.5
無 機 質	0.9
ビタミン	0.009

栄養の特徴

うま味のもとを多く含むため，味がよい．ビタミン B_2 がほかのきのこより多い．

料理メモ

- かおりはやや少ないが，歯切れ，味はとてもよいきのこで，どんな料理にもあう．
- ごはんにたきこんだり（右参照），つくだ煮風に煮たり，ホイル焼き，みそ汁の具，あえものなどにするとよい．
- 西洋料理では，バター・ソテーにしたり，バター・ソテーにしたものをサラダに入れたり，シチューなどの煮こみ料理にしたり，ピクルス（酢づけ），マリネなどにしたりとさまざまに工夫されている．
- 中国料理では，炒めものやあんかけ料理に使ったり，スープに入れたりする．

旬

秋まっさかりの10月～11月中ごろまでが旬．「しめじ」の名で売られている「ひらたけ」などのさいばい品は1年中出回っている．

原産地

北半球のあたたかい地方にはえる．しめじにはたくさんの種類があり，日本，中国のほか，ヨーロッパでも食べられている．

キシメジ科のきのこ．アカマツとコナラのまじった森の中の地面にはえてきます．むかしから「かおりまつたけ味しめじ」といわれるように，とてもおいしいきのこです．

ほんしめじはさいばいすることができないので，天然のものしかありません．天然のほんしめじが，スーパー，やおやさんなどに出回ることはほとんどありません．

スーパー，やおやさんなどで，ほんしめじとして売られているものは「しろたもぎだけ」です．また，さいばいしたひらたけは「しめじ」という名前で売られています．

しめじごはん

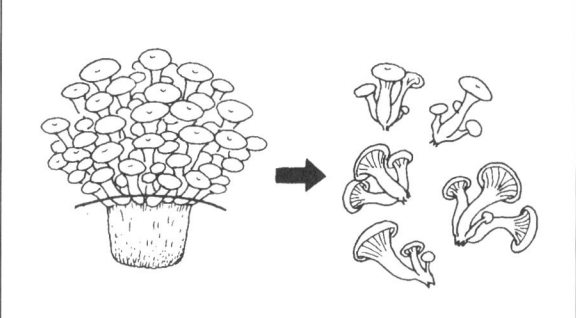

① しめじ（200g）は石づきを切り落とし，手でほぐす．

② だし汁（大1$\frac{1}{2}$）の中にしょう油（大$\frac{1}{3}$），塩（小1），酒（大1$\frac{1}{2}$）を入れ，ほぐしたしめじをさっと煮る．

③ 洗った米（カップ3）に水としめじの煮汁だけを入れてたく．

④ 蒸らす前にしめじを入れ，約10分ほど蒸らす．

【まつたけ】

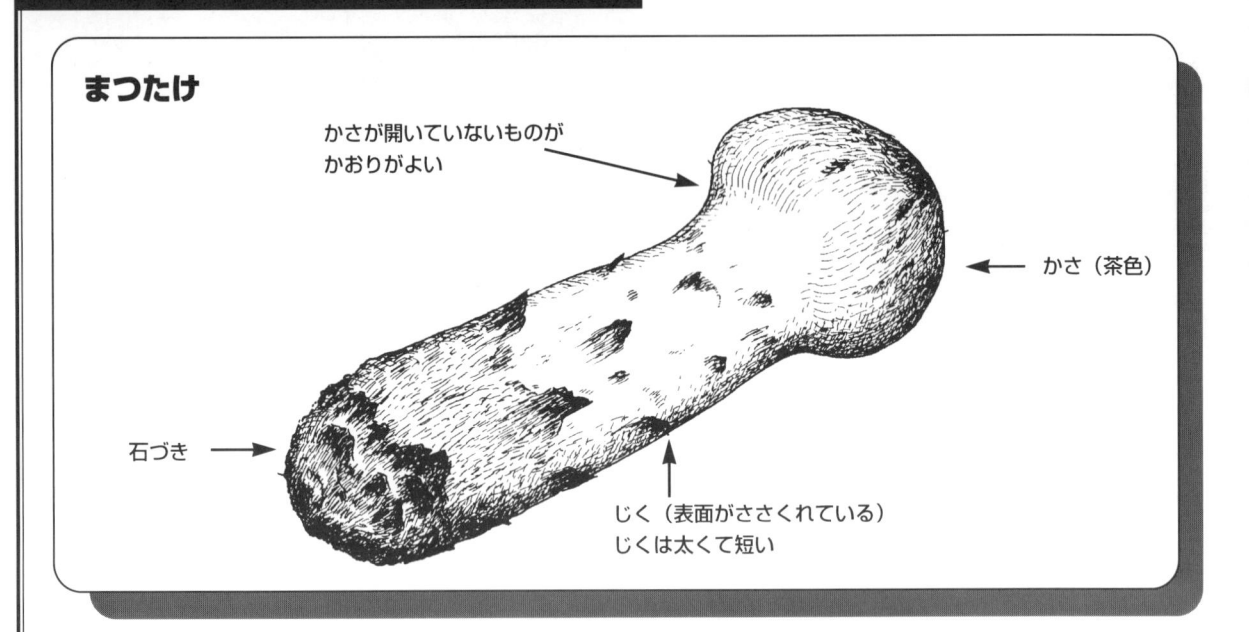

まつたけ

- かさが開いていないものがかおりがよい
- かさ（茶色）
- 石づき
- じく（表面がささくれている）じくは太くて短い

選び方のポイント

- かさが開ききっていないもの．
- じくを指でつまんでみて，かたくしっかりしているもの．ふかふかしているものは虫くいの場合が多い．
- かおりのよいもの．
- じくが短くて太いもの．

栄養価

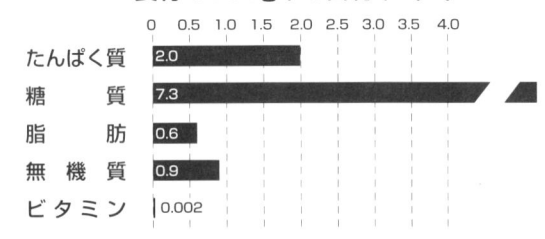

食材の100g中の含有率（％）

たんぱく質	2.0
糖　　質	7.3
脂　　肪	0.6
無 機 質	0.9
ビタミン	0.002

栄養の特徴

糖質やビタミンB_2，ビタミンDのもとを多く含み，特有のかおりも含む．

料理メモ

- よいかおりを生かして，さっと網で焼いて，しぼったすだちの汁をかけ，しょう油で食べる．
- 生のまま土びん蒸し，お吸いもの，まつたけごはんにしたり，あえもの，サラダなどに入れるとおいしい．
- あえもの，サラダ（右参照）にする時はアルミホイルにつつんで，網で蒸し焼きにし，手でさいて使う．
- まつたけはかおりが命なので，水で洗わない．ぬらしたふきんでそーっとなでるようにして表面の土を落とす．表面の黒っぽい皮をとってしまうとかおりが弱くなってしまうので，注意をする．
- 高価なものなので大切にあつかう．

旬

9月中～10月中ごろが旬．

原産地

日本，朝鮮半島，サハリン，千島列島などが原産地．日本では岩手県，長野県，京都府などが産地．

キシメジ科のきのこ．秋にアカマツ林の地面にはえます．しいたけのように人工さいばいができないので，天然のものだけが売られています．

まつたけのかさが開いて，胞子（ほうし．きのこの種）が落ちるころになると，かおりが弱くなってしまうので，胞子が落ちる前にとってしまいます．そのために，まつたけのとれる量が少なく，値段が高くなってしまいます．

最近，スーパなどで売られている安いまつたけは，韓国，北朝鮮，カナダ，アメリカのオレゴン州などからの輸入品です．

まつたけのサラダ

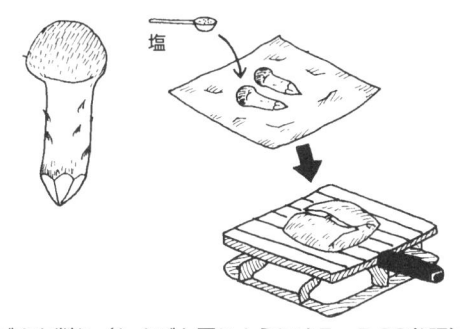

① 石づきを削り（わさびと同じようにする＝P.89参照），アルミホイルの上にのせ，少量の塩をふる．アルミホイルでつつんで網にのせて蒸し焼きにする．

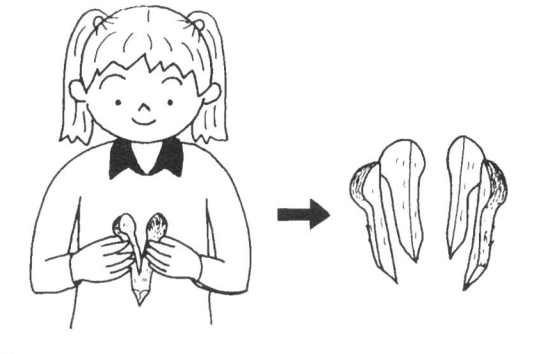

② 手で4つぐらいにさく．

③ **ドレッシング**
すだちの汁1：オリーブ油5：たまりじょう油1

すだちの汁，オリーブ油，たまりじょう油に塩，こしょう（少々）とアルミホイルに残ったまつたけの汁をまぜてドレッシングを作る．

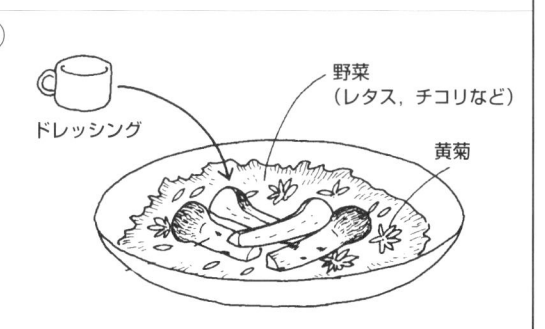

④ 塩，こしょう，サラダ油で下味をつけておいた野菜を器にしき，まつたけをのせる．③のドレッシングをかけて適量の黄菊をちらす．

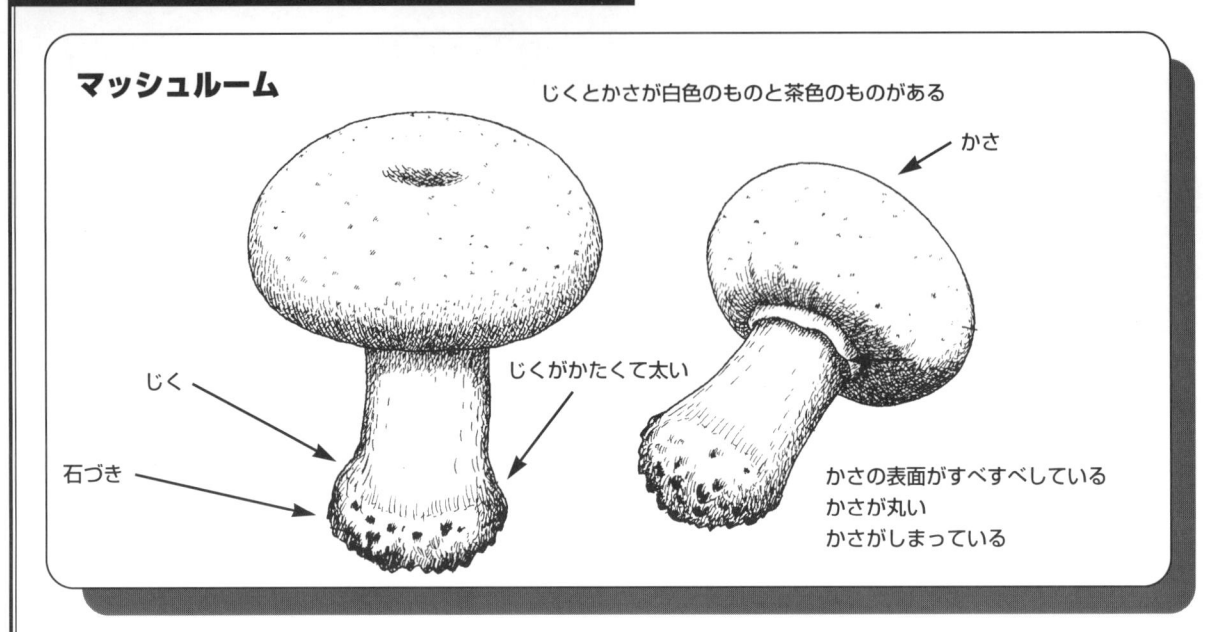

【マッシュルーム】

マッシュルーム

じくとかさが白色のものと茶色のものがある

かさ

じく

じくがかたくて太い

石づき

かさの表面がすべすべしている
かさが丸い
かさがしまっている

選び方のポイント

- かさが丸いもの．
- かさがよく引きしまっているもの．
- かさの表面がすべすべしているもの．
- じくが太くて，短いもの．
- じくがかたいもの．
- 白い色が茶色に変色していないもの．

栄養価

食材の100g中の含有率（％）

	0　0.5　1.0　1.5　2.0　2.5　3.0　3.5　4.0
たんぱく質	3.9
糖　　質	1.7
脂　　肪	0.5
無 機 質	1.3
ビタミン	0.006

栄養の特徴

ビタミンB_1，B_2．たんぱく質を多く含む．うま味のもとであるグルタミン酸を多く含むので，味がとてもよい．

料理メモ

- マッシュルームは生のままでも食べられるが，本来の味を味わうにはバター炒めがいちばん．シチューの具や魚，肉料理のソースに入れてもおいしい．
- スープで煮たものをうらごしして，ポタージュ（右参照）も作れる．丸ごとピクルスやマリネにしてもおいしい．
- 切り口が空気にふれると赤っぽくなるので，調理をする直前に切るとよい．また，切ったものにレモン汁，白ワインなどをかけておくとよい．
- きのこ類は，水で洗うと味が落ちてしまうが，マッシュルームは，土が全体についていることが多いので，さっと水洗いし，ふきんにつつんで水気をしっかりふいてから使う．

旬

さいばい品が1年中ある．おいしいのは4月～6月ごろと9月～11月ごろ．

原産地

ヨーロッパが原産．世界中でさいばいされ，食べられているきのこ．

　ハラタケ科のきのこ．日本では，さいばいものだけしかないために，「つくりたけ」という名前がついています．また「西洋まつたけ」とも呼ばれています．

　マッシュルームには，かさの白色のものと茶色のものがあり，白色のものをホワイト・マッシュルーム，茶色いものをブラウン・マッシュルームと呼び区別しています．ブラウン・マッシュルームのほうが大きく，味が濃厚なようです．

　ちなみに，世界中で食べられているマッシュルームは英語で「きのこ」という意味です．

マッシュルームのクリーム・スープ

① マッシュルーム（350g）は石づきを切り取り，うすく切る．たまねぎ（中1個）はたて半分に切ってから，繊維と直角（横）にうすく切る．

② マッシュルームとたまねぎをバター（大2）で炒める．小麦粉（大3）を加えて炒め，スープ（500cc）を入れて20～30分ぐらい煮る．

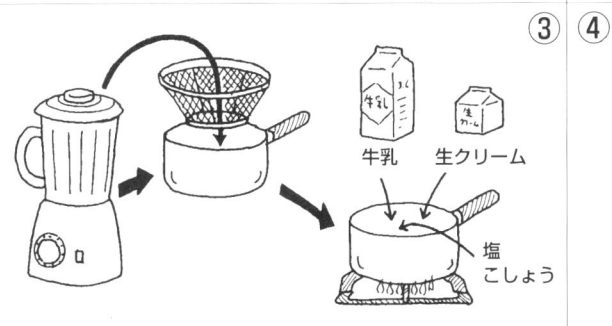

③ ②をミキサーでかける．ザルでこし，なべにもどして牛乳（500cc），生クリーム（100cc），塩，こしょうを少々加える．

④ 器にもり，クルトンをうかせてできあがり．

旬の一覧（野菜・きのこ編）

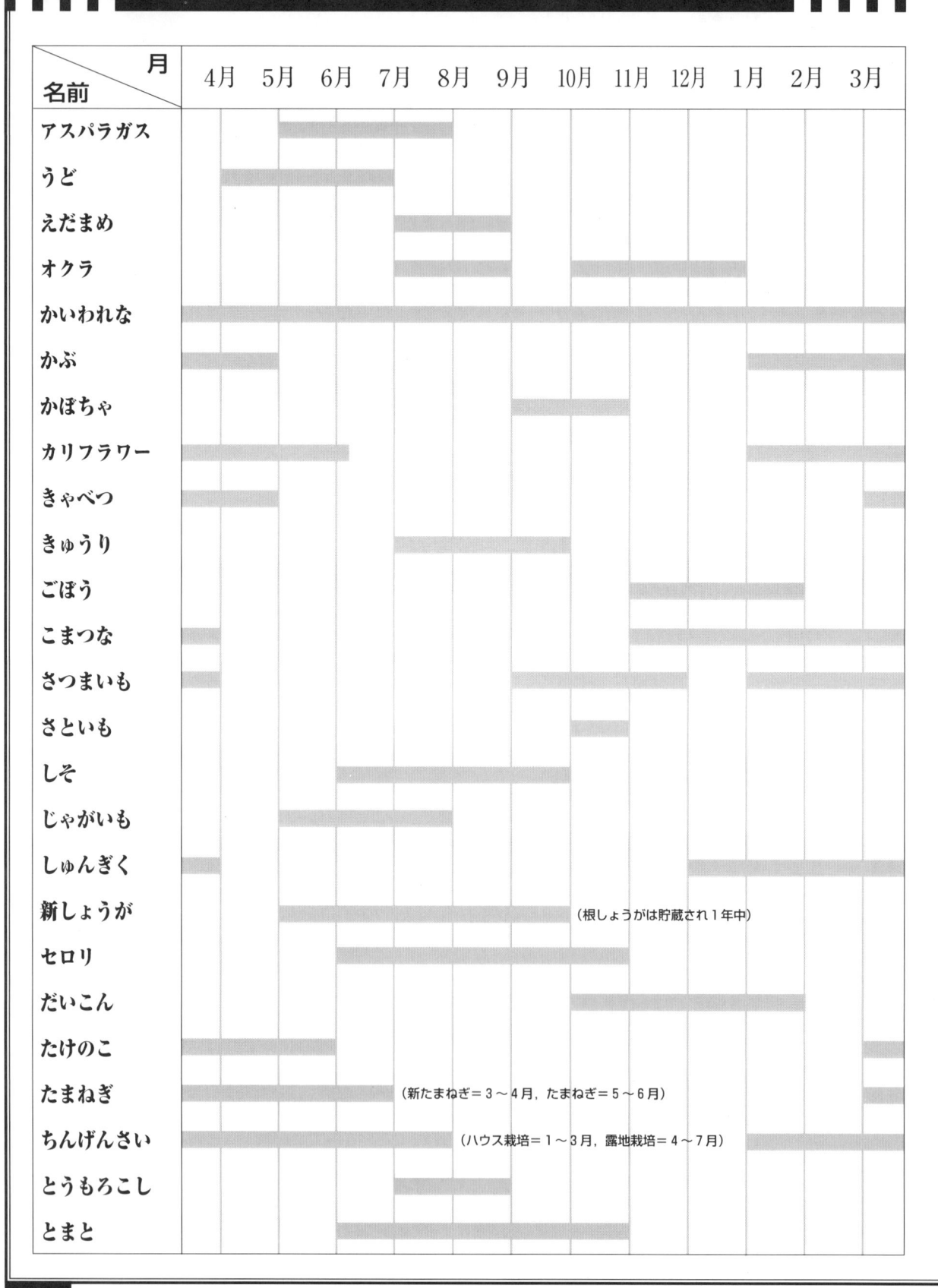

名前＼月	4月	5月	6月	7月	8月	9月	10月	11月	12月	1月	2月	3月
アスパラガス		■	■	■								
うど	■	■	■									
えだまめ				■	■							
オクラ			■	■	■	■	■					
かいわれな	■	■	■	■	■	■	■	■	■	■	■	■
かぶ	■	■						■	■	■		
かぼちゃ					■	■	■					
カリフラワー	■	■						■	■	■		
きゃべつ	■	■										■
きゅうり			■	■	■							
ごぼう							■	■	■	■		
こまつな	■							■	■	■	■	■
さつまいも	■	■				■	■	■	■	■		
さといも						■	■	■				
しそ			■	■	■	■						
じゃがいも		■	■	■								
しゅんぎく	■							■	■	■	■	■
新しょうが		■	■	■	■	■						
セロリ			■	■	■							
だいこん							■	■	■	■	■	
たけのこ	■											■
たまねぎ	■	■	■									■
ちんげんさい	■	■	■	■						■	■	■
とうもろこし				■	■							
とまと			■	■	■							

新しょうが：（根しょうがは貯蔵され1年中）
たまねぎ：（新たまねぎ＝3～4月，たまねぎ＝5～6月）
ちんげんさい：（ハウス栽培＝1～3月，露地栽培＝4～7月）

● 旬がわかりにくくなった私たちの生活．季節を感じさせてくれる野菜・きのこの旬の一覧．

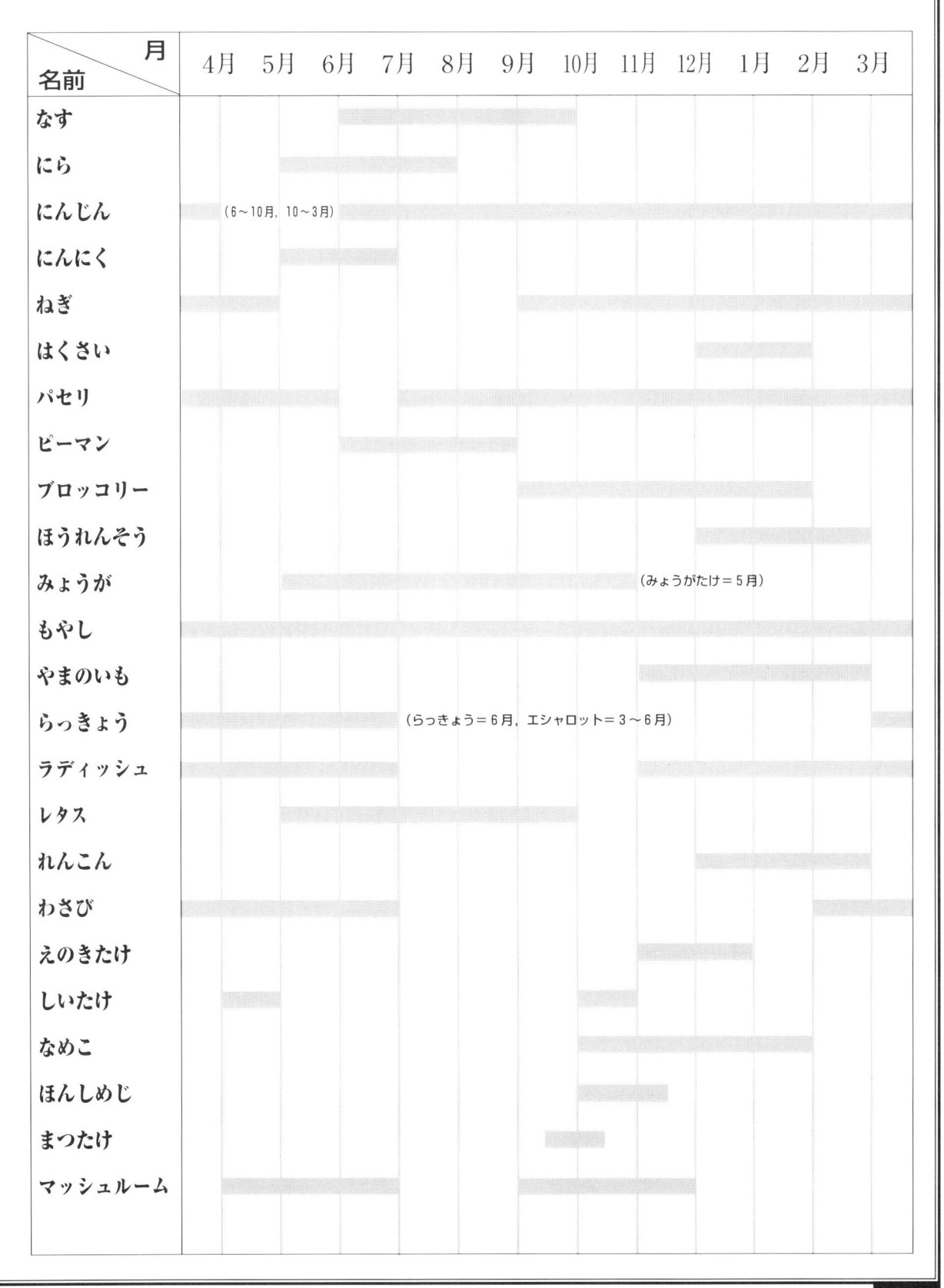

名前 \ 月	4月	5月	6月	7月	8月	9月	10月	11月	12月	1月	2月	3月
なす			■	■	■	■	■					
にら		■	■	■	■							
にんじん	(6〜10月，10〜3月)											
にんにく		■	■									
ねぎ	■	■					■	■	■	■	■	■
はくさい								■	■	■		
パセリ	■	■	■	■	■	■	■	■	■	■	■	■
ピーマン			■	■	■							
ブロッコリー							■	■	■	■	■	
ほうれんそう								■	■	■	■	
みょうが			■	■	■	■		(みょうがたけ＝5月)				
もやし	■	■	■	■	■	■	■	■	■	■	■	■
やまのいも								■	■	■		
らっきょう			(らっきょう＝6月，エシャロット＝3〜6月)									■
ラディッシュ	■	■						■	■			
レタス		■	■	■	■							
れんこん								■	■	■		
わさび	■	■									■	■
えのきたけ								■	■	■		
しいたけ		■	■				■	■				
なめこ							■	■	■	■		
ほんしめじ							■	■	■			
まつたけ						■	■					
マッシュルーム	■	■					■	■	■			

かんたん料理（野菜・きのこ編）

牛肉とごぼうのごはん

●手順

①牛肉は幅2cmに切り，下味の材料をもみこむ．
②ごぼうは皮をこそげ，たてに3～4本，切り込みを入れる．鉛筆を削るようにうすく切り，水にさらして水気をきる．えのきたけは根もとを切り落として半分に切る．
③すいはん器にといだ米と調味料を入れ，内がまのカップ4の水量の線まで水を入れてまぜる．ごぼう，えのきたけ，牛肉を全体にちらしてすいはん器のスイッチを入れる．

■材料●4人分
米 ──────────── 4カップ
牛ももうす切り肉 ──────── 300g
ごぼう ──────────── 1/2本(80g)
えのきたけ ──────────── 1～2袋
■肉の下味
しょう油，酒，ごま油 ──────── 各小さじ4

■調味料
酒 ──────────── 大さじ4
しょう油 ──────────── 小さじ2
だしの素，塩 ──────────── 各小さじ1

青みとして三つ葉のざく切り ──────── 適宜
仕上げ用としてしょうがのせん切り ──── 1かけ分

しめじ牛肉のつくだ煮風

●手順

①ほんしめじは石づきを切り，手であらくほぐす．
②牛肉はせん切りにする．
③しょうがはうす切りか，せん切りにする．
④なべに調味料としめじ，牛肉，しょうがを入れて，煮立つまで強火．そのあと，弱火にして味をととのえ，手ばやく汁気がなくなるまでに煮上げる．

■材料●4人分
ほんしめじ ──────────── 1～2パック
牛ももうす切り肉 ──────── 100g
しょうが ──────────── 10g
えのきたけ ──────────── 1袋

■調味料
酒 ──────────── 大さじ4～
しょう油 ──────────── 大さじ2～
砂糖 ──────────── 大さじ1～

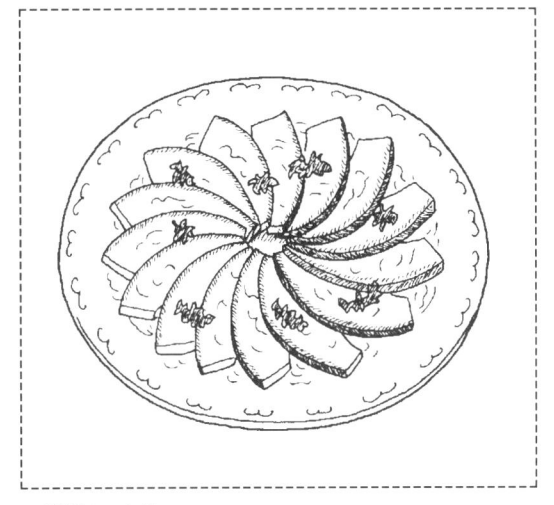

●かんたん料理（野菜・きのこ編）．子どもといっしょに作ってみよう．

カボチャのサラダ

●手順

①かぼちゃは種をぬき，5ミリ幅のくし型に切り，レンジ用のお皿に形よくのせて，ラップをして，レンジで（500Wで7～8分）．竹串がすーっと入るくらいがよい．
②フレンチドレッシングを作り，やわらかくなったかぼちゃがあついうちにかけて，冷まして（味をしみこませる）パセリをちらす．

■材料●4人分
かぼちゃ ─────────── 500g
パセリ（みじん切り）───── 小さじ1～

■調味料
酢 ─────────────── 大さじ2
酒 ─────────────── 小さじ1／3
こしょう ──────────── 少々
サラダ油 ──────────── 大4

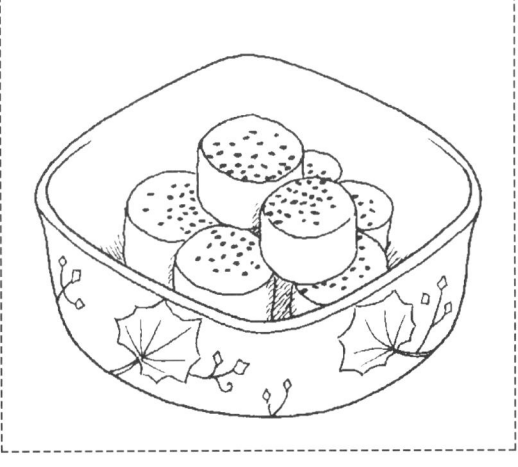

さつまいもの甘煮

●手順

①さつまいもは2cmの厚さに切り，内側のすじまで厚く皮をむき，むくはしから水にさらしアク抜きをする．
②なべに調味料を入れて火にかけ，煮立ってからさつまいもを加えて，やわらかくなるまで10分くらい煮る．
③器にもりつけ，いりゴマをふりかける．

■材料●4人分
さつまいも ─────────── 400g
黒ゴマ（いったもの）───── 小さじ1～2

■調味料
酒 ─────────────── カップ1／2
水 ─────────────── カップ1／4
砂糖 ───────────── 大さじ5～6
塩 ────────────── ひとつまみ

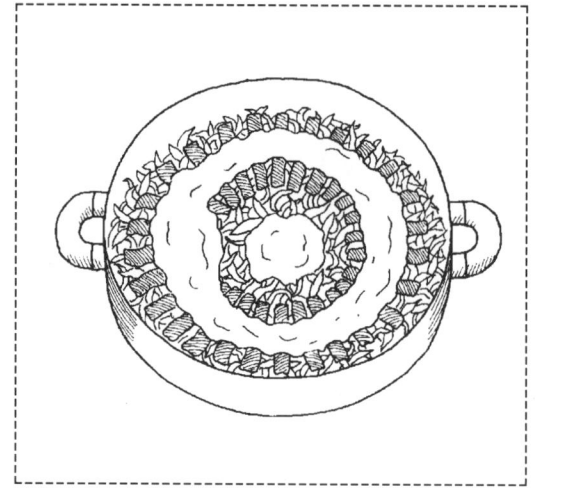

かんたん料理（野菜・きのこ編）

ごぼうと豚肉の卵とじ

●手順

① ごぼうは皮をこそげ，たてに3～4本切り込みを入れる．鉛筆を削るようにうすく切り，水にさらして水気をきる．豚肉は長さ5cm，幅1cmぐらいに切る．
② なべにごぼうをしきつめ，その上に豚肉を放射状に並べて，調味料を注ぎ入れ，落としぶたをして，中火で10分くらい煮る．ごぼうがやわらかくなったら，割ってほぐした卵をまわりから全体にかけ，もう一度落としぶたをして，卵が半熟になるまで煮る．

■材料●4人分
- ごぼう ——————————— 100g
- 牛ももうす切り肉 ——————— 150g
- 卵 ————————————— 3～4個

■調味料
- 酒 ———————————— カップ1／4
- しょう油 ——————————— 大さじ3
- みりん ———————————— 大さじ2
- だし汁 ———————————— カップ1～
- 砂糖 ————————————— 大さじ1

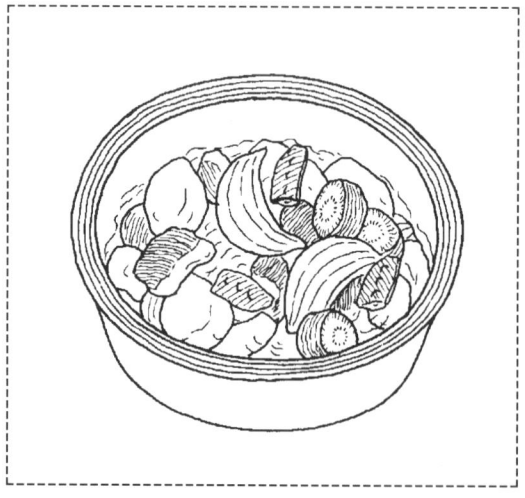

肉じゃが

●手順

① 豚肉は一口大に切る．
② じゃがいもは皮をむき，水にさらしてひと口大に切り，にんじんもひと口大，たまねぎは4～6等分のくし形に切る．
③ さやえんどうはすじを取り，塩ゆでにして2つに切る．
④ なべに砂糖，しょう油を煮立てて，その中にだし汁と野菜を加えて落としぶたをし，弱火で野菜がやわらかくなるまで煮る．豚肉を入れて，煮上げ，さやえんどうをちらして火を止める．

■材料●4人分
- 豚ももうす切り肉（または鶏肉） ——— 200g
- じゃがいも ——————————— 400g
- にんじん ———————————— 150g
- たまねぎ ———————————— 150g
- さやえんどう ——————————— 20g

■調味料
- 砂糖 ————————————— 大さじ3
- しょう油 ——————————— 大さじ3
- だし汁 ———————————— カップ1～1$\frac{1}{2}$

●かんたん料理（野菜・きのこ編）．子どもといっしょに作ってみよう．

とまとのマヨネーズ焼き

●手順

①とまとは洗って，横2等分にし，小さいスプーンでとまとのふちを5ミリ幅くらい残し，スプーンで中身をくりぬく．とまとはふせて，水分を取り除く．
②とまとの水気がぬけたら，くりぬいた中身をとまとの中に入れ，少量の下味（塩，こしょう）をつけ，上にたまねぎのみじん切りを入れ，マヨネーズを形よくぬる．パセリのみじん切りをちらしてオーブントースターで上に少しこげ色がつくまで焼いて仕上げる．

■材料●4人分
とまと（中）――――――――――― 2個
たまねぎ（みじん切り）――――――― 30g
パセリ（みじん切り）―――――――― 小さじ1
マヨネーズ ―――――――――――― 大さじ6

■調味料
塩 ―――――――――――――― 小さじ1/4
こしょう ――――――――――――― 少々

きゃべつのスープ煮

●手順

①きゃべつは葉のじくを取り，葉の部分を何枚かに重ねて長さ5〜6cm，幅1cmぐらいにざく切りにする．
②ふたのあるスープなべにきゃべつを入れ，上からスープ，塩，こしょう，バターを加えて煮立つまで強火，そのあと弱火にしてむし焼きにする（15分くらい）．
③きゃべつがやわらかくなったら，味をととのえ，好みでパセリのみじん切りをふりかける．

■材料●4人分
きゃべつの葉 ――――――――――― 4〜6枚
パセリのみじん切り ――――――――― 少々

■調味料
ブイヨンスープ ―――――――――― カップ1
塩 ――――――――――――――― 小さじ1/2
こしょう ―――――――――――――― 少々
バター ―――――――――――――― 大さじ2

かいせつ

野菜のこと

野菜とは，畑で人工的につくられている食用になる植物の総称であり，正しくは蔬菜（そさい）といいます．

野菜はその種類によって，食べる部分が異なり，それによって分類されています**（図①）**．

〈根菜類＝こんさいるい〉　根は植物にとって大切な栄養源の貯蔵庫で，人間でいえば肝臓にあたります．澱粉（デンプン）などの多糖類を豊富に含み，ビタミン類も含まれています．根に溜められたこれらの栄養素は，植物が寒い冬を乗り切るために使われます．ですから根菜類は冬に向かって栄養価が高くなり，美味しくなります．したがって，根菜類の旬は冬ということになります．

〈茎菜類＝けいさいるい〉　茎は人間でいうと骨にあたる部分です．繊維がとくに発達して筋張った部分です．じゃがいもやさといもは，根菜類のようですが，これは地下茎が大きくなったものです．

〈葉菜類＝ようさいるい〉　葉緑素を多量に含み，緑色をしています．体内でビタミンAの働きをするカロチンも豊富に含まれています．だいこんやかぶなどの，捨ててしまいがちな葉には多量の栄養素が含まれています．

〈花菜類と果菜類＝かさいるい〉　どちらも「かさいるい」といいます．花や果実は次の世代を残すための器官であり，糖分の含有量が比較的高い部分です．

野菜と栄養

野菜は，献立の中では主食，主菜になることは少なく，ほとんどが副菜として位置付けられていますが，副菜は主菜で摂取した栄養素の働きを助け，体の機能を正常に保つ役割を持っています．献立の中で，上手に野菜を使うことが，バランスがとれた食事の決め手です．

野菜の栄養素は，いも類を除けば，エネルギー源となる澱粉，たんぱく質，脂肪の含まれる量は少なく，8〜9割くらいの水分と，ビタミン，ミネラルなどの微量栄養素です**（表①）**．

ビタミンは，体内でビタミンAの働きをするカロチンとビタミンCが多く含まれています．厚生省では，カロチンの含まれる量が比較的多い野菜を〈緑

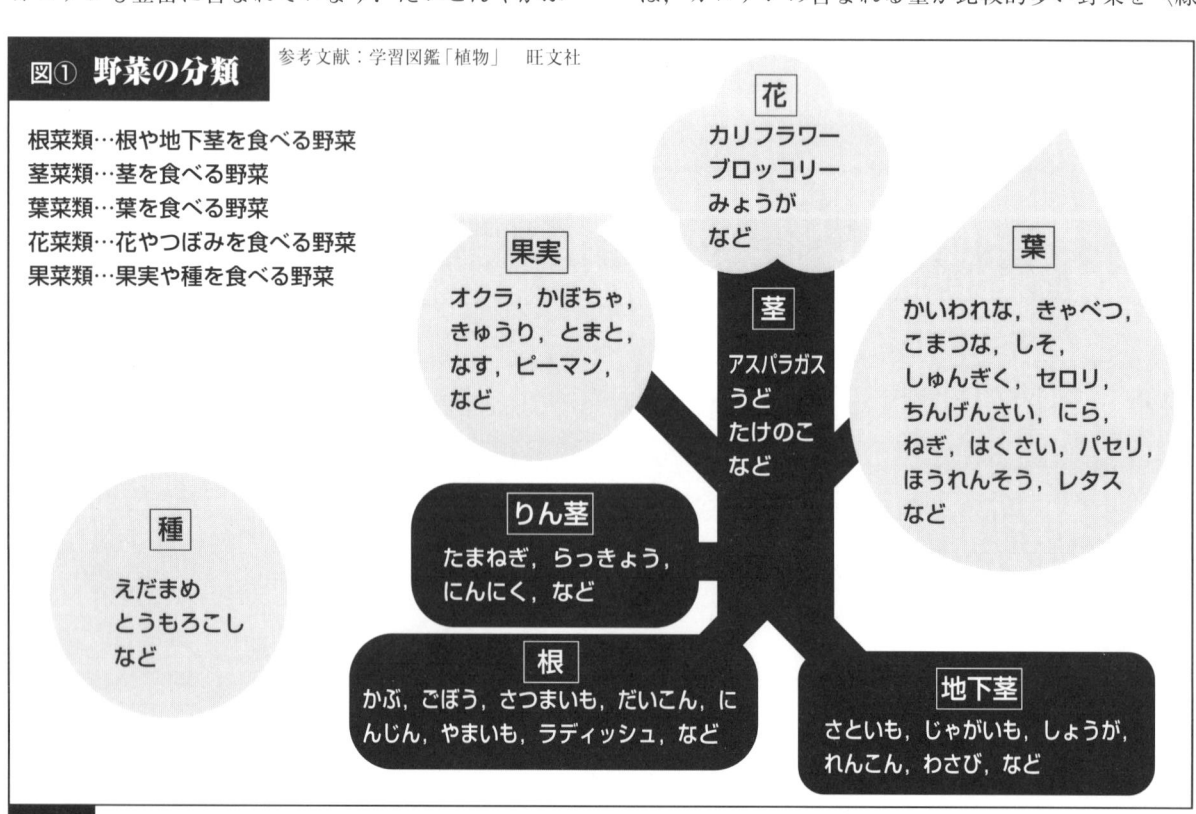

図①　野菜の分類　参考文献：学習図鑑「植物」　旺文社

- 根菜類…根や地下茎を食べる野菜
- 茎菜類…茎を食べる野菜
- 葉菜類…葉を食べる野菜
- 花菜類…花やつぼみを食べる野菜
- 果菜類…果実や種を食べる野菜

【花】カリフラワー，ブロッコリー，みょうが　など

【果実】オクラ，かぼちゃ，きゅうり，とまと，なす，ピーマン，など

【葉】かいわれな，きゃべつ，こまつな，しそ，しゅんぎく，セロリ，ちんげんさい，にら，ねぎ，はくさい，パセリ，ほうれんそう，レタス　など

【茎】アスパラガス，うど，たけのこ　など

【種】えだまめ，とうもろこし　など

【りん茎】たまねぎ，らっきょう，にんにく，など

【根】かぶ，ごぼう，さつまいも，だいこん，にんじん，やまいも，ラディッシュ，など

【地下茎】さといも，じゃがいも，しょうが，れんこん，わさび，など

表① 野菜，きのこに含まれる主な成分

参考文献：調理師教科全書3 「栄養学」

名称	主な働き
カロチン	●ビタミンAの働き（視力，皮膚，粘膜の保持）●β-カロチンは抗ガン作用
ビタミンD	●カルシウムの吸収促進，骨や歯を強くする
ビタミンE	●脂の酸化防止●活性酸素の働きを阻止
ビタミンK	●血液凝固（止血）に関与
ビタミンB_1	●糖質などがエネルギーになる時の潤滑油の働き
ビタミンB_2	●糖質などがエネルギーになる時の潤滑油の働き
ナイアシン	●糖質がエネルギーになる時に必要
葉酸	●赤血球をつくる時に必要（貧血を予防）
ビタミンB_6	●ヘモグロビンをつくる時に必要（貧血を予防）
パントテン酸	●ヘモグロビンをつくる時に必要（貧血を予防）
ビタミンC	●活性酸素の働きを阻止●細胞の強化●かぜの予防
カルシウム	●歯や骨の成分になる●出血を止める働きをする●筋肉を動かすのに必要
カリウム	●体内のpHを調節●神経の刺激伝達，筋肉の収縮に関与
鉄	●ヘモグロビンの成分（貧血を予防）
銅	●ヘモグロビンをつくる時に必要（貧血を予防）
ヨウ素	●からだの成長に関与（生長ホルモンの材料）
リン	●歯や骨の成分
ジアスターゼ	●消化を助ける（だいこんに含まれる）
食物繊維	●大腸ガンを予防する●高血圧を予防する●肥満を防止する
辛味成分	●胃を刺激し，食欲の増進（だいこん，わさび，しょうが，にんにくなど）
澱粉	●活動源（エネルギー）になる（じゃがいも，かぼちゃ，さつまいもなど）

表② 緑黄色野菜と有色野菜

引用文献：食品成分表 一橋出版

食品名	緑黄色野菜	有色野菜	食品名	緑黄色野菜	有色野菜	食品名	緑黄色野菜	有色野菜
あさつき	○	○	せり	○	○	パセリ	○	○
あしたば	○	○	まびきな	○	○	ピーマン	○	○
グリーンアスパラガス	○	○	だいこん（葉）	○	○	ひのな	○	○
さやいんげん	○	○	たいさい	○	○	ひろしまな	○	○
さやえんどう	○	○	たかな	○	○	ふきのとう	○	○
おおさかしろな	○	○	たらの芽	○	○	ふだんそう	○	○
おかひじき	○	○	さらだな	○	○	ブロッコリー	○	○
オクラ	○	○	チンゲンサイ	○	○	ほうれんそう	○	○
かぶ（葉）	○	○	つくし	○	○	みずかけな（とうな）	○	○
日本かぼちゃ	○	○	つるな	○	○	みずからし	○	○
西洋かぼちゃ	○	○	つるむらさき	○	○	切りみつば	○	○
からしな	○	○	とうがらし（葉）	○	○	根みつば	○	○
きょうな	○	○	とうがらし（果実）	○	○	糸みつば	○	○
キンツァイ	○	○	とうな	○	○	めきゃべつ	○	○
こまつな	○	○	とまと	○	○	ようさい	○	○
ししとうがらし	○	○	なずな	○	○	よめな	○	○
しそ（葉）	○	○	なばな	○	○	よもぎ	○	○
しそ（実)	○	○	にら	○	○	リーキ	○	○
じゅうろくささげ	○	○	にんじん	○	○	わけぎ	○	○
しゅんぎく	○	○	葉ねぎ	○	○			
すぐきな（葉）	○	○	のざわな	○	○			

黄色野菜〉と呼び，科学技術庁では，100g中600μg以上のカロチンを含む野菜を有色野菜といっています（表②）．

ビタミンCは空気中の酸素と反応すると効果がなくなってしまいます．また，にんじんやきゅうりには，ビタミンCの動きを壊してしまう物質が含まれていますので，サラダなどに使う時には，他の野菜と混ぜない方がよいでしょう．また加熱によってもこわれてしまう，とってもデリケートな野菜です．

夏が旬の野菜類には体を冷やし，冬が旬の根菜類には体を温める，といった自然界の妙ともいうべき働きがあります．こんな知識も日常の献立の中に生かしたいものです．

きのこのこと

きのこは，菌類の仲間です．きのこの体は，草や木でいえば花や果実にあたる部分で，子孫を残すための器官です．エネルギー源になる栄養素はないとされていますが，ビタミンDのもとであるプロビタミンDが含まれ，うま味のもとであるアミノ酸が豊富に含まれています．

日本人に唯一不足している栄養素がカルシウムですが，カルシウムが不足すると骨粗鬆症（こつそしょうしょう）という病気が起こります．中年以上の女性に多い病気ですが，骨のカルシウム分が少なくなり，もろく，折れやすくなります．

ビタミンDは体内でのカルシウムの吸収をよくする働きを持っていますが，プロビタミンDは，紫外線の力をかりてビタミンDに変ります．日光浴をすることもカルシウム不足を防ぐために大切なのです．

カルシウムは子どものうちからたくさん摂取すれば，体内に貯めておくことができ，年をとった時に不足するのを防ぐことができます．外でたくさん遊び，牛乳や小魚などとともに，きのこもたくさん食べたいものです．きのこの持つ特有の風味は，料理を一味も二味も濃厚なものにしてくれます．

野菜のすすめ

独特な香りを持った野菜やきのこはとかく嫌われがちですが，肉食動物も，草食動物の肉を食べる前にその胃を食べてビタミンなどを補給するといいます．野菜やきのこは体の動きを円滑にしていくためにとても大切なものです．

【あかがい】

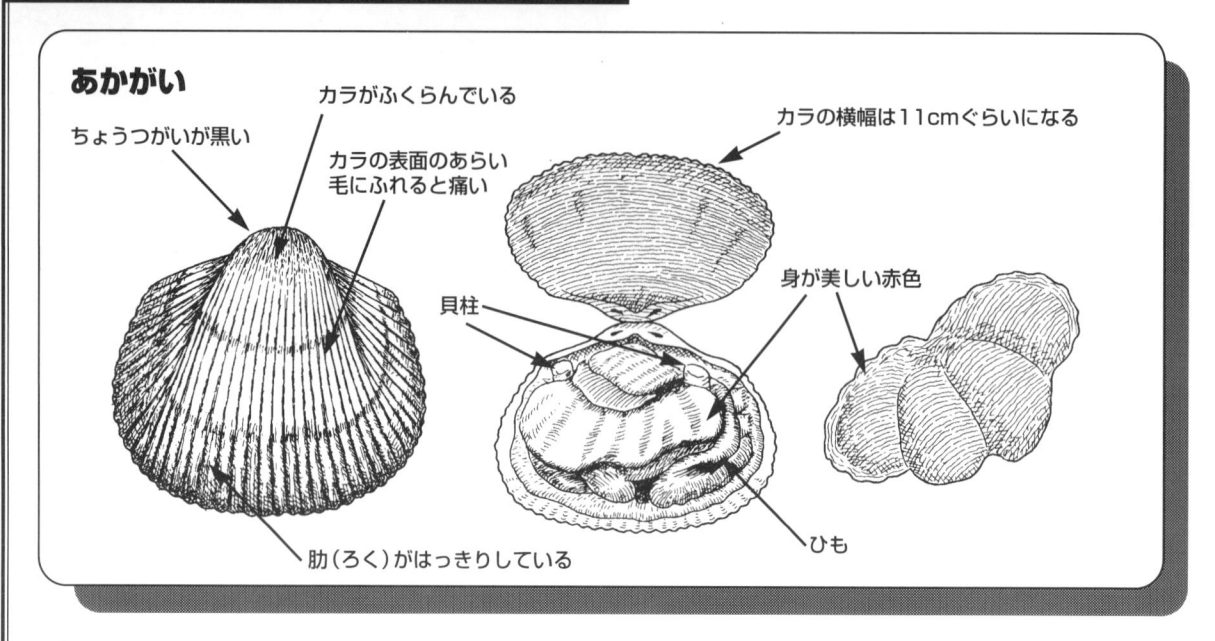

あかがい
- ちょうつがいが黒い
- カラがふくらんでいる
- カラの表面のあらい毛にふれると痛い
- カラの横幅は11cmぐらいになる
- 貝柱
- 身が美しい赤色
- ひも
- 肋(ろく)がはっきりしている

選び方のポイント

- 生のまま食べるので，生きているもの．
- 肋(ろく)がはっきりしているもの．
- 身が美しい赤色であるもの．
- 身に透明感があり，みずみずしいもの．
- カラがよくふくらんでいるもの．
- カラの表面のあらい毛が，ふれると痛いぐらいにしっかりとしているもの．

栄養価

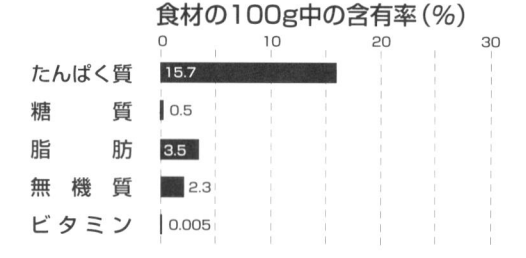

食材の100g中の含有率(%)

	0　　10　　20　　30
たんぱく質	15.7
糖　　質	0.5
脂　　肪	3.5
無 機 質	2.3
ビタミン	0.005

栄養の特徴

ベータ・カロチン，グリコーゲンを多く含んでいる．身，汁の赤色はヘモグロビン(血色素)を多く含むためである．

料理メモ

- 身，汁の赤色は，貝類ではめずらしいヘモグロビン(血色素)を多く含むためである．
- 貝のうま味はグリコーゲンと脂肪のバランスのよさにある．
- 味にくせがなく，弾力のある歯ごたえがある．
- 赤い色合いから高級なすし種として使われている(右参照)．
- あかがいを生きたまま調理し，刺身，すし種として食べることが多い．
- うど，きゅうり，わかめなどとあえ，酢のものにするとよい．
- セロリ，パセリのみじん切りなどとドレッシングであえて食べるとよい．
- つくだ煮にすると保存が効く．

旬

3月～5月ごろが旬．

分布地

北海道南部から九州南部までの日本各地の沿岸に分布している．朝鮮半島産が輸入されている．

　フネガイ科の2枚貝．身，汁はヘモグロビン（血色素）を多く含んでいるので，赤い色をしています．身を切ると赤い血が出ることから，「赤貝」（あかがい）という名前がつきました．
　貝ガラの表面には，42本前後の「肋」（ろく）というあばら骨のようなギザギザがあり，その上にあらい毛が生えています．カラの色は黒かっ色です．
　成長したあかがいは，カラの横幅が11cmぐらいになります．むき身になったものを煮つけで食べますが，生で食べるのがいちばんおいしい食べ方です．
　カラの取り方，身のしめ方，切り方をマスターして，新鮮でおいしいあかがいを味わいましょう．

あかがいのすし

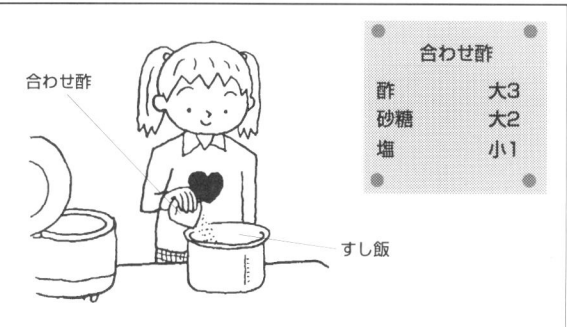

合わせ酢	
酢	大3
砂糖	大2
塩	小1

① 米（カップ2）を洗い，同分量の水（カップ2）を加え，炊飯器でたく．ごはんがたけたらひとまぜし，合わせ酢を加え，すし飯を作る．うちわであおぎながら冷ます．

② あかがい（12個）は包丁の刃もとを使い，ちょうつがいの黒い部分を切る．刃もとでカラをひねりながらはずし，貝柱を包丁で切り，身を貝ガラでえぐって取り出す．

③ 身から赤い汁が出たら，水でよく洗う．身とひもを切り離す（ひもは刺身，酢のものに使うとよい）．身は包丁を使ってふたつに開き，ちょう（蝶）のような形（ちょう開き）にし，かっ色のキモは切り取る．

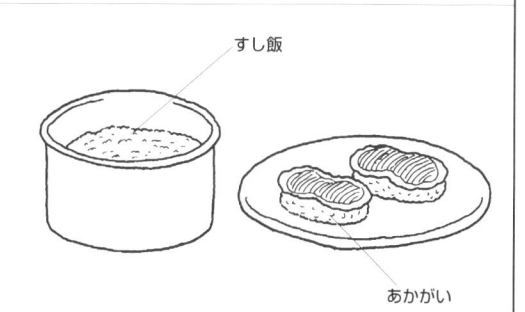

④ 冷ましたすし飯を片手にのるぐらいだけ取り，少量の水をつけた手で小さくにぎる．好みでおろしわさびをつけ，あかがいをのせる．

113

【あさり】

あさり

- 貝柱
- 水管
- 身に弾力がある
- ひも

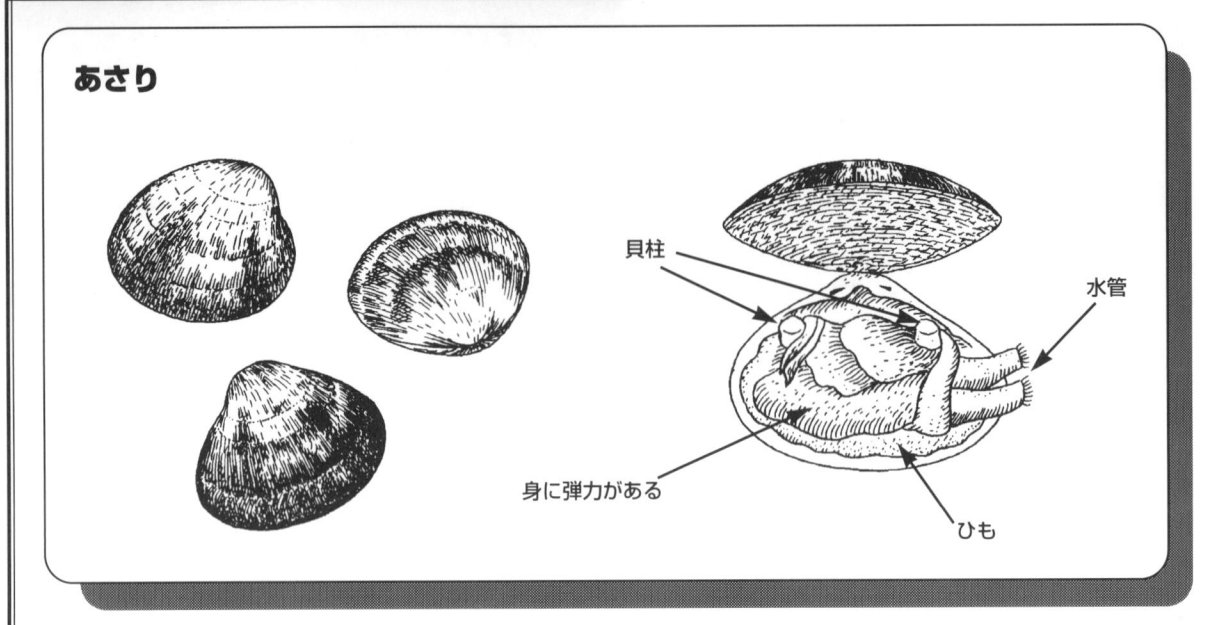

選び方のポイント

- 生きているもの.
- 水に入れると，閉じたカラから水管を出すもの.
- 身に弾力があるもの.
- 身にツヤがあり，潮(しお)のかおりがするもの.
- カラが大きいもの.
- カラが割れていないもの.

料理メモ

- 2枚貝であるあさりはグリコーゲン，有機酸，特にコハク酸が多く，特有のうま味を含んでいる.
- ごはんにあさりをたきこんだ「深川飯」は，古くから郷土料理(東京都)として有名である.
- たまねぎ，にんにくといっしょに，白ワインなどで煮るとよい(右参照).

栄養価

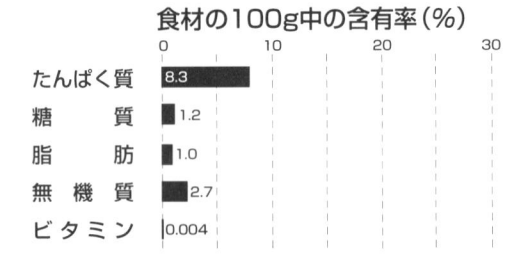

食材の100g中の含有率(％)

たんぱく質	8.3
糖質	1.2
脂肪	1.0
無機質	2.7
ビタミン	0.004

栄養の特徴

グリコーゲン，有機酸，コハク酸を多く含んでいる.

- 砂を多く含んでいるほうが新鮮だが，かならず調理する前に，3％の塩水に5～6時間つけて砂をはかせる.
- **潮(うしお)汁**
  水から煮る．カラが開いたら汁の中に砂が残ってしまうので，布などでこし，しょうゆ，塩で味をととのえ，きざんだあさつきを散らし熱いうちに食べる.

旬

10月～3月ごろが旬．

分布地

東京湾，伊勢湾，三河湾など日本各地の内湾に分布している．ヨーロッパ産，フィリピン産などが輸入されている．

マルスダレガイ科の2枚貝．あさりの食用の歴史は古く，弥生時代の貝塚から貝ガラが発見されています．

あさりはカラの表面の色，模様が変化に富んでいて，ひとつとして同じ貝はないといわれています．

身は新鮮なものほど砂を多く含んでいます．海水に近い3％の塩水に5～6時間つけて砂をはかせ，よく水洗いをしてから調理します．

あさりはコハク酸のうま味成分を多く含んでいます．カラつきは汁もの，焼きもの，身はあえもの，炒めものなどにします．野菜，ごはんと組み合わせて調理をすれば，とてもおいしい食材です．

あさりのスペイン風なべ

① あさり(400g)を3％の塩水(水5カップ，塩大2)に5～6時間つけ，砂をはかせてから，よく水洗いする．

② たまねぎ(½個)，にんにく(ひとかけら)をみじん切りにする．

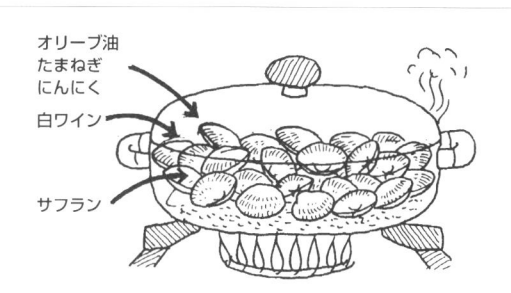

③ なべにオリーブ油(大2)を入れ，たまねぎ，にんにくを炒め，あさりを加える．白ワイン(50cc)を入れ，アルコールをとばしてから，サフラン(少々)を入れ，フタをして10分ほど煮る．

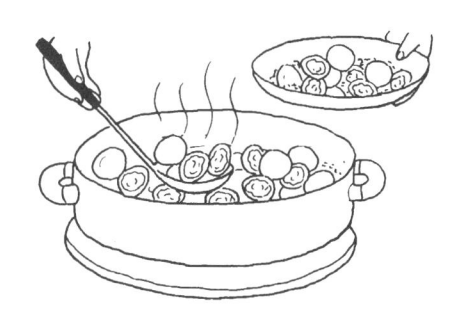

④ 貝のカラが開いたら少量の塩，こしょう(少々)で味をととのえる．食卓にならべ，取りわけて食べる．

【あじ】

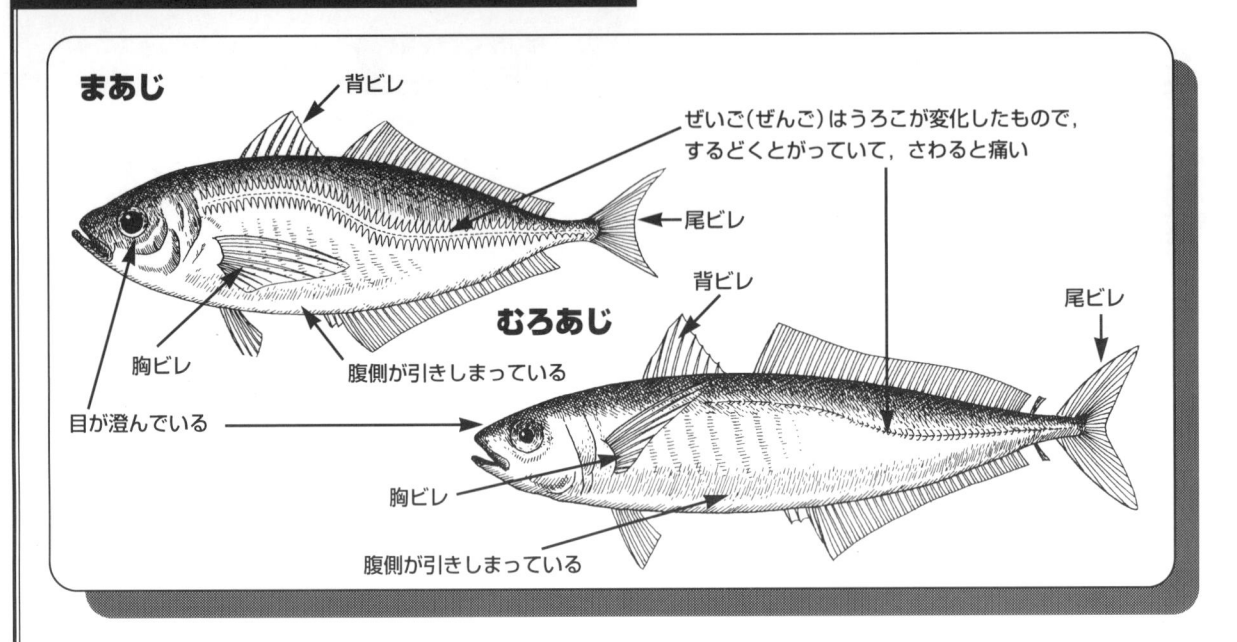

まあじ
- 背ビレ
- ぜいご(ぜんご)はうろこが変化したもので，するどくとがっていて，さわると痛い
- 尾ビレ
- 胸ビレ
- 腹側が引きしまっている
- 目が澄んでいる

むろあじ
- 背ビレ
- 尾ビレ
- 胸ビレ
- 腹側が引きしまっている

選び方のポイント

- 目が澄んでいるもの．
- 皮にはツヤがあり，青びかりをしているもの．
- 腹側が引きしまっているもの．
- 身が太っているもの．

栄養価

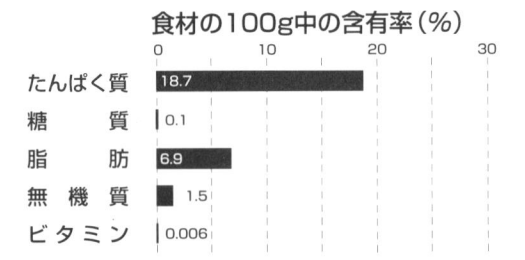

食材の100g中の含有率（％）

成分	含有率
たんぱく質	18.7
糖質	0.1
脂肪	6.9
無機質	1.5
ビタミン	0.006

栄養の特徴

グリシン，アラニン，グルタミン酸，遊離アミノ酸，イノシン酸を多く含んでいる．

料理メモ

- おろししょうが，みょうがのせん切りにポン酢(しょうゆ1：酢1)をつけ，刺身，たたきとして食べるとよい．
- あじの塩焼き
  両側に塩をふる．仕上がりを美しくするために，ヒレには塩をよくすりこむ(化粧塩)．焼き網を熱し，強火の遠火(火もとから10～15cm離して焼く)で表側(腹側を手前にし頭が左側)を焼き，色がついたら裏側も焼く．
- 塩焼き，煮もの(右参照)，煮魚に使う時は，ぜいごをそぎ取り，えらとはらわたを取り出す．
- 3枚におろして残った中骨は，揚げ油で揚げるか，オーブンで焼く．カルシウムを多く含む骨せんべいになる．

旬

6月〜7月ごろが旬．

分布地

北海道から九州，沖縄までの日本各地の沿岸に分布している．各地の湾内と沖合いを回遊する種類がある．

アジ科の海水魚．日本近海に多く見られ，あじの種類には，まあじ，むろあじ，しまあじなどがいます．

「あじはあじ（味）がよい」といわれるぐらいで，あじを代表するまあじは，グリシン，アラニン，グルタミン酸，遊離アミノ酸，イノシン酸などのうま味成分を多く含んでいます．また，特にしまあじの刺身，すしは値段が少し高いですが，とてもおいしいものとされています．

あじは刺身，塩焼き，煮もの，揚げものなど，家庭での利用範囲が広く，脂肪とうま味をたっぷりと含んだ独特の味とふっくらとした身が，日本人には好まれている魚です．

あじの中華風煮もの・酢魚（スーユイ）

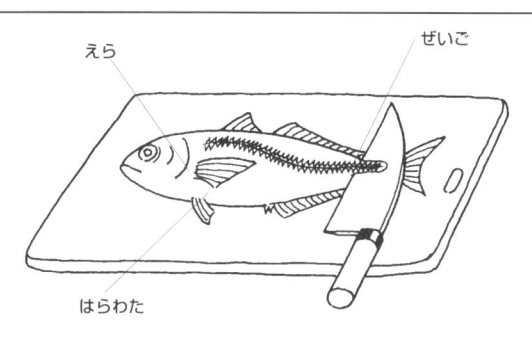

① あじ（4尾）の尾から包丁をねかし入れ，前後に押したり引いたりしながら，ぜいごをそぎ取る．腹を開いて，包丁でえら，はらわたを取り出す．

② 水洗いをする．特に，はらわたがついていた部分をよく洗う．

③ なべに小さいこんぶ（1枚），ねぎ（2本）のブツ切りを敷き，あじをならべる．しょうゆ（カップ2/3），酢（カップ2/3），砂糖（大4），ゴマ油（大2），しょうが（5g）のうす切り，少量の水を入れる．

しょうゆ
酢
砂糖
ゴマ油
しょうがのうす切り
水

④ もりつける時には腹側を手前にし，頭が左側．

焦がさないように中火で1時間ぐらい煮る．煮たったら，弱火にし，汁がなくなったら，適量の水か酒をそそぐ．あじをくずさないように器にもりつける．煮汁をかけ，ねぎをそえる．

【あなご】

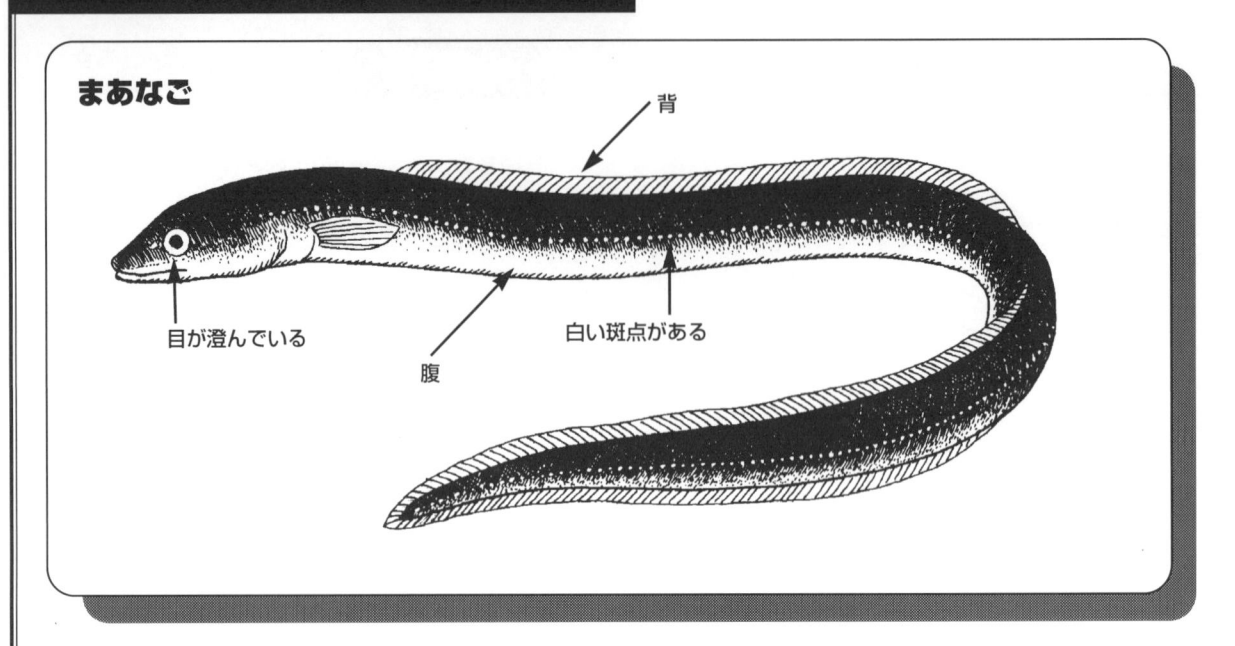

まあなご
- 背
- 目が澄んでいる
- 腹
- 白い斑点がある

選び方のポイント

- ●目が澄んでいるもの．
- ●身にツヤがあるもの．
- ●身が円柱状で，白い斑点があるもの．
- ●身が厚いもの．
- ●身に透明感がある白色のもの．
- ●煮た時に身がそり返るもの．
- ●親指ほどの太さのもの．

栄養価

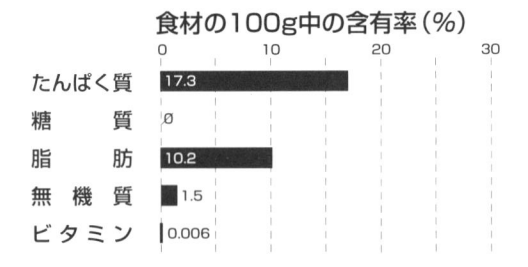

食材の100g中の含有率（％）

たんぱく質	17.3
糖　　質	0
脂　　肪	10.2
無 機 質	1.5
ビタミン	0.006

栄養の特徴

ビタミンAを多く含み，栄養価が高い．

料理メモ

- ●いろいろな調理法があるが，すし種，天ぷら，かば焼き，煮ものなどにするとよい．
- ●煮たあなごをあたたかいごはんにのせるとおいしい（右参照）．
- ●各地でいろいろな調理法があるが，酒蒸しにしてから煮て，炭火でさっと焼いてすし種にすることが多い．
- ●親指ほどの太さのものは，値段は少し高いが，味がよい．
- ●フランス料理ではブツ切りにし，ミルポア（にんじん，たまねぎ，パセリのじく，セロリなどの香味野菜）などでスープ煮にする．
- ●味は1年中ほとんど変わらないが，夏に多く市場に出回る．

旬

6月～7月ごろが旬．

分布地

東京湾ほか，日本各地の沿岸に分布している．

アナゴ科の海水魚．あなごの種類には，まあなご，ごてんあなご，くろあなごなどがいます．一般的にあなごといえば，まあなごのことで，いちばんおいしいあなごです．

身は白身で，脂肪，ビタミンAを多く含んでいます．ただし，血液中に弱いタンパク毒を含んでいるため，生きた状態で，血をぬいてから調理する必要があります．

岩穴，砂，泥地の中にすみ，夜行性のため，夜釣りの魚です．

スーパー，魚屋さんで売られているあなごは，さばいてあるか，白焼き（なにもつけずに焼くこと）にしてあり，家庭で料理しやすいようになっています．

あなごごはん

① あなご（3尾＝1尾は100gぐらい）の頭を包丁で切り，身を開く．

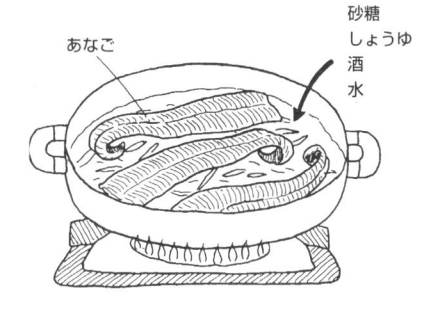

② なべに砂糖（大2），しょうゆ（大2），酒（大3），水（大2）を入れてあなごを煮る．さっと煮た時，生きのよいあなごは，身がぐるりとそり返る．

③ 煮たあなごを包丁でふたつに切る．

④ 器の中にあたたかいごはんを入れる．あなごをのせ，せん切りにした紅しょうが（少々）をかざる．煮汁は煮詰め，タレを作り，あなごの上からかける．

【あゆ】

あゆ

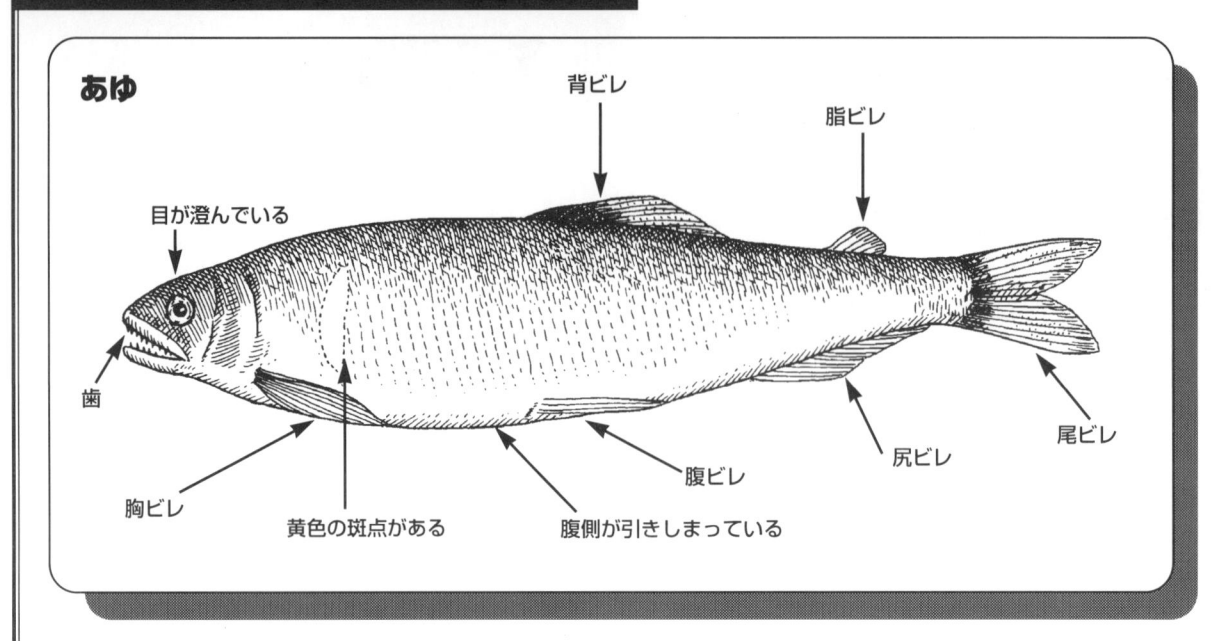

図中ラベル: 目が澄んでいる／歯／胸ビレ／黄色の斑点がある／腹ビレ／腹側が引きしまっている／背ビレ／脂ビレ／尻ビレ／尾ビレ

選び方のポイント

- 目が澄んでいるもの．
- 腹側が引きしまっているもの．
- 腹側が切れているものはさける．
- 養殖のあゆは歯が未発達．
- うろこが小さいもの．

栄養価

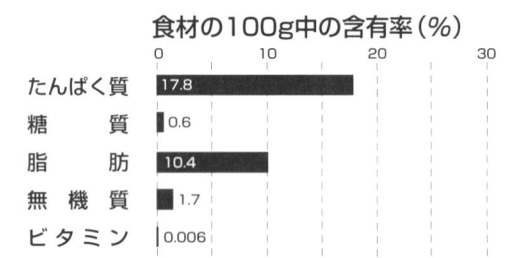

食材の100g中の含有率（％）

たんぱく質	17.8
糖質	0.6
脂肪	10.4
無機質	1.7
ビタミン	0.006

栄養の特徴

天然のあゆの内臓はおいしく，カロリー値も高く，ビタミン類を多く含んでいる．

料理メモ

- うろこと身の部分には，寄生虫の幼虫「横川吸虫」（よこかわきゅうちゅう）が寄生していることが多いので，生のまま食べるのはさけたほうがよい．
- 姿ずし
  うろこを取り，えら，はらわたを取り出してから腹側を尾まで切り開き，頭の部分をふたつに切る腹開きにし，塩をふって酢でしめる．
- 火を通す調理法には，甘露（かんろ）煮，魚田（ぎょでん＝田はでんがくの意味），塩焼き，ムニエル（右参照）などがあり，はらわたを取る必要はない．
- 粕漬け，焼き干しにすると保存が効く．
- あゆの内臓で作る塩からは「うるか」といい，風味がよく酒の肴に向いている．

旬

6月～8月ごろが旬．

分布地

高知県の四万十川など，全国の清流の川に分布している．

　アユ科の淡水魚．あゆは水のきれいな清流で育ちます．日本の川の中でも，上流の汚れの少ない場所にすんでいます．高知県の四万十川などが有名で，夏にはあゆ釣りが解禁になり，多くの釣り人でにぎわいます．

　天然のあゆは藻を食べるので，内臓のかおりがよく「香魚」（こうぎょ）と

もいわれます．あゆは1年で死ぬため，「年魚」（その年に生まれその年に死ぬ魚）といい，お祝いごとには使われません．

　養殖のあゆは粉末状のエサを十分与えられるため，はやく育つが，あまり活動しないために脂肪が多くなり，かおりはよくありません．

あゆのムニエル

① あゆ（4尾）を塩水（水カップ1，塩小1）でよく洗った後，水洗いをする．

② あゆの水気をふきんなどでよくふき，塩（小 $\frac{1}{2}$），こしょう（少々）をまぜて，あゆにふる．

③ 小麦粉（大1）をあゆ全体につける．小麦粉が多くついてしまった場合は，はたいて取る．

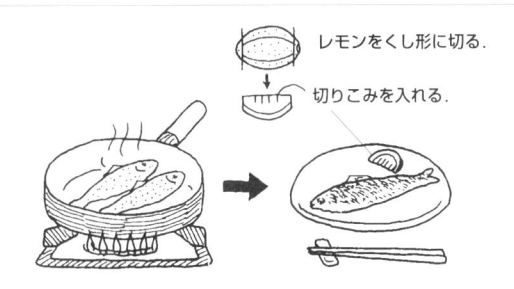

④ レモンをくし形に切る．
切りこみを入れる．

フライパンを熱し，サラダ油（大1）を加え，もりつける時上になるほう（腹側を手前にし，頭が左側）から焼き，両面をよく焼く．レモン（1個）を6等分のくし形に切る．あゆをもりつけ，レモンをそえる．しょうゆをかけて食べる．

【あんこう】

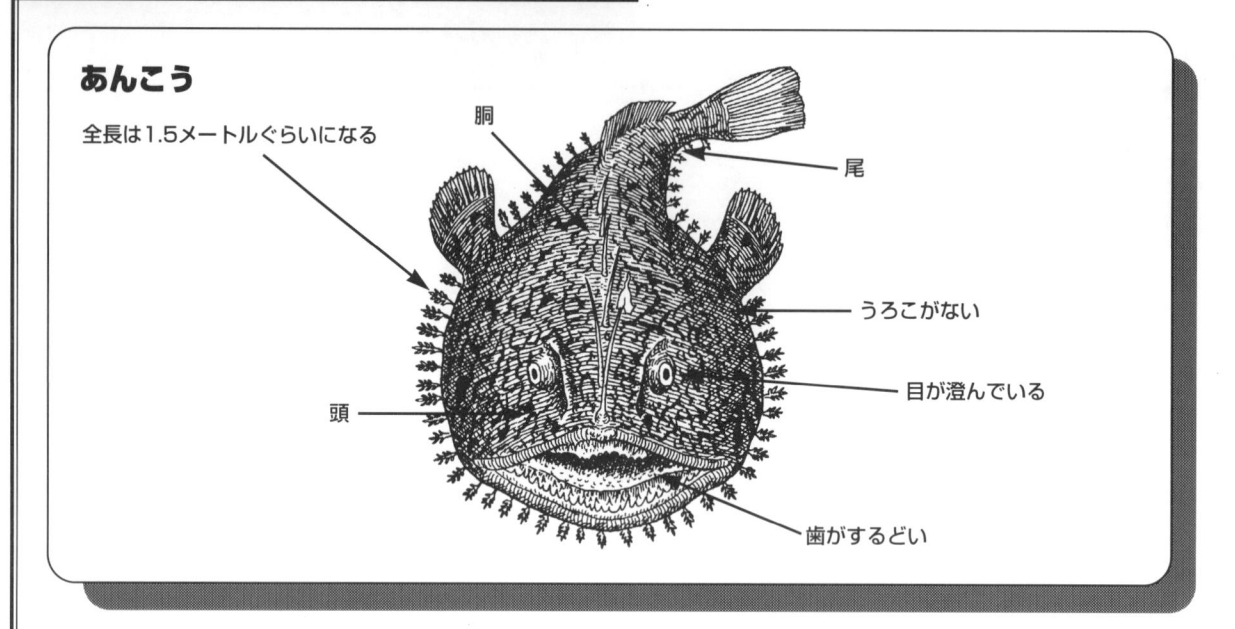

あんこう
全長は1.5メートルぐらいになる

- 胴
- 尾
- うろこがない
- 目が澄んでいる
- 歯がするどい
- 頭

選び方のポイント

- 目が澄んでいるもの．
- 腹側を上にしておいてあるので，腹が大きく，尾まで太いものがよい．
- えらが赤いもの．
- 身にツヤがあるもの．

栄養価

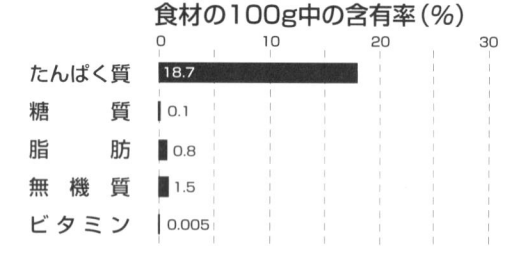

食材の100g中の含有率（％）

	0　　10　　20　　30
たんぱく質	18.7
糖　　質	0.1
脂　　肪	0.8
無 機 質	1.5
ビタミン	0.005

栄養の特徴

脂肪が少なく，ビタミンAを多く含んでいる．

料理メモ

- あんこうは茨城県北茨城市平潟が有名で，「どぶ汁」（みそとキモをだし汁に溶かしたもの）という骨だけを残し，後はすべて食べる調理法が有名．
- 冬のなべものの王者はなんといってもあんこうなべ（右参照）．冬においしいはくさい，ねぎ，しゅんぎくなどを加え，みそで仕上げて食べる．
- あんこうの肝臓であるキモ（アンキモ）は，世界の3大珍味（フォアグラ，トリュフ，キャビア）にもひけをとらないぐらいにおいしい．
- あんこうは深海魚のため，姿はグロテスクで，その大きさにおそれをなしてしまうが，冬の味覚を満足させてくれる魚である．

旬

12月～2月ごろの寒い冬が旬.

分布地

日本近海に分布している．海底深くにすむ．漁港として茨城県の那珂湊，久慈浜，平潟が有名．

アンコウ科の深海魚．からだの表面にはうろこがなく，大きく扁平な頭と横に広い口を持っています．胴，尾の部分は頭の部分にくらべるとほそく，短いです．

あんこうは，海底をはうように移動し，頭についているアンテナのようなもので，小魚を誘い，海水ごと飲みこんでしまいます．「あんこうの餌待(えまち)」という格言は，口を開け，ぼんやりとしているさまを表わしたたとえです．

昔は専門の職人が，「つるし切り」(縄であんこうをつるし，口から水を入れ，腹をふくらませた後，皮をはぎ，肉をそぎ，キモを取る調理法)であんこうを解体していましたが，最近はまな板の上でさばいています．

あんこうなべ

① あんこうの身(500g)，キモ(300g)をブツ切りにし，はくさい(400g)を5×5cmに切り，ねぎ(2本)を5cm幅のななめ切りにし，しゅんぎく(1束)を8cmに切る．とうふ(1丁)を8つ切りにし，大きい器にならべる．

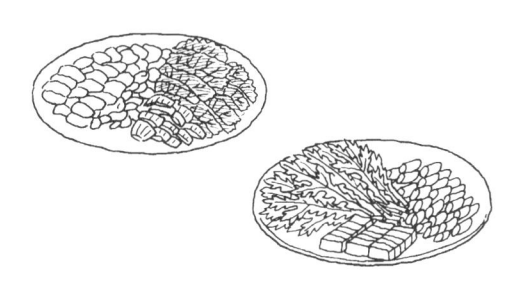

② なべにみそ(80g)，だし汁(カップ3～4)を入れて強火で煮る．

③ 汁が煮たったら，あんこうの身とキモ，はくさい，ねぎ，しゅんぎく，とうふを加える．

④ 弱火にし，器によそって食べる．

【いか】

するめいか

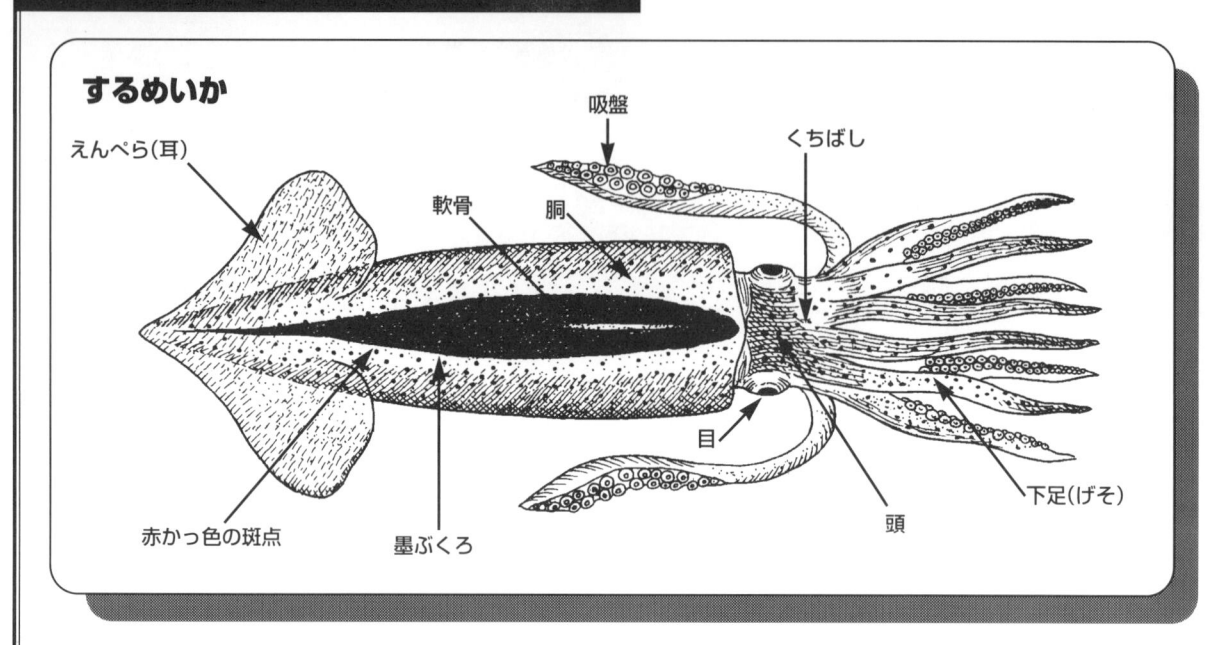

図中ラベル: えんぺら(耳)／軟骨／胴／吸盤／くちばし／目／頭／下足(げそ)／赤かっ色の斑点／墨ぶくろ

選び方のポイント

- 目が黒く澄んでいるもの．
- 身の色が濃く，赤かっ色なもの．
- 身に弾力があるもの．
- いかのえんぺら(耳)が透明なもの．
- 赤かっ色の斑点を指ではじいた時，斑点が見えたり，かくれたりするものは鮮度がよい．
- 吸盤をさわると吸いつくもの．

栄養価

食材の100g中の含有率(%)

成分	含有率(%)
たんぱく質	15.6
糖　　質	0.1
脂　　肪	1.0
無 機 質	1.5
ビタミン	0.003

栄養の特徴

魚貝類の中では水分が多く含まれ，たんぱく質は比較的少なく，糖質，脂肪は少ない．

料理メモ

- 獲れたてのいかを刺身にし，しょうゆにつけて食べるとおいしい．
- いかをほそく切り，いかそうめんにし，しょうがじょうゆで食べてもよい．
- いかにもち米を詰めて煮たり，いかをさっと下煮し，くずした豆腐，しいたけ，にんじんのせん切りなどを炒めてから，いかに詰めたけんちん蒸し，丸のまま焼きいかなどにするとおいしい．
- 保存する時には，身は干しいかにし，新鮮なはらわたは塩からにするとよい．
- フリッター，パエリア，ブイヤベース，とまと煮(右参照)などにするとよい．
- 八宝菜の中にかざり切りをして入れたり，いかだんごの揚げもの，酢のものなどにするとよい．

旬

9月～10月ごろが旬．

分布地

日本各地の沿岸に分布している．アルゼンチン産（フォークランド諸島），ニュージーランド産，韓国産などが輸入されている．

軟体動物門頭足綱のツツイカ目とコウイカ目に属し，するめいか，もんごういか，やりいか，すみいか，あおりいかなど，世界で500種類ぐらいいます．頭と直結した足が10本あり，2本は長く，のび縮みが自由です．

いかは日本人が好んで食べる魚貝類ですが，一般にいかといえばするめいかのことをいい，いちばんおいしく，人気があります．夏に北上し，冬に南下します．胴の長さは30cmぐらいになり，昼と夜で深い場所と浅い場所を移動しています．

いか特有の甘味は，グリシン，アラニン，プロリンなどのアミノ酸（うま味のもと）で，刺身に適しています．

いかのとまと煮

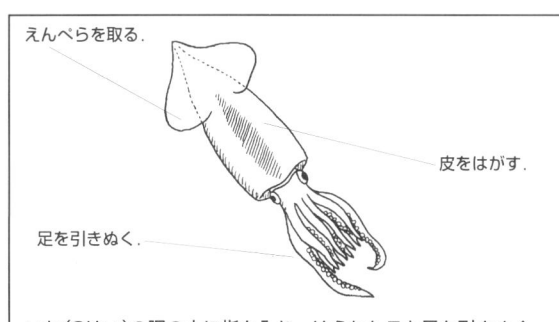

① えんぺらを取る．皮をはがす．足を引きぬく．

いか（2はい）の胴の中に指を入れ，はらわたごと足を引きぬく．えんぺらを手前に引いて取る．胴の皮をめくるように身からはがす．墨ぶくろをやぶらないように足のつけ根ではらわたを切り離す（新鮮なはらわたは塩からなどにするとよい）．

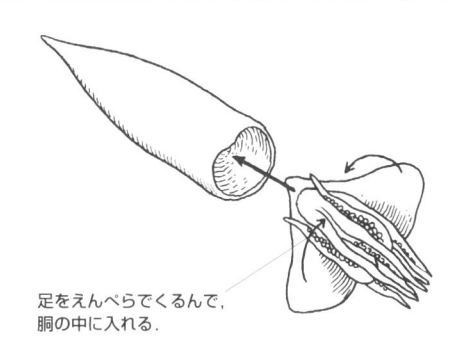

② 足をえんぺらでくるんで，胴の中に入れる．

ぬいた足をえんぺらでくるんで，胴の中に入れる．

③ ようじを刺す．

中に詰めたものが出ないように，ようじを刺す．

④

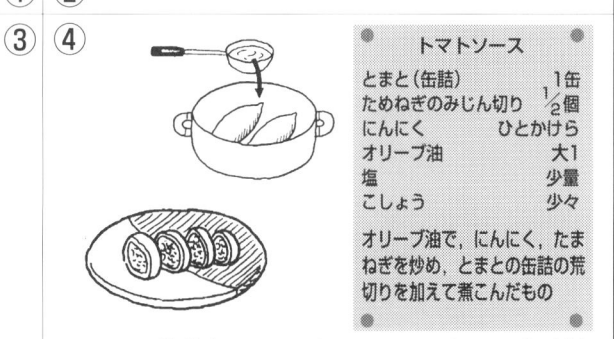

トマトソース

とまと（缶詰）	1缶
たまねぎのみじん切り	1/2個
にんにく	ひとかけら
オリーブ油	大1
塩	少量
こしょう	少々

オリーブ油で，にんにく，たまねぎを炒め，とまとの缶詰の荒切りを加えて煮こんだもの

なべにオリーブ油（大2）を入れ，みじん切りにしたにんにく（ひとかけら），赤唐辛子（1本）の筒切りを炒め，白ワイン（大1）を入れ，いかの両面を軽く炒める．別のなべで作ったトマトソースを加え，10～20分煮こむ．1cm幅に切り，器にもりつける．

【いわし】

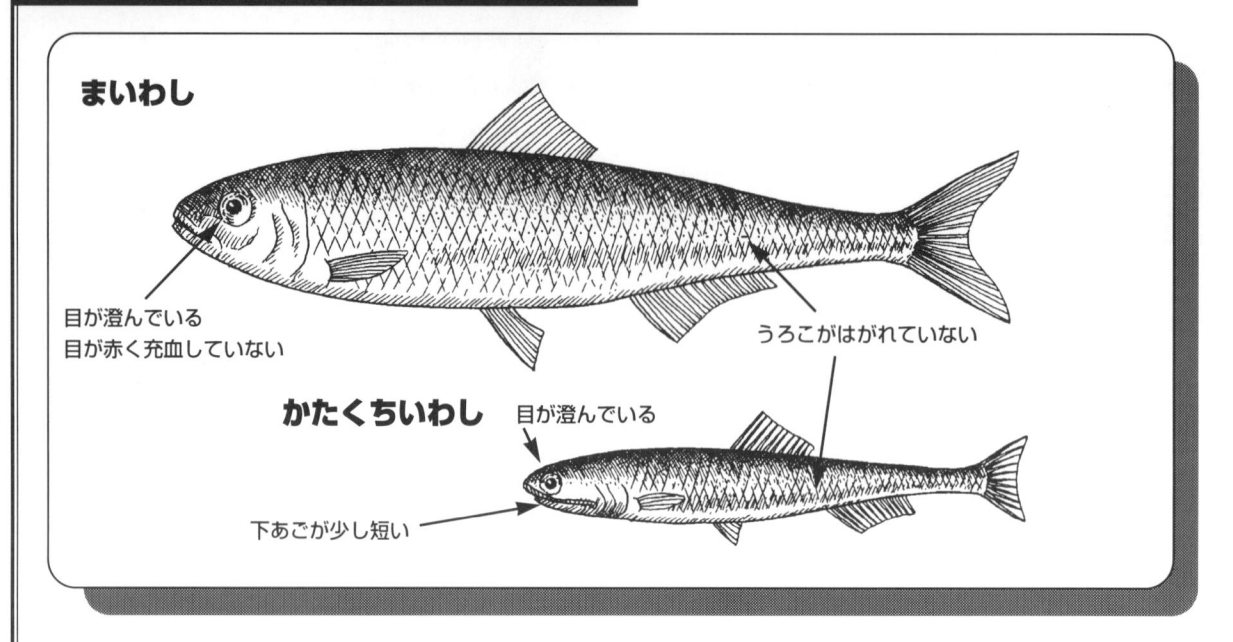

まいわし
- 目が澄んでいる
- 目が赤く充血していない
- うろこがはがれていない

かたくちいわし
- 目が澄んでいる
- 下あごが少し短い

選び方のポイント

- 目が澄んでいるもの．
- 目が赤く充血していないもの．
- うろこがはがれていないもの．
- 腹側がやぶれ，内臓がとび出していないもの．

栄養価

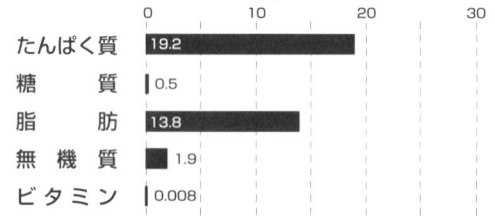

食材の100g中の含有率（％）

成分	含有率
たんぱく質	19.2
糖　　質	0.5
脂　　肪	13.8
無　機　質	1.9
ビタミン	0.008

栄養の特徴

脂肪の含まれる量が比較的多く，血管内をきれいにする働きがある．

料理メモ

- いわしを手で開き（右参照），塩でしめてから酢で洗い，酢につけて酢じめ，レモンじめなどにし，刺身風に食べる．
- 手で開いたいわしをしょうが汁，しょうゆで下味をし，小麦粉をうすくつけ，フライパンで焼くとかばやき風になる．
- 身を手でしごいてから，包丁でたたき，ミンチ状にし，みそ，しょうが汁，酒などを加え，小さく丸めてからゆでると，おでんに入っているつみれになる．
- 頭と内臓を切り取り，梅干し，酒，しょうゆ，みりんで煮ると保存が効く．
- 手で開いたいわしをチーズといっしょにオーブンで焼いてもよい．
- 塩水につけ，天日に干したいわしは，「目刺し」（めざし）といわれ，おいしい．

旬

まいわしは8月～10月ごろ，うるめいわし，かたくちいわしは12月～2月ごろが旬．

分布地

日本各地の沿岸に分布している．うるめいわしはオーストラリア南岸，アフリカ東岸にも分布している．

　ニシン科のまいわし，ウルメイワシ科のうるめいわし，カタクチイワシ科のかたくちいわしは海水魚．海を回遊し，プランクトンなどを食べています．
　まいわしはからだに黒い点々がならぶので「七つ星」ともいわれます．生のまま食べたり，飼料にされます．
　うるめいわしはからだが円筒状で，目が大きく，旬のころには目がうるんだようになるので，この名前がついています．脂肪が少ないので，干ものに向き，丸干し（うるめ干し）にされます．
　かたくちいわしは口が大きく，下あごが上あごより少し短く，日本各地で獲れます．しらす干し，煮干し，田作りなどの保存食品に使われています．

いわしの手開き

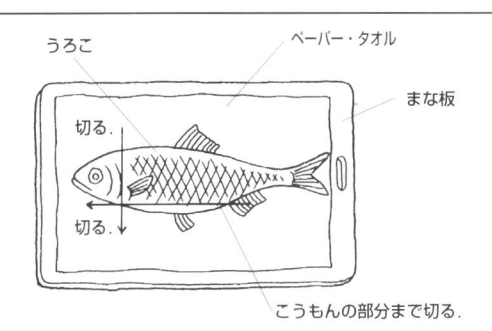

① いわしを水でよく洗い，まな板の上にペーパー・タオルを敷き，その上におく．包丁の先で尾から頭に向かってうろこを軽く取る．頭と腹側を包丁で切り落とす．

② 包丁の先で，いわしの内臓をこするようにして取り出す．

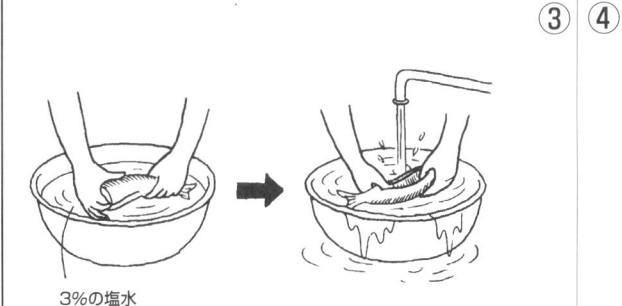

③ 3％の塩水（水5カップ，塩大2）で洗った後，よく水洗いをする．

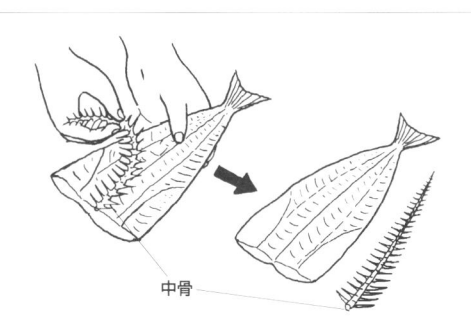

④ 右手の親指を中骨にそって入れ，身と骨をはずすように動かし，中骨から向こう側を開く．尾のつけ根で中骨を折り，ゆっくりと身から中骨を取りはずす．

【いわな・やまめ】

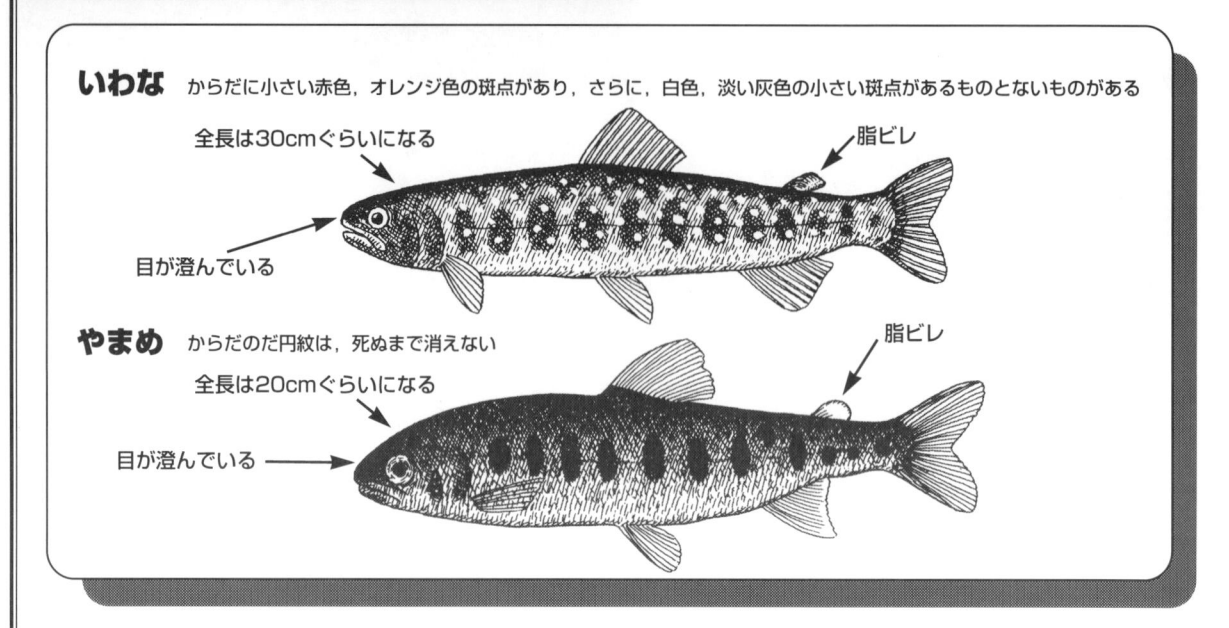

いわな からだに小さい赤色，オレンジ色の斑点があり，さらに，白色，淡い灰色の小さい斑点があるものとないものがある

全長は30cmぐらいになる
脂ビレ
目が澄んでいる

やまめ からだのだ円紋は，死ぬまで消えない
全長は20cmぐらいになる
脂ビレ
目が澄んでいる

選び方のポイント

- 目が澄んでいるもの．
- ツヤがあるもの．
- 表皮に傷がなく，身がブヨブヨとしていないもの．
- からだに適度のぬめりがあり，模様がはっきりとしているもの．
- 身がしまっているもの．

栄養価

食材の100g中の含有率(％)

	0	10	20	30
たんぱく質	18.4			
糖　　質	0.3			
脂　　肪	4.3			
無 機 質	1.4			
ビタミン	0.004			

栄養の特徴

グラフはやまめのものだが，脂肪，ビタミン類は少ない．

料理メモ

- いわな，やまめは川魚なので，表面にぬめりがある．塩水で洗うか，手に塩をつけて，表面をやさしくこすってから，水でよく洗えば，ぬめり，生ぐさみが消える．包丁で下ごしらえをする時にも，まな板の上ですべらないので，調理がしやすい．
- 鮮度がよい養殖のいわな，やまめは，刺身にもなり，塩焼き，魚田（ぎょでん），から揚げなどにするとおいしい．
- 白焼きにしたいわな，やまめをつくだ煮風の甘露煮にしたり，から揚げにして唐辛子入りの南蛮酢にしてもよい．
- いわな，やまめは，ムニエル（右参照），木の芽田楽，みりん干しなどにするとおいしい．

旬

いわなは6月～8月ごろ，やまめは3月～5月ごろが旬．

分布地

いわなは淡水魚の中では最も標高の高い場所にすむ．群馬県，長野県などに分布している．やまめは青森県，岩手県，長野県などで養殖されている．

いわな，やまめはサケ科の淡水魚．渓流釣りの代表的な川魚です．

いわなは，きれいな渓流の岩の間などにすむことから，「岩魚」（いわな）という名がつきました．すむ場所，川によって大きさが違いますが，全長は30cmぐらいまで大きくなります．

やまめの全長は20cmぐらいまで大きくなります．からだの斑点が美しく，渓流の女王として，「山女魚」（やまめ）という名前がつきました．また，メスが海から戻ってくる間，オスがやもめ暮らしをすることから，その名がついたという説もあります．九州では「えのは」，京都では「あまご」，東北，北海道では「やまべ」などの地方名もあります．

いわなのムニエル

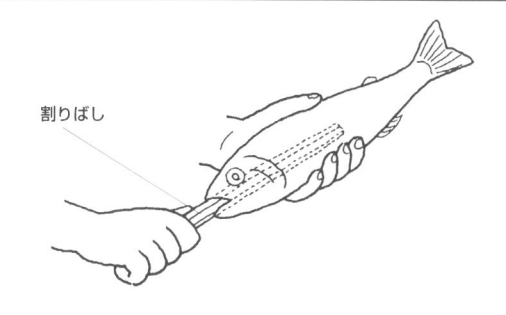

① いわな（1尾＝ひとり分）の表面のぬめりを塩水で取る．水でよく洗ってから，いわなの口を開け，割りばし（2本）を中に入れ，くるっと回して，内臓，えらを取り出す．

割りばし

② いわなに塩（小 $\frac{1}{5}$），こしょう（少々）をし，小麦粉を軽くまぶす．余分についた小麦粉をはらい落とす．

③ フライパンを熱し，バター（大2）を入れ，いわなの腹側を手前にし，頭が左側になる面から焼き，裏返して両面を焼く．別のフライパンにバター（大1）を入れ，ゆっくりと回しながら，液状にする．

④ 面取り…野菜の角を切り，なめらかにすること．仕上がりが美しくなる．

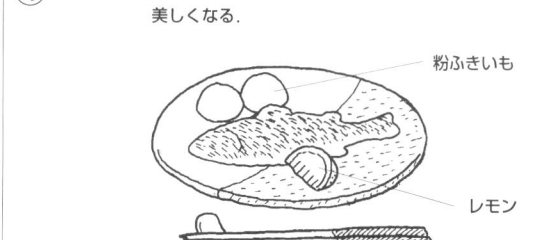

粉ふきいも
レモン

じゃがいも（1個）の皮をむき，ふたつに切り，面取りをしてからゆで，粉ふきいもにする．レモン（1個）を6等分のくし形に切り，器に焼きあがったいわなの頭を左側におき，③のバターをかける．

【うなぎ】

うなぎ 血液中には，熱に弱い神経毒（イクチオトキシン）が含まれているので，生のままでは食べない

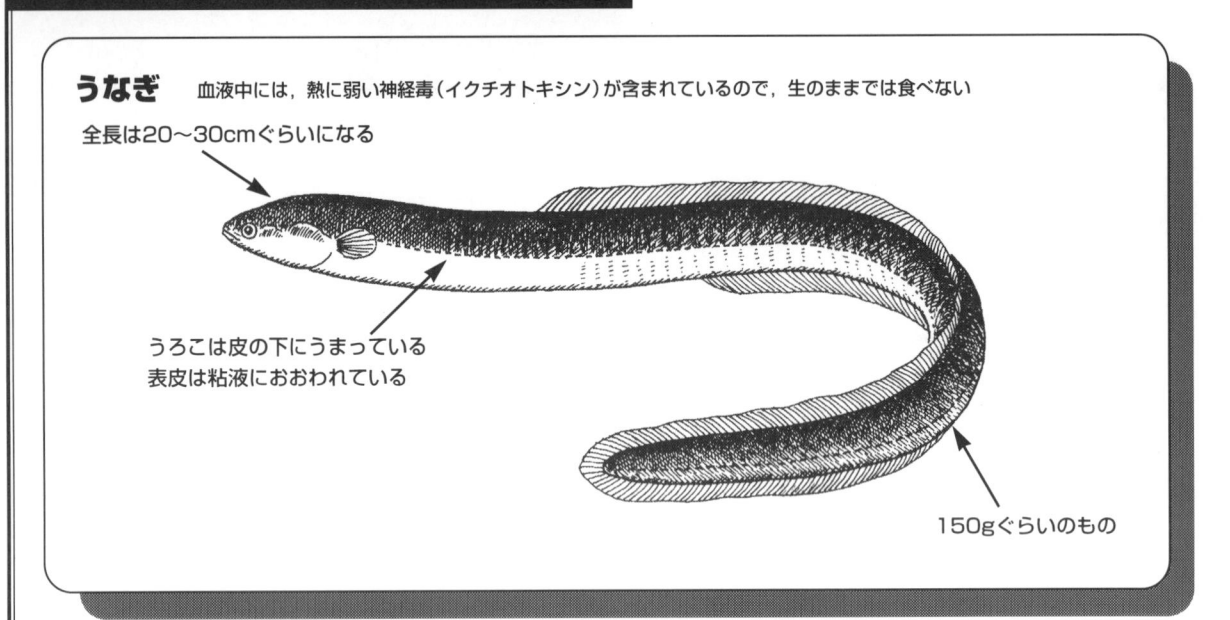

- 全長は20〜30cmぐらいになる
- うろこは皮の下にうまっている 表皮は粘液におおわれている
- 150gぐらいのもの

選び方のポイント

- おいしいうなぎは，丸のままで150gぐらいのもの．
- かば焼きの状態になっている時は，静岡県，愛知県，岐阜県の産地で800〜1,000円ぐらいの値段のもの．
- 生のものを切った時に，血があざやかな赤色をしているもの．
- 身がふっくらとしているもの．

栄養価

食材の100g中の含有率(%)

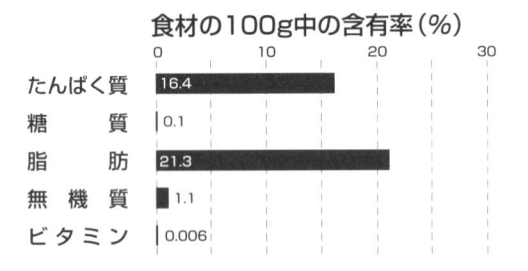

たんぱく質	16.4
糖　　質	0.1
脂　　肪	21.3
無 機 質	1.1
ビタミン	0.006

栄養の特徴

ビタミンAが多く，脂肪を多く含んでいるため，カロリーが高い．

料理メモ

- 丸のままのうなぎを使う時は，ぬめりをよく取る．
- うなぎのおろし方
  まな板に背を手前にしてのせ，あごに目打ちをし，固定する．頭のつけ根に切りこみを入れ，中骨の上に包丁の先を入れ，尾に向かって背開きにする．
- 目打ちの時に腹を手前におく方法を腹開き（関西），逆を背開き（関東）という．
- あたたかいごはんの上にタレをつけたかば焼きをのせ，さんしょうの粉をかけて食べるとよい．
- 卵を使ったう巻き卵（右参照），うなぎをブツ切りにしてワイン煮，から揚げ，甘からく煮たり，五目あんかけなどにしたりするとよい．

旬

6月～9月ごろが旬.

分布地

日本各地の川，内湾に分布している．朝鮮半島産，東南アジア産が輸入されている．

　ウナギ科の淡水魚．世界で18種類のうなぎが確認され，日本には，北海道以南にいるうなぎと関東以南にいるおおうなぎの2種類がいます．
　生後4年たったころからが食べごろです．現在は養殖のものがほとんどです．
　「鰻」(うなぎ)と書きますが，昔は「武奈木」(うなぎ)と書いていました．20cmぐらいのものを「めそ」，「めそっこ」，30cmぐらいのものを「中」，「きり」といいます．
　夏の土用の丑(うし)の日にうなぎを食べる習慣は，江戸時代末期からうなぎ屋さんの宣伝としてはじまりましたが，食欲のない夏に，栄養を補給する合理的な健康維持の手段と考えてよいでしょう．

う巻き卵

① かば焼き(1串)を少しあたためてから，串をぬく．卵(5個)を割りほぐし，だし汁(大5)，砂糖(大2)，塩(小$\frac{1}{3}$)，酒(大1)をボールに入れ，よくまぜ合わせる．

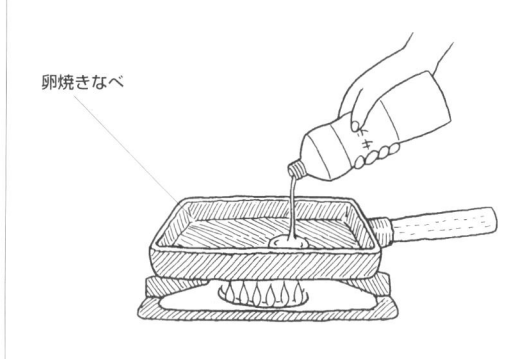

② 卵焼きなべを熱し，サラダ油(大1～2)を入れる．

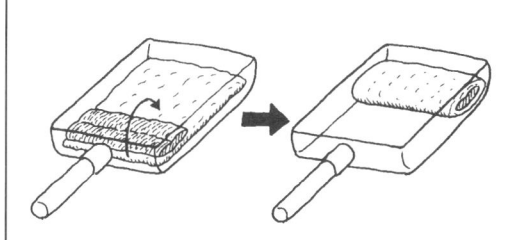

③ ①の卵液$\frac{1}{3}$を卵焼きなべに流しこみ，半熟に焼く．手前にかば焼きをのせ，卵でつつみこんで巻く．巻いた卵を向こうに押しやり，あいた部分にサラダ油をぬり，残りの卵液を2度にわけて焼き，同じように卵でつつんで厚くしていく．焼きあがったら冷まし，切りわける．

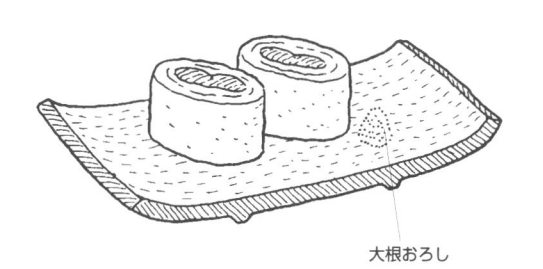

④ 大根おろしをそえ，器にもりつける．

131

【うに】

えぞばふんうに
トゲが短い
表面の色は赤かっ色

きたむらさきうに
トゲが長い
表面の色は黒むらさき色

箱詰めのうに

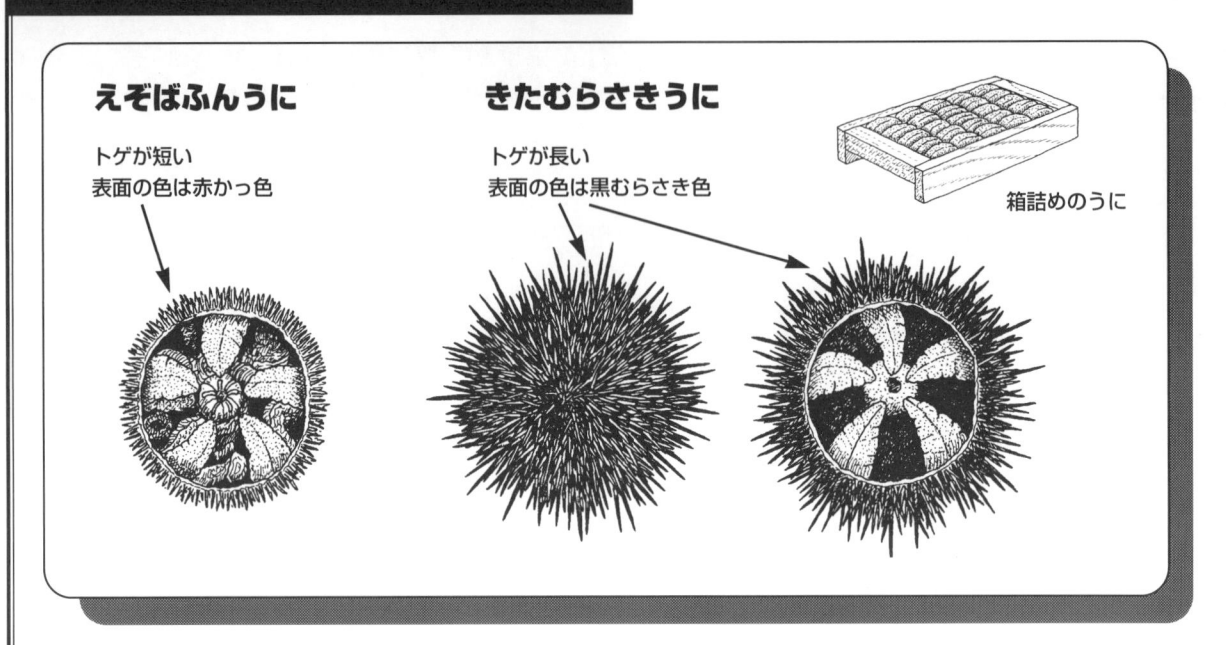

選び方のポイント

- 獲れたての鮮度のよいもの．
- 箱に詰めて売られているものは，適度の水分があり，ツヤツヤとしたもの．
- ひとつずつのつぶがはっきりとしているもの．
- 身の色はうすい茶色からオレンジ色のものまでいろいろあるが，色がくすんでいないもの．

料理メモ

- カラをむいてしまうと味は落ちるので，獲れたてがいちばんおいしい．
- 市販されている箱詰めのうには，カラの中の生殖巣（卵巣，精巣）の部分を取り出し，塩水で洗って箱に詰めたもの．
- すし種，あたたかいごはんの上にうにをのせた「うに丼」などにするとよい．
- 蒸したうにを裏ごし，酒でのばしたものをいかにぬったり，卵とまぜてそぼろを作り，あたたかいごはんにまぜたり，白身魚にぬってうに焼き（右参照）などにするとおいしい．
- つぶうに，ねりうにに加工され，1年中食べることができる．
- うにが食べている海藻などの違いによって，色，かおり，味が違う．

栄養価

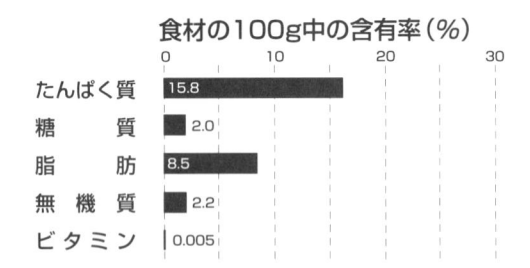

食材の100g中の含有率（％）

たんぱく質	15.8
糖　　質	2.0
脂　　肪	8.5
無 機 質	2.2
ビタミン	0.005

栄養の特徴

たんぱく質は魚肉ほど含んでいないが，ビタミンAを多く含んでいる．

旬

7月～9月ごろが旬.

分布地

東北地方から北海道の沿岸に分布している．漁場は北海道の礼文島近海が有名．

棘皮(きょくひ)動物ウニ綱(こう)に属しています．からだの表面にはさわると痛いトゲ(3～10cmぐらい)があり，敵から身を守るため，岩の間に身を固定したり，移動する時に使います．トゲはカラの表面にあるいぼに筋肉でついています．

うには栗に似ているので「海栗」，「海胆」と書きますが，これは生のものをさし，加工品であるつぶうに，ねりうには，「海丹」，「雲丹」と書き，表記を使いわけています．

生きたうにはほとんど手に入りません．厳しい環境で育つうにがおいしいとされ，北海道の最北端に位置する礼文島の海で獲れるものが有名です．北海道に行った時には，食べてみたい食材のひとつです．

ひらめのうに焼き

① ひらめの切り身(4切れ＝ひと切れ50g)を酒(大1$\frac{1}{2}$)，塩(小$\frac{1}{4}$)の下味に15分ぐらいつける．

② 180度のオーブンで，5分ぐらい白焼きにする．焼きあがったら，ひらめの表面の水分をペーパー・タオルでふき取る．

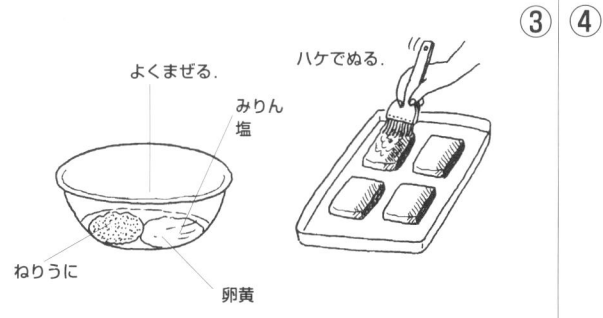

③ 小さいボールにねりうに(大1～2)，卵黄(1個)，みりん(小1～2)，少量の塩を合わせてよくまぜる．これをハケでひらめにぬり，再度オーブンで表面を乾かすように軽く焼く(2～3回繰り返す)．

④ ひらめの表面にうにの色が少し濃くなり，乾いたらできあがり(15分ぐらいでできる)．ハジカミ(しょうがを甘酢につけたもの)をそえ，器にもりつける．

【えび】

いせえび
カラの色は赤黒い
全長は30cmぐらいになる
するどいトゲがある

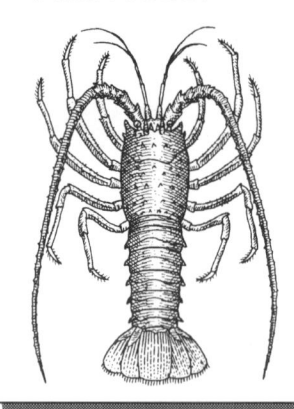

くるまえび
からだの色は淡い赤かっ色
青色とかっ色の幅広い横じまがある
全長は20cmぐらいになる
毛はない

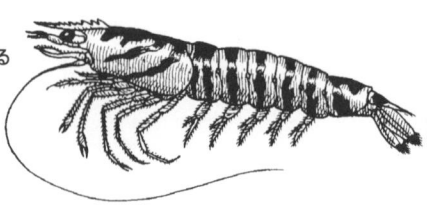

しばえび
カラの色は淡いかっ色
全長は10～15cmぐらいになる
毛におおわれている

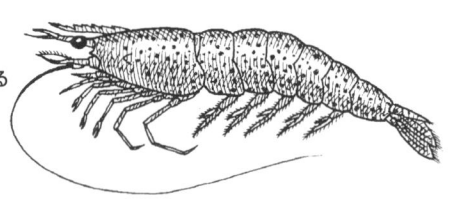

選び方のポイント

- しっかりとしたカラにおおわれているもの.
- ひげが切れたり, 足が取れたりしているなど, 外見がいたんでいないもの.
- 身が詰まっていて, しまりのあるもの.
- 腹側は透明感があるもの.

栄養価

食材の100g中の含有率(%)

	0	10	20	30
たんぱく質	13.9			
糖　　質	0			
脂　　肪	0.8			
無 機 質	1.8			
ビタミン	0.004			

栄養の特徴

グラフはしばえびのものだが, えびは水分を多く含んでいるにもかかわらず, たんぱく質も多く含んでいる.

料理メモ

- 日本料理ではいせえびの活きづくり, くるまえびの刺身, すし種などに使われ, 生のまま食べるとおいしい.
- 塩焼き, 鬼ガラ焼き (縦にふたつ割りにして焼く), 塩ゆで, 天ぷら, えびしんじょ (えびのすり身などをかためて蒸したもの) などにするとよい.
- えびは鮮度の低下がはやいので, 買ったらすぐに調理する.
- 加熱調理の時はえびの身が縮むのをさけるため, 短時間で調理するのがコツ.
- 西洋料理ではクリーム煮, グラタン, フライ (右参照) などにするとおいしい.
- 中国料理ではえびのチリソース, えびシュウマイ, えび入り焼きそばなどに使うとよい.

旬

いせえびは10月～4月ごろ，くるまえびは4月～9月ごろ，しばえびは11月～3月ごろが旬．

分布地

いせえびは茨城県房総沖から太平洋岸，くるまえびは北海道南部以南から各地の内湾，しばえびは東京湾から南シナ海までの内湾に分布している．

イセエビ科のいせえび，クルマエビ科のくるまえび，シバエビ科のしばえびなど，いろいろなえびが食べられています．

えびは，遊泳型のくるまえび，こえび類と歩行型のいせえび類にわかれます．

くるまえび類は，食用えび類の中で最高級品で，味も姿もよく，7～8cmを「さいまき」，18～20cmを「まき」，25cm以上を「大車」といいます．近年，東南アジアで養殖された輸入品のブラックタイガーが多く出回っています．

さくらえびなどのこえび類は，多産する種類が少ないこと，小型で，深く，冷たい海にすむため，養殖されていません．

いせえび類は，昔から武勇と長寿の象徴とされ，慶事には欠かせません．

えびフライ

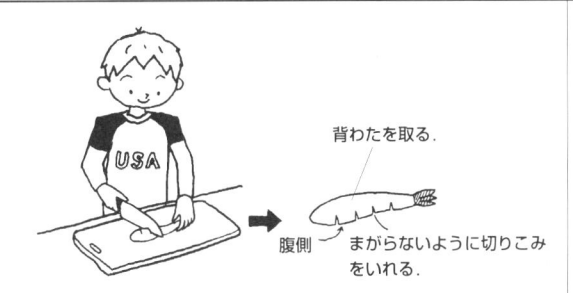

① 頭を取ったブラックタイガー（12尾）の背わたを取り，洗う．まがらないように，包丁で腹側に2～3カ所切りこみを入れ，塩（小1/2），こしょう（少々）をする．小麦粉（大3），卵汁（卵1個＋水 大1），生パン粉（50g）をつける．

② まがらないように尾を持ち，ゆっくりと180度の揚げ油の中に入れ，からっと揚げる．バットの上にキッチン・ペーパーを敷き，たててのせ，油を切る．

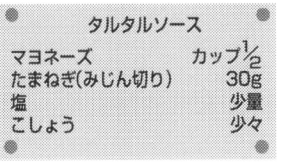

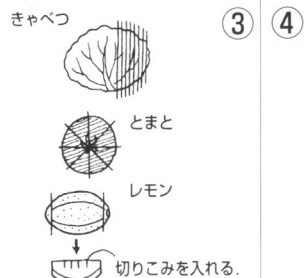

③ タルタルソース
- マヨネーズ　カップ1/2
- たまねぎ（みじん切り）　30g
- 塩　少量
- こしょう　少々

タルタルソースの材料をボールの中でよくまぜる．きゃべつ（200g）をせん切り，とまと（2個）を8等分，レモン（1個）を6等分のくし形に切り，切りこみを入れる．

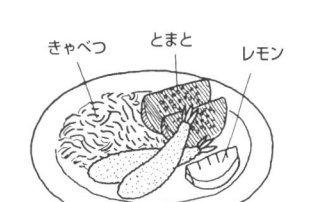

④ せん切りにしたきゃべつ，くし形に切ったとまと，レモンをそえ，えびフライを器にもりつける．タルタルソースをつけて食べる．

【かき】

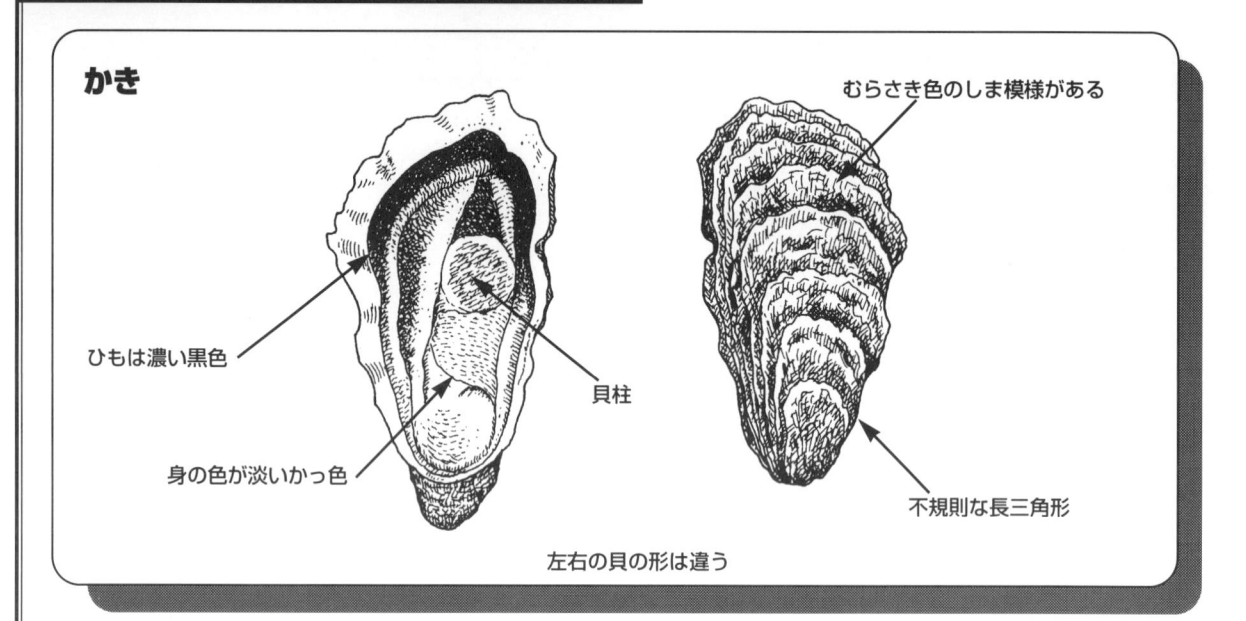

かき
- むらさき色のしま模様がある
- ひもは濃い黒色
- 身の色が淡いかっ色
- 貝柱
- 不規則な長三角形
- 左右の貝の形は違う

選び方のポイント

- カラつきのかきは，カラがキュッとしまり，表面がいたんでいないもの．
- 貝柱は透明感があるもの．
- ひもがはっきりとしているもの．
- ひもは黒色の濃いもの．
- むきがきは，身がふっくらとして，張りとツヤがあるもの．

栄養価

食材の100g中の含有率(％)

たんぱく質	9.7
糖質	5.0
脂肪	1.8
無機質	1.6
ビタミン	0.01

栄養の特徴

エネルギー源のグリコーゲン，鉄，ビタミンB_2などを多く含み，「海のミルク」といわれるぐらいに栄養価に富んでいる．

料理メモ

- 新鮮な生きたカラつきのかきを食べるのがいちばんおいしい．
- カラのはずし方
  貝のカラのすき間にナイフを入れ，内側にナイフをすべらせ，貝柱を切るとカラがはずれる．
- むきがきは，大根おろし，塩水で洗うと汚れがよく落ちる．

- 鮮度が低下したものは食中毒になりやすいので，しっかりと加熱処理をする．
- 生ぐさみを消すために，酢のもの，酢みそあえにしたり，レモン汁，ポン酢などの酸味を加えて食べるとよい．
- かきなべ，かきごはん，揚げもの，焼きもの(右参照)，かきフライ，グラタンなどにすると風味が生きておいしい．

旬

11月～3月ごろが旬．

分布地

太平洋，樺太（サハリン）以南の日本沿岸，中国大陸から東南アジアに分布している．宮城県，広島県などで養殖されている．

　イタボガキ科の2枚貝．昔から欧米，日本で食べられています．
　かきの養殖は，紀元前1世紀ごろからはじまり，イタリアのナポリでは5世紀ごろから盛んに行われていました．
　日本では1673年に広島で，小林五郎左衛門が養殖法を発見したのがはじまりとされています．6～7月に産卵した卵をほたてがいのカラなどにつけて養殖します．
　Rのつかない月，May, June, July, August（5～8月）は，かきの産卵期にあたるため，食中毒のおそれがあり，食べないほうがよいといわれています．しかし，例外として，いわがきは夏に食べられます．

かきの串焼き

① かきのむき身(400g)を塩水でよく洗い，水気を切る．白ワイン(大2)，こしょう(少々)をかけ，軽く小麦粉をふる．

② スライス・ベーコン(100g)で，①のかきを巻き，竹串に刺す．フライパンにサラダ油(大1)を入れ，中火で両面を焼く．

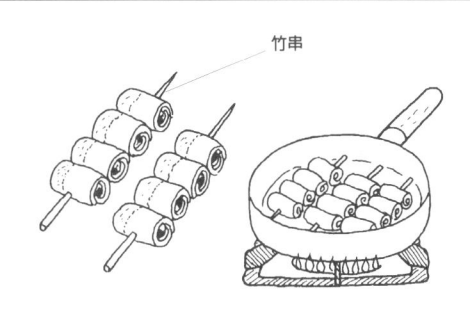

③ カクテルソース
トマトケチャップ　大2
ウースターソース　大1

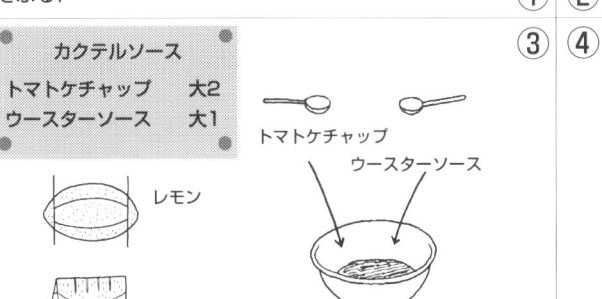

レモン(1個)を6等分のくし形に切り，しぼりやすいように切りこみを入れる．ボールの中でカクテルソースの材料をよくまぜる．

④ パセリ(1枝)，レモンをそえ，器に焼きあがったかきをもりつけ，カクテルソースをかける．

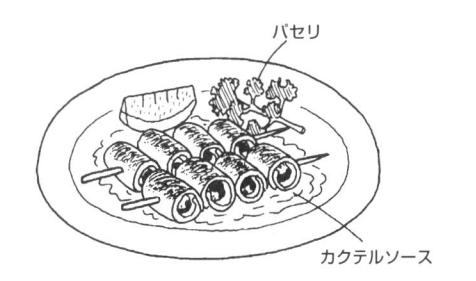

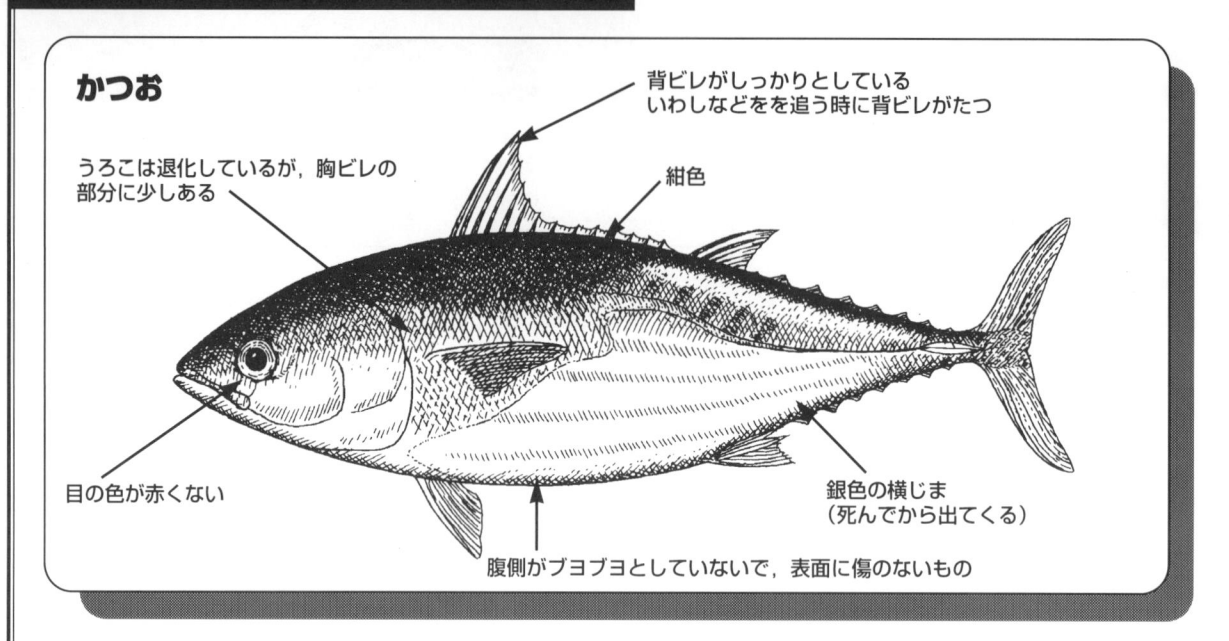

【かつお】

かつお

- うろこは退化しているが，胸ビレの部分に少しある
- 目の色が赤くない
- 背ビレがしっかりとしている　いわしなどをを追う時に背ビレがたつ
- 紺色
- 銀色の横じま（死んでから出てくる）
- 腹側がブヨブヨとしていないで，表面に傷のないもの

選び方のポイント

- 目が赤くないもの．
- 表面の色が鮮明な紺色で，銀色の横じま（死んでから出てくる）がはっきりとしているもの．
- 腹側がブヨブヨとしていないで，表面に傷のないもの．
- 背ビレがしっかりとしているもの．

栄養価

食材の100g中の含有率（％）

成分	含有率
たんぱく質	25.8
糖質	0.4
脂肪	2.0
無機質	1.4
ビタミン	0.019

栄養の特徴

水分の含まれる量が比較的少なく，たんぱく質を多く含んでいる．

料理メモ

- かつおは，時間単位で鮮度が落ちていくといわれるぐらいで，鮮度が落ちるのがはやい．新鮮なうちに3枚におろし，半身を背と腹に切りわける．
- 和風のステーキともいわれるかつおのたたき（右参照）にするとよい．
- 生のまま食べる時は，大根おろし，せん切りねぎ，おろししょうが，みょうがたけ，赤芽（芽じそ）などをそえ，2杯酢（酢としょうゆ），3杯酢（酢としょうゆと砂糖），ポン酢などで食べる．
- 身が残った場合は，酒，塩をかけて蒸す．生節（なまりぶし．乾燥してかつおぶしになる前）になり，保存が効く．
- 中落ち（3枚におろした時の中骨の部分）は，アラ煮，すり流し汁にするとよい．

旬

初がつおは4月～6月ごろ，戻りがつおは9月～10月ごろが旬．

分布地

九州，沖縄から三陸沖までの日本各地の沿岸に分布している．

　サバ科の海水魚．1年をかけて，日本近海を回遊する魚です．
　5月ごろ黒潮にのって，いわしなどを追いかけ，北上するかつおを「上りがつお」といい，この時期に獲れる2～2.5kgぐらいの重さのものを特に「初がつお」といいます．一方，9月ごろから，いわしなどをたらふく食べ，南下するかつおは，「戻り（下り）がつお」といい，脂がのっておいしく，4kg以上の重さにもなります．
　「かつおの1本釣り」といって，船から海面に水をまき，その音で興奮しているかつおを生きたいわしをエサにし，釣りざおで獲る方法が有名です．

かつおのたたき

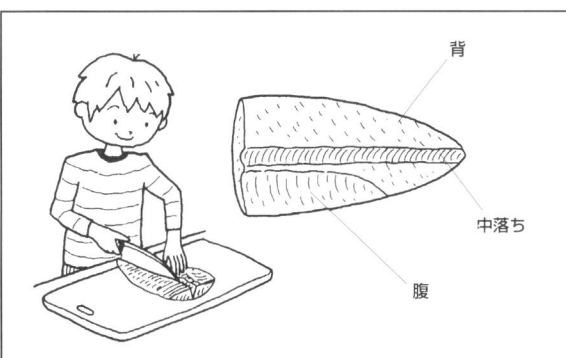

① 3枚におろしたかつお（1尾）の半身を腹と背に切りわける．

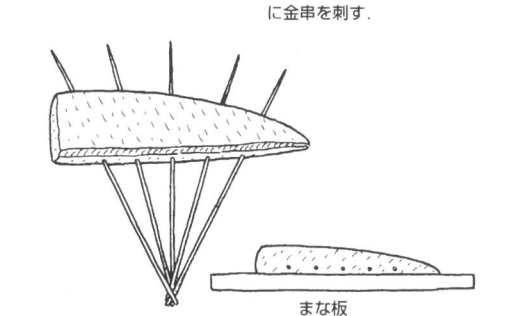

背
中落ち
腹

② 皮を下にし，背に5本ぐらいの金串を扇形に刺す．

皮から5ミリぐらいの部分に金串を刺す．
まな板

③ 皮から強火で焼く．かつおの表面が白くなるまで，さっと上下を焼き，焼きあがったらすぐ氷水に入れて，冷ます（身が引きしまる）．

氷水

④ 5ミリ幅に切ったかつおを器にもり，小口切りにしたねぎ（1/2本），だいこんおろし（100g），せん切りにしたおおば（5枚）をのせ，包丁の腹でおさえるように軽くたたく（味がしみこむ）．2杯酢をつけて食べる．

2杯酢	
酢	大3
しょうゆ	大4

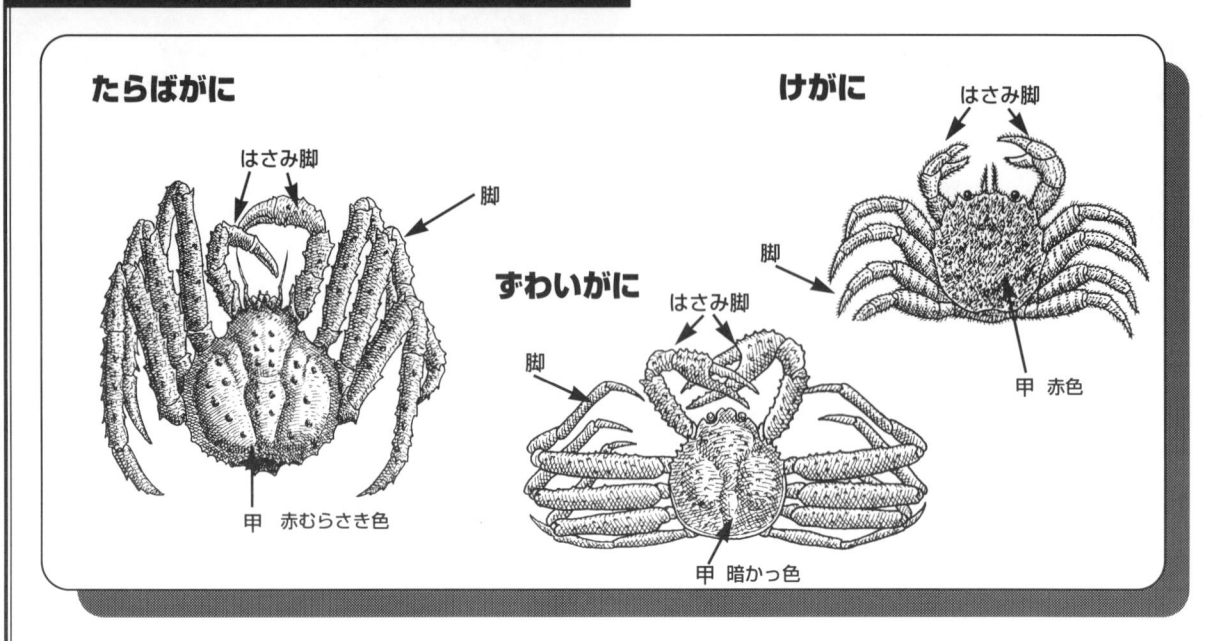

【かに】

たらばがに — はさみ脚、脚、甲 赤むらさき色

ずわいがに — はさみ脚、脚、甲 暗かっ色

けがに — はさみ脚、脚、甲 赤色

選び方のポイント

- 獲れたての鮮度のよいもの.
- くさいにおいがするものは,鮮度が落ちている.
- 持ってみて,ずっしりと重いもの.
- オスのほうが味がよい.
- メスは卵を持っている時にはおいしくなる.
- 生きたものは脚をしっかりとひもでくくってあるもの.

料理メモ

- 鮮度の低下がはやいので,ゆでたもの,冷凍のものが売られていることが多い.
- **生きたかにのゆで方**
  脚にひもをかけ,たっぷりの水に少量の塩を入れたなべに落としブタをし,強火で15〜20分(大きいかには30分),時にはしょうゆを少し入れてゆでる.
- ほぐしたかにの身を卵焼きにしたり(右参照),サラダ,グラタン,スープに入れて食べてもおいしい.
- 身を刺身,天ぷらにしたり,カラごと焼いて焼きがになどにしてもよい.
- かには冬の味覚のひとつ.なべものに入れて食べるとうま味が出ておいしい.
- かにみそは,ずわいがにの生殖巣で,酒の肴に向いている.

栄養価

食材の100g中の含有率(%)

	0　　10　　20　　30
たんぱく質	14.8
糖　　質	0.2
脂　　肪	0.5
無 機 質	1.8
ビタミン	0.009

栄養の特徴

グラフはずわいがにのものだが,かにはアスタキサンチン(色素)を多く含んでいるので,加熱によりカラがあざやかな赤色になる.

旬

たらばがにには11月～3月ごろ，けがには12月～2月ごろ，ずわいがにには11月～1月ごろが旬．

分布地

たらばがにはオホーツク海，日本海，北太平洋沿岸，けがにはアラスカ沿岸，北海道から福井県までの日本海沿岸，ずわいがには島根県以北の日本海沿岸に分布している．

たらばがにはやどかりと同じタラバガニ科．たらの漁をしている時によく獲れたので，その名がついたといわれています．けがにはクモガニ科で，名前のとおり全体が毛でおおわれています．ずわいがにもクモガニ科で，「松葉がに」，「越前がに」ともいわれ，いちばんおいしいとされています．

はさみは，たらばがにがはさみ2本の脚6本の計8本で，ほかは，はさみ2本の脚8本の計10本です．はさみは，いつも右側が大きくなっています．

「かには甲に似せて穴を掘る」という格言は，かにが自分の大きさに合わせて穴を掘ることから，人が自分の身分，力量に応じた言動をするというたとえです．

かに入り卵焼き

① カラつきのかに(300～400g)の身をカラから取り出し，軟骨を取り，身をほぐす．ゆでたけのこ(100g)，水に戻した干ししいたけ(3枚)を2cm幅のせん切りにし，ねぎ(1本)を5cm幅のななめ切りにする．フライパンを熱し，サラダ油(大2)を入れ，かに，たけのこ，干ししいたけ，ねぎをさっと炒め，酒(大1/2)，塩(小1/2)で味をつけ，4等分にして器に取っておく．

② ボールに卵（ひとり分＝2個）を割りほぐし，①で4つにわけたひとつとまぜ合わせる．中華なべを熱し，サラダ油(大1)を入れ，軽くかきまぜ，形をととのえながら卵焼きを作る．

あんかけのあん

鶏ガラスープ	カップ1
塩	小1/3
しょうゆ	小1/2
片栗粉	小1 1/2

木ベラ

③ 小さいなべにあんかけのあんの材料を入れ，火にかける．木ベラでかきまぜながらとろみをつける．

④ 器に卵焼きをおき，③のあんをかけ，ゆでたグリンピースを散らす．

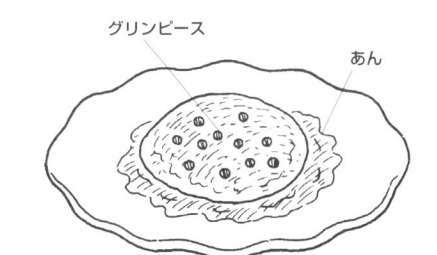

グリンピース　あん

【かれい】

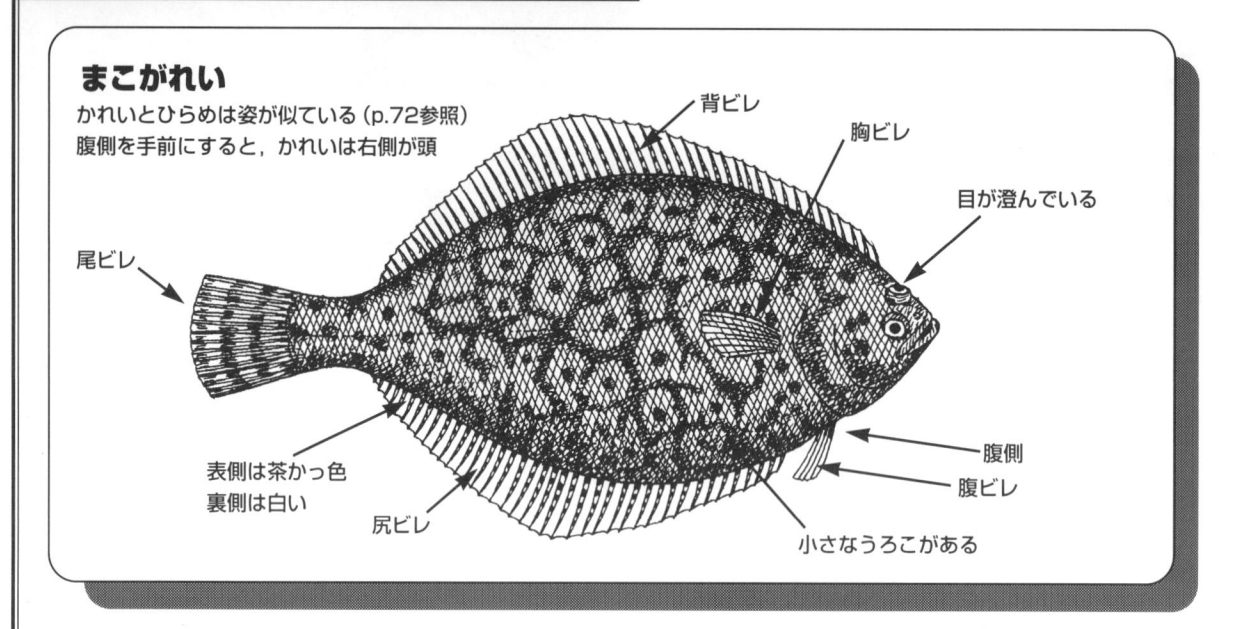

まこがれい
かれいとひらめは姿が似ている（p.72参照）
腹側を手前にすると，かれいは右側が頭

- 背ビレ
- 胸ビレ
- 目が澄んでいる
- 尾ビレ
- 表側は茶かっ色 裏側は白い
- 尻ビレ
- 小さなうろこがある
- 腹側
- 腹ビレ

選び方のポイント

- 腹側を手前にすると，かれいは右側が頭で左側が尾になる．かれいとひらめの見わけ方は，一般に「左ひらめの右かれい」といわれる．
- 口の大きいのがひらめで，小さいのがかれいという見わけ方もある．
- 目が澄んでいるもの．
- からだが小さいもの．

栄養価

食材の100g中の含有率（％）

たんぱく質	19.0
糖質	0.2
脂肪	2.2
無機質	0.6
ビタミン	0.005

栄養の特徴

たんぱく質，ビタミンB_1，B_2，コラーゲンを多く含んでいるが，脂肪は少ない．

料理メモ

- **かれいのおろし方（5枚おろし）**
たわしで両面のぬめりを取り，茶かっ色のほうを上にし，包丁の先でしごくようにして細かいうろこを取る（裏側も同じ手順）．頭を切り，はらわたを取り出し，水で洗う．身の中央を中骨の深さにまで包丁を入れ，頭から尾まで上身をすき取る（下身も同じ手順）．

- 片栗粉をまぶして揚げたり，ムニエル（小麦粉をつけて焼いたもの），煮つけなどにしたりするとおいしい．
- 姿のまま調理する姿煮（右参照），姿揚げでは茶かっ色の表側に×印のようなかざり包丁（見ための美しさ，火の通りのよさのため）を入れる．
- 子持ちかれいの切り身は輸入品が多い．

旬

まこがれいは6月～9月ごろ，ほかの種は10月～2月ごろが旬．

分布地

日本近海に分布している．

カレイ科の海水魚．日本近海ではまこがれい，まがれい，いしがれい，むしがれい，めいたがれいなどが獲れます．えび，かになどを食べています．

かれいの表側は茶かっ色ですが，敵から身を守る保護色になっていて，海底の色に合わせて変えることができます．裏側は色素がなく，白い色をしています．

生のかれいを手に入れることはむずかしいので，見かけたらおいしい魚をおいてあるお店と判断できます．

日本料理では魚の腹側を手前にし，頭を左側にもりつけますが，かれいだけは右側にもりつけます．

かれいの姿煮

① 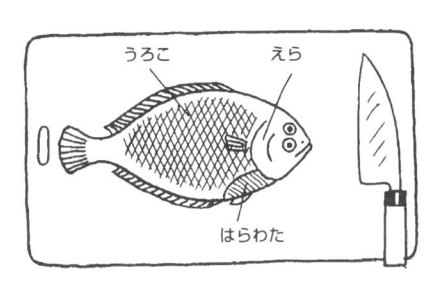 まこがれい(4尾)を姿のまま使い，包丁でうろこを取り，えら，はらわたを切り取る．水でさっと洗い，よく水気を切る．

（うろこ，えら，はらわた）

② 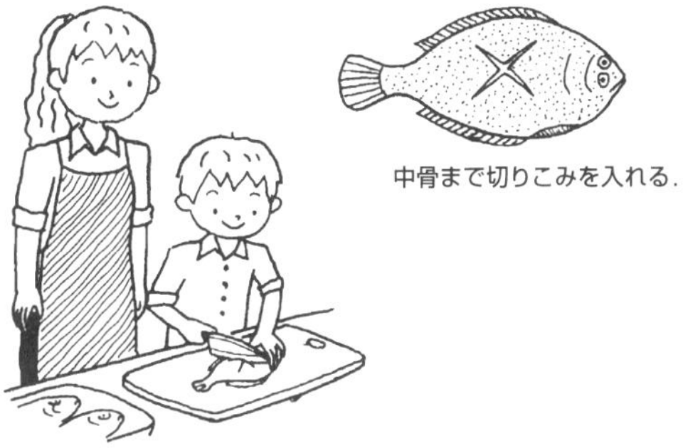 見ためのよさ，火の通りをよくするために，かれいの茶かっ色な身に中骨まで，×印の切りこみを入れる(かざり包丁)．

中骨まで切りこみを入れる．

③ 竹の皮に包丁の先で1cm幅の切りこみを入れる．

（落としブタ，竹の皮，かれい）

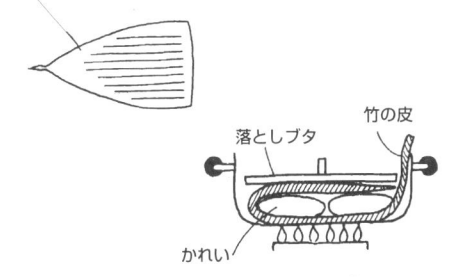

なべにみりん(大3)を入れ，煮たったら，水(カップ1$\frac{1}{2}$～2)，しょうゆ(大4)，砂糖(大2)を入れ，再び煮たったら，竹の皮を敷き，かれいをならべ，落としブタをする．再び煮たったら，中火にし，12～13分煮る．

④ 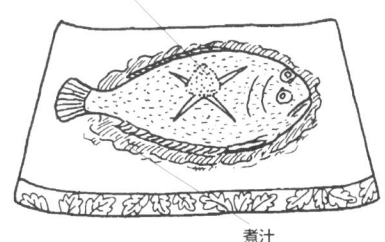 頭を右側にし，器にもりつける．残った煮汁をかけ，おろししょうがをそえる．

（おろししょうが，煮汁）

143

【きす】

きす

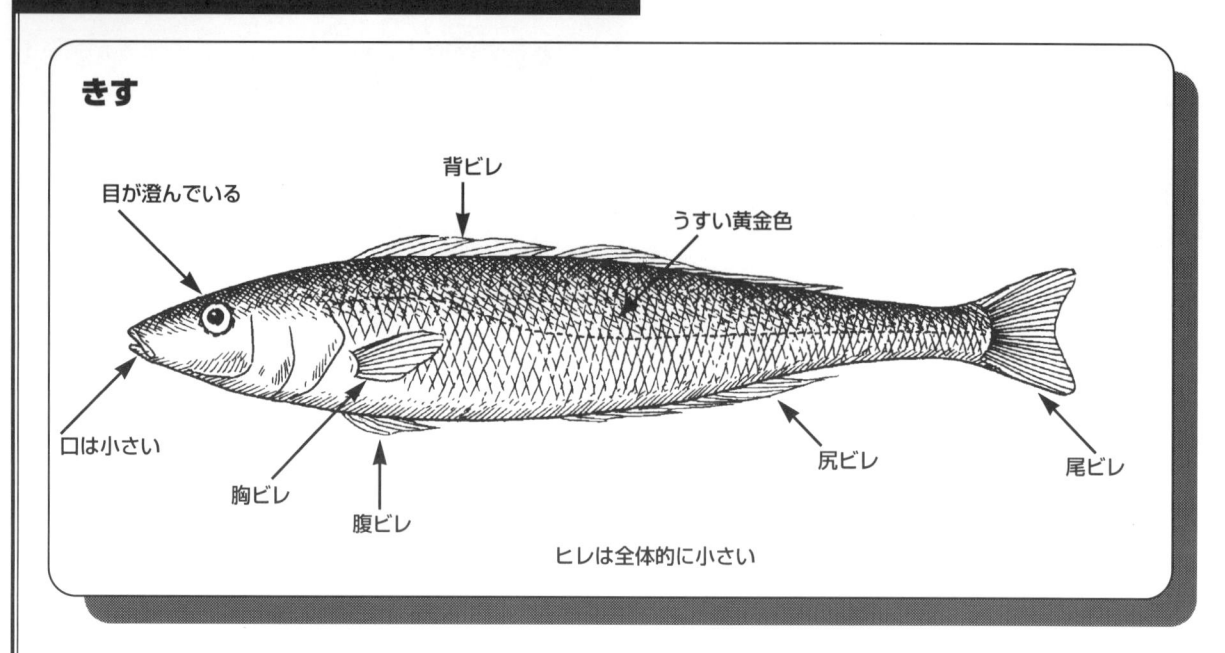

- 目が澄んでいる
- 口は小さい
- 背ビレ
- うすい黄金色
- 胸ビレ
- 腹ビレ
- 尻ビレ
- 尾ビレ

ヒレは全体的に小さい

選び方のポイント

- 目が澄んでいるもの．
- うろこがたくさんついているもの．
- 腹側が切れ，内臓がとび出しているものは鮮度が悪い．
- 身がよくしまっているもの．
- 身に透明感があるもの．

栄養価

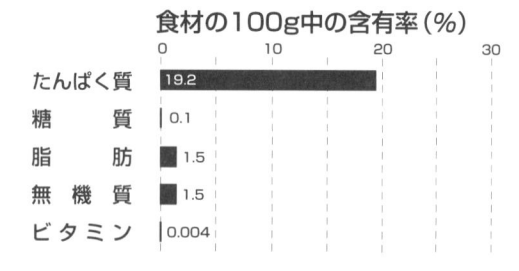

食材の100g中の含有率（％）

	0　　　　10　　　　20　　　　30
たんぱく質	19.2
糖　　質	0.1
脂　　肪	1.5
無 機 質	1.5
ビタミン	0.004

栄養の特徴

白身魚．高たんぱくで，脂肪が少ない．

料理メモ

- 塩でしめて，刺身，すし種にしたり，一夜干しにして，さっと焼いて食べたり（右参照），酢のものなどにするとおいしい．
- 丸のまま塩焼きにしたり，背開きにしてから天ぷらにして食べるとおいしい．
- 尾を切り取らないようにして3枚におろし，尾でつながった2本の身を折りたたむようにして，結ぶ．松葉のようなV字型をした「結びきす」になり，蒸してから吸いものの中に入れると美しく，おいしい．
- フリッター（ころもをつけて揚げる），フライなどの揚げもの，ムニエル，エスカベーシュ（揚げ魚のマリネ）などにするとおいしい．

旬

1年中出回っている．卵を持つ，6月〜9月ごろが旬．

分布地

北海道以南の日本各地の沿岸，中国広東省の近海に分布している．

　キス科の海水魚．日本各地の陸地に近い海にすんでいます．いつでも，どこでも新鮮なものが手に入りますが，繊細な魚のため，輸送に適した日本海，九州のものがよく出回っています．海のあゆといわれるぐらい，ほっそりとした姿が美しい魚です．
　きすにはいろいろな種類がいますが，いちばんおいしいのはしろぎすです．関東では「しらぎす」，「まぎす」，関西では「きすご」などといわれています．そのほかにも，あおぎす，やぎすがいますが，しろぎすより大きくなってしまい，おいしくありません．魚屋さんで見かけるのは，ほとんどがしろぎすです．

きすの風（かざ）干し焼き

① きす（3尾）のうろこを包丁の背を使って尾から頭に向かって取る．頭，内臓を切り取り，3枚におろす．うす身（内臓のついていた部分）も切り取る．

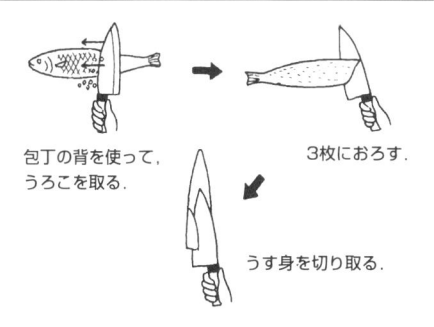

② しょうゆ（大2），酒（大1），みりん（大1）のタレを作り，おろしたきすを15〜20分つけておく．

③ 尾の部分を金串に刺し，ボールの上につり下げ，冷蔵庫に入れて，ひと晩乾かす．

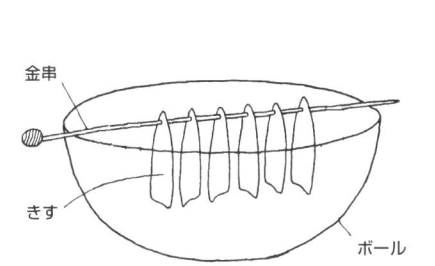

④ 焼き網でさっと焼き，器にもりつける．

【さけ・ます】

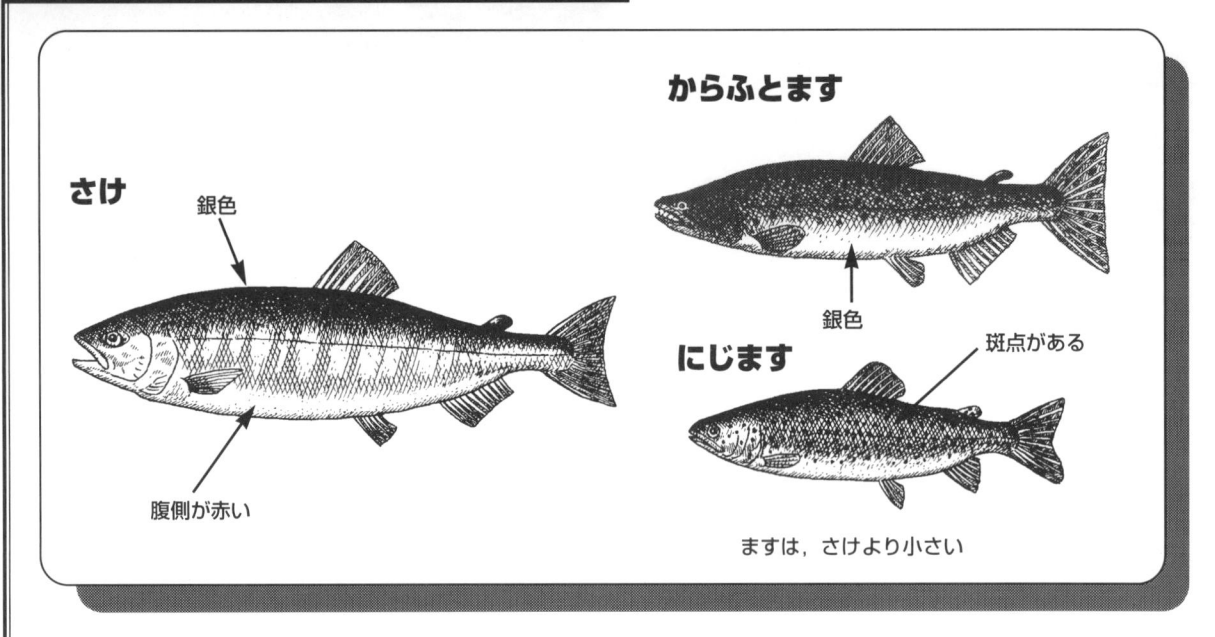

さけ — 銀色、腹側が赤い
からふとます — 銀色
にじます — 斑点がある
ますは，さけより小さい

選び方のポイント

- さけのうろこは銀色でツヤがあるもの．
- さけの身がきれいな赤色で，透明感があり，水分が出ていないもの．
- さけを刺身に使う時は，脂がよくのって，きれいなオレンジ色のもの（寄生虫がついていることが多いので，一度冷凍したものを食べる）．
- にじますは，内臓の部分を指で押してみてかたいもの．

料理メモ

- 赤身の魚のさけだが，味は白身魚に近い．塩焼き，照り焼き，みそ漬け焼き，粕漬け焼きにするとおいしい．
- ブツ切りにしたさけの身と野菜をみそで味つけした石狩なべ，さけのあらを野菜といっしょに煮る三平汁が有名．
- 紅トロ（さけの大トロ）はとろけるような味で，すし種として人気がある．

栄養価

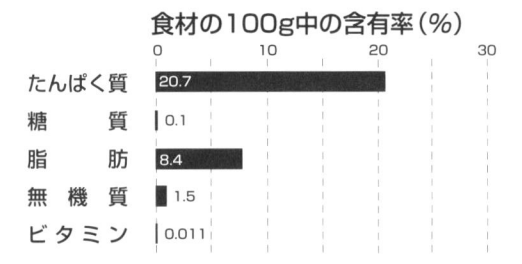

食材の100g中の含有率（％）

たんぱく質	20.7
糖　　質	0.1
脂　　肪	8.4
無 機 質	1.5
ビタミン	0.011

栄養の特徴

グラフはさけのものだが，身にアスタキサンチン（色素）を含んでいるため，火を通しても色が落ちない．

- さけはムニエル，フライにしたり，レモン，バターといっしょにホイル焼き，ソテー（右参照）などにするとよい．
- にじますは塩焼き，ムニエルにするとおいしい．
- さけ，ますはくんせいにするとおいしい．スモークサーモン（さけのくんせい）は西洋料理の前菜によく使われる．

旬

さけは産卵のために川へ戻ってくる9月～12月ごろ，にじますは6月～7月ごろ，からふとますは9月～11月ごろが旬．

分布地

さけは北海道からアラスカにかけて分布し，北海道の特産．にじますはカリフォルニアが原産で，日本各地で養殖している．

　さけ，ますはサケ科の魚．川で生まれ，海で育ち，川に戻ってきて卵を生んで一生を終える魚です．しかし，一生を川で過ごす場合もあり，べにざけをひめます，さくらますをやまめ，びわますをあまごなどと別の名前で呼んでいる場合もあります．
　からふとますは，ほとんどが缶詰にされます．
　にじますはカリフォルニアが原産で，日本にはじめからいた魚ではありませんが，今では日本中にいます．海で育つ種類は「しょま」といいます．
　さけの卵を塩漬けにしたものをいくらといい，卵巣を塩漬けにしたものをすじこ（筋子）といいます．

さけのソテー

① さけ（6切れ）に適量の塩，こしょうをふって，10分ぐらいおいておく．

② ソテー…肉，魚をフライパンで炒めること．
フライパンを熱し，バター（大2～3）を入れる．水気をふいたさけをのせてソテーする．

③ **バターソース**
バター　　大2～3
しょっつる　小1/2
　　または
しょうゆ　　小1

しょっつる…はたはたなどを塩漬けにし，うわずみをこした調味料（秋田県特産）．

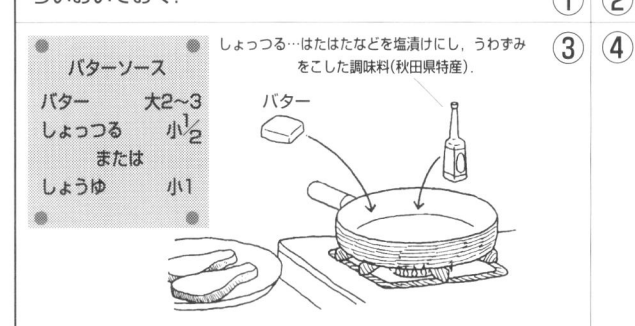

さけの切り身がこんがりと焼けたら取り出す．フライパンにバターを入れ，うす茶色になったら，しょっつる，または，しょうゆを加えて煮たて，バターソースを作る．

④ さけを器にもり，バターソースをかけ，ゆでたじゃがいも，ソテーしたしめじ，パセリをそえる．

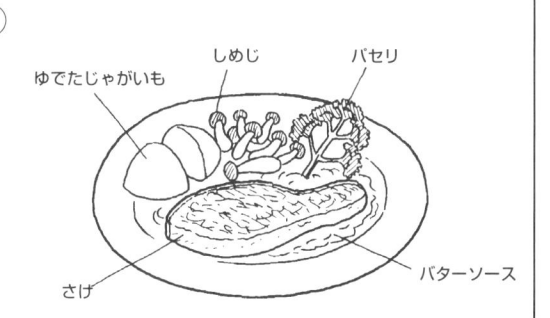

【さざえ】

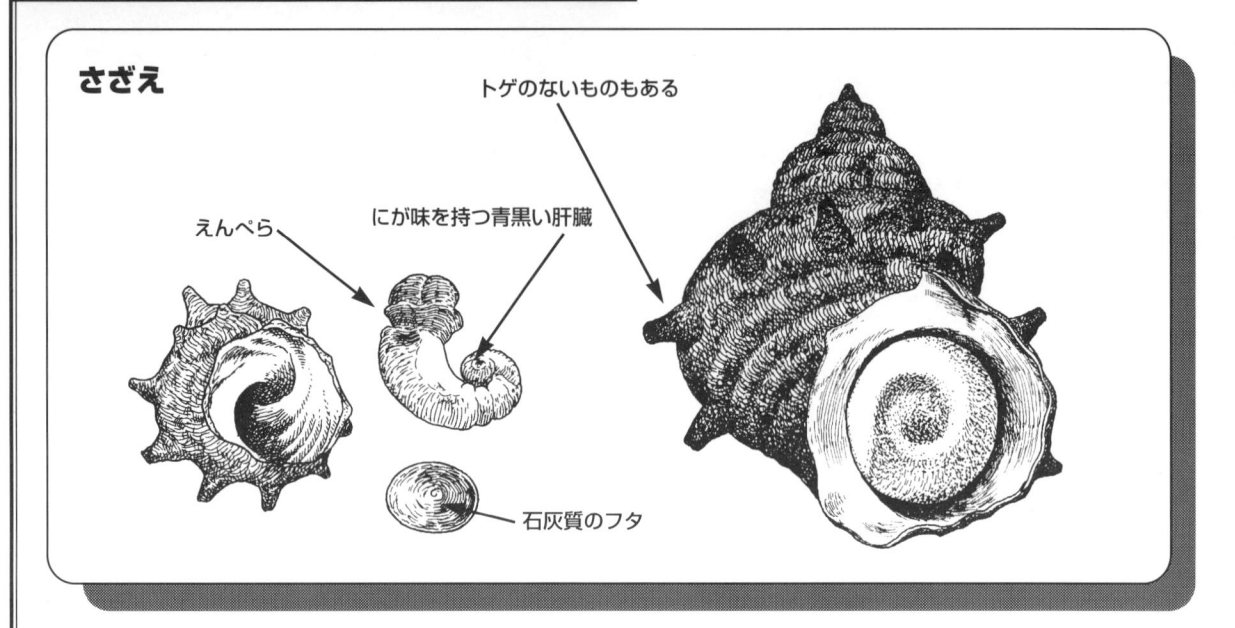

さざえ
- トゲのないものもある
- えんぺら
- にが味を持つ青黒い肝臓
- 石灰質のフタ

選び方のポイント

- さわるとすぐにフタを閉じるもの．
- カラをふっても音がしないもの．
- カラについているトゲのあるなし，大きさは味には関係がない．

栄養価

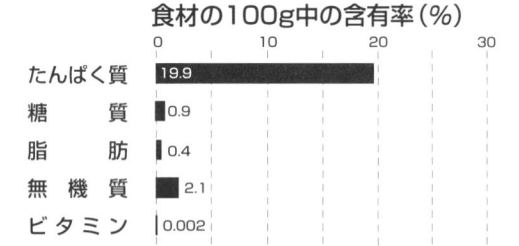

食材の100g中の含有率(%)

	0　　10　　20　　30
たんぱく質	19.9
糖　　質	0.9
脂　　肪	0.4
無　機　質	2.1
ビタミン	0.002

栄養の特徴

糖質，脂肪は少ないが，たんぱく質は巻き貝の中では多く，ビタミンDの効果も高い．

料理メモ

- 貝類は生きているものを調理する．
- 身の取り出し方
  フタとカラの間に包丁の刃もとを刺しこみフタをはずし，カラのうず巻き方向と逆に指で回しながら身を引き出す．
- 特有の風味を生かすさざえのつぼ焼き（右参照）が有名．
- カラごと焼いて食べる場合と，一度，カラから身を出し，青黒い部分（肝臓）を切り取り，身はうすく切り，しいたけ，かまぼこといっしょにカラに詰め，だし汁などを入れ，焼く場合もある．
- 身はかたいので，刺身にする時は，生のままよりも，さっと霜降り（湯通し）にしたほうが，やわらかく味もよい．
- 身を煮もの，酢のものにしてもよい．

旬

3月〜5月ごろが旬．6月に入ると産卵期になり，毒(ピロフェオホルバイドa)を持つので食べられない．

分布地

北海道南部から九州沿岸までの日本各地の岩礁に分布している．中国，朝鮮半島沿岸産などが輸入されている．

　リュウテンサザエ科の巻き貝．まんがの主人公になっているぐらい日本人にはなじみの深い貝です．
　わかめ，ほんだわら，あらめなどの海藻類を食べています．
　波の荒い場所にすむさざえは，ツノが2列で長く，波のおだやかな場所にすむさざえは，ツノが1列で短いか，ツノがありません．ツノのないものは「ごろんぼ」といいます．
　さざえのつぼ焼きは，皿にアルコールをしめらせた塩を敷き，火をつけて出すと食卓が華やかになり，さざえが冷めません．3月が旬なので，子どものひな祭りの時に，食卓に出してあげると喜びます．

さざえのつぼ焼き

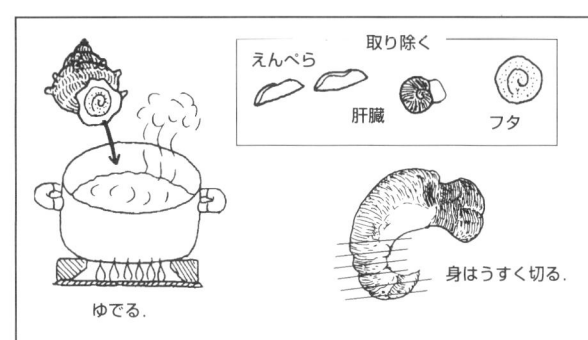

① さざえ(1個)をカラごとさっとゆで，身を取り出し，肝臓とえんぺらを切り取る．身を水洗いしてからうすく切る．

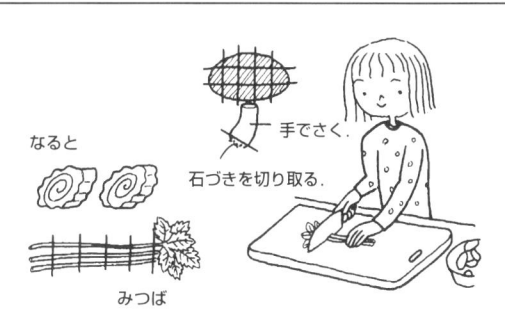

② 生しいたけ(1枚)の石づきを切り取り，じくは手でさき，かさは1.5cm角に切る．なるとをななめの輪切りにし(2枚)，みつば(1本)を3cmぐらいに切る．

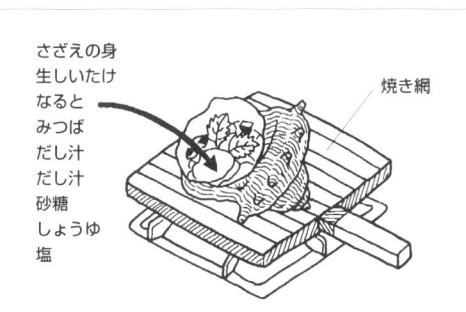

③ さざえのカラにさざえの身，生しいたけ，なると，みつばを入れ，だし汁(25cc)，砂糖(小$\frac{1}{8}$)，しょうゆ(小$\frac{3}{4}$)，少量の塩を入れ，カラごと焼き網で焼く．

④ 塩を敷いた皿に，さざえをもりつけ，さざえのフタをそえる．

【さば】

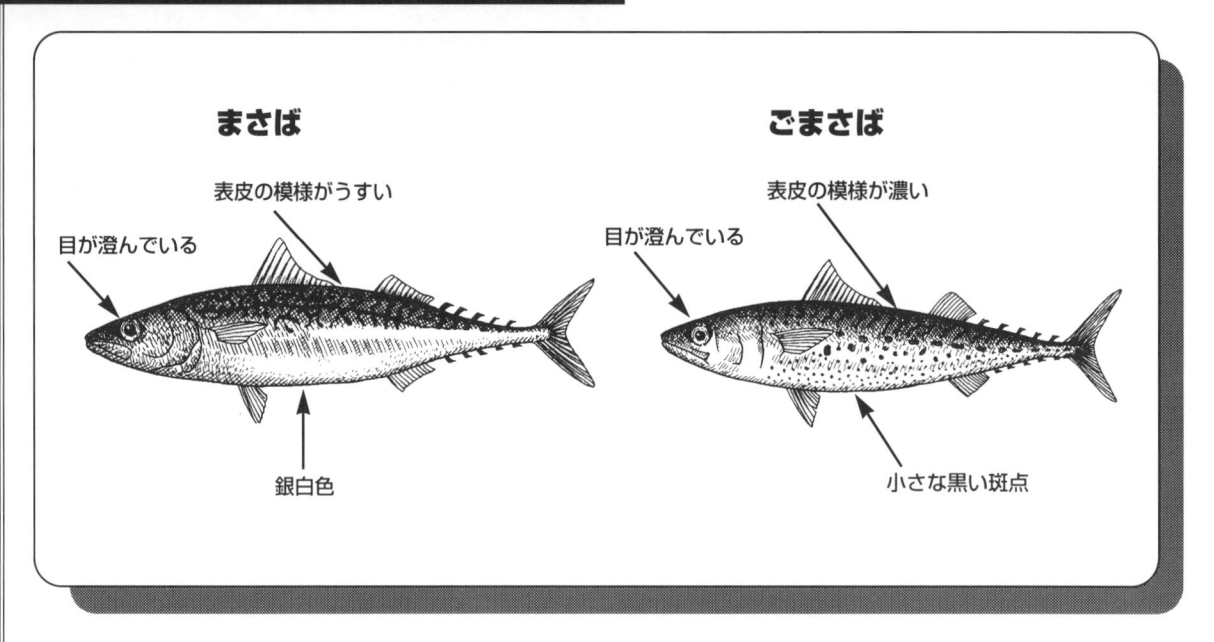

まさば
- 目が澄んでいる
- 表皮の模様がうすい
- 銀白色

ごまさば
- 目が澄んでいる
- 表皮の模様が濃い
- 小さな黒い斑点

選び方のポイント

- 目が澄んでいるもの．
- 皮の模様がはっきりとしているもの．
- 身に張りがあり，かたいもの．
- えらが赤色で，あざやかなもの．

栄養価

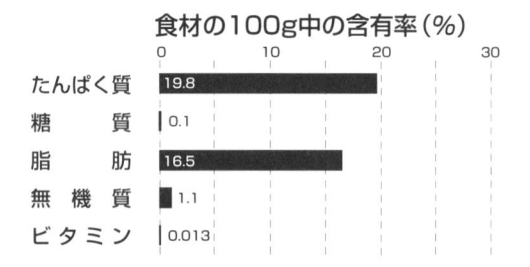

食材の100g中の含有率（％）

たんぱく質	19.8
糖　　質	0.1
脂　　肪	16.5
無 機 質	1.1
ビタミン	0.013

栄養の特徴

脂肪が比較的多く，ビタミンB_2，Dを多く含んでいる．

料理メモ

- 日本料理では酢でしめて，しめさば，松前ずし，バッテラ（塩をふって酢でしめたさばのすし），竜田揚げ，みそ煮（右参照），塩焼き，船場汁などにするとおいしい．
- 西洋料理ではフライ，ムニエルなどにし，中国料理ではから揚げにしてから，甘酢のあんかけをかけるとおいしい．
- さばは特有のにおいがあるので，しょうが，みそ，カレー粉などのかおりをそえて調理するとよい．
- 鮮度が落ちやすいので，生のまま刺身で食べることは少ないが，「関さば」といわれる豊後水道（大分県と愛媛県の間の海）で獲れるさばは，脂がのっていて，刺身，すし種にしてもおいしい．

旬

地域によって違うが，秋さばといわれるまさばは10月〜2月中ごろ，ごまさばは8月〜9月ごろが旬．

分布地

まさばはサハリンから日本各地，東シナ海，太平洋，大西洋沿岸に分布している．ごまさばは三陸沖から台湾，南太平洋沿岸に分布している．

サバ科の海水魚．表皮の模様がうすいまさばと，濃いごまさばがいます．

さばはアミノ酸（うま味のもと）を多く含み，おいしい魚です．しかし，内臓に含まれる酵素の働きが強いため，アミノ酸の一種であるヒスチジンがヒスタミンに変わり，「さばの生きぐされ」というほど，鮮度が落ちやすい魚です．これを食べるとアレルギー反応をおこし，腹痛，ジンマシンが出る場合もあります．新鮮なさばを買い，はやく内臓を取り除き，冷蔵することが大切です．

さばは日本各地で獲れますが，大分県の豊後（ぶんご）水道で獲れる「関さば」と神奈川県の三浦沖で獲れる「松輪さば」は最高の味です．

さばのみそ煮

① さば（1尾=500〜600g）を2枚または，3枚におろし，半身を3つずつに切る．

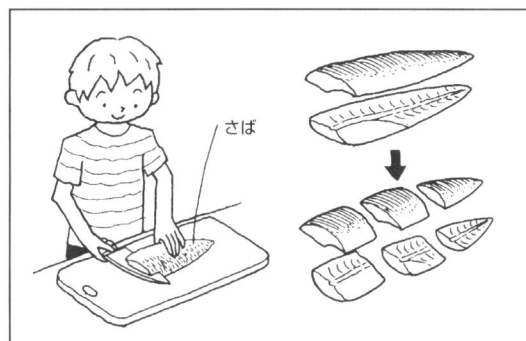

② なべに水（カップ1），砂糖（大2〜3），しょうゆ（大1）を入れる．煮たって砂糖が溶けたら，さばの皮を上にしてならべ，落としブタをして中火で煮る．

③ 6〜7分たったら，みそ（60g）を溶き入れ，しょうがのうす切り（20g）を加え，さらに弱火で7〜8分煮る．

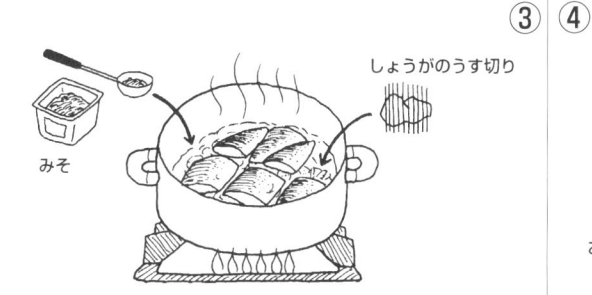

④ 器にさばをもりつけ，煮汁をかける．おろししょうが（20g）をそえる．

【さより】

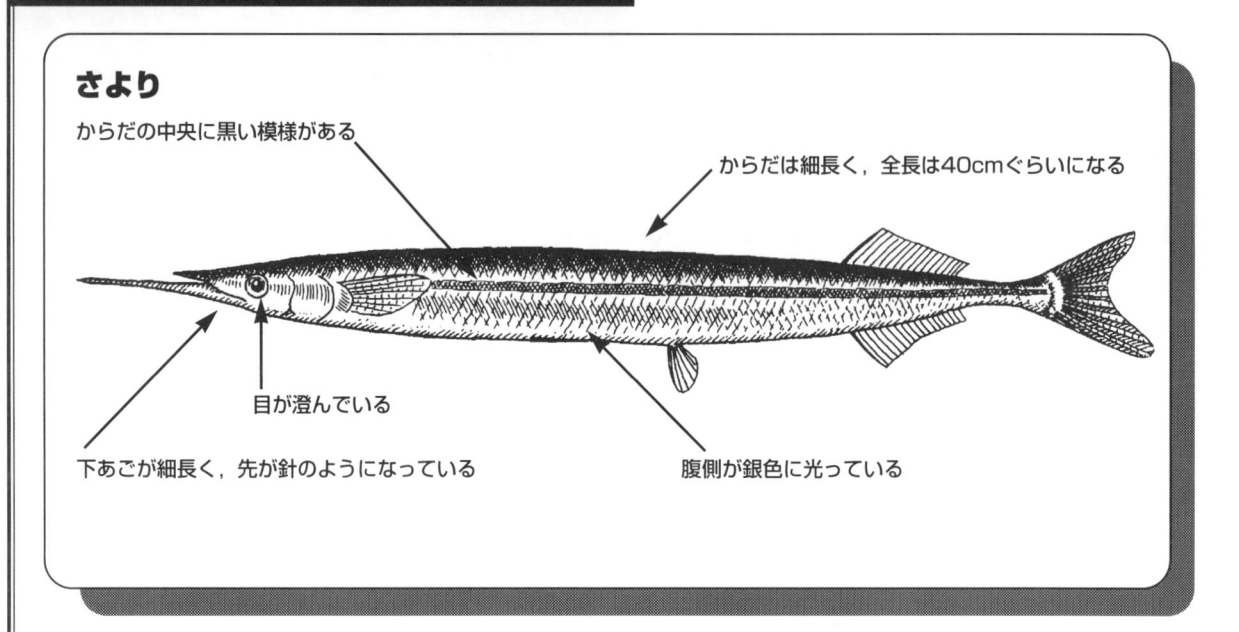

さより
- からだの中央に黒い模様がある
- からだは細長く，全長は40cmぐらいになる
- 目が澄んでいる
- 下あごが細長く，先が針のようになっている
- 腹側が銀色に光っている

選び方のポイント

- 目が澄んでいるもの．
- 腹側を押した時，かたく，内臓がしっかりとしているもの．
- からだの中央の黒い模様と腹側の銀色があざやかなもの．
- 内臓の部分が茶色くなっているものは，鮮度が落ちている．
- 下あごの紅色があざやかで，みずみずしいもの．

栄養価

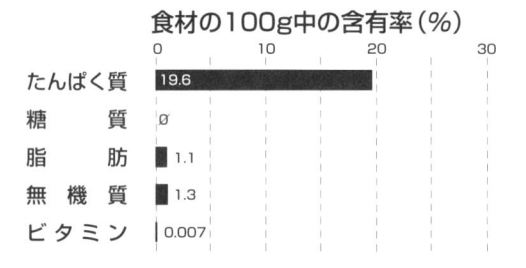

食材の100g中の含有率（％）

	0　　　10　　　20　　　30
たんぱく質	19.6
糖　　質	0
脂　　肪	1.1
無 機 質	1.3
ビタミン	0.007

栄養の特徴

水分を多く含み，糖質がなく，脂肪は少ない．

料理メモ

- 淡白で上品な味の白身魚のさよりは，高級魚とされ，日本料理では刺身，すし種，わん種，塩焼き，天ぷら，酢のもの，酢じめ（右参照）などにされる．
- 西洋料理ではカルパッチョ，マリネ，サラダ，フライ，ワイン蒸し，シャンパン蒸しなどにするとおいしい．
- 3枚におろした時に出る中骨も，捨てないでブツ切りにし，からっと揚げ，塩をふって，カルシウムたっぷりのおやつの骨せんべいにするとよい．
- さよりは見ための美しさとは違って，内臓の部分が真っ黒で，にが味があるので，身に残らないようにきれいに取り除くことが，さよりをおいしく調理して食べるコツ．

旬

春の魚で，4月ごろが旬だが，10月ごろもおいしい．

分布地

北海道から南日本，朝鮮半島，台湾に分布している．日本各地の近海にいるが，南日本で多く獲れる．

サヨリ科の海水魚．細長くのびて，先のとがった針状の下あごが特徴の魚で，「針魚」(さより)と書きます．

全長は40cmぐらいまで大きくなります．内湾にすみ，水面の近くをまがりくねりながら泳ぎ，時には水面から1～1.5メートルぐらい上まで飛ぶことがあります．

さよりは日本各地で食べられているため，多くの地方名があり，東京では「かんぬき」，北陸では「さいより」，関西では「さえろ」，山陰では「すくび」などといいます．

さよりはスマートで美しい魚ですが，腹の内側が黒いので，外見は美しくても，心の中が腹黒い人のことをさよりにたとえることがあります．

わらびてさより

① さより(1尾)を3枚におろし，内臓をよく取り除き，3%の塩水(水5カップ，塩大2)に身が白っぽくなるまでつける．

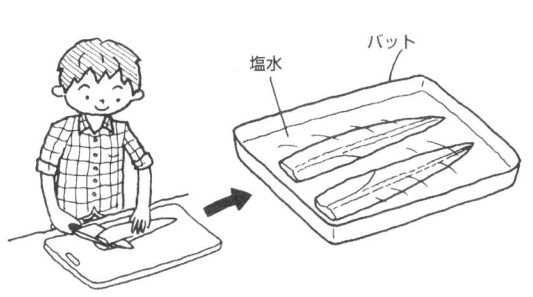

② 酢水(酢1：水1)の中で塩水を洗い流し，バットの中で，さよりの身がつかるぐらいまでの酢につける．酢につける時間は5～6分ぐらいにする．

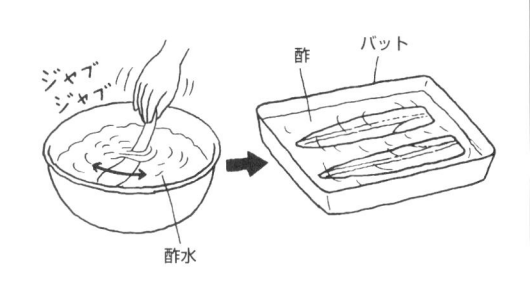

③ 頭のほうから，さよりの皮をスーッとむく．

④ 身を下にして，頭のほうから，くるくると途中まで巻く．中央に切りこみを入れてから開き，形をととのえる．前菜，ちらしずしにかざるときれい．

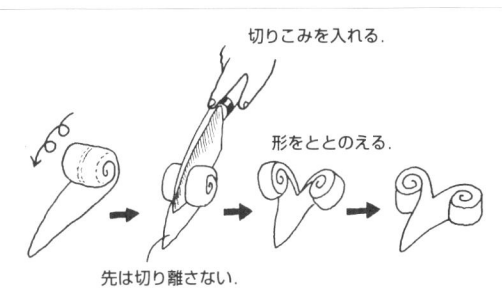

【さわら】

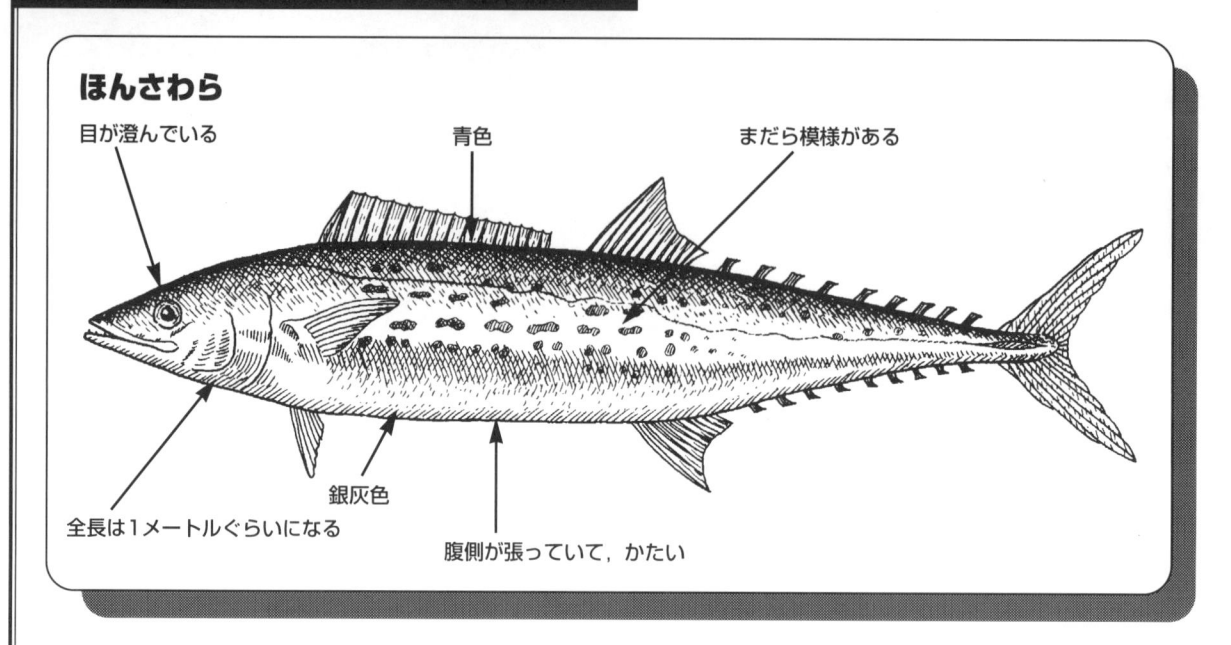

ほんさわら
- 目が澄んでいる
- 青色
- まだら模様がある
- 銀灰色
- 腹側が張っていて，かたい
- 全長は1メートルぐらいになる

選び方のポイント

- 表皮のまだら模様があざやかなもの．
- 目が澄んでいるもの．
- 腹側が張っていて，かたいもの．
- 切り身から水分が出ていないもの．
- 切り身に張りとツヤがあるもの．

栄養価

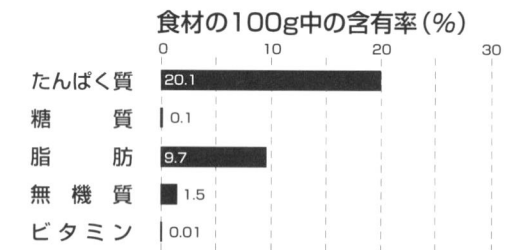

食材の100g中の含有率（％）

	0 10 20 30
たんぱく質	20.1
糖　　質	0.1
脂　　肪	9.7
無　機　質	1.5
ビタミン	0.01

栄養の特徴

脂肪を多く含み，時期によって10％を超えることもある．

料理メモ

- 味，かおりがあまりないので，濃いめの味つけ，強めのかおりに合う．うにけんちん焼き（右参照），信州蒸し（ゆでた茶そばを巻いて蒸したもの），ゆうあん焼き（しょうゆ，みりんなどのタレにつけてから焼いたもの），みそ漬け焼き，照り焼きなどにするとよい．
- フライ，ムニエル，グラタンなどにしてもおいしい．
- 新鮮なものは刺身にすることもできるが，寄生虫がいることもあるので，あまり生のまま食べないほうがよい．
- 白身の上品な味だが，身割れしやすいので，大きめの切り身にして調理する．
- 成熟した卵巣はからすみ（塩漬けにし，干したぼらの卵巣）の代用になる．

旬

1月～4月ごろが旬．冬に獲れるものは「寒ざわら」といい，特においしい．

分布地

北海道から南日本沿岸，朝鮮，台湾，オーストラリアに分布している．日本では瀬戸内海で多く獲れる．

　サバ科の海水魚．沿岸の深い場所にすむ．4～6月ごろの産卵期に，内湾で卵を生みます．春が旬の魚なので，「鰆」（さわら）と書きますが，晩冬においしい魚です．

　さわらといえば，ほんさわらのことで，いちばんおいしいさわらです．ほかには，おきさわら，かますさわら，ひらさわらなどがいます．

　全長が1メートルぐらいの大きさになるさわらは，40～50cmの小さいものを「さごし」，「さごち」，50～60cmのものを「やなぎ」といって区別しています．

　やわらかく，白身のさわらは味がよいため，かまぼこの原料にも使われています．

さわらのうにけんちん焼き

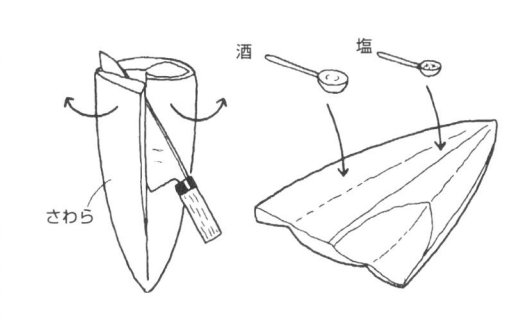

① さわら（50cmぐらいの半身）を観音開き（半身を中央から左右に開く）にし，酒（大1），塩（小1/4）をふる．

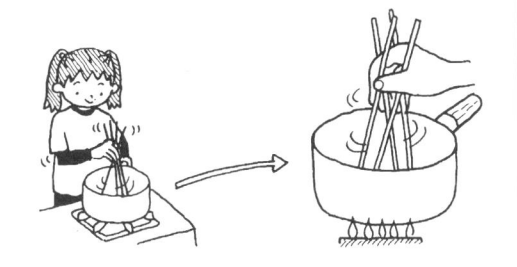

② なべの中に，ねりうに（大2）を酒（大1）で溶き，卵（3個），砂糖（小1），少量の塩を入れる．弱火で，さいばしを使ってよくかきまぜ，半熟のしっとりとしたいり卵を作る．

③ さわらに片栗粉（小2）をまぶす．いり卵をのせてオーブン・ペーパーかアルミホイルでつつむ．250度のオーブンで，15分ぐらい焼く．

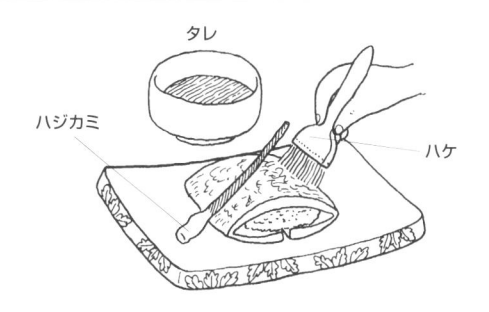

④ 酒（大1），しょうゆ（大3），砂糖（小1/3），片栗粉（小1/4）を煮詰めてタレを作る．さわらを筒切りにし，器にもり，タレをハケでぬる．ハジカミをそえる．

【さんま】

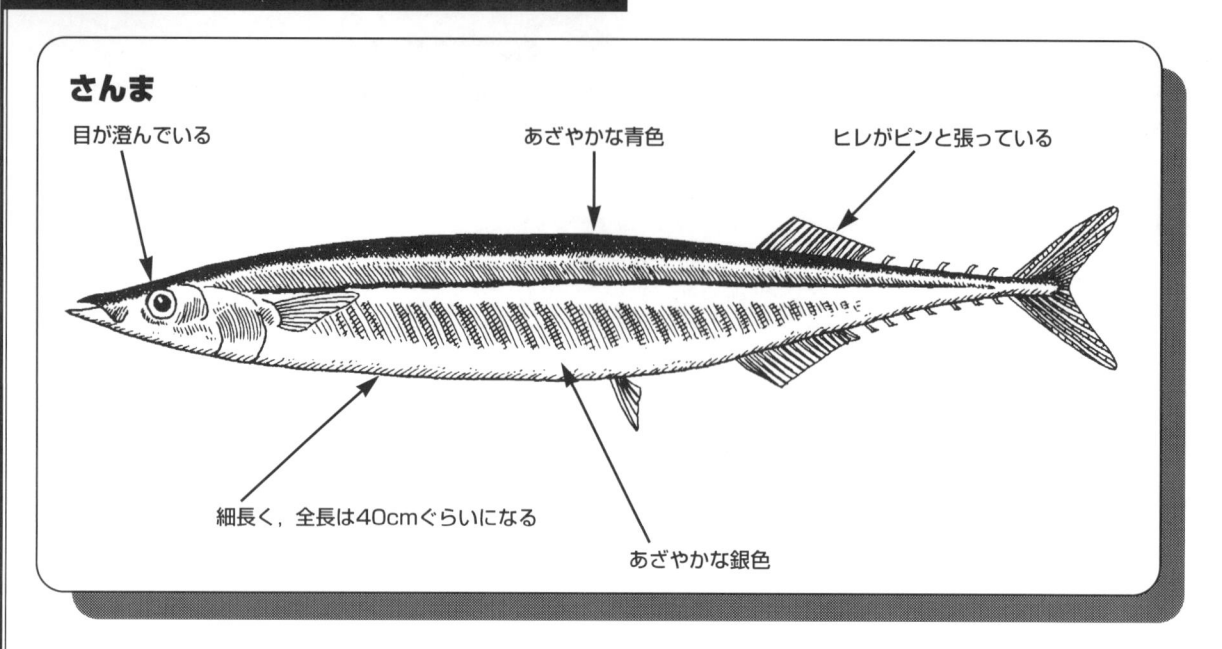

さんま
- 目が澄んでいる
- あざやかな青色
- ヒレがピンと張っている
- 細長く，全長は40cmぐらいになる
- あざやかな銀色

選び方のポイント

- からだの色があざやかなもの．
- 目が澄んでいるもの．
- 頭を持って，水平に持ち上げた時，尾がたれさがらずに，ピンと張っているもの．
- 内臓がかたくしまっているもの．
- うろこが多くついているもの．
- ヒレがピンと張っているもの．

栄養価

食材の100g中の含有率（%）

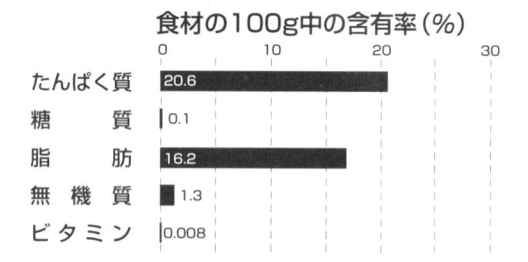

たんぱく質	20.6
糖　　質	0.1
脂　　肪	16.2
無 機 質	1.3
ビタミン	0.008

栄養の特徴

ビタミンDを多く含み，尾のつけ根が黄色いものは，脂肪を多く含んでいる．

料理メモ

- 脂ののったさんまは秋の味覚のひとつである．焼き網で塩焼きにし，たっぷりの大根おろしとレモン汁で食べると，とてもおいしい．
- 油と相性がよいので，バター焼き，チーズ焼き，ムニエル，照り焼き，みそ漬け焼き，なると焼き（右参照）などにしてもおいしい．
- 鮮度のよいさんまは生でも食べられ，刺身，すし種，押しずし，酢みそあえ，マリネなどにするとよい．
- さんまの内臓は味がよく，にが味もあまり強くないので，すてずにそのまま食べてもよい．
- 和歌山県には「さんまのなれずし」という有名な発酵食品がある．

旬

10月～12月ごろが旬．特に，脂がのった10月がおいしい．

分布地

東北，北海道から房総沖，北洋，北アメリカに分布している．日本各地の近海で獲れる．

　サンマ科の海水魚．秋の味覚の代表で，刀のようにそりかえっていることから，「秋刀魚」(さんま)と書きます．
　春から夏にかけてプランクトンなどをたらふく食べ，8月中ごろから群れて，北海道から東北の三陸沖，常磐沖，房総沖へと南下してきます．房総沖で獲れたものが，脂がのっておいしく，房総沖を越えて南下するにつれ，味が落ちます．
　さんまはひかりに集まる習性があるので，漁は夜間に行われ，ひかりをあてて集まってきたら網で獲ります．
　さんまを直火で焼くと発がん性物質ができるといわれますが，毎日食べなければ特に注意する必要はありません．

さんまのなると焼き

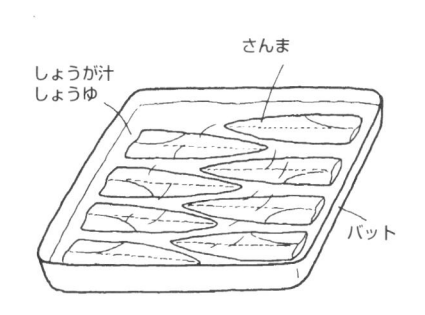

① さんま(4尾)を3枚におろし，しょうゆ(大2)，しょうが汁(小2)につける．

② さんまの汁気をふき，半身を縦半分に切る．皮を上にし，尾のほうから巻き，ようじを刺す．

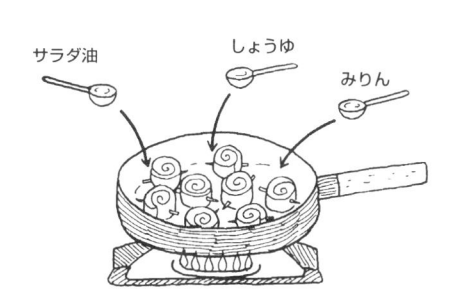

③ フライパンにサラダ油(大1)を入れ，さんまを色よく焼く．しょうゆ(大2)，みりん(大2)を加え，照りをつける．

④ 器にようじをぬいたさんまをもりつける．みょうがの甘酢漬けをそえる．

【しじみ】

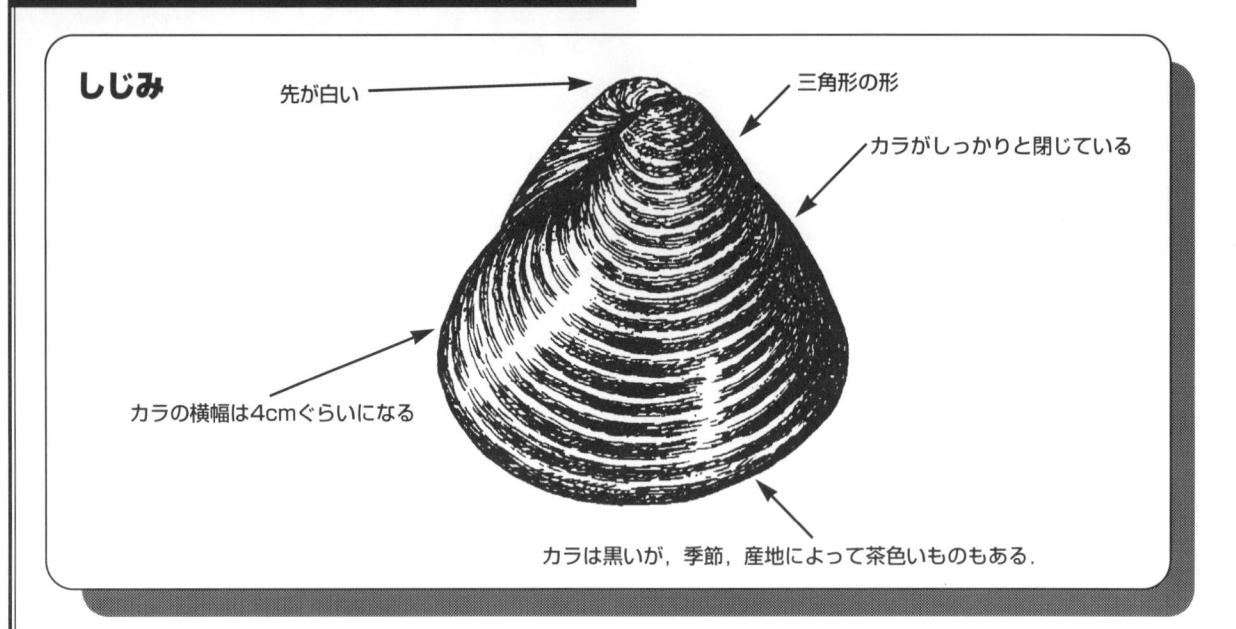

しじみ
- 先が白い
- 三角形の形
- カラがしっかりと閉じている
- カラの横幅は4cmぐらいになる
- カラは黒いが，季節，産地によって茶色いものもある．

選び方のポイント

- 生きているもの．
- 水中にいる時は水管を出しているもの．
- 水から出した時に，カラがしっかりと閉じているもの．
- つぶがそろっていて，大きいもの．

栄養価

食材の100g中の含有率（％）

たんぱく質	6.8
糖　　質	2.7
脂　　肪	1.1
無 機 質	1.9
ビタミン	0.004

栄養の特徴

糖質，カルシウム，ビタミンB_{12}などが多く，ビタミンB_1をこわす酵素（アノイリナーゼ）を含んでいる．

料理メモ

- コハク酸などのうま味成分を多く含んでいるので，濃厚なよいだしが出るが，風味に少しくせがあるので，すまし汁，コンソメなどには向いていない．
- みそ汁（右参照）にすると，だしも出て，いちばんおいしい食べ方である．
- むき身はつくだ煮（しぐれ煮），たきこみごはん，あえもの，炒めもの，煮つけなどにするとよい．
- あさりは塩水につけて砂をはかせるが，淡水貝のしじみは，水につけて4～5時間ぐらいかけて砂をはかせる．砂をはかせないと食感が悪くなる．
- しじみはビタミンB_1をこわす酵素を含んでいるので，酵素の働きを弱めるため，かならず火を通して調理をする．

旬

やまとしじみは7月～9月ごろ，ましじみ，せたしじみは1月～3月ごろが旬．

分布地

サハリン以南から九州，朝鮮半島に分布している．日本では島根県穴道湖，青森県十三湖，滋賀県琵琶湖，利根川河口が産地として有名．

　シジミ科の淡水産の2枚貝．川の中流にすむましじみ，琵琶湖特産のせたしじみ，全国各地の河口などにすむやまとしじみの3種類が主です．
　いちばん多く市場に出回っているのは，やまとしじみで，穴道湖(しんじこ)の七珍のひとつに入っています．夏に味がよくなるので，「土用しじみ」ともいいます．
　ましじみは冬においしく，北海道で獲れるため「北海しじみ」ともいいます．
　せたしじみは，琵琶湖のそばの瀬田で獲れるので，この名前がついています．「寒しじみ」ともいい，冬においしくなり，3種類の中でいちばんおいしいしじみです．

しじみのみそ汁

① カラつきのしじみ(200g)，たっぷりの水をボールの中に入れ，4～5時間ぐらいかけて砂をはかせる．

② なべに水(カップ4～5)，砂をはかせたしじみを入れ，火にかける．

③ しじみが開いたら，合わせみそとして仙台みそ(40g)，信州みそ(20g)を入れ，最後にきざんだせりのじく(1本)を加える．汁は煮詰めない．

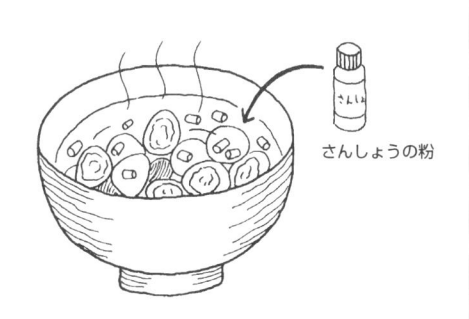

④ おわんによそって，さんしょうの粉をふる．

【しらうお・しろうお】

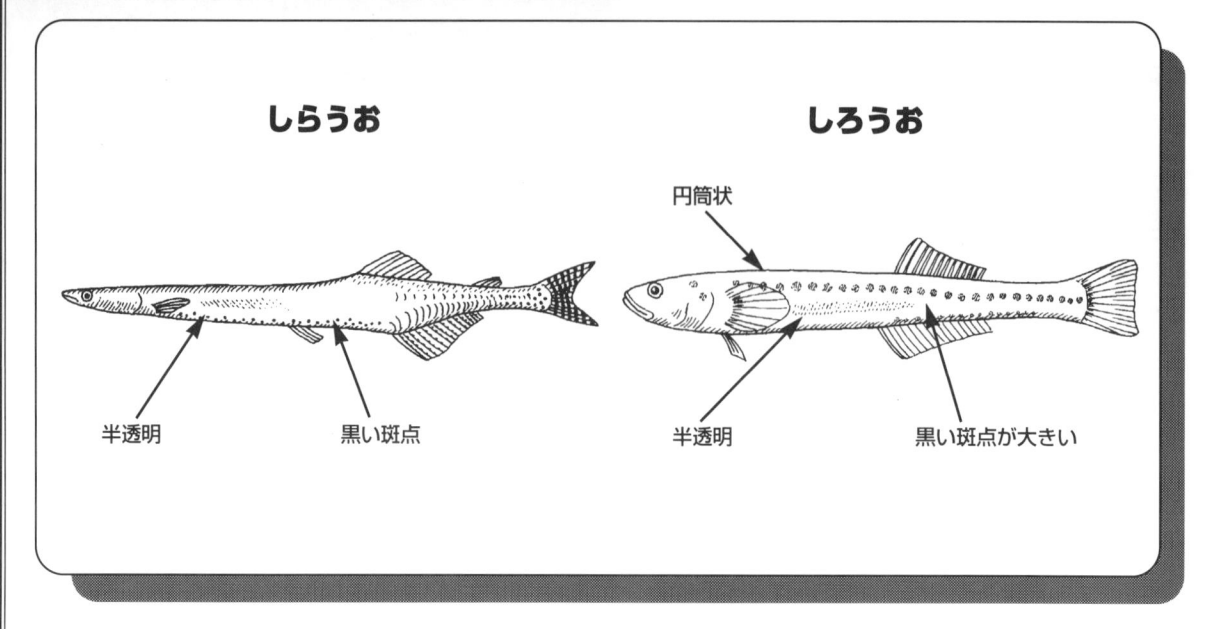

しらうお
- 半透明
- 黒い斑点

しろうお
- 円筒状
- 半透明
- 黒い斑点が大きい

選び方のポイント

- ●透明に近いものが新鮮．
- ●生きているもの．
- ●死ぬとからだが白くなる．

栄養価

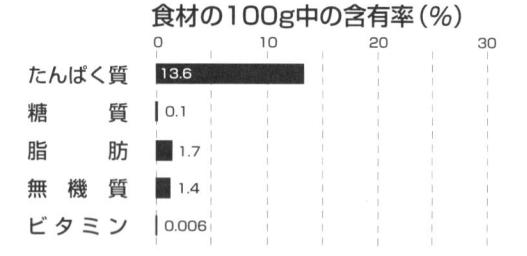

食材の100g中の含有率（％）

成分	含有率
たんぱく質	13.6
糖　　　質	0.1
脂　　　肪	1.7
無　機　質	1.4
ビタミン	0.006

栄養の特徴

グラフはしらうおのものだが，さけ，ますに近い魚で，水分を多く含んでいる．骨ごと食べるので，カルシウムを多く摂取することができる．

料理メモ

- ●しらうおは死んでからも味が落ちないので，「かまあげしらうお」といい，熱湯でゆでたものを売っている場合が多い．
- ●淡白な味を楽しむので，味つけは濃くしないようにする．
- ●吸いもののわん種，酢のもの，茶わん蒸し，卵とじ，天ぷら，から揚げ，フライ（右参照）などにするとよい．
- ●しろうおは，死ぬと極端に味が落ちるので，獲れたての生きたものを食べるとよい．
- ●生きたまま2杯酢，ポン酢などで食べる博多室見川名物の「おどり食い」は有名で，口の中でしろうおがはじけるようである．

旬

しらうおは2月～4月ごろ，しろうおは3月～5月ごろが旬．

分布地

しらうおは北海道から九州，朝鮮半島に分布している．昔は，島根県穴道湖，隅田川でよく獲れた．しろうおは本州，九州で獲れる．

しらうおはシラウオ科の魚．内湾，汽水湖（海水と淡水がまざっている湖）にすみ，早春，卵を生むために川を上ってきます．かがり火をたき，集まってきたら網で獲ります．

江戸時代には，隅田川の佃島でよく獲れ，徳川家康の大好物でした．

しらうおの姿は，女性の白く，ほっそりとした指にたとえられたりします．

しろうおはしらうおによく似ていますが，ハゼ科の魚です．本州，九州の海岸近くにすみ，しらうおと同じで早春に，川を上って卵を生みます．「おどり食い」で有名なのはしろうおのほうです．

しらうおのフライ

① しらうお(200g)を3％の塩水(水カップ5，塩大2)でよく洗う．ザルで水気を切り，乾いたふきんでよく水分をふく．

② 小麦粉(大1～2)，割りほぐした卵(1～2個)，パン粉(80～100g)の順にころもをしらうおにつけ，180度の揚げ油で揚げる．油をよく切り，揚げたてに塩を軽くふる．

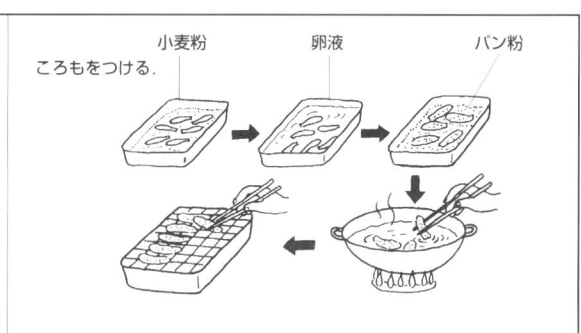

③ **本格的なタルタルソース**

たまねぎ(みじん切り)	1/3個	ゆで卵(みじん切り)	1個
パセリ(みじん切り)	10g	きゅうり(みじん切り)	30g
セルフィユ(みじん切り)	2本	ケッパー(みじん切り)	30g
シブレット(みじん切り)	5本	マヨネーズ	80g

セルフィユ…パセリに似た香草　ケッパー…フウチョウボクのつぼみの酢漬け　シブレット…ほそいねぎの一種

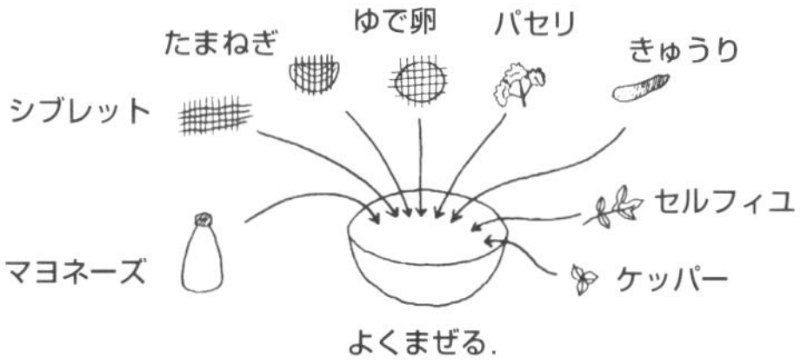

よくまぜる．

④ 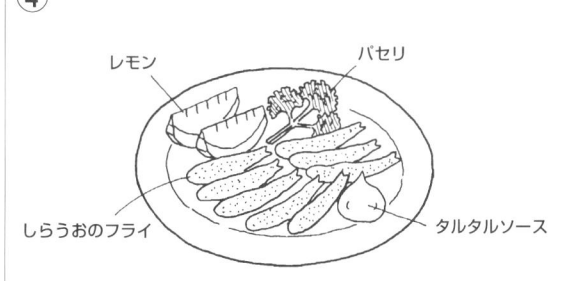 器にしらうおをもりつけ，レモン(1個)を6等分のくし形に切り，パセリ(1枝)，タルタルソースをそえる．

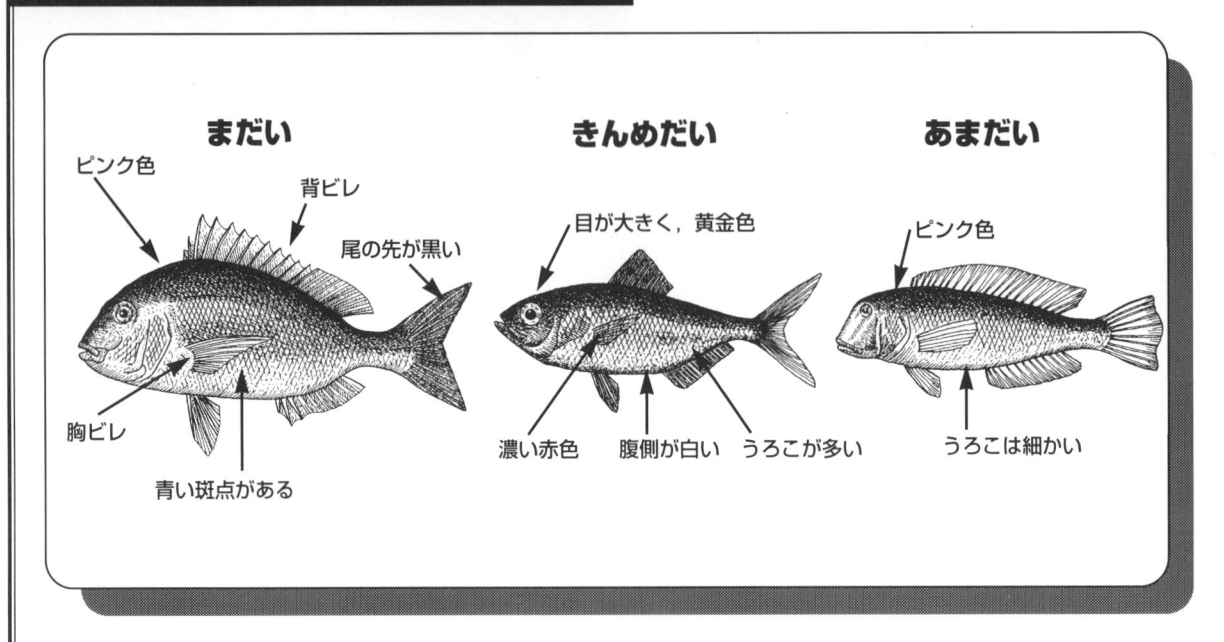

【たい】

まだい
- ピンク色
- 背ビレ
- 尾の先が黒い
- 胸ビレ
- 青い斑点がある

きんめだい
- 目が大きく，黄金色
- 濃い赤色
- 腹側が白い
- うろこが多い

あまだい
- ピンク色
- うろこは細かい

選び方のポイント

- まだいは目が澄んでいて，からだのピンク色が濃く，尾はツヤがあり，背ビレ，胸ビレがピンと張っていて，白身に透明感があるもの．
- きんめだいは目が大きく，黄金色で澄んでいて，からだの赤色が濃く，白身に透明感があるもの．
- あまだいは腹側がかたく，からだのピンク色が濃く，1kg以上の重さのもの．

料理メモ

- たいは姿，色，味がよく，百魚の王とされ，祝いごとには，めでたいにあやかって姿焼き(塩焼き)がつきもの．
- いろいろな料理にも合い，刺身，すし種，ちり蒸し，ちりなべ，かぶと(頭)煮，たいかぶら(たいのアラとかぶをだし汁で煮たもの)，たい飯，たい茶漬け，頭や骨を使った潮(うしお)汁，マリネ，カルパッチョ，エスニック風かおり蒸しにするとおいしい．
- あまだいは水分が多く，刺身には向かない．こぶじめ(こんぶにはさんで味をつけた刺身の一種)，塩でひと晩身をしめ，とろろ蒸し(右参照)，焼きもの，ムニエル，グラタンなどにするとよい．
- きんめだいは煮魚にするとおいしい．

栄養価

食材の100g中の含有率(%)

	0 10 20 30
たんぱく質	19.0
糖質	0
脂肪	3.4
無機質	1.2
ビタミン	0.007

栄養の特徴

グラフはまだいのものだが，脂肪が少し多い．表皮の色はアスタキサンチン(カロチノイド系の色素)による．

旬

まだいは1月～3月ごろ，きんめだいは12月～2月ごろ，あまだいは11月～2月ごろ，くろだい，ちだいは7月～8月ごろが旬

分布地

まだい，きんめだいは世界中に分布している．あまだいは日本中西部から東シナ海に分布している．まだいは瀬戸内海，きんめだいは関東近海，あまだいは西日本で獲れる．

まだいはタイ科の海水魚．ちだい，きだい，くろだいなど，多くの種類がいます．まだいは尾の先に黒い部分があるので区別できます．冬から春にかけておいしく，瀬戸内海で桜が咲くころに獲れるものを「さくらだい」といっています．まだいがおいしくなくなる季節には，ちだいで代用されます．

皮の黒いくろだいは夏が旬です．火を通すと皮にくさみが残るので，煮たり焼いたりする時には皮を取ります．

あまだいはアマダイ科．しろあまだい，きあまだい，あかあまだいなどの種類があります．しろあまだいがいちばん美味です．地方名も多く，京都では「ぐじ」，関西では「ぐずな」といいます．

きんめだいはキンメダイ科．

あまだいのとろろ蒸し

① あまだいの半身(300g)に塩(小1)をふって，20分ぐらいおき，身をしめる．

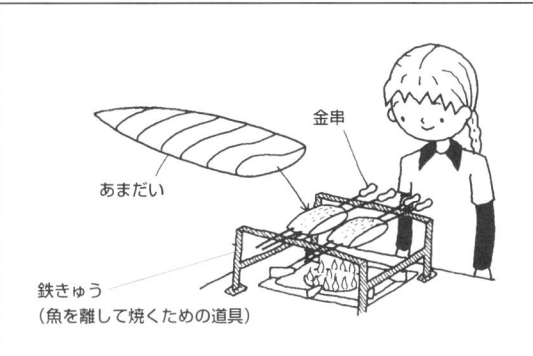

② あまだいを6つに切り，金串に刺し，皮の表面だけを軽く焼く．

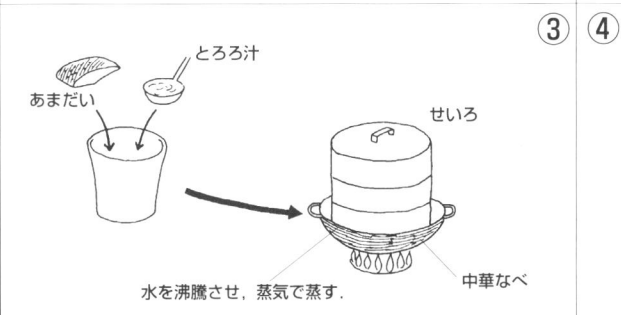

③ すりおろしたやまのいも(300g)，だし汁(100cc)，うす口しょうゆ(大$\frac{1}{2}$)，塩(小$\frac{1}{2}$)をまぜ，とろろ汁を作る．器にあまだいひと切れと，とろろ汁を入れ，強火で5～10分蒸す．

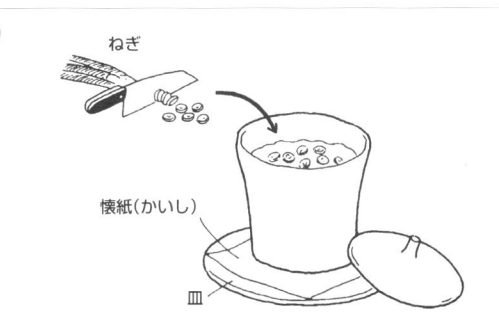

④ 皿の上に懐紙(かいし)を敷き，器をのせる．フタをあけ，小口切りにしたねぎを散らす．

【たこ】

まだこ
全長は60cmぐらいになる
腕の長さは胴の約3倍ある
からだの表面には小さなイボがある
色は周囲の色に似せることができる保護色

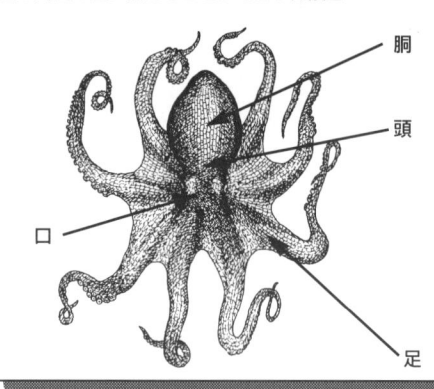

胴
頭
口
足

いいだこ
全長は20cmぐらいになる
目の周囲に金色の模様がある
からだの表面にはボツボツがある
一対の大きな目のような模様がある

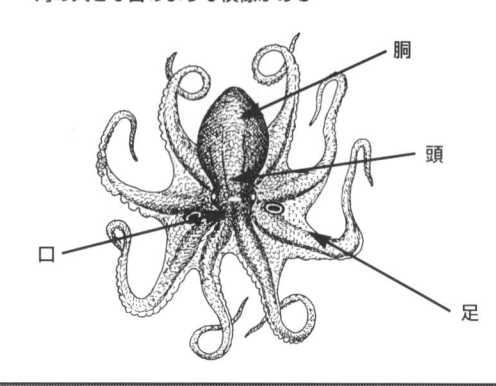

胴
頭
口
足

選び方のポイント

- 吸盤に弾力があるもの．
- 表皮は茶色で，ツヤがあるもの．
- 粘液の多いものは鮮度が落ちている．
- 足の先が黒くなったり，皮がはがれやすいものは鮮度が落ちている．
- ゆでた時，少し暗い紅色になるもの．
- 白い身に水分があり，ツヤがあるもの．

栄養価

食材の100g中の含有率（％）

	0	10	20	30
たんぱく質	11.7			
糖　　質	0.3			
脂　　肪	1.2			
無 機 質	1.8			
ビタミン	0.003			

栄養の特徴

グラフはいいだこのものだが，アミノ酸の一種であるタウリンが豊富で，脂肪，糖質は少なく，たんぱく質を比較的多く含んでいる．

料理メモ

- ゆでて刺身，すし種，酢のもの，サラダ（右参照），マリネ，おでんなどにするとおいしい．
- 生のまま刺身に使う時は生きているものを調理し，皮はていねいにむく．
- 特有の筋肉組織を持つので，加熱による筋肉収縮が強く，かたくなりやすいので，歯ごたえを生かし，やわらかく料理することが大切．
- 淡白な味で，調味料が浸透しにくいので，時間をかけてゆっくりと煮あげる．いいだことさといも，まだことだいずの煮ものなどにするとおいしい．
- 削りだこは，皮をむいたたこを煮てから乾燥させ，細長く削った加工品．削らずに細長く切ったものもある．

旬

まだこ，いいだこは1月～2月ごろが旬．

分布地

まだこ，いいだこは本州，四国，九州までの日本各地の浅い海に分布している．

　マダコ科のまだこ，いいだこは頭足類の軟体動物．たこは日本近海に50種類ぐらいいます．
　たこの足は8本で，ほぼ同じ長さです．目のある部分が頭で，丸いふくろのような部分が胴です．口のように見えるとがった部分は呼吸，排泄のためにあります．口は8本の腕に囲まれた頭の真ん中にあり，強い歯を持っています．海底の岩礁にすみ，夜活動し，えび，貝などを食べています．
　まだこは春に卵を生み，2年ぐらい生きます．
　いいだこは秋から冬に煮て調理すると，胴の中に詰まっている卵が，ごはんのように見えることから「飯蛸」（いいだこ）という名前がつきました．
　たこは，たこの穴にひそむ習性を利用し，たこつぼを使って獲る方法があります．

シーフード・サラダ

①　えび（6尾）のカラと背わたを取って塩水で洗い，なべに水（$\frac{1}{4}$カップ）と白ワイン（大1）を入れてゆで，ゆで汁につけておく．鶏肉のささ身（1本）のすじを取り，水（$\frac{1}{2}$カップ），白ワイン（大1），少量の塩で蒸し煮にし，冷ましてからほそくさいておく．

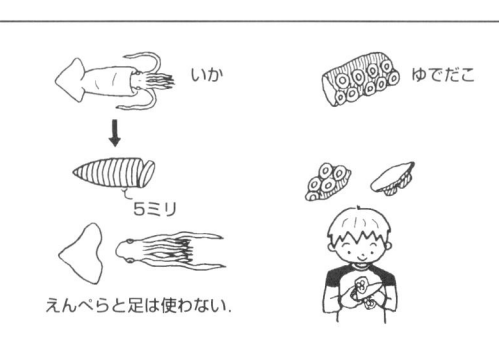

②　いか（1ぱい）のはらわたを取り，皮をむき，5ミリ幅の輪切りにし，白ワイン（大2），水（大1），少量の塩で軽く煮る（えんぺらと足は炒めものなどに使う）．ゆでだこ（300g）をひと口大のうすいそぎ切りにする．

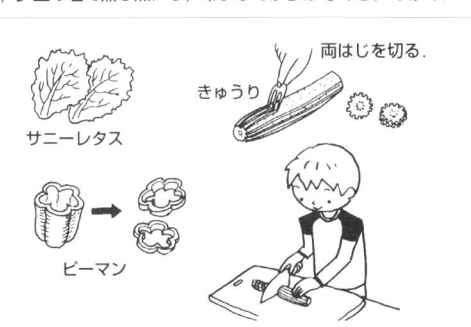

③　サニーレタス（$\frac{1}{3}$個）を水で洗い，手でひと口大にちぎる．きゅうり（1本）を塩でみがき，両はじを切り，フォークですじめを入れ，うすい輪切りにする．青，赤ピーマン（各1個）の種を取り，うすい輪切りにする．

④
ドレッシング	
アップルビネガー	大3
塩	少量
こしょう	少々
オリーブ油	大3
レモン汁	少々

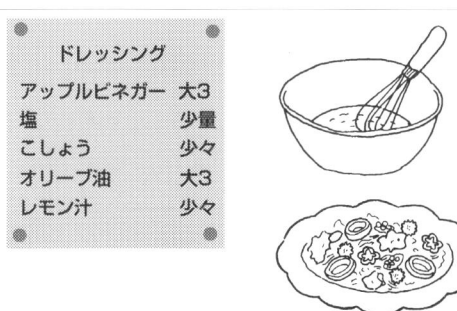

ドレッシングを作る．①，②，③の食材を器にもり，ドレッシングをかけ，食べる時にあえる．

【たら】

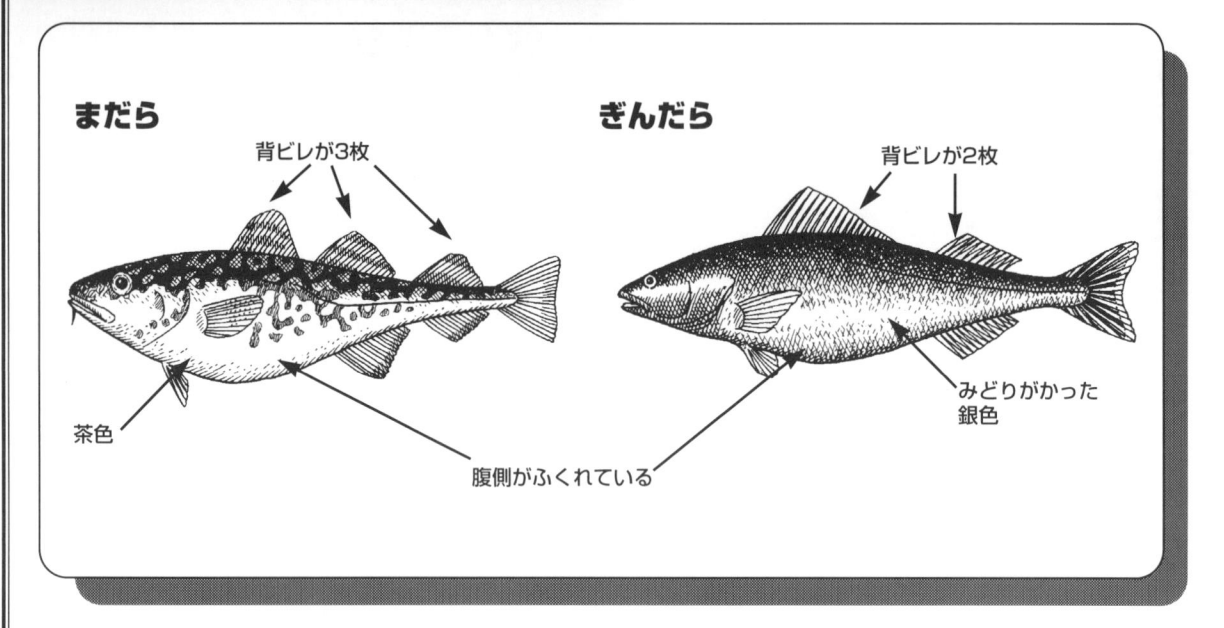

まだら
- 背ビレが3枚
- 茶色
- 腹側がふくれている

ぎんだら
- 背ビレが2枚
- みどりがかった銀色

選び方のポイント

- 目が澄んでいるもの．
- エラがあざやかな赤色のもの．
- 切り身で売られていることが多いので，切り口から水分が多く出ていないもの．
- 身は透明感がある白色で，ツヤがあるもの．

栄養価

食材の100g中の含有率（％）

	0　　　10　　　20　　　30
たんぱく質	15.7
糖　　質	0
脂　　肪	0.4
無 機 質	1.2
ビタミン	0.002

栄養の特徴

グラフはまだらのものだが，水分が多く，たんぱく質，脂肪は少ない．ぎんだらはビタミンがたらの3倍，脂肪は43倍ぐらいも含んでいる．

料理メモ

- まだらは白身で淡白な味．ちり蒸し，ちりなべ，煮つけ，でんぶ（すし種に使う．身をゆでてすり鉢ですり，調味して煎ったもの）などにするとよい．
- ぎんだらは白身で脂がのっているので，ソテー，フライ，かおり焼き（右参照）などにするとおいしい．
- たらの身を干した「ぼうだら」は，米のとぎ汁につけ，十分にやわらかく戻してから煮て食べるとよい．京都のさといもと煮た「いもぼう」は有名．
- ヨーロッパでは塩干しの「すき身だら」をクールブイヨンでやわらかく戻し，ほぐしてからサラダにする．
- たらの精巣である白子はなべものに入れたり，蒸してポン酢で食べるとよい．

旬

まだら，ぎんだらは1年中出回っているが，11月中ごろ～2月中ごろまでが旬．

タラ科の海水魚．たらといえば，まだらのことをいいます．とても食いしんぼうの魚で，いか，たこ，いわしなどを食べ，いつも腹側がふくれているので，おなかいっぱいになるまで食べることを「たらふく」といいます．また，雪を思いおこさせる字で「鱈」（たら）と書き，冬の代表的な魚です．

分布地

まだらは日本海沿岸，東北以北の北洋，朝鮮半島，アラスカ，北米に分布し，ぎんだらは日本では北海道沿岸のみに分布している．

たらの卵の「たらこ」は，まだらより小さくてスマートな形のすけそう（とう）だらの卵巣を塩漬けにしたものです．すけそうだらのことを別名「めんたい」ともいい，福岡県博多で有名な「明太子」（めんたいこ）は，「すけそうだらの子」という意味です．

ぎんだらはギンダラ科の海水魚．たらよりも，あいなめ，ほっけに近い魚です．

ぎんだらのかおり焼き

① ボールにみそ（大3），しょうゆ（大1$\frac{1}{2}$），酒（大2），砂糖（大$\frac{1}{2}$），にんにくのみじん切り（少々）をまぜ合わせ，ぎんだらの切り身（6切れ）を30分ぐらいつけこむ．

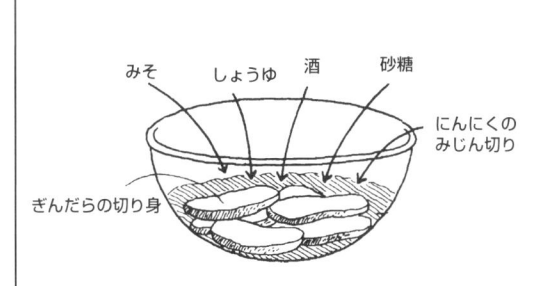

② ねぎ（2本）を小口切りにする．じゃがいも（300g）をひと口大に切ってからゆで，ザルにあげて冷ます．

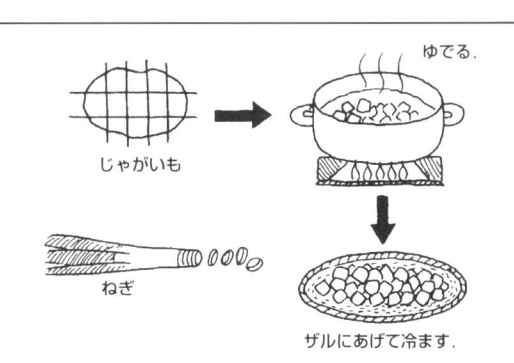

③ アルミホイルにサラダ油（大1）をぬり，ぎんだらをのせて①のみそをぬり，ねぎとじゃがいも，そぎ切りにした生しいたけ（1個）をのせてつつむ．

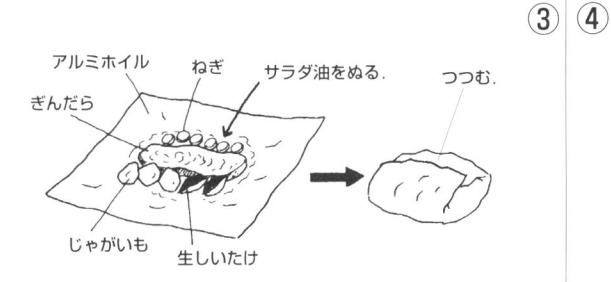

④ 焼き網にのせ，10～15分ぐらい焼く．焼きあがったら器にもりつける（アルミホイルがふくらめばよい）．

【どじょう】

どじょう

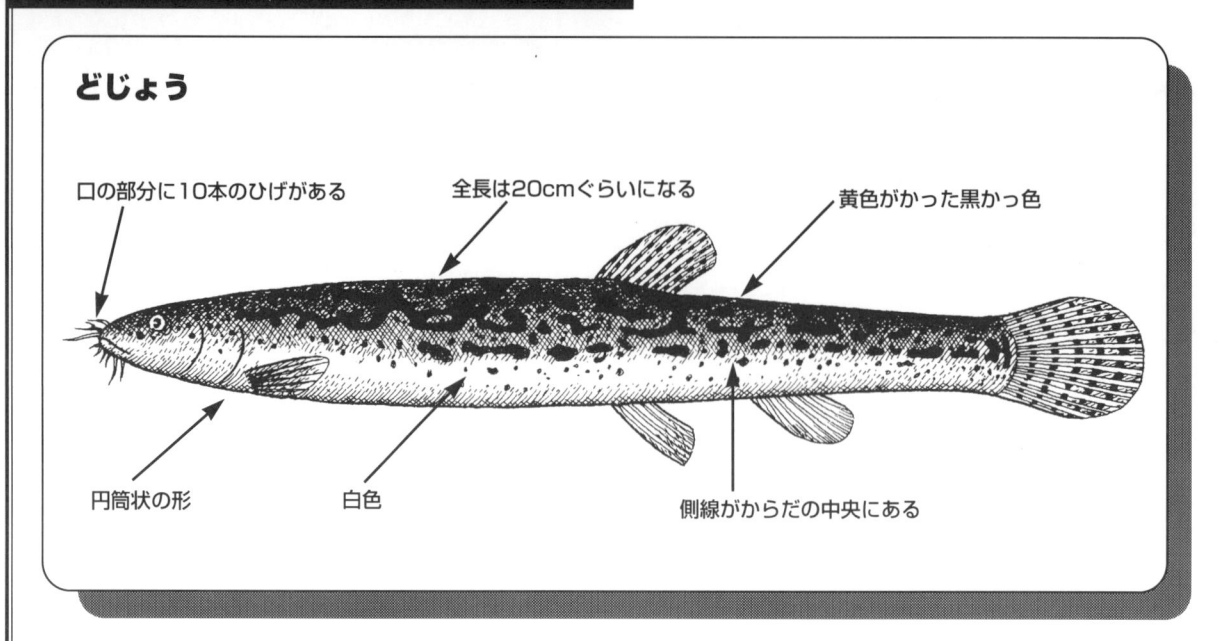

- 口の部分に10本のひげがある
- 全長は20cmぐらいになる
- 黄色がかった黒かっ色
- 円筒状の形
- 白色
- 側線がからだの中央にある

選び方のポイント

- 身に脂がのっているもの．
- 数日，清水に放ち，泥くささを取り除いたもの．
- 表皮にぬめりがあるもの．

栄養価

食材の100g中の含有率（％）

	0 10 20 30
たんぱく質	16.1
糖　　質	0.5
脂　　肪	1.9
無 機 質	3.4
ビタミン	0.2

栄養の特徴

たんぱく質，脂肪が少なく，ビタミンA，Dを多く含んでいる．

料理メモ

- 淡水魚特有の泥くささがあるので，水に2〜3日ぐらい泳がせ，泥くささを取り除いたものが店で売られている．
- どじょうを丸のまま調理する時は，フタつきの器に入れ，酒を加えてどじょうを殺すとアルコールの作用でぬめりがなくなり，骨もやわらかくなる．
- どじょうをさばくのはむずかしいが，背開きにし，骨はかならず取り除く．調理の前にどじょうを殺すとよい．
- 小さなどじょうは，丸のままみそを加えてどじょう汁にするとよい．
- ねぎ，ごぼうを加え，卵とじをした柳川なべ（右参照）は，できあがったらさんしょうの粉をかけると泥くささが消え，かおりが出ておいしい．

旬

5月〜7月ごろが旬.

分布地

日本各地の湖沼, 川, 水田にすむ. 朝鮮半島, 中国, ヨーロッパに分布している.

　　ドジョウ科の淡水魚. 日本各地の湖沼, 川, 水田などの泥底にすんでいます. 全長は20cmぐらいになり, メスのほうが大きくなります. からだをくねらせながら, 水面と水底の間を泳ぐ特徴があり, プランクトンなどを食べています.
　　冬の間, 泥深い場所で冬眠するため, 身はやせ, 脂があまりのっていないのでおいしくありません.
　　昔から,「どぜう」,「どじゃう」などといいますが, 関東では「おどりこ」, 関西では「たどじょう」ともいいます.
　　どじょうのひげは10本ありますが, どじょうの口ひげに似た浅い口ひげのことを「どじょうひげ」といいます.

柳川なべ

① なべに酒(大6)を煮たて, 背開きにしたどじょう(350g)を入れて煮る. ごぼう(250g)をささがきにして酢水(水1カップ, 酢小1)に入れる.

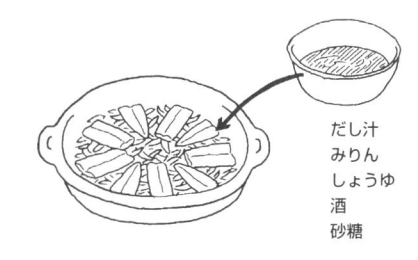

② ボールの中にだし汁(カップ$\frac{3}{4}$), みりん(大3), しょうゆ(大6), 酒(大1), 砂糖(大1)のタレを作る. 柳川用なべに水気を切ったごぼう, ①のどじょうを放射状にならべ, タレを入れ, 火にかける.

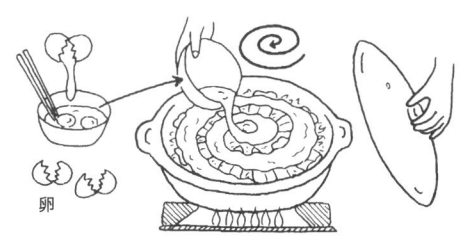

③ どじょうとごぼうに火が通ったら, 卵(2〜3個)を溶きほぐし, なべの外側から回し入れながら流しこむ. 卵が半熟になったら, 火を消し, フタをして蒸らす.

④ さんしょうの粉をかけて食べる.

【とびうお】

とびうお

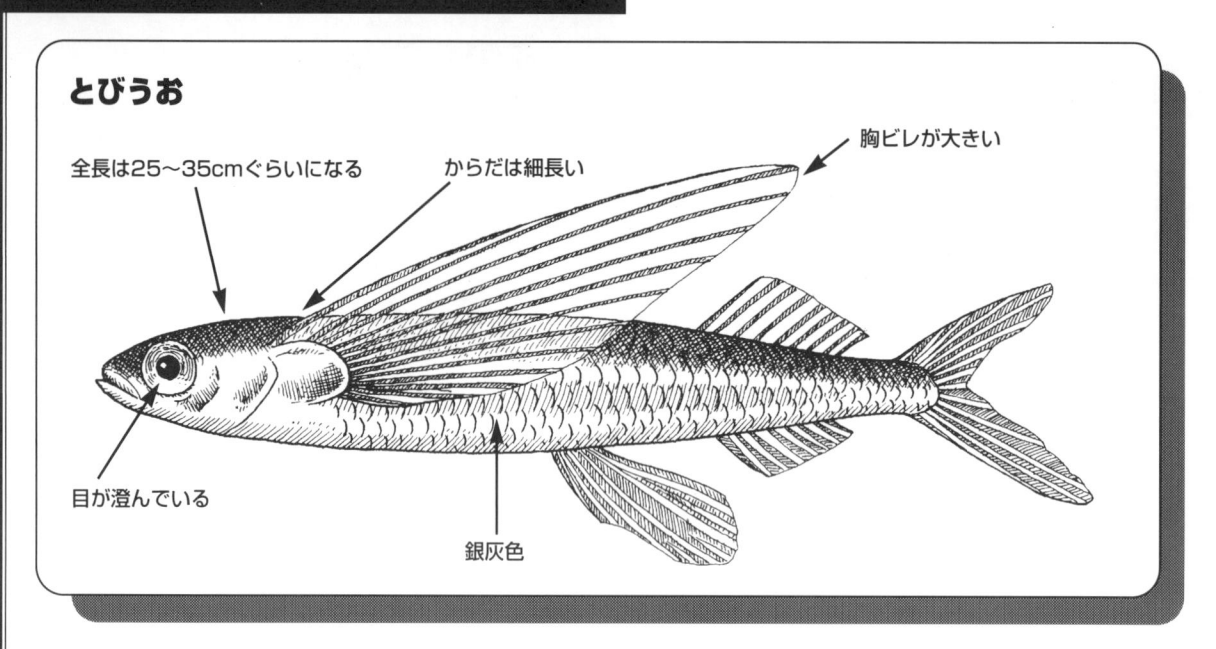

- 全長は25〜35cmぐらいになる
- からだは細長い
- 胸ビレが大きい
- 目が澄んでいる
- 銀灰色

選び方のポイント

- 目が澄んでいるもの．
- 腹側は張りがあり，内臓の部分がしっかりとしているもの．
- うろこがしっかりとついているもの．
- 頭を持ってたてた時，ピンとしているもの．

栄養価

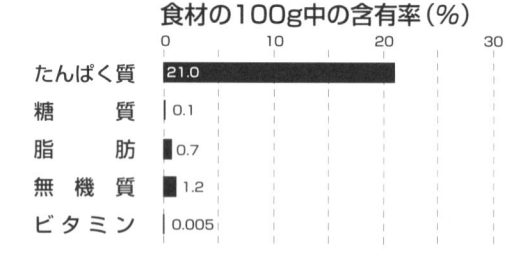

食材の100g中の含有率(%)

たんぱく質	21.0
糖　　質	0.1
脂　　肪	0.7
無 機 質	1.2
ビタミン	0.005

栄養の特徴

脂肪，無機質，ビタミンは少なく，たんぱく質を比較的多く含んでいる．

料理メモ

- 生ではあまり食べないが，新鮮なとびうおは刺身にすると，とてもおいしい．
- 塩焼き，から揚げ，照り焼き，揚げびたし(右参照)などにしたり，身をたたいてすり身にしてからだんごにし，わん種などにするとおいしい．
- とびうおは白身で，脂が少なく，くせのない味なので，かまぼこなどのねり製品に使われる．
- 焼いて干した「焼きあご」，塩干しの「塩あご」などの加工品がある．
- とびうおの成熟した卵巣は「とびっ子」という名前で売られ，すし種などにされる．
- 八丈島では「くさや」という干ものの原料にされ，珍味である．

旬

はまとびうお，ほそとびうおは2月～3月ごろ，さよりとびうおは6月～7月ごろが旬．

分布地

北海道以南の日本沿岸，朝鮮半島，台湾に分布している．

　トビウオ科の海水魚．「飛魚」(とびうお)と書き，大きな胸ビレを広げて海面上を数百メートルも飛ぶことができます．
　とびうおは日本近海に20種類ぐらいいます．八丈島を中心とした伊豆七島で春に獲れる「春とび」といわれるはまとびうお，ほそとびうお，夏に獲れる「夏とび」といわれるさよりとびうおなどがいます．

夜間に活動し，ひかりに向かってくる習性を利用して網で獲ります．
　日本各地で獲れるので，西日本では「あご」，八丈島では「あおとび」などともいいます．地方の名産品も多く，長崎県の「焼きあご」，「塩あご」，山陰地方の「あご竹輪」，八丈島の「くさや」などがあります．

とびうおの揚げびたし

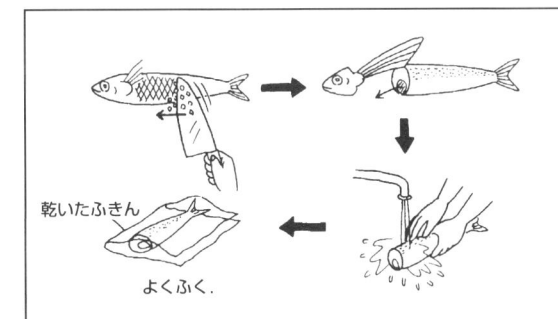

① とびうお(700g)のうろこを包丁の刃先を使って取り，頭，内臓を切り取る．よく水洗いをし，乾いたふきんでよく水気をふく．

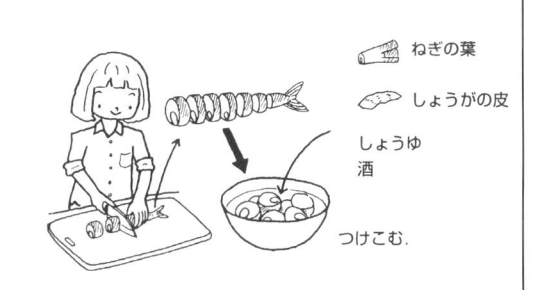

② とびうおを2cm幅の筒切りにし，ねぎの葉(少々)，しょうがの皮(少々)，しょうゆ(大1)，酒(大$\frac{1}{2}$)の下味といっしょにボールに入れ，30分ぐらいつけこむ．

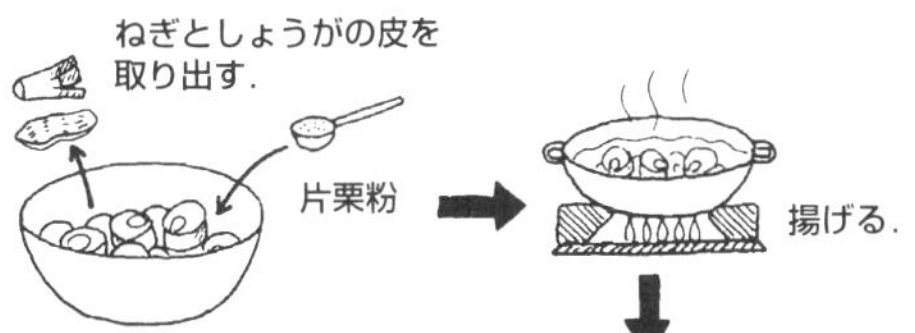

③
タレ			
だし汁	大4	砂糖	小2
酒	大2	ゴマ油	小2
しょうゆ	大4		

ねぎ，しょうがの皮を取り出し，片栗粉(大2)をまぶし，170度の揚げ油で揚げる．とびうおが揚がったらすぐにタレにつける．

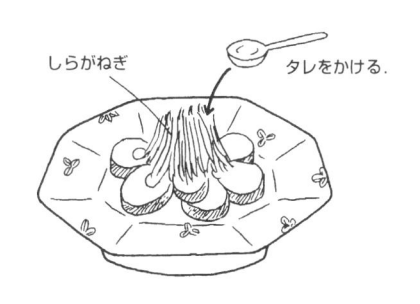

④ 器にとびうおをもりつける．しらがねぎをかざり，タレをかける．

【なまこ】

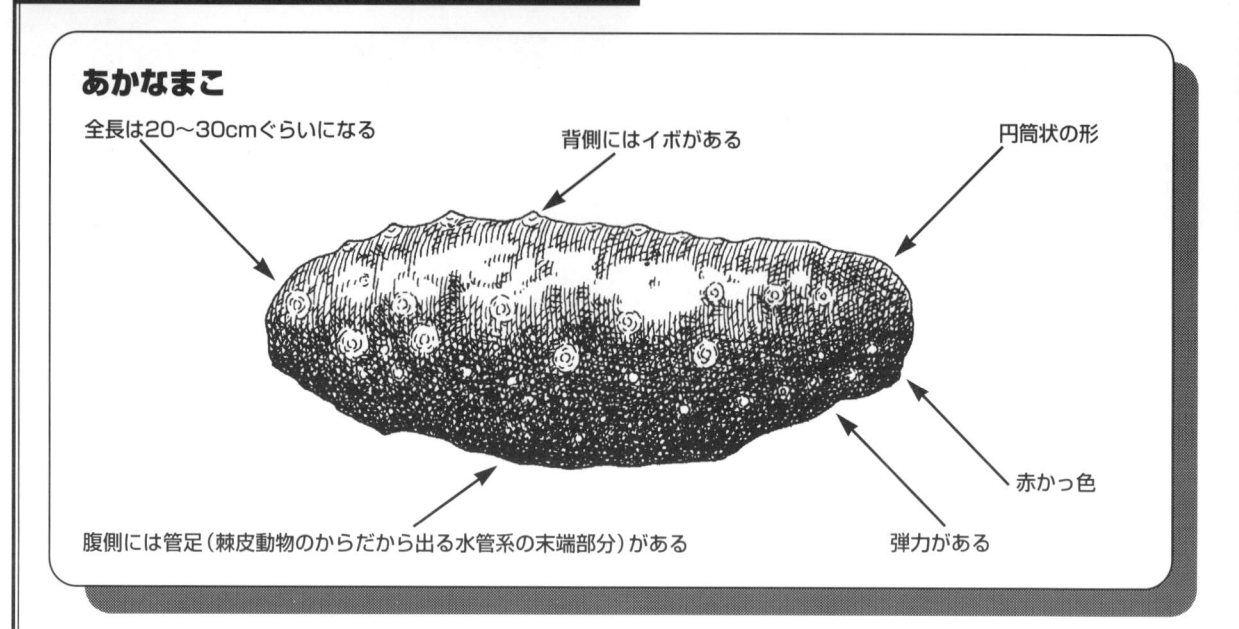

あかなまこ
- 全長は20〜30cmぐらいになる
- 背側にはイボがある
- 円筒状の形
- 赤かっ色
- 弾力がある
- 腹側には管足（棘皮動物のからだから出る水管系の末端部分）がある

選び方のポイント

- 表皮がしっかりとしているもの．
- 身がしまっているもの．
- 身に弾力があるもの．
- イボがはっきりとしているもの．

栄養価

食材の100g中の含有率（％）

	0	10	20	30
たんぱく質	3.4			
糖　　質	0.5			
脂　　肪	0.1			
無 機 質	4.4			
ビタミン	0.0009			

栄養の特徴

栄養価はあまり期待できないので，弾力がある食感を楽しむとよい．

料理メモ

- **なまこの下ごしらえ**
  両はしを落とし腹側を切り開き，内臓，砂を取り出す．腹の内側をふきんでこすり取る．まな板の上になまこをおき，たっぷりの塩をふる．ザルをかぶせ，泡が出る（身がしまる）まで，まな板の上のザルを左右に動かす．ぬめりが取れたら水洗いをし，水気をふいておく．

- 5ミリ幅ぐらいになまこをうすく切り，3杯酢で食べるとよい（右参照）．
- 「茶ぶりなまこ」といい，お茶を煮出した器に身を入れると食感がよくなる．
- 中国料理では干したなまこを「海参」（いりこ）といい，1日かけて水で戻し，炒めもの，あんかけ，煮こんで食べたりする．とろっとした食感がよい．

旬

11月～12月ごろが旬．

分布地

北海道から九州までの日本各地の浅い海に分布している．中国の金華山あたりが漁場として有名．

　ナマコ類に属する棘皮動物．からだの色の違いによって区別され，あかなまこ（あかこ），あおなまこ（あおこ），くろなまこ（くろこ）などがいます．味はあまり変わりませんが，あかなまこが高値で市場に出回っています．
　日本各地の浅い海，岩などにすみ，プランクトンなどを食べ，夜間に行動します．見るからに奇妙な形をしていますが，弾力のある食感が日本人に好まれています．
　「このわた」というはらわたの塩から，このわたを棒状にして干しかためた「このこ」という珍味があり，酒の肴に向いています．

なまこ酢

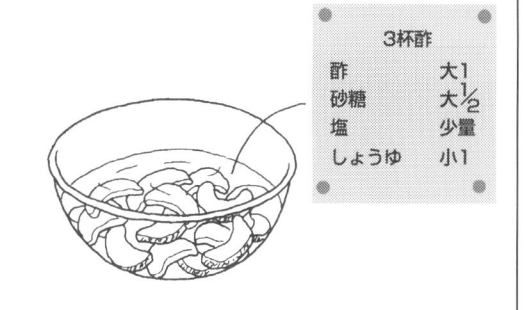

3杯酢
- 酢　　　　大1
- 砂糖　　　大1/2
- 塩　　　　少量
- しょうゆ　小1

① なまこ(1個)を下ごしらえする(p.66料理メモ参照)．5ミリ幅ぐらいのうす切りにする．

② 3杯酢を作り，うす切りにしたなまこをつける．

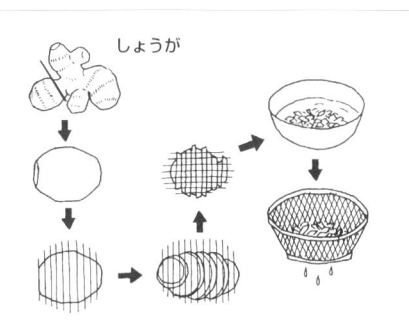

③ しょうが(ひとかけら)の皮をむき，細かいみじん切りにし，水にさっとさらしてから水気を切る．食べる直前に②とあえる．

④ 酢のものは，食べる直前にあえるのがコツ．

器にもりつける．

「ありがとう」

【にしん】

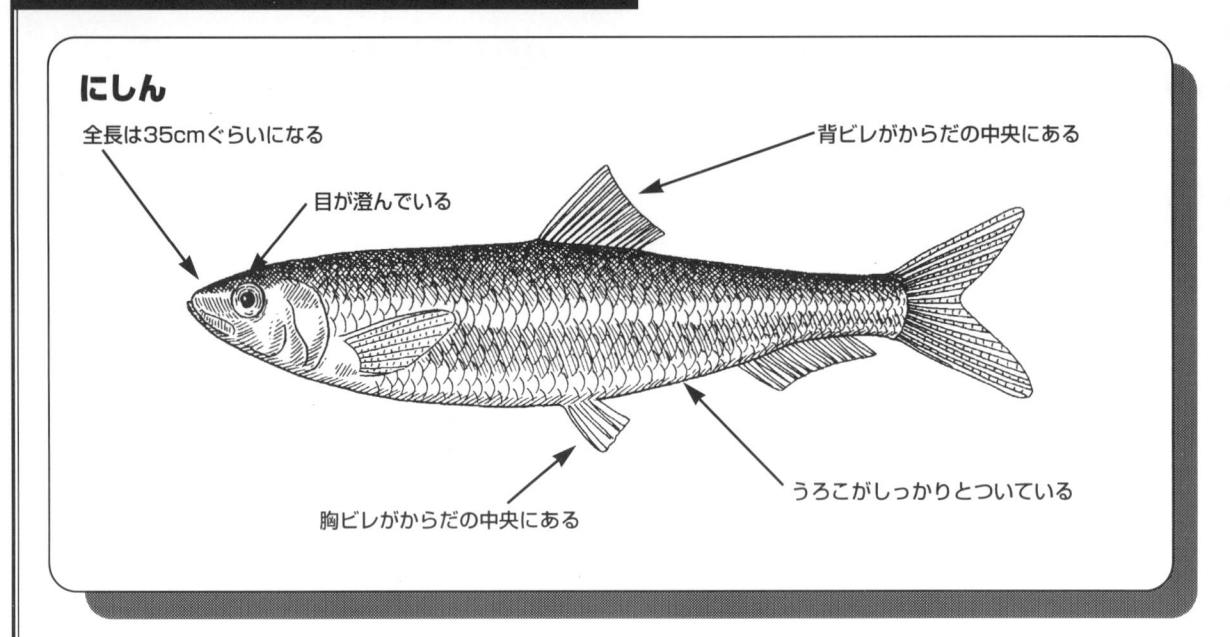

にしん
- 全長は35cmぐらいになる
- 目が澄んでいる
- 背ビレがからだの中央にある
- 胸ビレがからだの中央にある
- うろこがしっかりとついている

選び方のポイント

- 目が澄んでいるもの．
- 身にツヤがあるもの．
- 腹側が切れていないもの．
- うろこがしっかりとついているもの．

栄養価

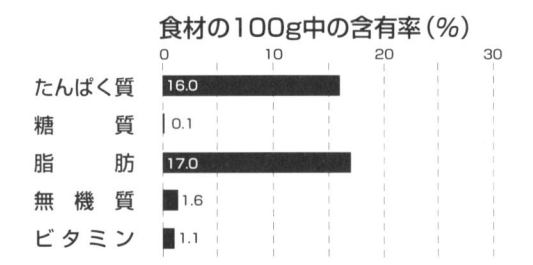

食材の100g中の含有率（%）

たんぱく質	16.0
糖　　質	0.1
脂　　肪	17.0
無 機 質	1.6
ビタミン	1.1

栄養の特徴

たんぱく質，脂肪，ビタミンを多く含んでいる．いわしに似た成分であり，脂溶性ビタミンはいわしより多い．

料理メモ

- 塩焼き，みそ煮，天ぷら，バター焼きなどにするとよい．
- にしんは鮮度が落ちやすく，寄生虫がいるので生のまま食べないようにする．
- 頭，内臓などを切り取り，半身にしてから乾燥させた身欠きにしんは，煮つけ（右参照）などにするとおいしい．
- 塩にしんは丸のまま塩漬けにしたもので，三平汁（塩，しょうゆ，酒粕などで野菜といっしょに煮た料理）などにするとおいしい．
- かずのこは，にしんの卵巣を海水で血ぬきをし，水洗いしてから塩漬けにしたもの．乾燥させると干しかずのこになる．水に戻して使う．漂白されたものもあるので注意をする．

旬

3月～5月ごろが旬．

分布地

茨城県，新潟県以北の日本各地の沿岸，カムチャッカ半島，北米西部のアラスカ，カリフォルニアに分布している．

　ニシン科の海水魚．日本で獲れるのは1種類ですが，世界では数種類います．回遊魚のにしんは，春を知らせる魚として，3月ごろに大群で北海道近海にあらわれ，こんぶなどの海藻類に卵を生みます．にしんの卵がついたものを「子持ちこんぶ」，「子持ちわかめ」といいます．

　昔は，北海道でにしんがよく獲れたため，にしん漁で建てた「にしん御殿」がありましたが，明治30年の975,000トンを最高に年々漁獲量は減少しています．最近ではにしんが激減しているため，国際的に獲る量を規制しています．

　にしんは欧米では日本より好まれ，マリネ，サラダなどにしてよく食べられています．

身欠きにしんの棒煮

① 身欠きにしん（200g）を米のとぎ汁に2～3日つけて戻す．うろこ，尾を取り除き，食べやすい大きさに切る．

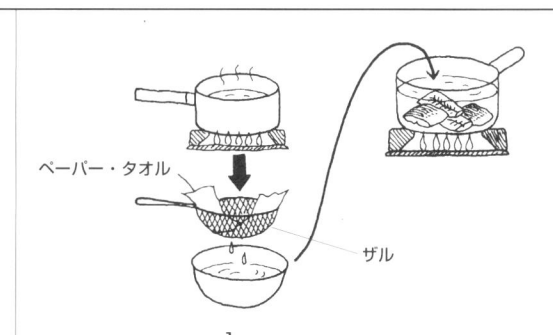

② 水（5カップ），お茶（$\frac{1}{4}$カップ）を入れ，1～2分ぐらい煮てからペーパー・タオルを敷き，ザルでこす．なべに身欠きにしんとこした汁を入れ，強火で煮る．煮たったら弱火にし，アクをおたまで取りながら40分ぐらい煮る．

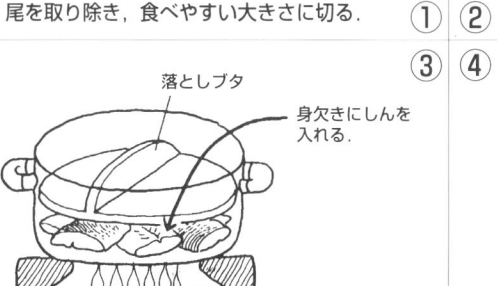

③ ②で煮た身欠きにしんを取り出し，別のなべの中に入れ，だし汁（2カップ），酒（$\frac{1}{2}$カップ），しょうゆ（大3），砂糖（大3$\frac{1}{2}$），せん切りにしたしょうが（ひとかけら）を加える．落としブタをし，30～50分ぐらい煮てから冷ます．

④ 器にもりつける．

ハイ　おまちどうさま

175

【はまぐり】

はまぐり

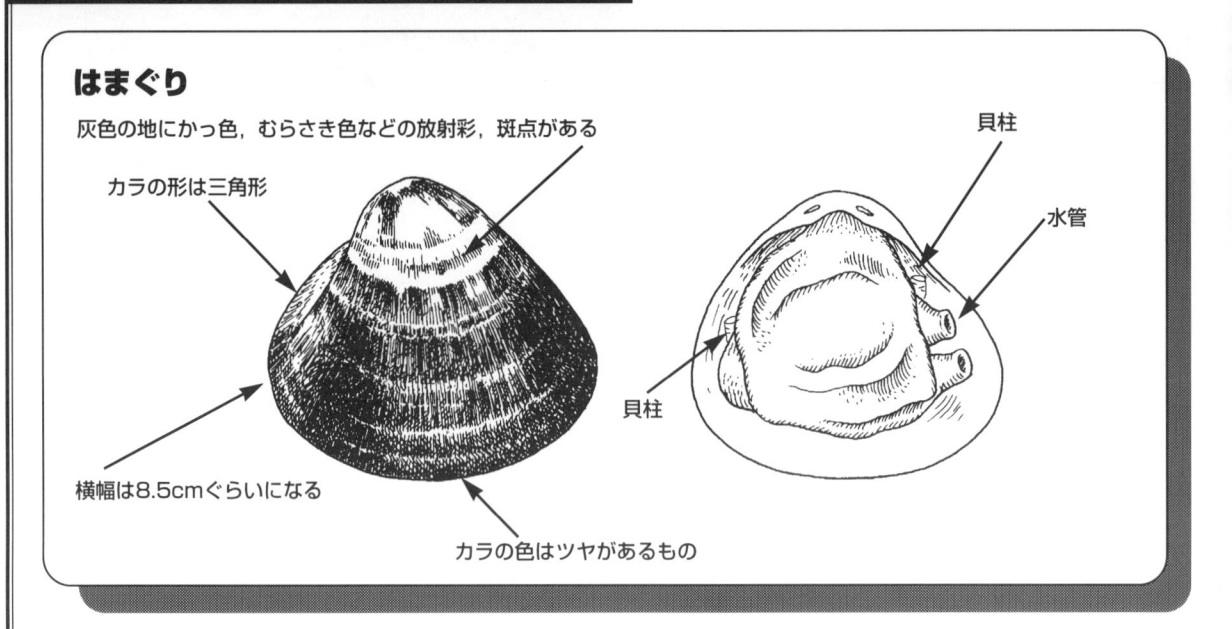

- 灰色の地にかっ色，むらさき色などの放射彩，斑点がある
- カラの形は三角形
- 横幅は8.5cmぐらいになる
- カラの色はツヤがあるもの
- 貝柱
- 水管
- 貝柱

選び方のポイント

- カラの色はツヤがあるもの．
- 表面はなめらかで，カラをかたく閉じたもの．
- 貝と貝をぶつけると，澄んだ音がするもの．
- むき身には貝柱がついているもの．
- 身に透明感があるもの．

栄養価

食材の100g中の含有率（％）

	0　　　10　　　20　　　30
たんぱく質	10.4
糖　　質	1.9
脂　　肪	0.9
無　機　質	2.6
ビタミン	0.01

栄養の特徴

アミノ酸（うま味のもと）が多く，カロリーは低いが，カルシウム，リン，鉄などを多く含んでいる．

料理メモ

- はまぐりの砂のはかせ方はあさりと同じ（p.9参照）．
- はまぐりは上品な味で，強いうま味を味わうことができるが，加熱しすぎると身がかたくなるので注意をする．
- 大型のはまぐりは，カラつきのまま焼きはまぐり，酒蒸しなどにするとよい．
- 小型のはまぐりは，カラつきのまま潮（うしお）汁（右参照）などにするとよい．
- むき身は，なべもの，吸いもの，まぜごはん，あえもの，すし種，クラムチャウダー，クリーム煮，フライ，スパゲッティ，パエリアなどに使うとおいしい．
- 干しはまぐり，しぐれ煮（つくだ煮），缶詰などの加工品がある．

旬

3月～4月ごろが旬．

分布地

しなはまぐりは中国，朝鮮半島産の輸入が多くなっている．はまぐりは北海道南部から九州の内湾，ちょうせんはまぐりは房総以南の外湾に分布している．

マルスダレガイ科の2枚貝．はまぐり，しなはまぐり，ちょうせんはまぐりなどの種類があり，形が栗に似ているため，「浜栗」(はまぐり)の名がつきました．「蛤」と書きます．

春の終わりから沖に移動し，夏に卵を生みます．昔から日本人は天然のものを食べていますが，戦後からは養殖も行われています．

近年，国産のものは少なくなり，80％以上は朝鮮半島などから輸入されてきたしなはまぐりです．淡水の流入する日本各地の河口近くの砂地にすむはまぐりは内湾性で，大型で肉が少しかたく，味が落ちるちょうせんはまぐりは房総以南の外湾にすむ外洋性です．

はまぐりの貝ガラは，同じ貝のものでないとぴったり合わないため，仲のよい夫婦の象徴として婚礼の料理に使われます．

潮（うしお）汁

① はまぐり(ひとり分＝2個)の砂を3％の塩水(水5カップ，塩大2)に5～6時間かけてはかせてから，よく水洗いをする．

② 水(カップ4)，はまぐりをなべに入れ，火にかける．

③ 煮たって，はまぐりのカラが開いたら，煮すぎないように2～3分ぐらい煮て，酒(大1)，少量の塩で味つけをし，火を消す．

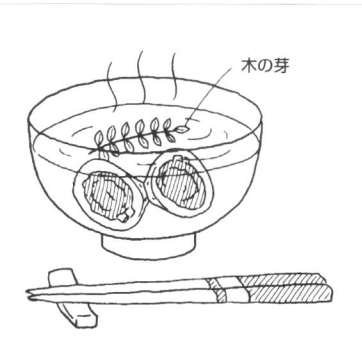

④ ひとつのカラに身をふたつ入れ，おわんによそい，木の芽をかざる．

【ひらめ】

ひらめ

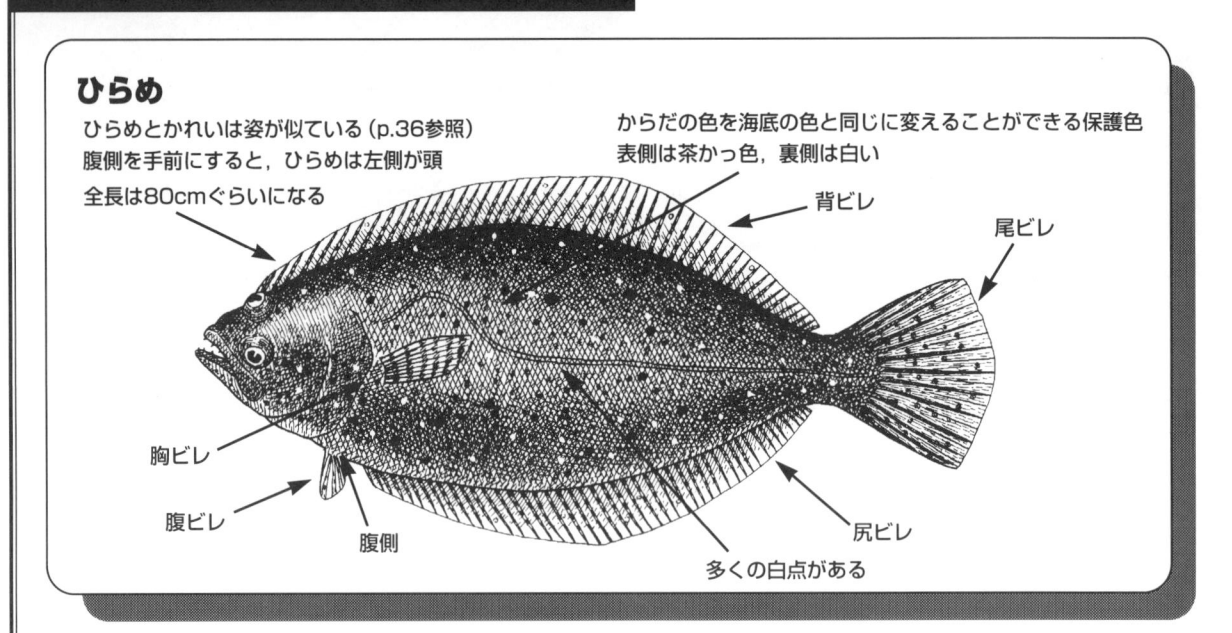

- ひらめとかれいは姿が似ている（p.36参照）
- 腹側を手前にすると，ひらめは左側が頭
- 全長は80cmぐらいになる
- からだの色を海底の色と同じに変えることができる保護色　表側は茶かっ色，裏側は白い
- 背ビレ
- 尾ビレ
- 胸ビレ
- 腹ビレ
- 腹側
- 多くの白点がある
- 尻ビレ

選び方のポイント

- 表皮にツヤがあるもの．
- エラが赤いもの．
- 身に透明感があるもの．
- 身に弾力があるもの．

栄養価

食材の100g中の含有率（％）

成分	含有率
たんぱく質	19.1
糖質	0.1
脂肪	1.2
無機質	1.6
ビタミン	0.01

栄養の特徴

脂肪は少ないが，たんぱく質は比較的多く含んでいる．

料理メモ

- ひらめは，たいとならんで高級魚とされ，生のまま刺身，すし種，こぶじめ，あらい，酢のもの，あえもの（右参照）などにするとおいしい．
- 淡白な味で，脂肪が少ないので，調味料，油を使い，煮つけ，から揚げ，フライ，ムニエルなどにするとおいしい．
- 身は弾力がありやわらかいが，組織が細かいので，長く加熱すると身がしまり，味が落ちるので注意をする．
- 背ビレと尾ビレのつけ根の部分は「縁側」（えんがわ）といわれ，かたくしまり，脂がのっているので，すし種，甘からく煮つけて食べるとよい．
- 新鮮な肝臓を生のままポン酢で食べたり，煮つけてもおいしい．

旬

10月～2月ごろが旬．特に，1月～2月ごろのひらめを「寒びらめ」といい，美味．

分布地

千島列島以南，南シナ海の沿岸に広く分布している．台湾，朝鮮半島産などが輸入されている．

ヒラメ科の海水魚．1年中獲れますが，「夏びらめはネコも食わない」といい味が落ちてしまいます．冬は味もよく，「寒びらめ」といって，高級魚として市場に出回ります．

ひらめは昼の間，海底の砂，泥の中にもぐって目だけを出していますが，夜になると活動し，小魚，えび，かになどを食べています．

形はかれいとよく似ています（p.36参照）．平たいことから「鮃」（ひらめ）と書き，英語でも「flat fish」（平たい魚）と書きます．

1960年代から年々に魚獲量が減少しているため，人工ふ化で放流したり，養殖も行われています．

ひらめの糸造り黄菊あえ

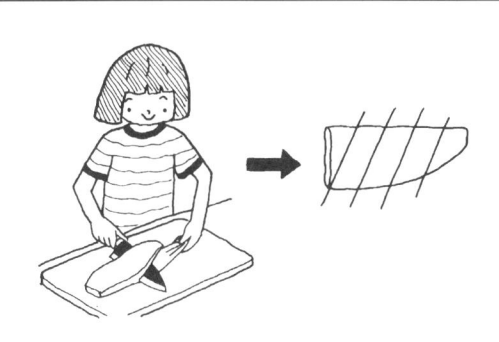

① 5枚おろしにしたひらめ（200g）の皮を包丁で取り除き，繊維にそってななめのそぎ切りにする．

② バットに半紙を敷き，塩（小$\frac{1}{2}$）をふりかける．①のひらめをのせ，その上に半紙を敷き，軽くうち水をし，塩（小$\frac{1}{2}$）をふりかける．重石としてバットをのせ，15～20分ぐらいおいておく．

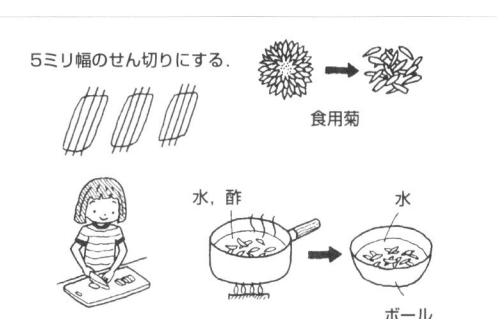

③ ②のひらめを引き切りで，5ミリ幅のせん切りにする．食用菊の花びらを取り，なべの中に水（1カップ），酢（少々）といっしょに入れて火にかける．花びらがしんなりとしたら，水に入れて冷まし，水気を切る．

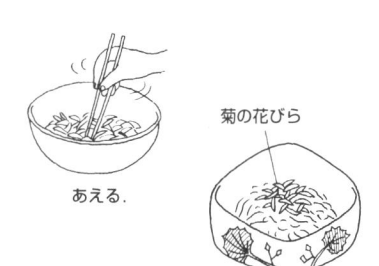

④ ボールの中に酢としょうゆ（酢：しょうゆ＝1：2）を入れ，ひらめと③の菊の花びら（少し残す）といっしょにあえる．器にもり，残した菊の花びらをかざる．

【ふぐ】

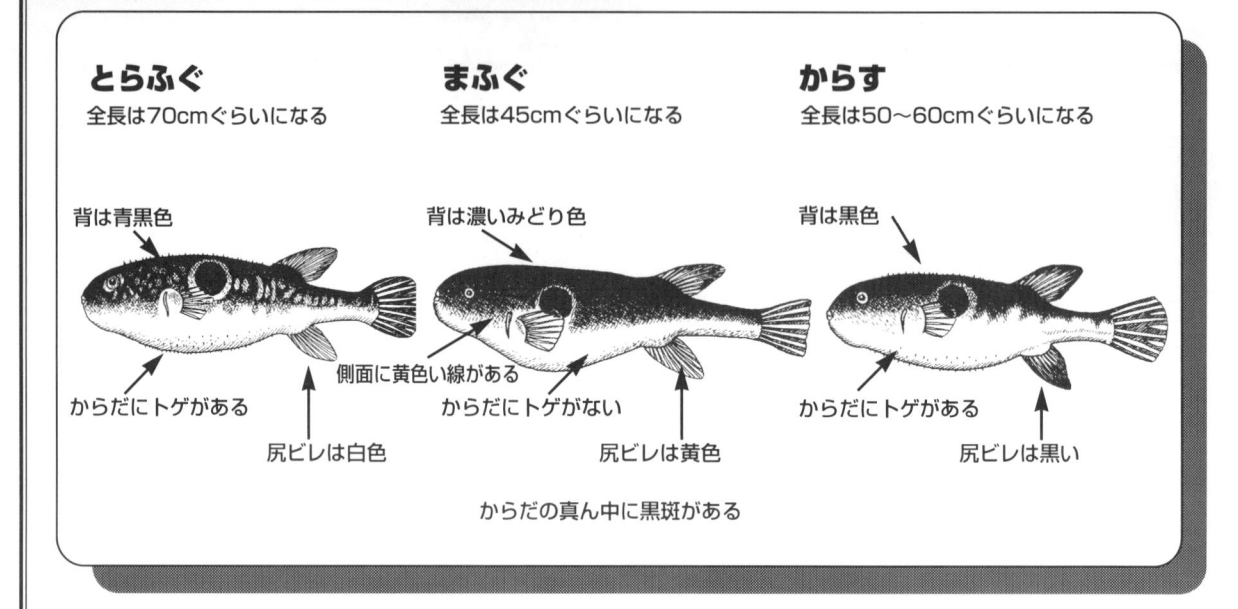

とらふぐ
全長は70cmぐらいになる
- 背は青黒色
- からだにトゲがある
- 尻ビレは白色

まふぐ
全長は45cmぐらいになる
- 背は濃いみどり色
- 側面に黄色い線がある
- からだにトゲがない
- 尻ビレは黄色

からす
全長は50～60cmぐらいになる
- 背は黒色
- からだにトゲがある
- 尻ビレは黒い
- からだの真ん中に黒斑がある

選び方のポイント

- 表皮があざやかなもの．
- 身にツヤがあるもの．
- 身に弾力があるもの．
- 白子（腹の中にある乳白状の精巣）がしっかりと入っているもの．

栄養価

食材の100g中の含有率（％）

	0　　　10　　　20　　　30
たんぱく質	20.0
糖　　質	0.1
脂　　肪	0.1
無 機 質	1.2
ビタミン	0.07

栄養の特徴

脂肪が少なく，たんぱく質を多く含んでいる．

料理メモ

- ふぐを調理する時は，「ふぐ調理師」の資格が必要となるので，一般の人は調理をしてはいけない．
- ふぐは卵巣，内臓の部分に強い毒（テトロドトキシン）があるため，調理をあやまると中毒をおこしてしまう．
- 身は淡白な味なので，うす切りの刺身にし，あさつき，もみじおろしなどの薬味をそえ，ポン酢で食べるとよい．
- 皮は熱湯を通し，刺身にそえたり，ヒレは直火焼きにしてから，熱い酒に入れた「ヒレ酒」などにするとよい．
- 冬が旬なので，なべもの（右参照）にしたり，みそ漬け，焼きふぐ，粕漬け，ふぐ茶漬けなどにするとよい（無毒のさばふぐが使われることが多い）．

旬

9月～4月ごろが旬．

分布地

とらふぐは北海道から東シナ海沿岸，まふぐは日本各地の沿岸と東シナ海沿岸，からすは本州中部以南の日本各地の沿岸に分布し，韓国産が輸入されている．

　マフグ科の海水魚．とらふぐ，まふぐ，からすなど，20種類ぐらいいます．

　とらふぐは，肝臓，卵巣，腸に強い毒（テトロドトキシン）があり，身，皮，白子にはありません．まふぐは，表皮にトゲがなく，「なめらふぐ」ともいい，味は少し悪く，身と白子は無毒です．からすは，「くろ」ともいわれ，とらふぐの代用として高値で市場に出回ります．毒の強さはとらふぐと同じです．

　ふぐは外敵に襲われると，食道のふくろをふくらませるので，すぐに怒ってふくれる人にたとえられたり，毒にあたると死ぬことから，鉄砲にたとえられ，ふぐを「鉄」（てつ）といい，なべものを「てっちりなべ」，刺身を「てっさ」といいます．

ふぐのちりなべ（てっちりなべ）

① なべにたっぷりの水，こんぶ（1枚）を入れ，30分ぐらいおいておけば，こんぶだしができる．

② こんぶだしを煮たて，なべの中にふぐの身，あら，ひと口大に切ったとうふ（2丁）を入れる．

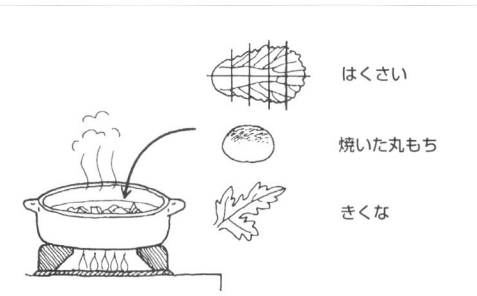

③ ひと口大に切ったはくさい（400g），焼いた丸もち（2個），ザク切りにしたきくな（200g）をなべの中に入れる．

④ 煮たったらできあがり．器によそって，もみじおろし，きざみねぎ，ポン酢などをつけて食べる．

【ぶり】

ぶり

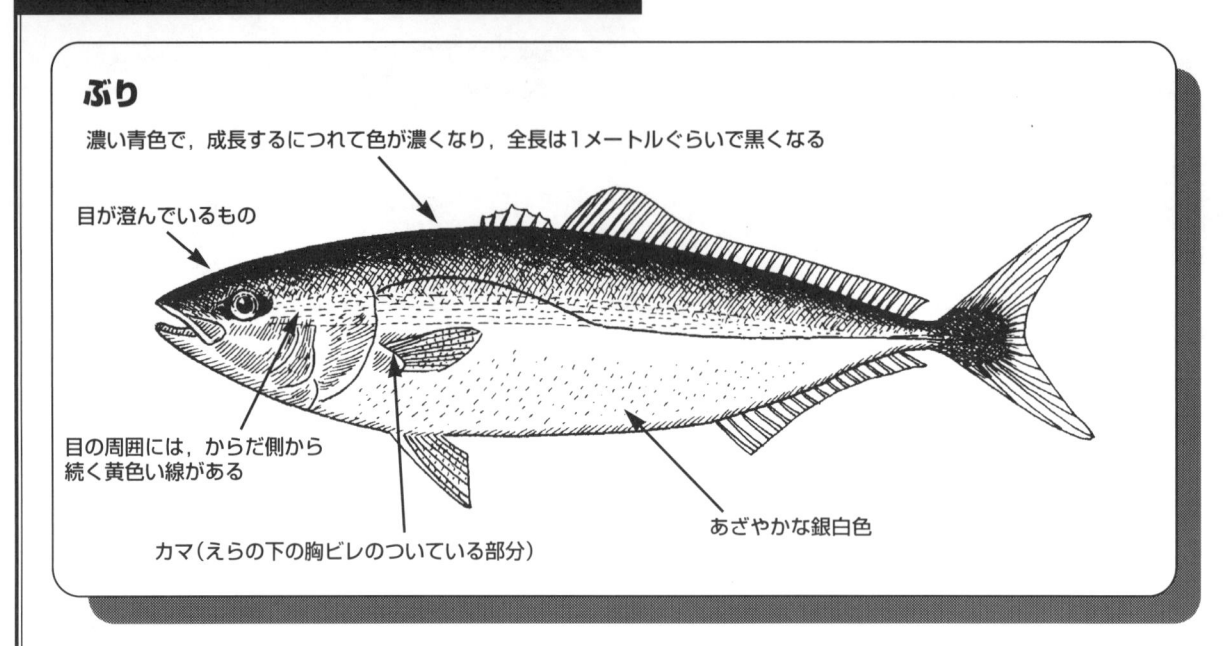

- 濃い青色で，成長するにつれて色が濃くなり，全長は1メートルぐらいで黒くなる
- 目が澄んでいるもの
- 目の周囲には，からだ側から続く黄色い線がある
- カマ（えらの下の胸ビレのついている部分）
- あざやかな銀白色

選び方のポイント

- 目が澄んでいるもの．
- うろこがしっかりとついているもの．
- 腹側があざやかな銀白色で，張りがあるもの．
- エラが赤いもの．
- 身に透明感があるもの．
- 身に弾力があるもの．

栄養価

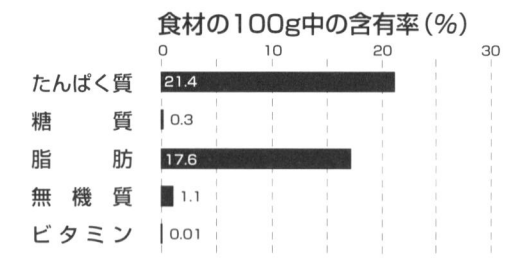

食材の100g中の含有率（％）

成分	含有率(%)
たんぱく質	21.4
糖質	0.3
脂肪	17.6
無機質	1.1
ビタミン	0.01

栄養の特徴

たんぱく質，脂肪を多く含んでいる．

料理メモ

- 目の下にある筋肉質の肉がおいしいので，頭の部分とだいこんを煮たあら煮にするとおいしい．
- えらの下の胸ビレのついている部分にあるカマは，塩焼きにするとおいしい．
- 脂肪が比較的少ない背部は，照り焼き（右参照），バター焼きなどにするとおいしい．
- 脂肪が多い腹の部分は，身がなめらかなので，刺身，すし種などにするとおいしい．生野菜といっしょにドレッシングで食べてもよい．
- みそ漬け，粕漬けなどにすれば保存が効き，味もおいしい．
- 冬に獲れるぶりを使った石川県能登半島の「かぶらずし」は有名．

旬

11月中〜2月ごろが旬．冬に獲れるものを「寒ぶり」といい，美味．

分布地

日本各地の沿岸に分布している．九州地方の養殖のものが多い．

アジ科の海水魚．春から夏にかけて津軽海峡あたりまで北上し，秋には富山湾まで南下してきます．このころには脂がのってふっくらとし，寒さが厳しくなるにつれ，味もよくなり魚獲量も増えてきます．

ぶりは，成長するにつれ名前が変わる「出世魚」で，関東では，20cmを「わかし」，40cmを「いなだ」，60cmを「わらさ」，1メートルになると「ぶり」といい，呼び名が4回も変わります．関西では，順に「つばす」，「はまち」，「めじろ」，「ぶり」といいます．

稚魚を海面で飼育する養殖が盛んなので，最近では，はまちといえば，養殖ぶりのことをさしています．

ぶりの照り焼き

① ぶりの切り身（4切れ）をバットに入れ，しょうゆ（大1），酒（大2）で下味をつける．

② 表側…もりつける時に左手奥から右手前に皮めが流れるようになっている切り身．

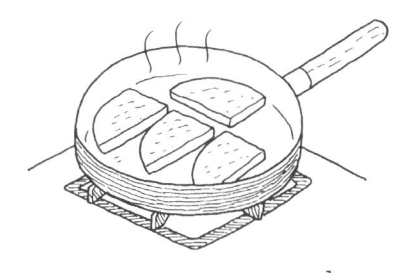

フライパンを熱し，サラダ油（大1〜1$\frac{1}{2}$）を入れ，もりつける時に表になるほうからぶりの切り身を焼く．

③
タレ	
しょうゆ	大2
みりん	大1
酒	大1

表側が焼けたら，余分な油をすてる．裏側を焼きながら，表側にタレをかけ，照りをつける．

④
しょうがの甘酢	
しょうが（せん切り）	30g
酢	大2
砂糖	小2
塩	少量

器に焼きあがったぶりの切り身を左手奥から右手前に皮めが流れるように器にもりつける．おおば（ひとり分＝1枚）を敷き，しょうがの甘酢をそえる．

【ほたてがい】

ほたてがい

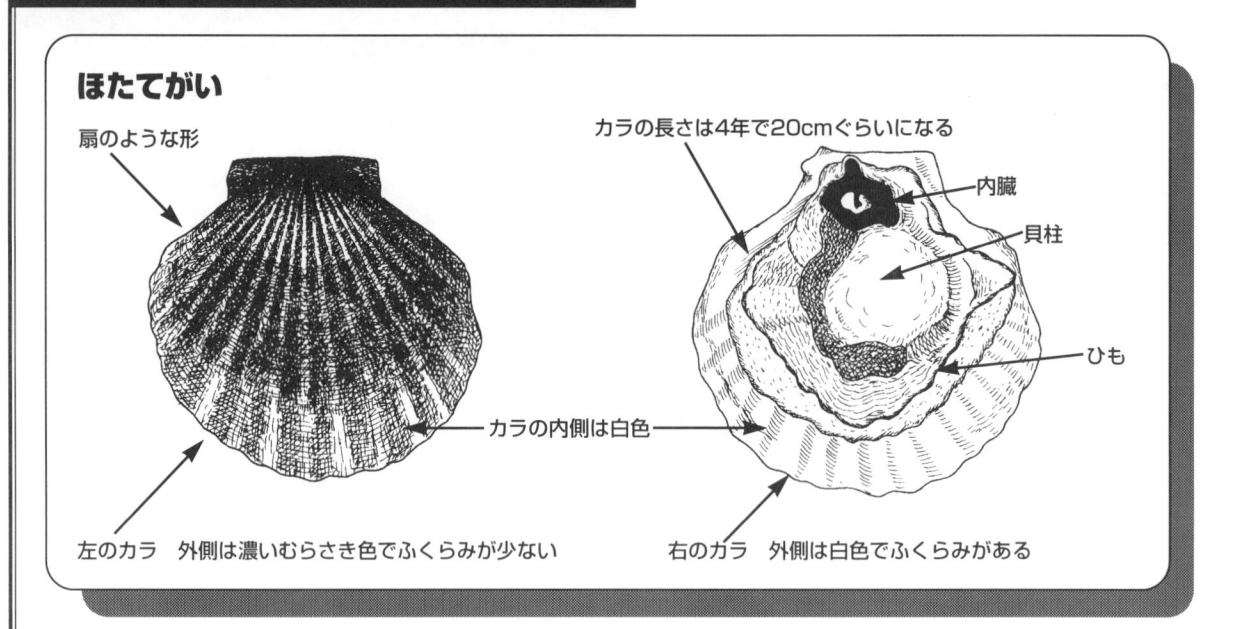

- 扇のような形
- カラの長さは4年で20cmぐらいになる
- 内臓
- 貝柱
- ひも
- カラの内側は白色
- 左のカラ　外側は濃いむらさき色でふくらみが少ない
- 右のカラ　外側は白色でふくらみがある

選び方のポイント

- 貝柱は張りがあり，ツヤがあるもの．
- カラつきのものは，カラがしっかりと閉じているもの．

栄養価

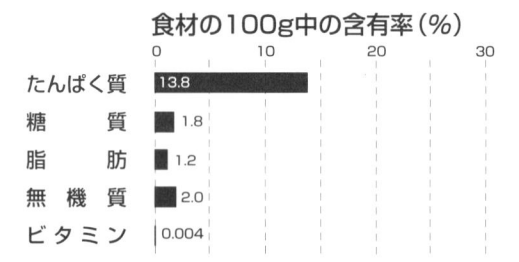

食材の100g中の含有率（％）

	0　　　10　　　20　　　30
たんぱく質	13.8
糖　　質	1.8
脂　　肪	1.2
無 機 質	2.0
ビタミン	0.004

栄養の特徴

貝柱には，グリシン，アラニン，グルタミン酸，イノシン酸などのうま味成分を多く含んでいる．

料理メモ

- 身のやわらかい大きな貝柱が料理によく使われ，刺身，すし種，酢のもの，揚げもの，焼きもの，スープ，ムニエル，グラタン（右参照），煮つけ，バター焼き，コキール（貝ガラを使ったグラタン風料理）などにするとおいしい．
- 長く加熱すると，身がしまってかたくなり，風味が低下するので注意をする．
- 乾燥させた貝柱は，中国料理でだしとして使われ，おかゆ，スープなどにするとよい．
- むき身，貝柱だけを冷凍して市販されていることが多い．
- 貝のカラの中味を全て乾燥させた「黒乾し」は有名．貝柱だけを乾燥させたものは「白乾し」という．

旬

4月〜5月ごろが旬．

分布地

北海道，東北地方から千島の太平洋，日本海沿岸の浅い海に分布している．北海道，青森県の養殖のものが多い．

　イタヤガイ科の2枚貝．冷たい海で，波の静かな内湾の砂，泥の底にすんでいます．右のカラを船にし，左のカラを帆として移動するということから「帆立貝」（ほたてがい）と書きます．実際には，カラを開けたり閉めたりした反動で移動します．

　天然のものは底引き網で獲ります．近年は養殖が盛んに行われ，幼い貝を放流し，自然の状態で育てる「地まき方式」，かごに入れて大きくなるまで管理する「垂下方式」があります．生産量は，天然と養殖で同じぐらいです．

　養殖のものは有毒プランクトンが発生した時，貝に毒を含みますが，禁漁となるので注意をする必要はないでしょう．

ほたてがいのグラタン

① みじん切りにしたたまねぎ(60g)，うすく切ったマッシュルーム(40g)，ほたてがい(8個)をなべに入れ，バター(大1)で炒める．少量の塩，こしょう(少々)，白ワイン(大2)で味をつける．

② しばえび(100g)の背わたを取り，洗ってカラをむく．少量の塩，こしょう(少々)で下味をつける．パセリ(1枝)の葉をみじん切りにする．

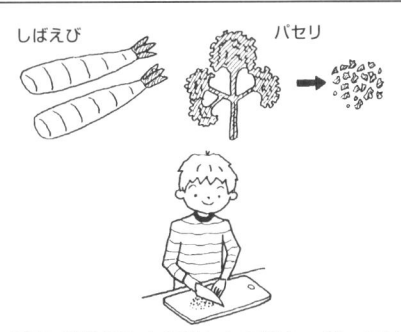

ホワイトソース
- バター　　大2
- 小麦粉　　大2
- 牛乳　　　カップ2
- 卵黄　　　1個
- 生クリーム　50cc

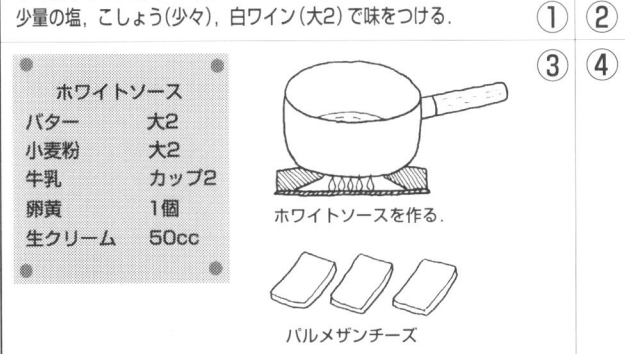

③ ホワイトソースを作る．なべにバターを溶かし，小麦粉を入れて炒める．牛乳を入れ，とろみが出るまで15分ぐらい煮る．卵黄と生クリームを入れてまぜる．パルメザンチーズ(50g)をうすく切る．

④ 器にバター(大2)をぬり，ホワイトソース，①としばえび，ホワイトソース，チーズの順に入れ，230度のオーブンで5分．焼き色がつくまで焼く．パセリを散らす．

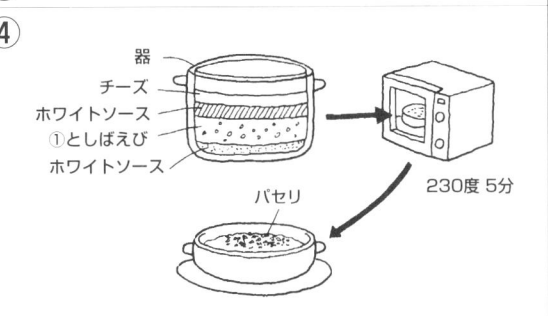

【まぐろ】

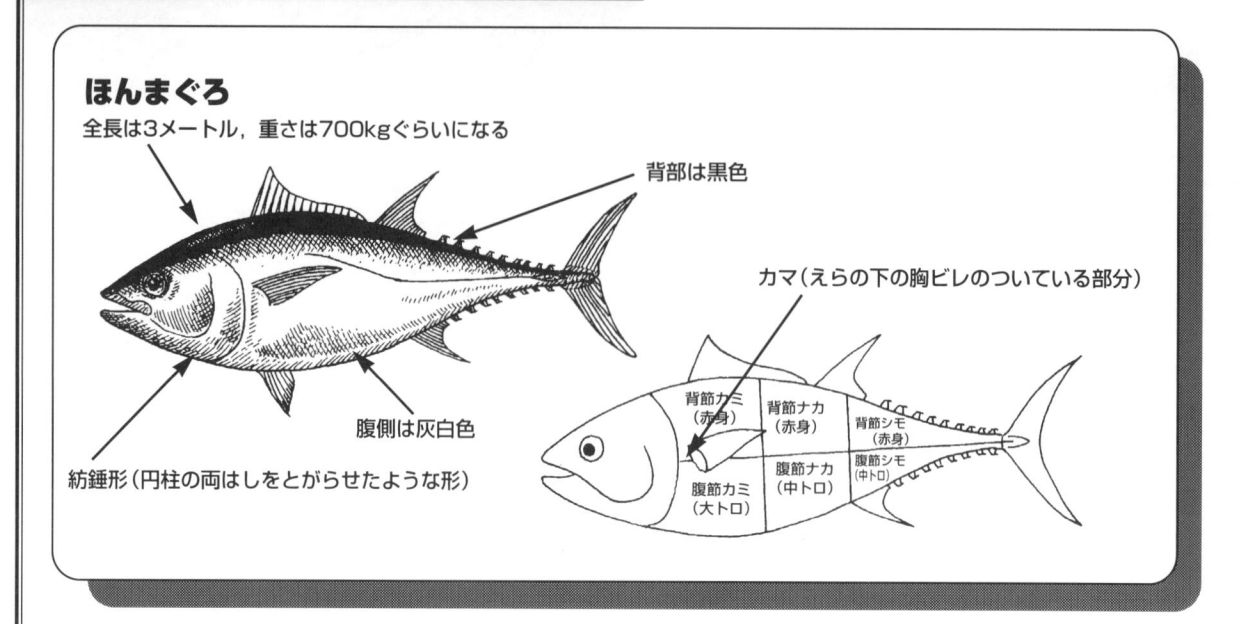

ほんまぐろ
- 全長は3メートル，重さは700kgぐらいになる
- 背部は黒色
- カマ（えらの下の胸ビレのついている部分）
- 腹側は灰白色
- 紡錘形（円柱の両はしをとがらせたような形）

部位：背節カミ（赤身），背節ナカ（赤身），背節シモ（赤身），腹節カミ（大トロ），腹節ナカ（中トロ），腹節シモ（中トロ）

選び方のポイント

- 目が澄んでいるもの．
- 腹側があざやかな灰白色で，張りがあるもの．
- 身はあざやかな赤色のもの．
- 身に透明感があり，ツヤがあるもの．

栄養価

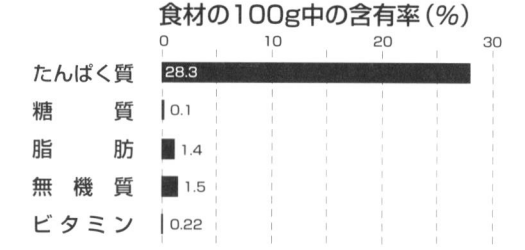

食材の100g中の含有率（％）

成分	含有率(%)
たんぱく質	28.3
糖質	0.1
脂肪	1.4
無機質	1.5
ビタミン	0.22

栄養の特徴

グラフはほんまぐろ（赤身）のものだが，血合肉にはビタミンD，鉄，タウリン，EPA（エイコサペンタエン酸），DHA（ドコサヘキサエン酸），身にはたんぱく質を多く含んでいる．

料理メモ

- 新鮮なまぐろは，刺身，すし種，山かけ（右参照），酢みそあえなどにし，生のまま食べるとおいしい．
- 身には繊維状のたんぱく質が多く，長く加熱すると身がかたくなるので，照り焼きなどの加熱調理をする時は，加熱時間に注意をする．
- 血合肉には独特のくさみがあるので，しょうが，ねぎを使ってくさみを消し，角煮，ねぎま（ブツ切りにしたねぎなどと甘からく煮たもの）にするとよい．
- 骨についている赤身をこそげ落とし，集めた中落ちときざみねぎなどをまぜ，ねぎトロにするとおいしい．
- 主にびんながまぐろを使った油漬け，塩漬け，野菜煮などの缶詰がある．

旬

ほんまぐろは10月～2月ごろが旬．ほんまぐろの20kg以下のものを「まめじ」といい，6月～8月ごろに獲れるものはおいしい．

分布地

日本近海など，世界中の温帯，熱帯地域のあたたかい海に分布している．

サバ科マグロ属の海水魚．まぐろの種類は多く，ほんまぐろ（くろまぐろ），みなみまぐろ（いんどまぐろ），めばちまぐろ，きはだまぐろ，びんながまぐろ，こしながまぐろなどがいます．

からだは紡錘形で大きく，群れをなして遠洋，近海を回遊しています．

食用の歴史は古く，まぐろの骨が縄文，弥生時代の貝塚から発見されています．江戸時代初期までは，味がよくない魚とされ，江戸の後期になって一般に食べられるようになりました．赤身がよいものとされ，脂身（トロ）が好まれ，食べられるようになったのは近年のことです．

「づけ」のすし用語は，赤身をしょうゆにつけて保存したことに由来しています．

まぐろの山かけ

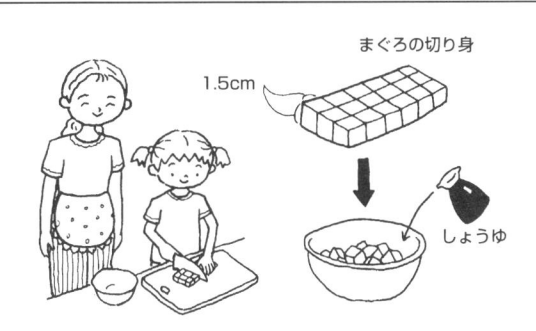

① まぐろ（200g）の切り身を1.5cm幅の角切りにし，しょうゆ（少々）をまぶし，下味をつけておく．

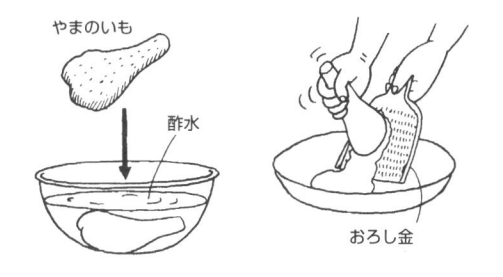

② やまのいも（200g）の皮をむき，酢水（水1カップ，酢小1）につけ，水気を切った後，細かいめのおろし金ですりおろす．

③ のり（1枚）を軽く火であぶり，はさみで2ミリ幅に細かく，均等に切る．

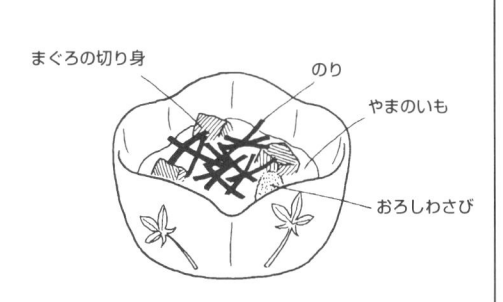

④ 器にまぐろをもり，やまのいも，のり，をかけ，右手前におろしわさびをおく．しょうゆ（少々）をかけて食べる．

【わかさぎ】

わかさぎ

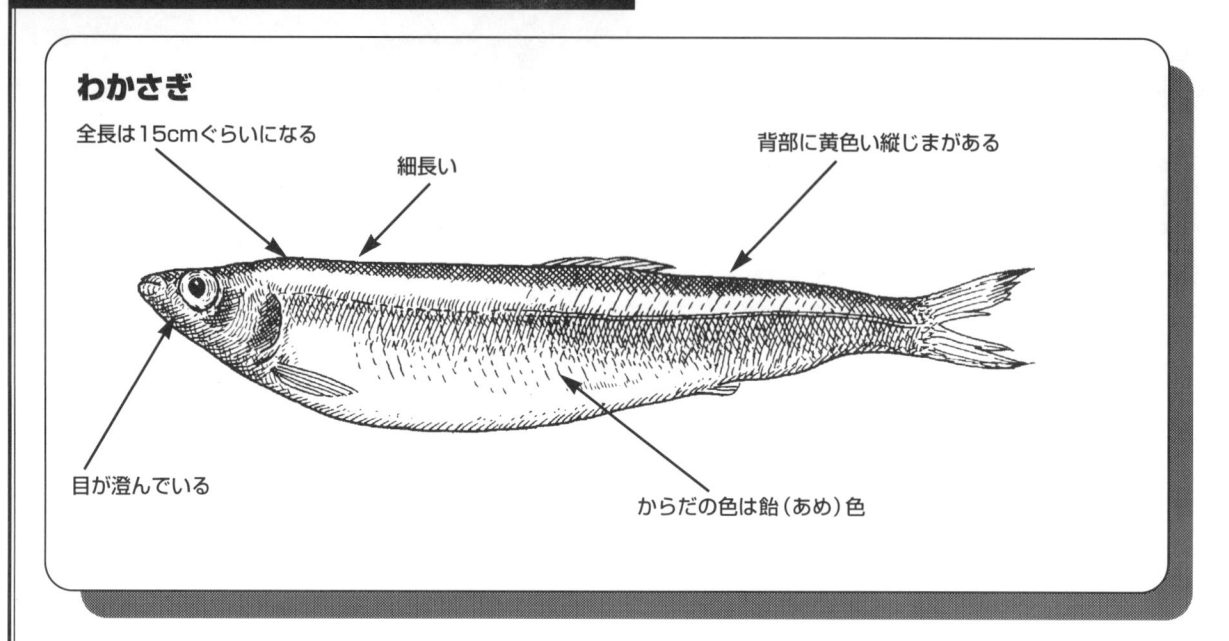

- 全長は15cmぐらいになる
- 細長い
- 背部に黄色い縦じまがある
- 目が澄んでいる
- からだの色は飴（あめ）色

選び方のポイント

- 目が澄んでいるもの．
- 身に張りがあるもの．
- から揚げには，死後硬直中の鮮度のよいもの．
- からだの色があざやかなもの．
- 身にツヤがあるもの．
- 腹側が切れていないもの．
- 小さいもの．

栄養価

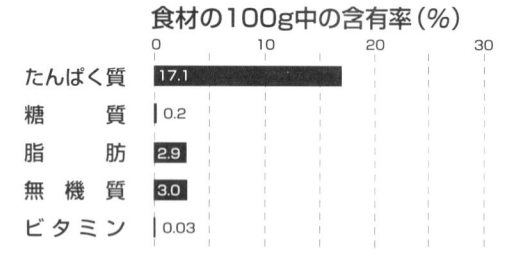

食材の100g中の含有率（％）

	0　　　10　　　20　　　30
たんぱく質	17.1
糖　　　質	0.2
脂　　　肪	2.9
無　機　質	3.0
ビタミン	0.03

栄養の特徴

カルシウム，リン，ミネラルを多く含んでいるので，丸ごと食べるとよい．

料理メモ

- わかさぎの味は淡白で，あゆに似ているが，泥くささが少しあるので，加熱処理をする必要がある．
- わかさぎは，生のままだと鮮度が落ちやすいので，天ぷら，から揚げなどの揚げものにするとよい．
- 丸ごと食べるため，カルシウムを摂取することができる．酢につける料理にし，南蛮漬け（右参照），2杯酢，マリネ，甘酢などに合わせるとおいしい．
- 串に刺し，焼き干しにして保存されたわかさぎは，直火で焼き，しょうゆをつけて食べるとおいしい．
- つくだ煮，あめ煮などの加工品があり，タレを煮つめ，白ゴマをふりかけた諏訪湖名物の「利久煮」は有名．

旬

2月～4月ごろが旬.

分布地

霞ケ浦，島根県以北の河川，湖沼に分布している．アメリカ五大湖産などが輸入されているが，姿はわかさぎに似ていても別の種．

ワカサギ科の淡水魚．純淡水型と降海型があり，どちらもプランクトンなどを食べています．降海型は1～3月ごろに川を上ってきて，卵を生んだ後，下って成魚になります．卵を生んだ後は死ぬかまれに2年生きるものもありますが，ふつうは1年魚です．

純淡水型は，霞ケ浦から諏訪湖，山中湖などに移殖され，淡水化したものです．

江戸時代に霞ケ浦で獲れたものを将軍（公方）にさしあげていたことから，「公魚」（わかさぎ）と書くようになったといわれています．

寒い冬，氷の張った水面に丸く穴を開け，釣り糸をたらした「氷上釣り」，「引き網」などの漁獲法があり，山陰地方，福岡県の「あまさぎ」，新潟県信濃川の「しろいお」，北海道で獲れる「ちか」などの種類がいます．

わかさぎの南蛮漬け

① わかさぎ（300g）を3％の塩水（水5カップ，塩大2）で洗い，水気を切る．少量の塩をふり，魚の水気が出てくるまで，そのままにしておく．

② つけ汁を作る．なべの中にしょうゆ（大3），酢（大2），砂糖（大1），酒（大1）を入れる．よくまぜ，ひと煮たちさせる．

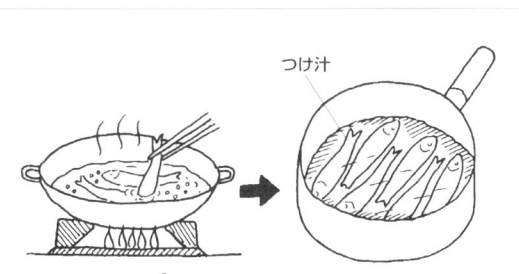

③ ①の水気をふいたわかさぎに片栗粉（20g）をうすくまぶす．180度の揚げ油でからっと揚げる．②のつけ汁に揚げたてのわかさぎをつけておく．

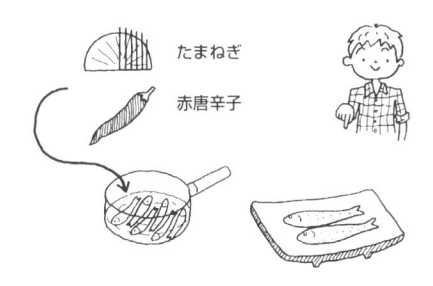

揚げ油の表面積の1/3ぐらいの量のわかさぎを順に揚げていく．

④ たまねぎ（1/2個）を繊維にそってうすく切り，赤唐辛子（1本）を水につけて種を取り除き，輪切りにし，③のなべに入れ，上下を返しながら，しばらくおいておく．器にもりつける．

【うし】

うし

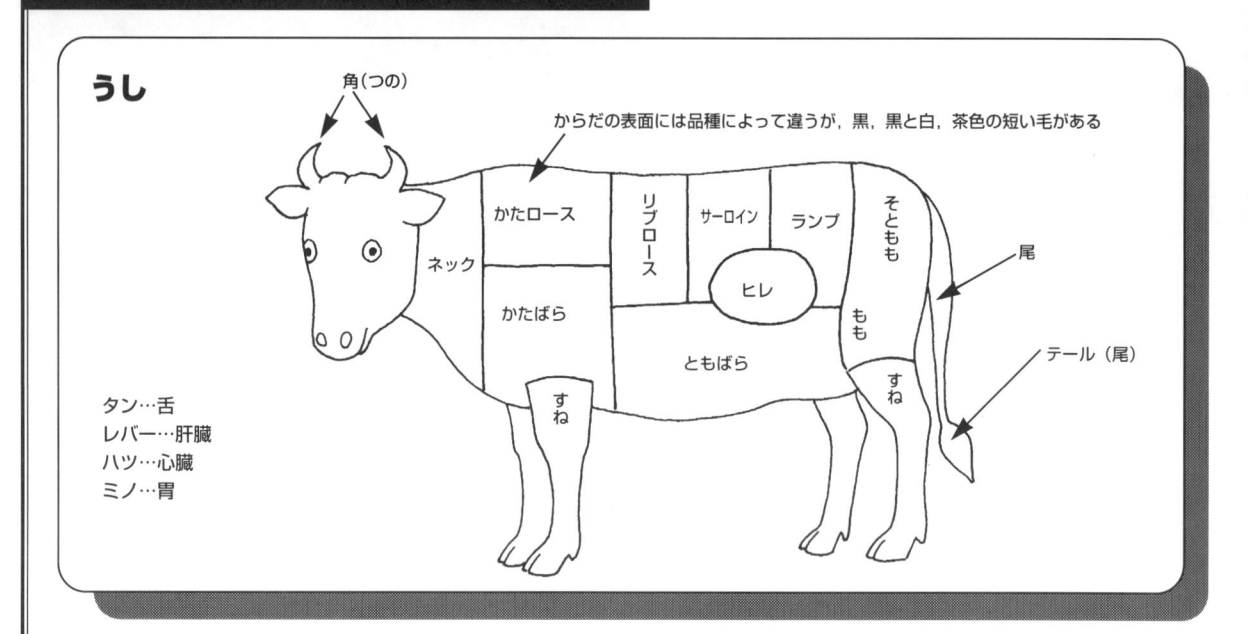

- 角(つの)
- からだの表面には品種によって違うが，黒，黒と白，茶色の短い毛がある
- ネック
- かたロース
- リブロース
- サーロイン
- ランプ
- そともも
- 尾
- かたばら
- ヒレ
- もも
- テール（尾）
- すね
- ともばら
- すね

タン…舌
レバー…肝臓
ハツ…心臓
ミノ…胃

選び方のポイント

- 脂肪がきめ細かく，霜降り（白い脂肪が網のめのようになっている）があるもの．
- 肉の色があざやかな紅色のもの．
- 脂肪はねばりがあり，白色，乳白色のもの．

栄養価

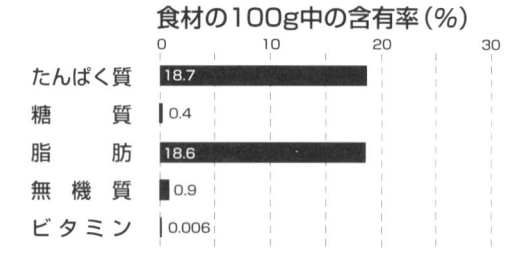

食材の100g中の含有率（％）

	0	10	20	30
たんぱく質		18.7		
糖質	0.4			
脂肪		18.6		
無機質	0.9			
ビタミン	0.006			

栄養の特徴

グラフはかたロース（脂身つき）だが，たんぱく質，脂肪を多く含んでいる．

料理メモ

- かたロースは少しすじがあるので，すき焼き，焼き肉，しゃぶしゃぶなどにするとよい．
- かたばら肉は少しかたいので，角煮，煮こみ，カレー，シチューなどにするとよい．
- リブロースは高級な肉で霜降り．ステーキ，ローストビーフなどにするとよい．
- サーロインは最高級な肉で霜降り．ステーキ，すき焼きなどにするとよい．
- そともも肉は，少しかたいがうま味がある．煮こみ，ハヤシライス（右参照）などにするとよい．コンビーフなどの加工品にされる．
- もも肉はやわらかく脂肪が少ないので，カレー，シチュー，クリーム煮などにするとよい．
- ヒレはやわらかく脂肪が少ないので，ステーキ，刺身にするとよい．
- 焼き肉で「カルビ」といわれるともばら肉は，肉じゃが，カレーなどにしてもよい．
- ランプはステーキなどにするとよい．
- テールはシチューなどにするとよい．
- すね肉はスープのだしを取るのに使うとよい．
- ひき肉はすね，そともも肉などを細かくしたもので，ハンバーグなどに使うとよい．

主産地

ヘレフォード種，アンガス種などの肉専用種は，オーストラリア産，アメリカ産，カナダ産，ニュージーランド産などが輸入されている．和牛では黒毛和種，かっ色和種，無菌和種などが，神戸牛，但馬牛，米沢牛，松坂牛，近江牛，岩手牛(南部牛)などの銘柄で育てられている．霜降り肉で味がよい．

ウシ科の哺乳(ほにゅう)類．頭に2本の角(つの)が生え，足は比較的短く，肥えたからだの高さは1.2～1.5メートルぐらいです．黒，黒と白，茶色の短い毛があり，尾は細長く，先に毛のかたまりがあります．胃は4つにわかれ，一度飲みこんだエサを，もう一度口へ戻してからかみなおします．

ヨーロッパ，西アジアなどに昔からいた野生のうし(牛)が家畜化したものといわれ，家畜として，運搬，農耕作業の手助けをしたり，乳を人間に供給するようになりました．運搬，農耕作業の手伝いができなくなったり，乳が出なくなったうしが，食肉にされたと考えられています．

ハヤシライス

①  そともも肉のうす切り(300g)を3cm幅のひと口大に切り，塩(小1/2)，こしょう(少々)をふる．たまねぎ(大1個)を繊維にそってうすく切る．しめじ(1パック)の石づきを切り取り，小さくわけておく．

② 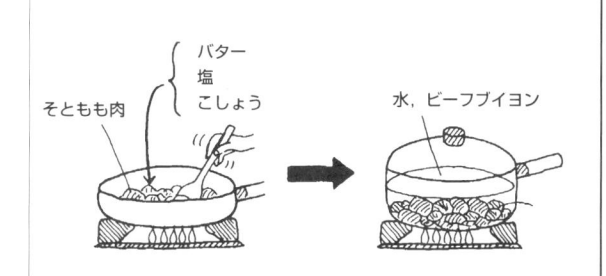 少量の塩，こしょう(少々)，バター(大2)でそともも肉を炒め，焼き色をつける．水(カップ3)を沸騰させ，ビーフブイヨン(1/2個)を入れて溶かす．20分ぐらい煮こむ．

③ 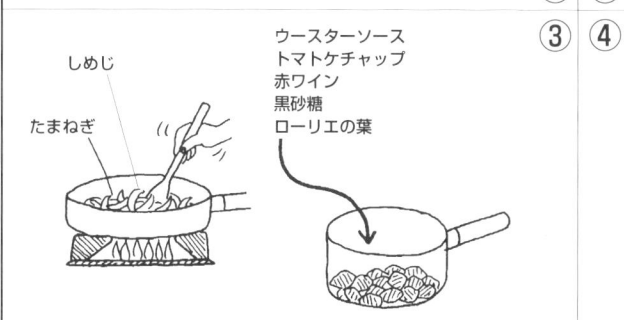 フライパンでたまねぎがうすいきつね色になるまで炒めた後，しめじも加えて炒める．②のなべに入れ，ウースターソース(大2)，トマトケチャップ(大2)，赤ワイン(大2)，黒砂糖(小1)，ローリエの葉(1枚)も入れる．

④ フライパンにバターを溶かし，小麦粉が茶色くなるまで炒め，ブラウンルーを作る．③のなべに入れ，のばしながら20分ぐらい煮こむ．適量の塩で味をととのえる．器にごはんをもり，かけて食べる．

ブラウンルー	
バター	大3
小麦粉	大3

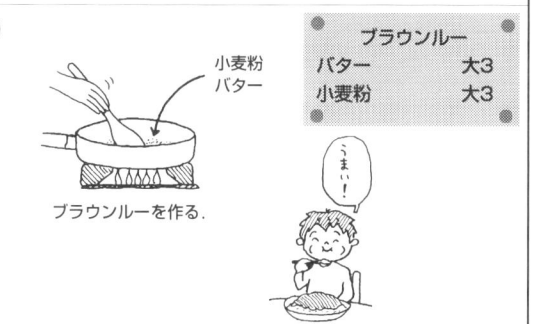

【かも・あいがも】

かも・あいがも

全長は40〜60cmぐらいになる

胸肉
首づる
もも肉
手羽肉
水かき

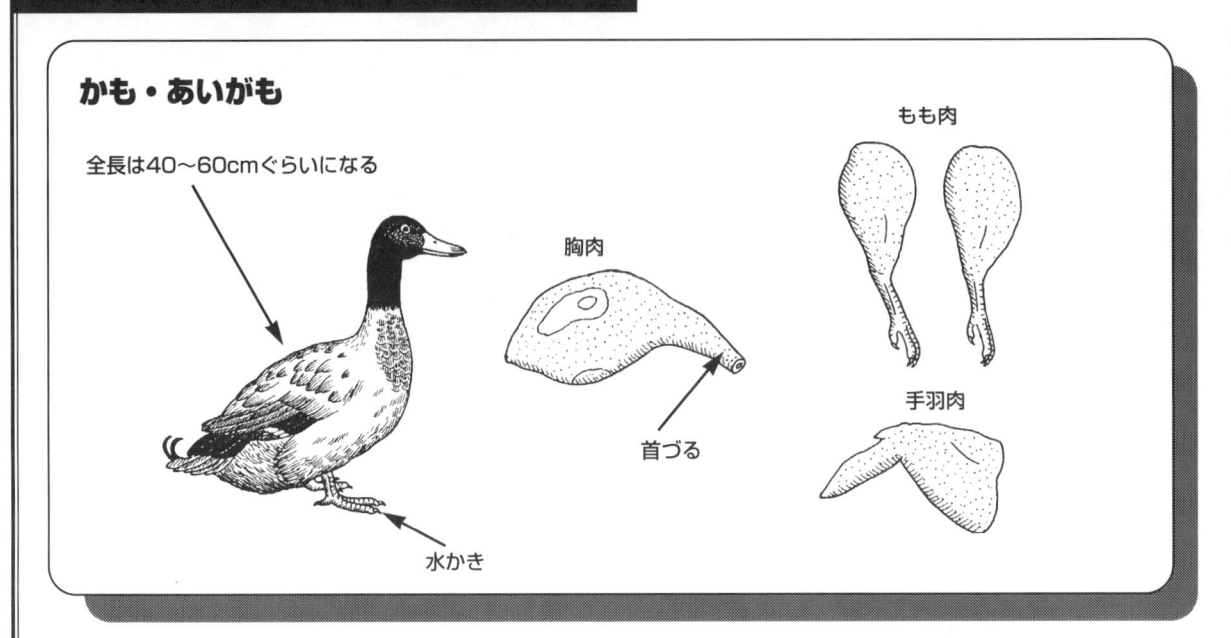

選び方のポイント

- 丸のままのかもは，手で持った時に重いもの．
- 丸のままのかもは，尻がしまっているもの．
- 肉があざやかな赤色のもの．

栄養価

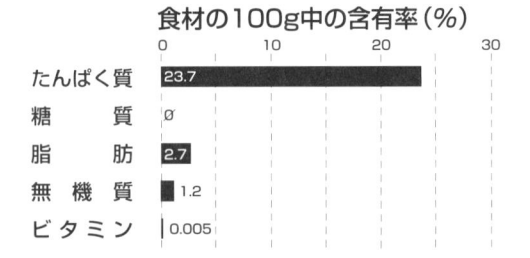

食材の100g中の含有率（%）

	0　　10　　20　　30
たんぱく質	23.7
糖　　質	0
脂　　肪	2.7
無 機 質	1.2
ビタミン	0.005

栄養の特徴

グラフはまがものものだが，脂肪は少なく，たんぱく質，ビタミンB_1，B_2，鉄を多く含んでいる．あいがもはまがもより少し脂肪が多い．

- 郷土料理としては，石川県金沢の「治部煮」（右参照），島根県穴道湖の「貝焼き」（あわびの貝ガラでねぎなどと煮る）などが有名．
- フランス料理ではロースト，煮こみなどにされ，高級料理になる．
- 中国料理ではスープ蒸し，焼きもの，詰めものなどに使われる．

料理メモ

- 抱き身といわれる胸肉を使ってなべにする．ねぎ，せりなどを入れたかもなべ，ごぼうを入れた柳川なべがある．せりを入れたかも雑煮，そば，うどんの具としてかも南蛮にしてもおいしい．
- もも肉，手羽肉はかたいので，たたいてだんご状に丸めてから，かも汁などに使うとよい．

旬

野生のかもは狩猟期間が秋から冬に限定されている．まがもは12月中～2月ごろ，こがもは11月～2月ごろが旬．あいがもは飼育種なので，1年中出回っている．

分布地

北半球に広く分布し，カムチャッカ半島，アジアの中北部などで繁殖し，冬期に日本へ飛来し，春に帰るものが主．本州の東北部，北海道で繁殖するものもある．

ガンカモ科の水鳥．野生のかもは，まがも，こがもが主．うみがも，おながも，かるがもなどの種類もいます．かも料理には，かもとあひるの雑種である「あいがも」(合鴨)が使われています．

かもは短い足に水かきがあり，水中をじょうずに動きます．プランクトンなどを食べ，湖沼にいます．胸肉は大きく，やわらかい赤身の肉で美味です．特に雄は皮下脂肪が多く，濃厚な味がします．うみがもは，海中の小動物などを食べるため，肉に少しくさみがあります．

「かもがねぎをしょってくる」という格言があるようにねぎと相性がよい肉です．

「かも」というのは，「だまして利用しやすい相手」というたとえになります．

あいがもの治部煮

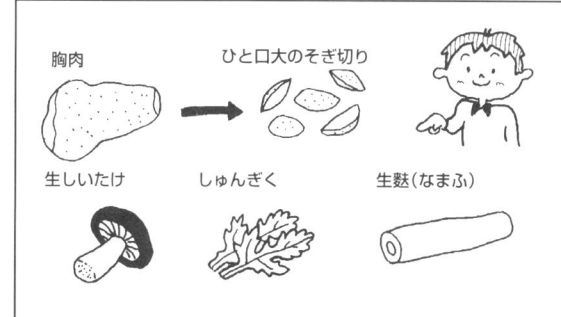

① 胸肉(300g)をひと口大のそぎ切りにする．生しいたけ(8枚)のじくを取り，大きいものは半分に切る．

② 生麩(1本)を8～10個に切る．しゅんぎく(1束)を葉と茎にわけ，葉のみを使い，葉をざく切りにする．

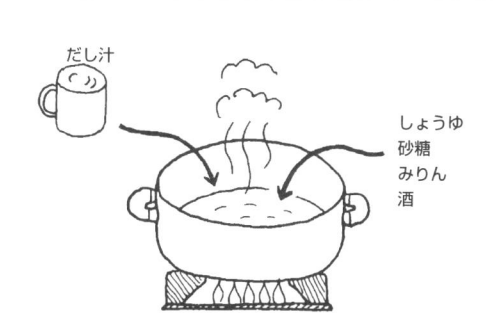

③ なべにだし汁(2カップ)，しょうゆ(大4)，砂糖(大1)，みりん(大2)，酒(大2～3)を入れて煮たてる．

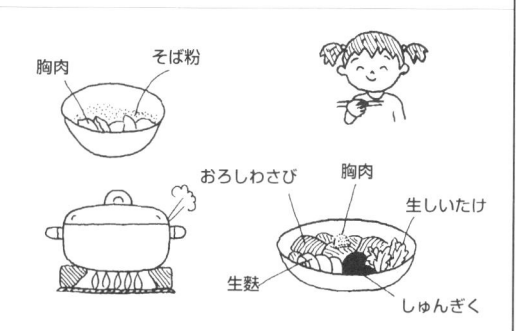

④ そぎ切りにした胸肉にひとつずつそば粉(大3)をまぶす．しいたけ，しゅんぎく，生麩，胸肉を③のなべに入れて3～4分煮る．器にもり，おろしわさびをそえる．

【にわとり】

にわとり

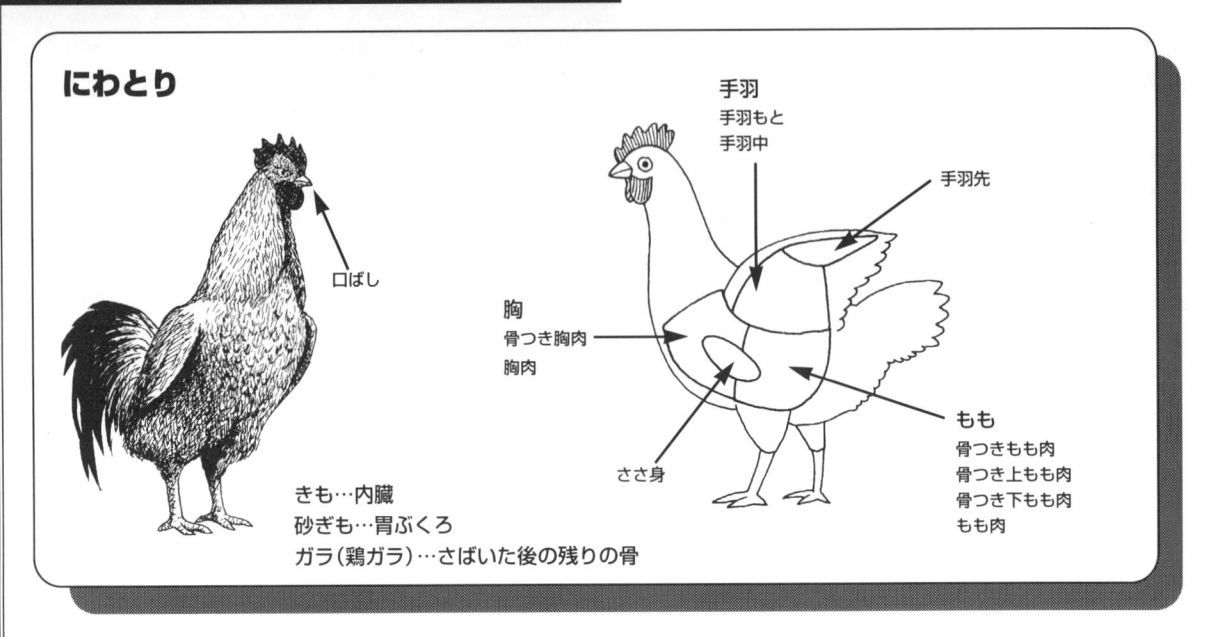

- 口ばし
- 手羽
  - 手羽もと
  - 手羽中
  - 手羽先
- 胸
  - 骨つき胸肉
  - 胸肉
- ささ身
- もも
  - 骨つきもも肉
  - 骨つき上もも肉
  - 骨つき下もも肉
  - もも肉

きも…内臓
砂ぎも…胃ぶくろ
ガラ(鶏ガラ)…さばいた後の残りの骨

選び方のポイント

- 肉がしまっていて，ツヤがあるもの．
- 表皮はクリーム色で，ツヤがあり，毛穴がブツブツともりあがっているもの．
- 肉づきがよく，皮と肉の間に適度な脂肪があるもの．

栄養価

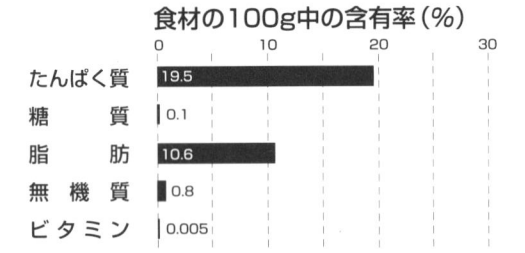

食材の100g中の含有率(%)

たんぱく質	19.5
糖　　質	0.1
脂　　肪	10.6
無 機 質	0.8
ビタミン	0.005

栄養の特徴

グラフはもも肉だが，ほかの肉類にくらべ，低カロリーで，高たんぱく．必須アミノ酸をバランスよく含んでいる．

料理メモ

- もも肉は少しかたい赤身だが，脂肪が多く，味にコクがあるので，から揚げ，ソテー，炒めもの(右参照)．骨つきのもも肉はローストにするとおいしい．
- ささ身は脂肪が少なく，やわらかいので，蒸してあえもの，酢のもの，軽く熱湯でゆでて刺身風にして食べるとよい．すじが1本ついているので，取り除く必要がある．
- 胸肉はももより色が白い．脂肪が少なく，淡白な味なので，焼きもの，煮もの，蒸しもの，しょうゆ，おろししょうが，にんにくで下味をつけ，から揚げなどにするとおいしい．
- 手羽肉は肉が少ないが，から揚げ，煮こみにすれば，うま味が出ておいしい．

主産地

原種は東南アジアに分布する野鶏（やけい）とされている．品種改良の結果，肉用種，卵用種，卵肉兼用種，愛玩用種など，多くの種類がいる．肉用種の代表はブロイラー．肉用種の日本地鶏（ぢどり）には，名古屋コーチン，九州南部の薩摩シャモ，東京シャモ，秋田の比内鶏（ひないどり）など多くの種類がいる．

　キジ科の鳥．「庭で飼う」という意味からその名がついたといわれます．翼は小さく，よく飛べません．足が強く，口ばしは太く，短くなっています．
　肉用種にはブロイラーと地鶏があります．私たちが食べている鶏肉のほとんどは，短期大量生産型の食肉専用種のブロイラーで，生後3カ月未満の飼育で若鶏として市販されます．脂肪が少なく，肉はやわらかく，味にくせがありません．
　地鶏は昔からの方法で放し飼いにしているため運動量が多く，引きしまった肉は風味があります．ブロイラーに比べて値段は高いので，市場に出回ることは少ないですが，味の違いははっきりとわかります．

チキンライス

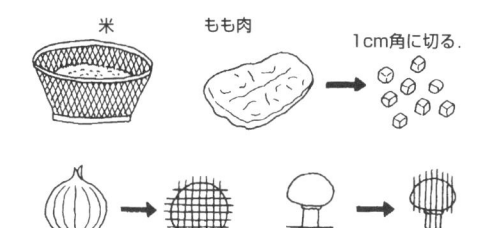

① 米（3カップ）をよく洗い，ザルにあげて水気を切る．もも肉（200g）を1cm角，たまねぎ（1個）を5ミリ角に切り，マッシュルーム（2個）をうす切りにする．

② なべにバター（大1），たまねぎ，もも肉，マッシュルームを入れて炒めてから，白ワイン（大1），塩（小$\frac{1}{2}$），米を入れてよく炒める．

③ チキンスープ（カップ3），トマトケチャップ（$\frac{1}{2}$カップ）をボールでまぜ合わせ，②で炒めたものといっしょに炊飯器に入れる．たきあがりにグリンピース（50g）をまぜる．

④ たきあがったチキンライスをぬき型でぬき，器にもりつける．

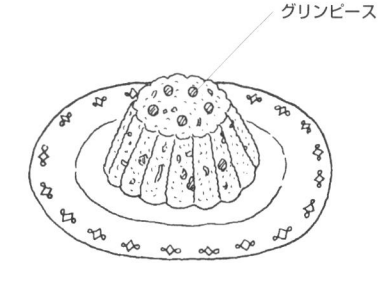

【ひつじ】

ひつじ

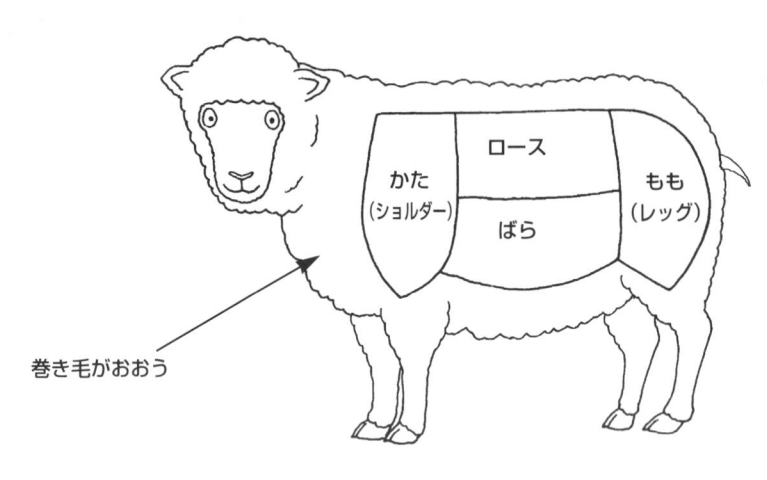

- かた（ショルダー）
- ロース
- ばら
- もも（レッグ）
- 巻き毛がおおう

選び方のポイント

- マトン（生後1年以上のひつじの肉）は濃い紅色のもの．
- ラム（生後1年未満のひつじの肉）は淡い赤色のもの．
- 脂肪が白色のもの．

栄養価

食材の100g中の含有率（％）

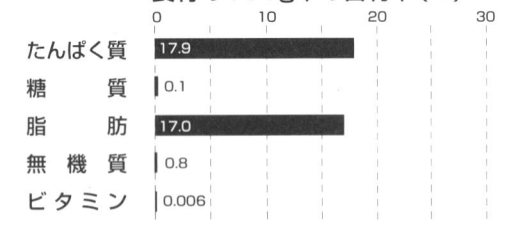

	0 10 20 30
たんぱく質	17.9
糖　　質	0.1
脂　　肪	17.0
無 機 質	0.8
ビタミン	0.006

栄養の特徴

グラフはかた肉だが，水分が少なく，たんぱく質，脂肪を多く含んでいる．

料理メモ

- くさみがあるので，香草のミント，バジル，カレー粉などの香辛料を多く使ったり，しょうが汁，酒などにつけこんでくさみを消してから，料理をするとよい．
- 冷めると脂肪がかたまり，おいしくなくなるので，熱いうちに食べるようにするとよい．

- ロースは肉質がよく，やわらかいので，ジンギスカン（右参照），ソテーにするとおいしい．
- かた，ばら肉は脂肪が多いので，脂肪を取り除き，シチュー，カレー，とまとの煮こみなどにするとおいしい．
- もも肉はやわらかいので，丸ごとのローストなどにするとおいしい．

主産地

品種が多く，用途に応じ，毛用種のロムニーマーシュ，リンカーン，レスター，サウスダウン(英国)，肉用種のメリノー(フランス，オースラトリアなど)，毛肉兼用種のコリデール(ニュージーランド)，乳用種などがいる．日本では明治以降に飼育がはじまり，北海道で盛んに行われ，コリデールが飼育されている．

ウシ科の哺乳(ほにゅう)類．やわらかく長い巻き毛でからだがおおわれ，寿命は10数年，寒さに強く，乾燥した空気を好みます．性質はおとなしく，群れをなすので，多頭飼育に適しています．

日本では最初，ひつじを毛織ものの原料として利用していました．食べられるようになったのは近年ですが，北海道以外ではあまり食べられてません．

欧米では高級料理の食材です．イスラム教徒は，宗教上の理由からひつじの肉を好んで食べます．

枝肉，部位ごとのブロックの骨を取り除いた状態で冷凍し，ニュージーランド，オーストラリアなどから輸入されています．

ジンギスカン

① すりおろしたりんご($\frac{1}{2}$個)，おろしたにんにく(ひとかけら)，しょうが(ひとかけら)，赤唐辛子(1本)の小口切り，しょうゆ(大5)，砂糖(大2)，酒(大1)，レモン汁($\frac{1}{4}$個)をまぜ合わせたタレを作り，その一部で，マトンとラムのうす切り(400g)をつけておく．

② ジンギスカン用のなべに適量のサラダ油をひく．

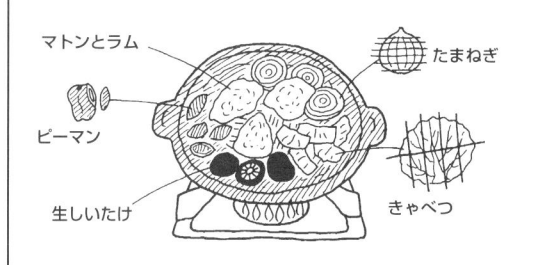

③ 輪切りにしたたまねぎ(2個)，そぎ切りにしたピーマン(4〜5個)，ざく切りにしたきゃべつ($\frac{1}{2}$個)，生しいたけ(4〜5個)，つけこんだマトンとラムをなべの上にのせて焼く．

④ 野菜がしんなりとし，肉の色が変わったら，①のタレにつけて食べる．

【ぶた】

ぶた

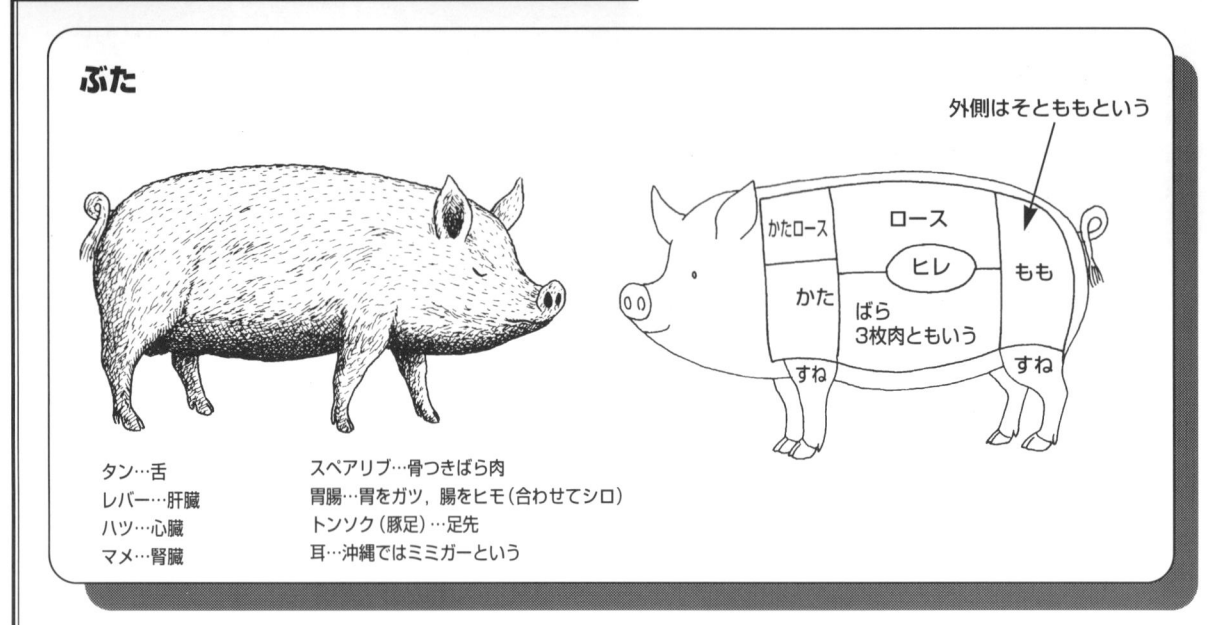

外側はそとももという

かたロース／ロース／もも
かた／ヒレ
ばら　3枚肉ともいう
すね／すね

- タン…舌
- レバー…肝臓
- ハツ…心臓
- マメ…腎臓
- スペアリブ…骨つきばら肉
- 胃腸…胃をガツ，腸をヒモ（合わせてシロ）
- トンソク（豚足）…足先
- 耳…沖縄ではミミガーという

選び方のポイント

- 肉は淡いピンク色で，ツヤがあるもの．
- 肉は脂肪が白く，かたくかおりがよいもの．
- 水分の少ないもの（水分が多いほど，日持ちが悪い）．
- 空気にふれると変色しやすいので，使わない肉はうすく切り，密封容器に入れ，冷凍保存するとよい．

料理メモ

- 脂肪は加熱調理をすると風味がよくなる．寄生虫の心配があるので，中心部までよく火を通す．
- かた肉はコクがあるが，少しかたいので，煮もの，カレーなどにするとよい．
- かたロースはロースよりかたく，かたよりやわらかい．酢ぶた，焼きぶた，ソテー（右参照）などにするとおいしい．

栄養価

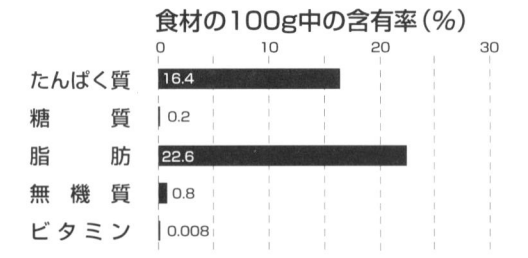

食材の100g中の含有率（%）

たんぱく質	16.4
糖　　質	0.2
脂　　肪	22.6
無 機 質	0.8
ビタミン	0.008

栄養の特徴

グラフはかたロース（脂身つき）だが，たんぱく質，脂肪，ビタミンB_1が多く，内臓（特に肝臓）は，リン，鉄，ビタミンA，B_2，ナイアシンを多く含んでいる．

- ロースは脂肪が多く，やわらかい上質肉．しゃぶしゃぶ，カツ，ステーキ，ローストポークなどにするとおいしい．
- ヒレは脂肪が少なく，いちばんやわらかい最上肉．ソテー，カツなどにするとおいしい．
- もも肉，ロースを加工したものがハム．
- ばら肉を加工したものがベーコン．

主産地

アジア地域で多く飼育され，中でも中国が多い．ヨーロッパ，北アメリカ，南アメリカの順に多く飼育されている．大型種のランドレース，ヨークシャー，ハンプシャーが多く市場に出回り，中型種のバークシャーである黒ぶたにも人気が出ている．

イノシシ科の哺乳(ほにゅう)類．いのししを飼いならした家畜で，鼻と耳が大きく，尾はほそくて小さい．よく肥えたからだの割には足は小さく，動きはのろい．

ぶた(豚)はあらゆる部分が食べられ，食肉のほか，ベーコン，ハムに加工されたり，脂肪はラード，皮は皮革などに利用されます．

世界中で食べられているぶた肉ですが，イスラム教徒，ユダヤ教徒は，宗教上の理由から食べることはできません．

最近，こぶたが大活躍する「ベイブ」という映画が上映されたため，こぶたをペットとする人もいるようです．

「ぶたに真珠」という格言がありますが，「価値のわからない人には貴重なものも役にたたない」というたとえです．

ポークピカタ（ぶたのチーズ焼き）

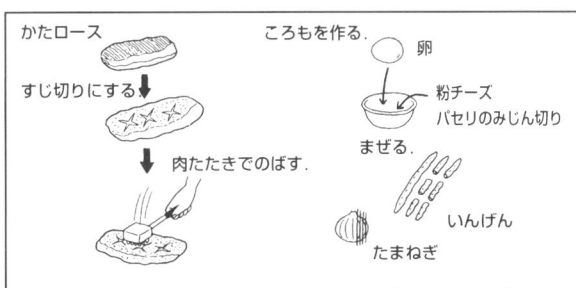

① かたロース(4枚＝1枚60g)をすじ切りにし，肉たたきでのばし，軽く塩，こしょうをする．たまねぎ(30g)をうすく切る．いんげん(120g)を塩ゆでにし，1本を3等分に切り，バター(小1)で炒め，軽く塩，こしょうをする．卵(1個)を割り，ボールの中に粉チーズ(大3)，パセリのみじん切り(大1)を入れてまぜ，ころもを作る．

② スパゲッティ(120g)を7～8分ぐらいゆで，ザルにあげる．フライパンにバター(大1)を入れ，たまねぎのうす切り，スパゲッティを加えて炒める．塩(小$\frac{1}{4}$)，こしょう(少々)で味をととのえる．

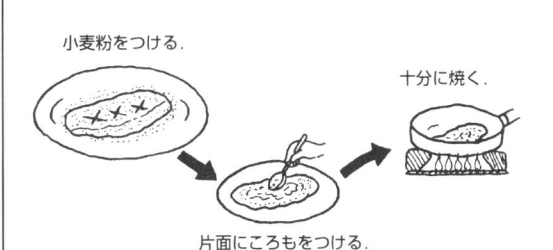

③ かたロースに小麦粉(15g)をまぶし，片面に①のころもをつける．フライパンにサラダ油(大1)を入れ，ころものついたほうから焼き，裏面も十分に焼く．

④ なべにバター(大1)を入れて溶かし，小麦粉(大1)を加え，うす茶色になるまで煎る．スープ(カップ1)，ケチャップ(大3)，赤ワイン(大1)，ローリエの葉(1枚)を入れ，ねばりが出るまで煮てソースを作る．スパゲッティを器にもり，かたロースをのせ，ソースをかけ，ソテーしたいんげんをそえる．

【あおのり・のり】

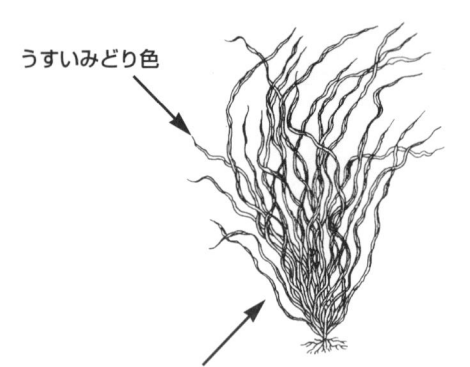

すじあおのり
- うすいみどり色
- 全長は10～30cmぐらいになる 時には1メートルにもなる

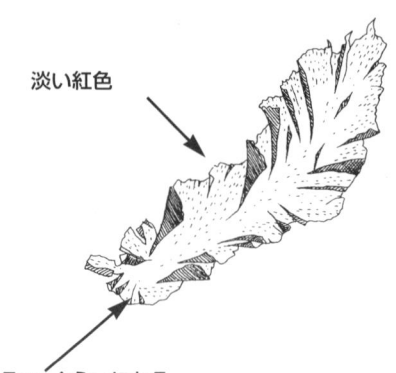

あさくさのり
- 淡い紅色
- 全長は5～15cmぐらいになる

選び方のポイント

- あおのりはうすいみどり色のもの．
- あさくさのりは淡い紅色のもの．
- 干しのりは黒くツヤがあるもの．
- 焼きのりは濃いみどり色のもの．
- かおりがよいもの．

栄養価

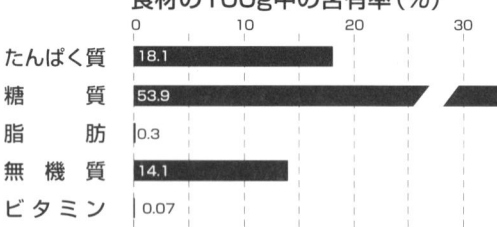

食材の100g中の含有率（％）

たんぱく質	18.1
糖　　質	53.9
脂　　肪	0.3
無 機 質	14.1
ビタミン	0.07

栄養の特徴

グラフはあおのりのものだが，たんぱく質，糖質，ビタミンB，カロチンが多く，無機質はカルシウム，リンとも多く，特に鉄を多く含んでいる．

料理メモ

- あおのりを乾燥してあぶり，粉状にした粉のりは，ピリッとしたから味があり，お好み焼き，焼きそば，ごはん，とろろいもなどにふりかけるとよい．
- 魚のすり身に粉のりをまぜて蒸しものにしたり，ころもにまぜて揚げものにしてもよい．
- のりには干しのり，焼きのり，味つけのり，きざみのり（焼きのりをきざんだもの）がある．
- 干しのり，焼きのりは，使う前に手ばやく火であぶるとかおりがよくなる．
- のりは手巻きずし，おむすび，天ぷら，茶漬け，焼きもち，いかを巻いた揚げもの（右参照）などに使われる．
- のりのつくだ煮はかんたんにできる．

旬

すじあおのり，あさくさのりは12月～3月ごろが旬．

分布地

あおのりは宮城県から九州地方，特に三重県，瀬戸内海沿岸，あさくさのりは日本各地の沿岸に分布している．養殖が盛んに行われている．

　あおのりはアオサ科アオノリ属の海藻．15種類ぐらいあり，各地の沿岸に分布し，岩，ほかの海藻の上に生えています．すじあおのり，うすばあおのりなどが食べられています．
　のり(海苔)は，外海の岩の上に生えているものを一般に「岩のり」といい，内海で養殖されるものを「あまのり」といっていますが，通常のりといえば，紅藻類ウシケノリ科アマノリ属のあさくさ(浅草)のりをさし，古くから日本人の食生活にかかわってきました．あさくさのりは，東京の浅草川(現在：隅田川)の河口で採れたことから，その名がついたといわれています．近年では日本各地で養殖が盛んに行われています．

いかの巻き揚げ

① きざみめを入れる．
いか (1尾) の皮をむき，水気をふく．包丁で皮のほう(外側)に5ミリ幅のきざみめを入れ，縦ふたつに切る．塩(小$\frac{1}{2}$)，酒(大$\frac{1}{2}$)，おろししょうが(15g)に10分ぐらいつけこむ．

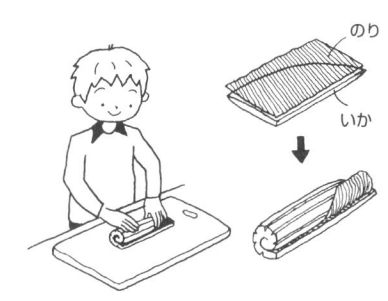

② いかの汁気をふく．まな板の上で，内臓のついていたほう(内側)にのり(1枚)を敷き，しっかりと巻いていく．

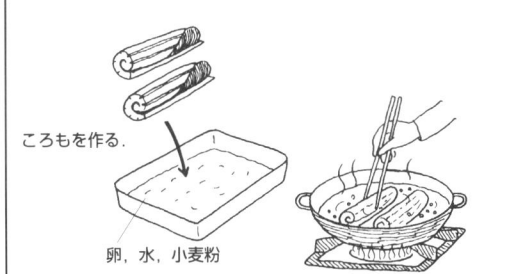

③ ころもを作る．卵，水，小麦粉
卵(1個)，水(大1)，小麦粉(大4)をまぜ合わせ，ころもを作る．②のいかの表面に小麦粉(大2)をまぶしてからころもをつける．ころがしながら，160～170度の揚げ油で2～3分揚げる．

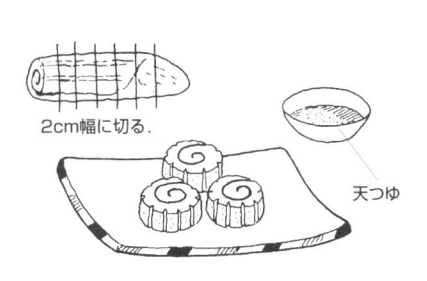

④ 2cm幅に切る．天つゆ
揚がったら2cm幅に切り，器にもる．天つゆ(だし汁1～1$\frac{1}{2}$カップ，しょうゆ$\frac{1}{4}$カップ，みりん$\frac{1}{4}$カップ)をつけて食べる．

【こんぶ】

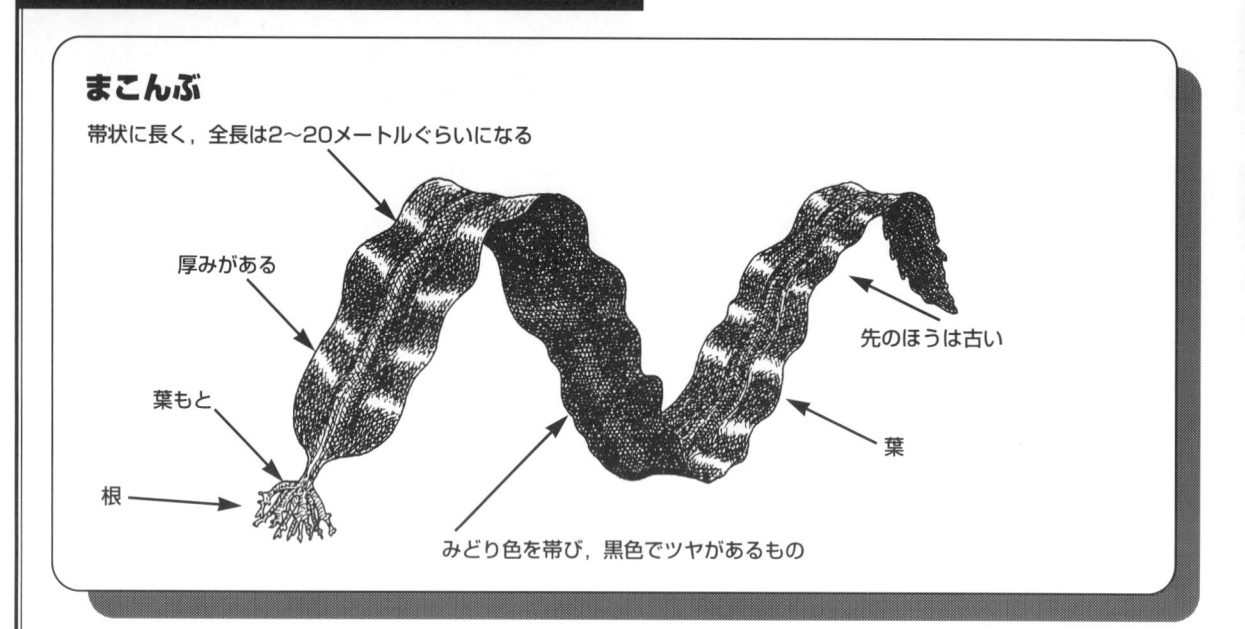

まこんぶ

- 帯状に長く，全長は2～20メートルぐらいになる
- 厚みがある
- 葉もと
- 根
- みどり色を帯び，黒色でツヤがあるもの
- 葉
- 先のほうは古い

選び方のポイント

- みどり色を帯びた黒色で，ツヤがあるもの．
- 黄色いものは鮮度が落ちている証拠．
- 厚みがあるもの．
- よく乾燥しているもの．
- 表面に「マンニット」（白い粉）がついているもの．

栄養価

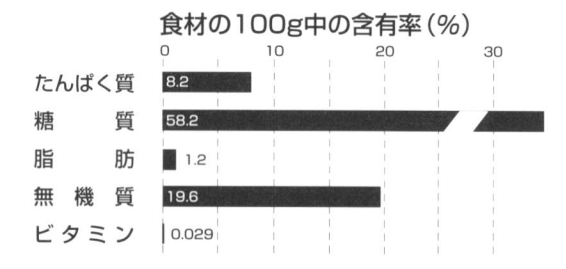

食材の100g中の含有率(%)

成分	含有率
たんぱく質	8.2
糖質	58.2
脂肪	1.2
無機質	19.6
ビタミン	0.029

栄養の特徴

糖質，無機質，たんぱく質の順に多く，ヨードは海藻の中でいちばん多い．ビタミン，カルシウム，グルタミン酸（うま味成分）も多く含んでいる．

料理メモ

- **こんぶだしの取り方**
こんぶは洗わず，かたくしぼったふきんで表面の汚れを取り除く．なべの中に水を入れ，こんぶを30分ぐらいつけておく．火にかけ，沸騰する前にこんぶを取り出す．煮たててしまうとねばり，不要な成分が出るので注意をする．
- こんぶの表面についている「マンニット」（白い粉）は，水に溶けた時にうま味となるので，取り除く必要はない．
- たいの切り身といっしょに蒸したり，こぶじめなどにするとおいしい．
- 煮つけてつくだ煮（右参照），にしんを巻いてこぶ巻きなどにするとよい．
- 少量の酢を加えるとこんぶがはやくやわらかくなる．

旬

7月中ごろ～9月ごろが旬.

分布地

北海道, 青森県沿岸の冷たい海に分布している. りしりこんぶ, ひだかこんぶ, らうすこんぶが有名.

コンブ科の海藻. まこんぶ, りしり(利尻)こんぶ, ひだか(日高)こんぶ, らうす(羅臼)こんぶなど, 40種類ぐらいあり, きれいな冷たい海の岩礁に生えています.

甘味があり, 濃厚な味のまこんぶ, らうすこんぶが上質です. りしりこんぶは値段が安く, だしを取るのに使い, 身がやわらかいひだかこんぶは, 煮こぶとして煮ものなどに向いています.

「こんぶに油揚げ」という格言がありますが, 味がよく合うということから, よく調和すること, 仲がよいことのたとえに使われます.

こんぶには, カルシウム, ヨード, ミネラルが多く, 血圧を下げる作用があり, 健康食品です.

こんぶのつくだ煮

こんぶだし
- こんぶ 50g
- 水 2カップ
- 酢 大1/2

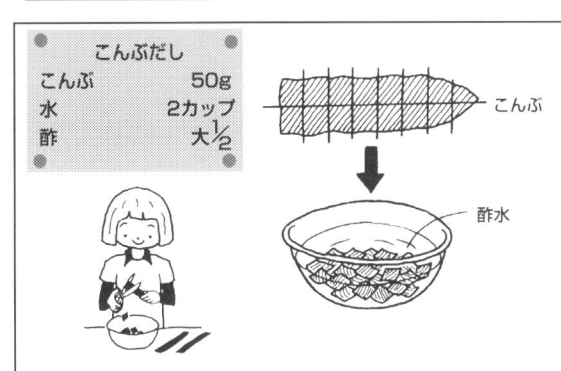

① こんぶをほそく切るか, 角切りにし, 水の中に酢を入れて, 30分ぐらいこんぶをつけておく.

② ①のこんぶだしでこんぶをゆでる. やわらかくなってきたらこんぶをざるにあげる(残ったゆで汁は, ほかの料理のだし汁に使うとよい).

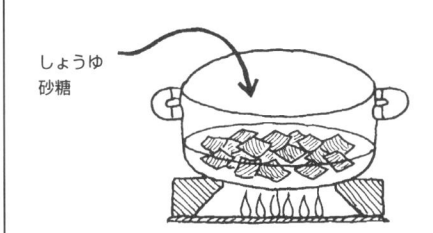

③ なべにこんぶを入れ, しょうゆ(大3)のうち1/2の量を加えて火にかける. 汁気がなくなったら, 残りのしょうゆ1/2の量を加えて煮あげ, 砂糖(大1)を入れてツヤを出す.

④ 器にもりつける.

【ひじき】

ひじき

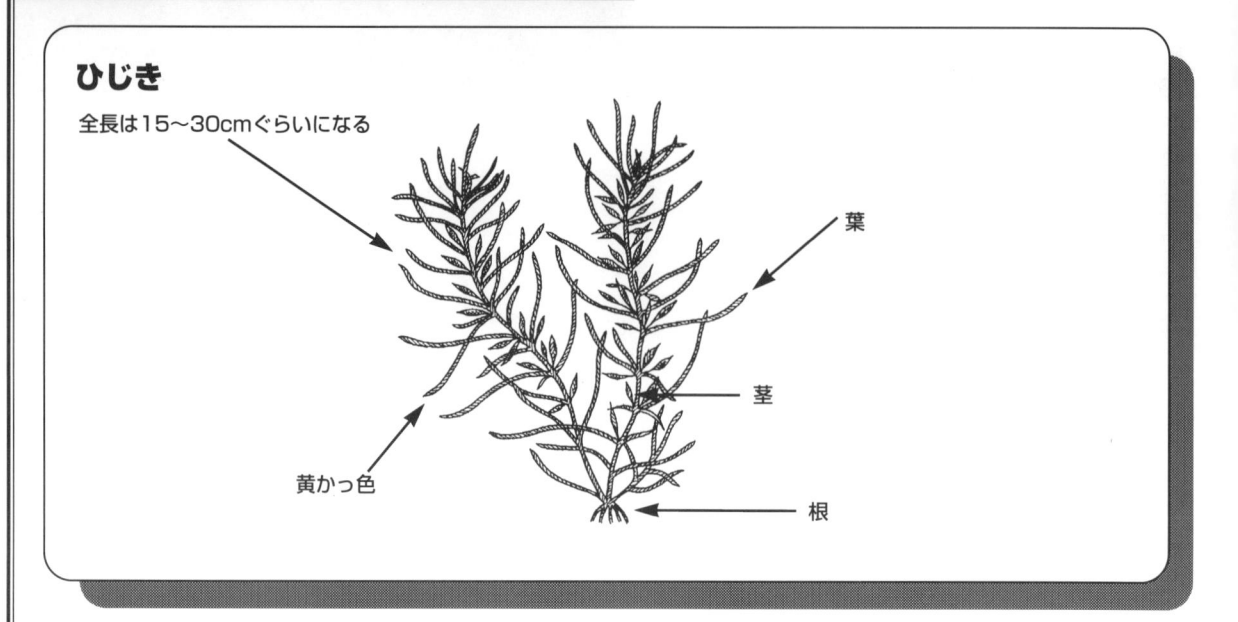

- 全長は15〜30cmぐらいになる
- 葉
- 茎
- 黄かっ色
- 根

選び方のポイント

- なまのひじきは黄かっ色なもの．
- 干しひじきは黒くツヤがあるもの．
- 茎，葉がふっくらとしたもの．
- 生のひじきはみずみずしいもの．

栄養価

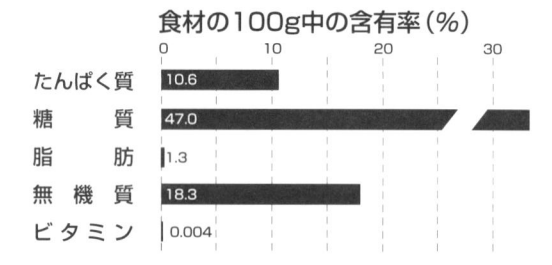

食材の100g中の含有率（％）

成分	含有率
たんぱく質	10.6
糖　　質	47.0
脂　　肪	1.3
無　機　質	18.3
ビタミン	0.004

栄養の特徴

糖質，食物繊維，リン，鉄が多く，無機質であるカルシウムは，海藻の中でいちばん多く含んでいる．

料理メモ

- 春に採れるやわらかいひじきの葉を水煮にしたり，蒸してから，干したものを食べる．
- 干しひじきは1時間ぐらいかけ，水かぬるま湯で戻し，水気を切る．戻したひじきは，戻す前の6〜7倍にもなる．
- ひじきの葉を集めたものを「芽ひじき」といい，あえもの，だいずを入れたたきこみごはん，煮もの，サラダなどにするとよい．
- ひじきの茎を集めたものを「長ひじき」といい，煮ものなどにするとよい．
- ひじきは油との相性がよいので，油揚げ（右参照），ぶた肉などと合わせ，炒め煮にするとよい．
- がんもどきの中に入れる．

旬

3月～4月ごろが旬.

分布地

日本の特産物で，北海道日高地方，瀬戸内海，兵庫県以西の日本海沿岸，九州地方沿岸に分布している.

ホンダワラ科ヒジキ属の海藻類．波の荒い外海の岩礁などに生えています．根はからみ合った繊維状でよく発達し，茎はやわらかく，円柱状をしています．

しぶ味があるので，生のまま食べることはありません．水煮をし，日光で乾燥させた「干しひじき」が市販されています．生の葉の色は黄かっ色ですが，干しひじきは黒色をしています．これは乾燥させた時に色素を取り除いてしまうからで，この時にしぶ味も取れます．

海藻の中で，カルシウムがいちばん多く，鉄，食物繊維なども多く含む健康食品です．

ひじきと油揚げの煎り煮

① 干しひじき(50g)を水でさっと洗う．1時間ぐらいかけて水かぬるま湯で戻す．ザルにあげて水気を切る．

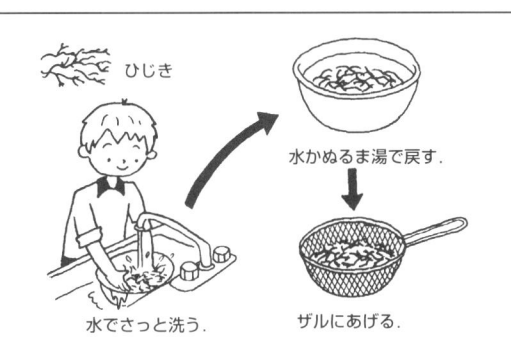

② 油揚げ(2枚)に熱湯をさっとかけて油ぬきをし，せん切りにする．にんじん(1本)を3～4cmの長さのせん切りにする．

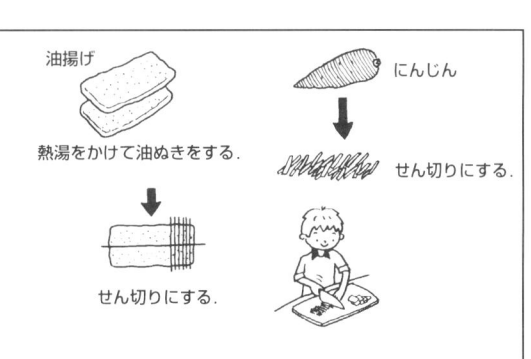

③ なべを熱し，サラダ油(大2)を入れ，ひじき，油揚げ，にんじんを炒める．しんなりとしてきたら，だし汁(カップ1弱)，砂糖(大2)，しょうゆ(大2)，酒(大$\frac{1}{2}$)を入れて，煮汁がなくなるまで煮る．

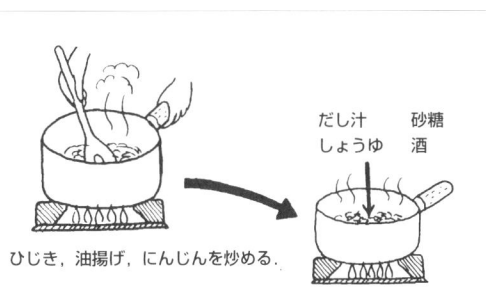

④ 器にもりつける．

【もずく】

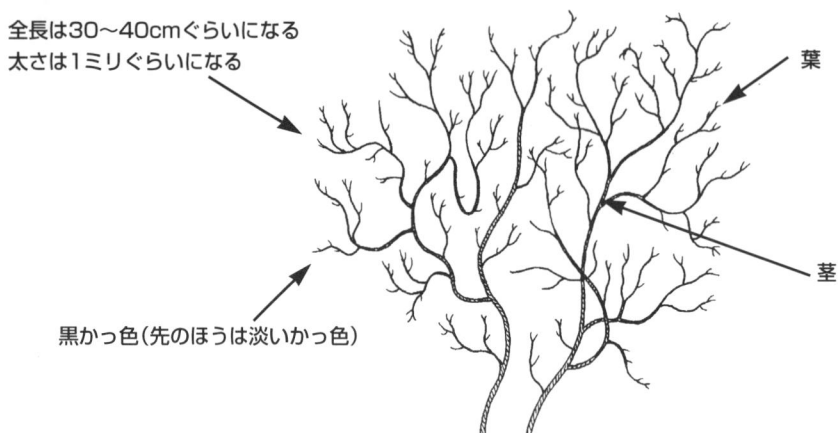

もずく
- 全長は30～40cmぐらいになる
- 太さは1ミリぐらいになる
- 黒かっ色（先のほうは淡いかっ色）
- 葉
- 茎

選び方のポイント
- 黒かっ色でツヤがあるもの．
- 独特のぬめりがあるもの．
- 歯ごたえがあるもの．
- みずみずしいもの．

栄養価

食材の100g中の含有率（％）

	0	10	20	30
たんぱく質	2.0			
糖質	1.8			
脂肪	1.2			
無機質	3.3			
ビタミン	0.004			

栄養の特徴

グラフは塩ぬきもずくのものだが，栄養価はあまり期待できない．塩漬けもずくはナトリウムを多く含んでいる．

料理メモ

- 市販されているもずくには，塩漬けもずくとあらかじめ味つけをしてある味つけもずくがある．
- 塩漬けもずくは，水でよく洗い，塩分を取ってから，甘酢，3杯酢などであえ，針しょうが，うずらの卵をそえた酢のもの（右参照）にするとよい．
- 塩分を取ったもずくは，みそ汁，吸いもの，雑炊などの具にしてもおいしい．
- もずくを加熱する時には，煮たてた汁の中に入れ，色がみどり色に変わったらすぐに火を止め，煮すぎないようにするのが風味を残すコツ．
- 味つけもずくは，レモンをしぼったり，せん切りにした野菜などといっしょにサラダ風にして食べるとおいしい．

旬

5月～7月ごろが旬.

分布地

北海道から九州までの日本海，太平洋沿岸に分布している.

モズク科の海藻類．独特のぬめりがあります．日本沿岸に広く分布し，春から夏にかけてよく育ちます．葉は糸状．枝は細かく不規則にわかれ，全長は30～40cmぐらいになります.

もずくは，ほんだわら，つるもなど大型の海藻に巻きついているため，「藻屑」(もくず)，「藻つく」などといわれていたため，もずくといわれるようになりました．海中での姿から，「水雲」(もずく)と書きます.

もずくの酢のものは，居酒屋，日本料理店などに行くと，かならずといっていいほどある一品．独特の歯ごたえが日本人に広く好まれています.

もずくの酢のもの

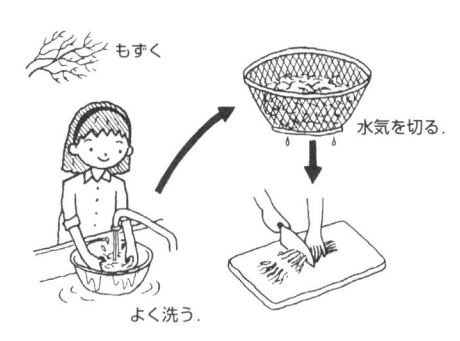

① もずく(80g)をよく洗い，水気を切る．3cmの長さに切る.

② しょうが(5g)の皮をむき，うすく切ってせん切りにする(針しょうが)．水にさらし，小さいボールに入れておく.

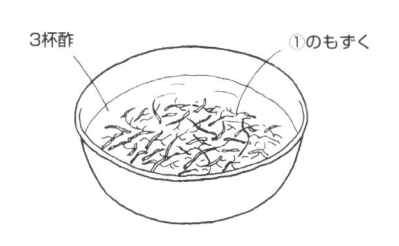

③ 酢(大2)，しょうゆ(大1弱)，砂糖(小$\frac{1}{2}$)の3杯酢を作る．①のもずくをつけておく.

④ 器にもずくをもり，針しょうがをそえる．うずらの卵をそえてもよい.

【わかめ】

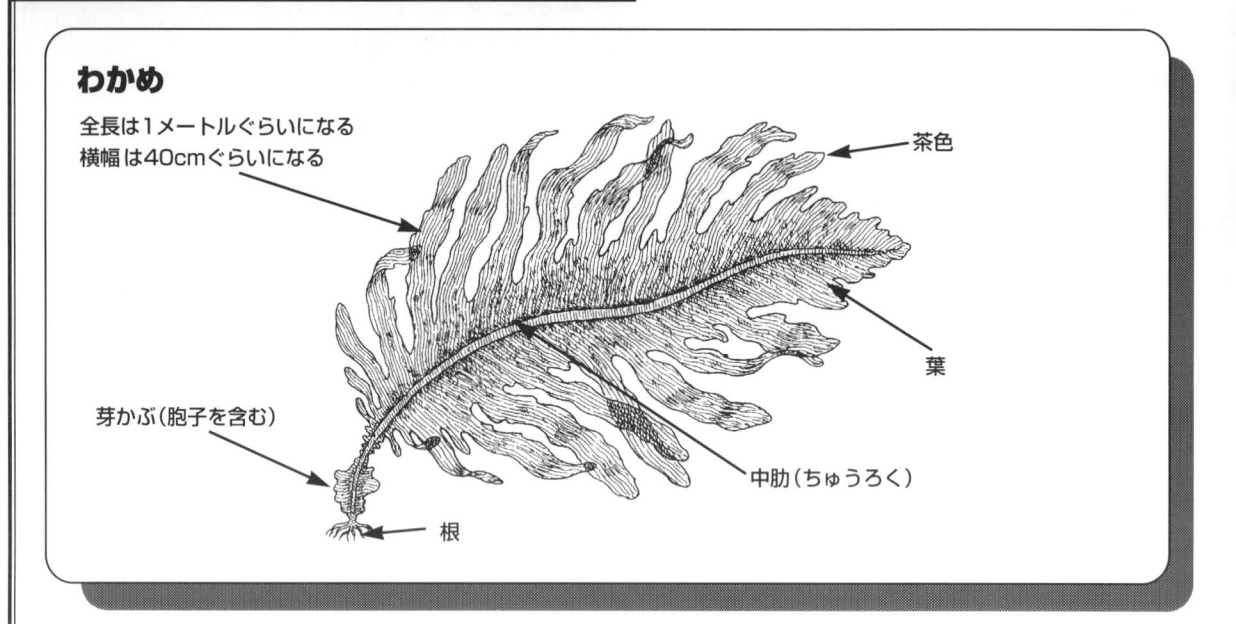

わかめ
全長は1メートルぐらいになる
横幅は40cmぐらいになる

- 茶色
- 葉
- 中肋（ちゅうろく）
- 芽かぶ（胞子を含む）
- 根

選び方のポイント

- 厚さが均等なもの．
- 生わかめは茶色いもの．
- 濃いみどり色をしたものは，塩漬けにしたものを水で戻したもの．
- 水で戻した時にとろけにくいもの．

栄養価

食材の100g中の含有率（％）

	0　　10　　20　　30
たんぱく質	1.9
糖　　質	3.8
脂　　肪	0.2
無 機 質	3.3
ビタミン	0.02

栄養の特徴

無機質，ビタミンB_1，B_2，C，ナイアシン，ベータ・カロチンを多く含んでいる．

料理メモ

- 市販されているのは生わかめと加工品の塩漬けわかめ，乾燥わかめ．
- 塩漬けわかめは塩分が多いので，水につけて塩ぬきをする．水につけすぎると色，風味が落ちるので注意をする．
- 乾燥わかめは水に戻して使うが，戻した後に熱湯をかけ，水にさらすとみどり色があざやかになり，歯ざわりがよくなる．
- 乾燥わかめは水で戻すと，戻す前の10倍ぐらいにふくらむので，戻す時にはわかめの量に十分注意をする．
- みそ汁の具，酢のもの，あえもの（右参照），サラダなどに使うとよい．
- たけのこと相性がよいので，若竹煮や若竹汁などに入れるとおいしい．

旬

2月～6月ごろが旬．

分布地

北海道西岸から本州，九州沿岸に分布している．主産地は三陸海岸の岩手県，宮城県．

コンブ科コンブ属の海藻．近海の海底に生え，中央に中肋（ちゅうろく）といわれる主脈があり，葉はひらたく，左右に切れこみながら広がっています．

北海道沿岸，三陸海岸などの天然のものもありますが，近年は養殖が盛んに行われています．わかめは植物のシダと同じように胞子で増えます．芽かぶの中にある胞子をロープ，網に植えつけ，生長させます．大きくなったものを切り取り，出荷しています．

わかめは「若布」と書きますが，若妻，若女という字に通じ，「若返る」という意味から縁起のよいものとされ，また海藻の中では手軽さ，かおり，色，歯ざわりなどから最も好まれています．

わけぎとあおやぎのぬた

① 柳刃（やないば）に切る（柳の刃のような形に切ること）．
生わかめ（30g）をよく洗い，熱湯を通して水で戻す．かたい部分を切り取る．柳刃に切り，少量の塩，酢（少々）で下味をつける．しょうが（10g）の皮をむき，うす切りにしてからせん切りにし，水にさらしておく．

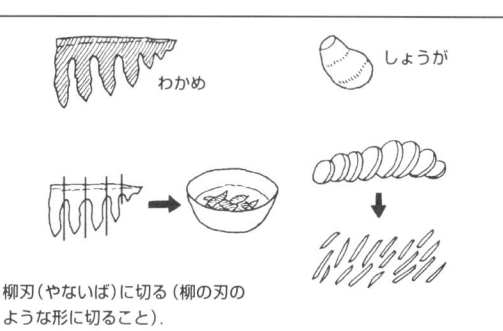

② わけぎ（1束）を根から丸のまま熱湯に入れ，ぷっくらとしたらザルにあげる．冷まして3等分ぐらいにする．みどり色の部分をすだれの真ん中にのせ，左右に白い部分をならべ，すだれで巻く，少量の塩，酢（少々）で下味をつける．

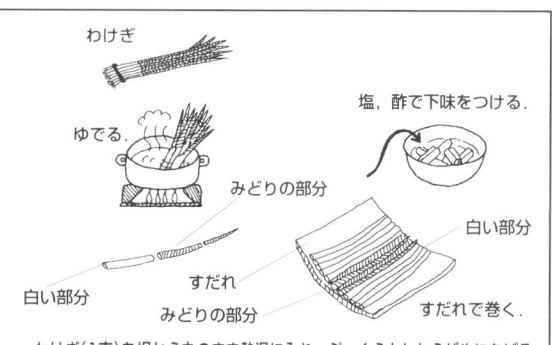

③ あおやぎ…ばか貝のむき身
あおやぎ（150g）をボールに入れ，3％の塩水（水5カップ，塩大2）でよく洗った後，水でもよく洗う．熱湯にさっと通し，水にさらしてから水気を切る．少量の塩，酢（少々）で下味をつけておく．

④ 酢みそ
白みそ	80g
砂糖	大2
酢	大2

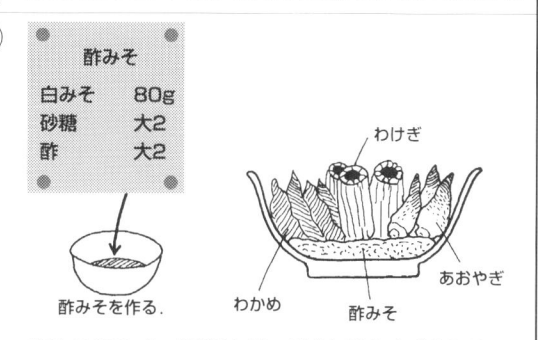

白みそ（80g），砂糖（大2），酢（大2）をまぜ合わせて酢みそを作る．器に酢みそを敷き，わかめ，わけぎ，あおやぎをもりつける．

旬の一覧（魚貝類・食肉・海藻類）

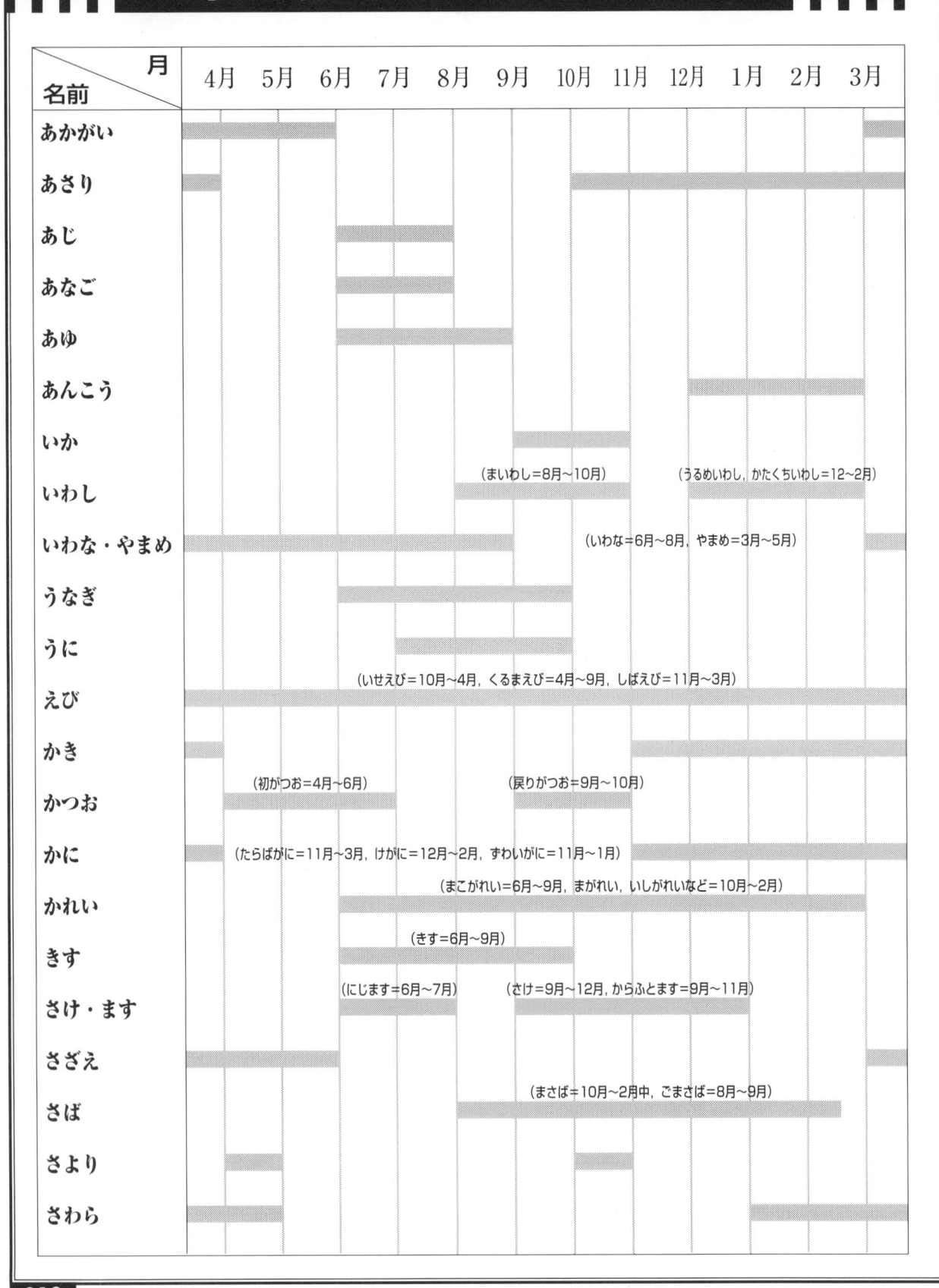

名前＼月	4月	5月	6月	7月	8月	9月	10月	11月	12月	1月	2月	3月
あかがい	■	■										■
あさり	■	■					■	■	■	■	■	■
あじ			■	■	■							
あなご			■	■	■							
あゆ			■	■	■	■						
あんこう								■	■	■	■	
いか						■	■	■				
いわし					（まいわし＝8月〜10月）				（うるめいわし, かたくちいわし＝12〜2月）			
いわな・やまめ			（いわな＝6月〜8月, やまめ＝3月〜5月）									
うなぎ			■	■	■							
うに				■	■							
えび	（いせえび＝10月〜4月, くるまえび＝4月〜9月, しばえび＝11月〜3月）											
かき	■							■	■	■	■	■
かつお	（初がつお＝4月〜6月）					（戻りがつお＝9月〜10月）						
かに	（たらばがに＝11月〜3月, けがに＝12月〜2月, ずわいがに＝11月〜1月）											
かれい	（まこがれい＝6月〜9月, まがれい, いしがれいなど＝10月〜2月）											
きす			（きす＝6月〜9月）									
さけ・ます			（にじます＝6月〜7月）		（さけ＝9月〜12月, からふとます＝9月〜11月）							
さざえ	■	■										■
さば						（まさば＝10月〜2月中, ごまさば＝8月〜9月）						
さより		■	■					■				
さわら	■	■									■	■

● 旬がわかりにくくなった私たちの生活．季節を感じさせてくれる魚貝類・食肉・海藻類の旬．

名前＼月	4月	5月	6月	7月	8月	9月	10月	11月	12月	1月	2月	3月
さんま							■	■	■			
しじみ	■	■		(やまとしじみ＝7月～9月)					(ましじみ，せたしじみ＝1月～3月)			
しらうお・しろうお	■				(しらうお＝2月～4月，しろうお＝3月～5月)						■	■
たい	(まだい＝1月～3月)			(くろだい，ちだい＝7月～8月)			(あまだい＝11月～2月，きんめだい＝12月～2月)					
たこ									(まだこ，いいだこ＝1月～2月)			
たら								(まだら，ぎんだら＝11月中～2月中)				
どじょう		■	■	■								
とびうお	■		(さよりとびうお＝6月～7月)						(はまとびうお，ほそとびうお＝2月～3月)			
なまこ							■	■	■	■		
にしん	■	■										
はまぐり	■										■	■
ひらめ							■	■	■	■		
ふぐ	■	■					■	■	■	■	■	
ぶり								■	■	■		
ほたてがい	■	■										
まぐろ							■	■	■	■		
わかさぎ	■									■	■	
かも・あいがも							(まがも＝12月中～2月，こがも＝11月～2月，あいがもは1年中)					
あおのり	■											
こんぶ				■	■	■						
ひじき	■	■									■	■
もずく		■	■	■								
わかめ	■	■									■	■

かんたん料理（魚貝類・食肉・海藻類）

いわしのパン粉焼き

●手順

①いわしを手開きにし，両面に塩，こしょうをふる．
②いわしに小麦粉，卵液，生パン粉をつける．フライパンにサラダ油を熱し，170度の揚げ油で，色よく両面を揚げ焼きにする．
③ひとり2尾ずつもり，くし形に切ったレモン，パセリをそえる．
④（A）の材料をまぜ合わせ，タルタルソースを作る．器にそえる．

■材料　●4人分
- いわし ……………………………………… 8尾
- 卵液（生卵を割り，かきまぜたもの） ……… 1個
- 生パン粉 …………………………………… 50g
- パセリ ……………………………………… 4枝
- レモン ……………………………………… 1/2個

■調味料
- 小麦粉 …………………………………… 大さじ2
- サラダ油 ………………………………… 200cc
- 塩 …………………………………………… 少量
- こしょう …………………………………… 少々

■タルタルソース（A）
- ゆで卵（みじん切り） ……………………… 1個
- たまねぎ（みじん切り） …………………… 50g
- ピクルス（みじん切り） …………………… 20g
- マヨネーズ ……………………………… カップ1/2

かつおの角煮

●手順

①かつおをバットの中に入れ，（A）をよくまぶすようにして下味をつける．
②沸騰して蒸気の出た蒸し器に①を入れ，20分ぐらい蒸す．冷ましてから1.5cm角ぐらいに切る．
③なべにせん切りにしたしょうが（B）の調味料，②を入れ，中火で煮る．味をととのえ，汁気がなくなるまでかきまぜながら，手ばやく煮あげる．

■材料　●4人分
- かつお ……………………………………… 300g
- しょうが（せん切り） ……………………… 20g

■下味（A）
- 酒 ………………………………………… 大さじ2
- 塩 ………………………………………… 小さじ1/2

■調味料（B）
- 酒 ………………………………………… カップ1/3〜1/2
- 砂糖 ……………………………………… 大さじ2〜3
- しょうゆ ………………………………… カップ1/3

● かんたん料理（魚貝類・食肉・海藻類）．子どもといっしょに作ってみよう．

牛肉のうす切りつけ焼き
ケチャップソースがけ

●手順

① ももうす切り肉をひと口大に切り，うす切りにしたねぎとしょうがといっしょに（A）の下味で20〜30分ぐらいつける（ねぎとしょうがは後で取り出す）．
② 小さいなべに（B）の調味料を入れ，火にかけ，とろりとするまで煮詰め，ケチャップソースを作る．
③ 中華なべを熱し，サラダ油を入れ，①の肉の汁気をふき，片栗粉をうすくつけて，色よく炒め焼きにする．
④ 器にほうれんそうのソテーを敷き，焼きあがった③をもり，②のケチャップソースをかける．

■材料　●4人分
牛肉（ももうす切り肉）――――――― 400g
ほうれんそう ――――――――――― 400g
ねぎ（うす切り） ――――――――― 1/2本
しょうが（うす切り） ―――――――― 10g

■下味（A）
酒 ―――――――――――――― 大さじ1/4
しょうゆ ―――――――――――― 大さじ1
ゴマ油 ―――――――――――― 小さじ1

■調味料
サラダ油 ―――――――――――― 大さじ3
片栗粉 ――――――――――――― 大さじ5

■ケチャップソース（B）
トマトケチャップ ――――――――― 大さじ3
コンソメスープ ―――――――――― 大さじ4
塩 ―――――――――――――― 小さじ1/4
しょうゆ ―――――――――――― 大さじ1
片栗粉 ――――――――――――― 小さじ1/2

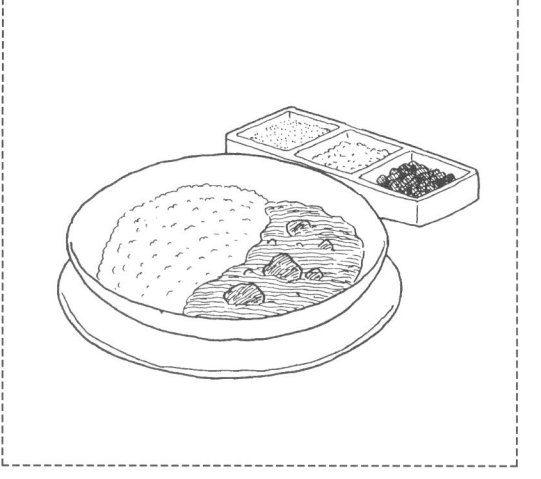

チキンカレー

●手順

① もも肉を3cm角ぐらいに切る．（A）で下味をつけ，小麦粉をうすくつけてから，サラダ油で表面がきつね色になるまで炒める．
② たまねぎをうす切りにし，りんご，にんじん，じゃがいも，しょうがをすりおろし，にんにくをみじん切りにする．
③ なべにバターを溶かし，たまねぎをきつね色になるまで炒める．小麦粉，カレー粉を入れて炒め，スープを少しずつ加えてのばす．①の肉，②の野菜を入れ，30分ぐらい煮こむ．塩で味をととのえる．
④ あたたかいごはんに③をそえ，薬味（B）もそえる．

■材料　●4人分
鶏肉（もも肉）―――――――――― 400g
たまねぎ（うす切り）――――――― （中）1個
りんご（すりおろし）――――――――― 1/4個
にんじん（すりおろし）――――――――― 40g
じゃがいも（すりおろし）――――――――― 1個
しょうが（うす切り）――――――――― 5g
にんにく（うす切り）――――――― ひとかけら

■下味（A）
塩 ―― 小さじ1/3　　こしょう，小麦粉 ―― 各少々

■調味料
サラダ油 ――――― 大さじ1
バター ―――――― 大さじ3
小麦粉 ―――――― 大さじ6
カレー粉 ――――― 大さじ1
チキンスープ ――― カップ3

■薬味（B）
粉チーズ ―――― 適量
ピクルス ―――― 適量
ゆで卵 ――――― 適量
ふくじん漬け ―― 適量
らっきょう漬け ― 適量

かんたん料理（魚貝類・食肉・海藻類）

いわしのかばやき丼

●手順

①いわしを手開きにし，（A）の下味につける．
②いんげんのすじを取り，塩ゆでにし，ひと口大に切っておく．（B）の合わせ調味料で さっと煮る．
③小さいなべに（C）の合わせ調味料を入れて煮詰める．
④いわしの汁気をふく．片栗粉をまぶし，フライパンの底から1cmぐらいまで揚げ油を入れ，からっと揚げる．
⑤器にごはんを入れ，揚がったいわしをのせ，③をかける．②のいんげんをそえ，さんしょうの粉を好みでかける．

■材料　●2人分
いわし ─────────────── 2尾
ごはん ─────────────── 400g
いんげん ───────────── 30g
■下味(A)
しょうが汁 ──── 小さじ1
しょうゆ ───── 小さじ1
■合わせ調味料(B)
砂糖 ───── 小さじ$\frac{1}{3}$
塩 ───── ひとつまみ

■合わせ調味料(C)
みりん ─────────────── 大さじ2
砂糖 ──────────────── 大さじ$\frac{1}{2}$
しょうゆ ───────────── 大さじ2
白みそ ─────────────── 小さじ$\frac{1}{2}$
■調味料
片栗粉 ─────────────── 大さじ1
揚げ油 ─────────────── カップ$\frac{1}{2}$
さんしょうの粉 ─────── 小さじ$\frac{1}{6}$

鶏肉の竜田揚げ

●手順

①もも肉をひと口大のぶつ切りにし，（A）で下味をつける．
②①の肉の汁気を切り，片栗粉をうすくつけて，160度ぐらいの揚げ油でからっと揚げる．
③器にサラダ菜を敷き，②をもりつけ，くし形に切ったレモンもそえる．

■材料　●2人分
鶏肉（もも肉）─────────── 400g
サラダ菜 ──────────────── 4枚
レモン ────────────────── $\frac{1}{2}$個
■下味(A)
酒 ────────────────── 大さじ1
しょうゆ ─────────────── 大さじ1

■調味料
片栗粉 ─────────────── 大さじ4
揚げ油 ─────────────── カップ2

●かんたん料理(魚貝類・食肉・海藻類). 子どもといっしょに作ってみよう.

ぶた肉ときゃべつの炒めもの

●手順

① ももうす切り肉をひと口大に切る.
② きゃべつをひと口大に手でちぎる.
③ なべを熱し,サラダ油を入れ,みじん切りにしたにんにく,赤唐辛子を炒め,①の肉を加えてよく炒めた後,きゃべつも加えて炒める.
④ ボールの中で(A)の合わせ調味料をよくまぜ合わせておき,なべに入れ,①の肉,きゃべつとよく合わせる. (B)の水溶き片栗粉を加えてとろみをつけ,ゴマ油を入れ,味をととのえる.

■材料 ●4人分
　ぶた肉(ももうす切り肉) ─────── 200g
　きゃべつ ─────────────── 300g
　にんにく(みじん切り) ──────────── 3g
　赤唐辛子(みじん切り) ─────────── 1/2本
■調味料
　サラダ油 ──────────────── 大さじ2
　ゴマ油 ───────────────── 小さじ2

■合わせ調味料(A)
　赤みそ ──────────────────── 30g
　砂糖 ─────────────────── 大さじ1 1/2
　しょうゆ ─────────────────── 小さじ2
■水溶き片栗粉(B)
　水 ───────────────────── 小さじ 2/3
　片栗粉 ──────────────────── 小さじ 2/3

わかめごはん

●手順

① 米はたく30分前に洗い,ザルにあげて水気を切っておき,(A)でたきあげる.
② 干しわかめをフライパンで焦がさないように香ばしく焼く.冷めたら,ビニールぶくろに入れて細かくもみほぐす.
③ たらこを焼き網でよく焼き,ほぐしておく.
④ たきあがったごはんに②と③を加えてさっくりとまぜ合わせる.

■材料 ●4人分
　米 ─────────────────── カップ3
　干しわかめ ───────────────── 50g
　たらこ ────────────────── 50g

■(A)
　水 ──────────────────── カップ3 1/4
　酒 ──────────────────── 大さじ2

かいせつ

魚貝のこと

魚貝とは，水の中で生活している動物の総称です．魚のほか，えび，かに，貝なども含んだ呼び名です．魚貝は淡水（真水）にすむものと，海水（塩水）にすむものとにわけることができます．さらに，海水産のものは内湾，沖合いなど，淡水産のものは川の上流，中流，湖沼などのように水の温度，周囲の環境の違いによって，すんでいる場所，種類も異なってきます．魚貝がみごとにすみわけを行っていることを知り，魚貝に親しみを持つことからはじめてみましょう（図①）．

魚貝と栄養

魚は良質のたんぱく質を含み，毎日の食事の中では，主菜（おかずの主役）になることが多い食材です．人間のからだはたんぱく質で構成されているので，私たちのからだにとって，魚は欠かせない食材であることを知っておきましょう．

私たちは魚の身だけを料理し，魚の頭，内臓，皮，骨などは，とかく不要なものとして捨てがちですが，むしろ捨てられる部分に，からだにとてもよい成分が多く含まれているのです．頭，内臓には，血管の中にたまった余分なコレステロールをきれいにしてくれるEPA（エイコサペンタエン酸），DHA（ドコサヘキサエン酸）が含まれています．皮には肌にうるおいをもたせ，血管などを強くするコラーゲンが含まれ，魚の骨はカルシウムの宝庫でもあります．魚は，身だけでなく皮などもいっしょに食べてこそ価値のある食材なのです．頭は焼いたり，内臓もごく新鮮なものであれば食べてみることをおすすめします．新鮮であれば，生ぐささも気にならないでしょう．骨も油で揚げたり，オーブンでから煎りしたりすれば，カルシウムたっぷりの手作りおやつになります（図②）．

貝にはコハク酸といううま味のもとをたっぷりと含むので，貝を使った料理はおいしくできあがります．しかし，旬以外の時季（特に卵を持つ時季）には毒を含むことがあります．旬を参考にして，安全においしく食べるように心がけましょう．

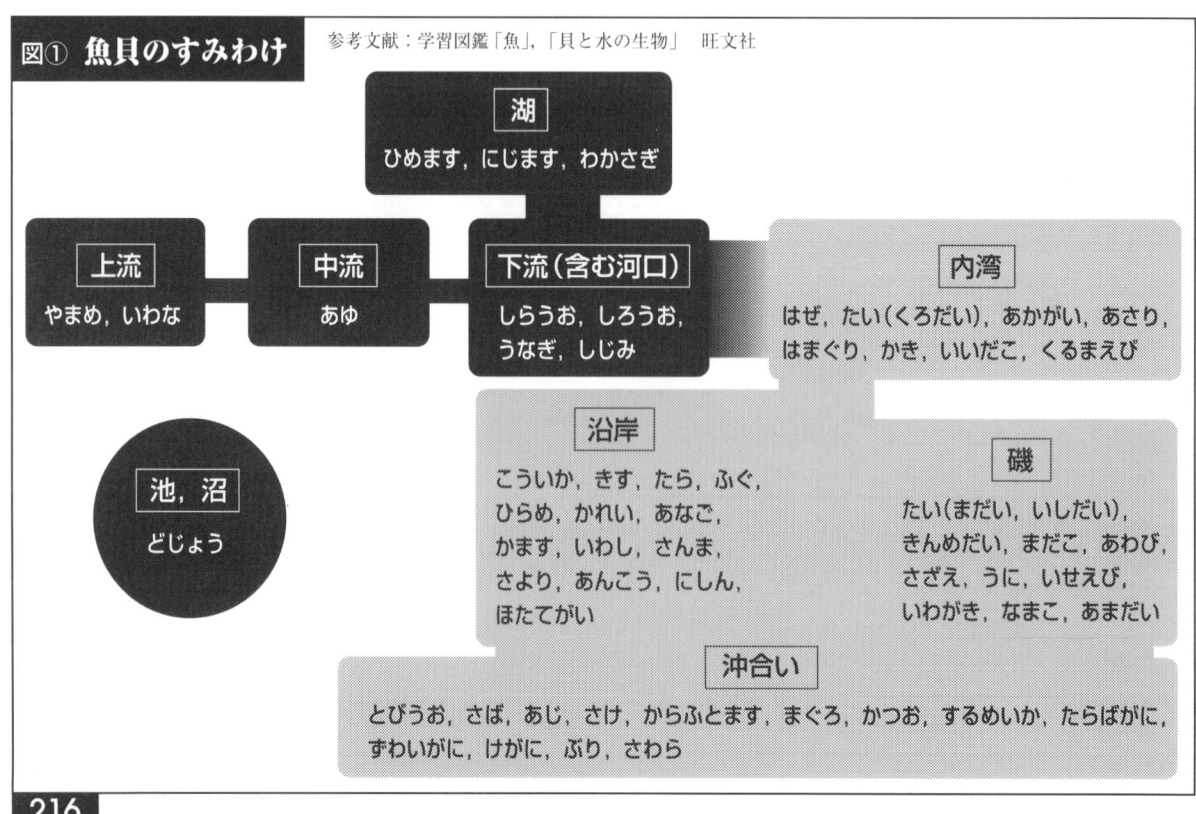

図① 魚貝のすみわけ

参考文献：学習図鑑「魚」，「貝と水の生物」 旺文社

湖
ひめます，にじます，わかさぎ

上流
やまめ，いわな

中流
あゆ

下流（含む河口）
しらうお，しろうお，うなぎ，しじみ

内湾
はぜ，たい（くろだい），あかがい，あさり，はまぐり，かき，いいだこ，くるまえび

池，沼
どじょう

沿岸
こういか，きす，たら，ふぐ，ひらめ，かれい，あなご，かます，いわし，さんま，さより，あんこう，にしん，ほたてがい

磯
たい（まだい，いしだい），きんめだい，まだこ，あわび，さざえ，うに，いせえび，いわがき，なまこ，あまだい

沖合い
とびうお，さば，あじ，さけ，からふとます，まぐろ，かつお，するめいか，たらばがに，ずわいがに，けがに，ぶり，さわら

図② 魚の栄養分布

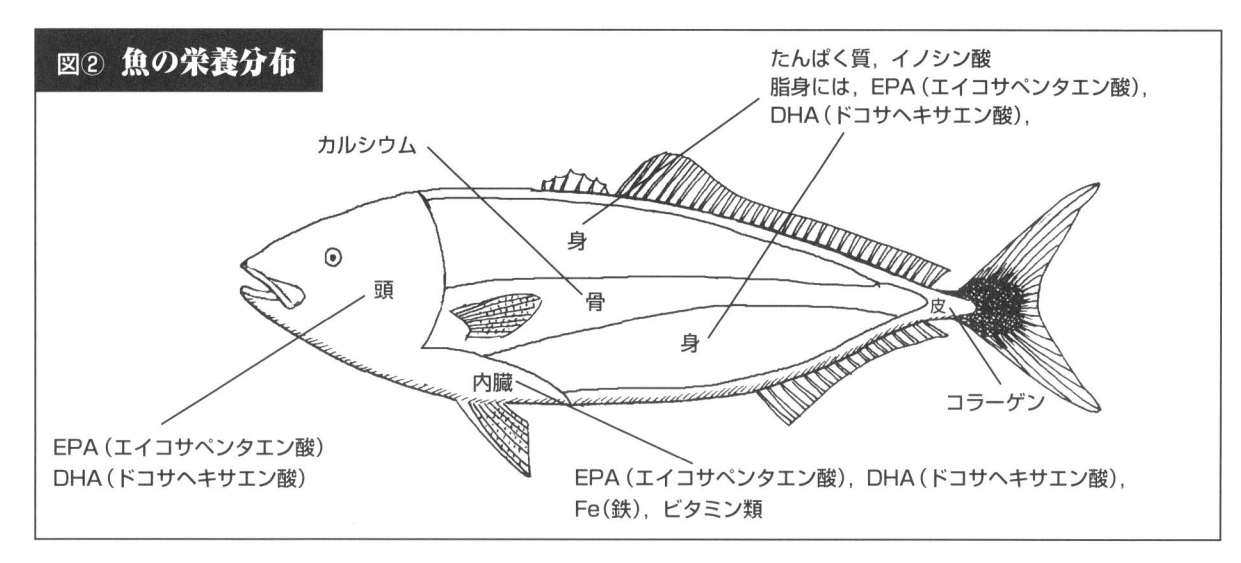

- カルシウム … 骨
- たんぱく質, イノシン酸／脂身には, EPA(エイコサペンタエン酸), DHA(ドコサヘキサエン酸) … 身
- EPA(エイコサペンタエン酸), DHA(ドコサヘキサエン酸) … 頭
- EPA(エイコサペンタエン酸), DHA(ドコサヘキサエン酸), Fe(鉄), ビタミン類 … 内臓
- コラーゲン … 皮

食肉のこと

主菜となることの多い食肉にも良質のたんぱく質が含まれています．脂身にはコレステロールがあり，最近のダイエット・ブームの流行で，悪者のように思われがちですが，コレステロールにも血管を強くしたり，食物をからだの栄養に変える時に必要な成分になるなど，からだにとって大切な働きをしています．適量を食べる分には悪いことはないのです．しかし，摂取のしすぎによっておこる生活習慣病（成人病）などの問題点があることも事実なので，摂取量には注意しましょう．

海藻のこと

海藻は，水の中で育つ植物の一種で，ふつうの植物より原始的なものです．海藻はその色によって次の4つに分類されます．
① 緑藻（りょくそう）類…アオノリなど
② 紅藻（こうそう）類…テングサなど
③ 褐藻（かっそう）類…コンブ，ワカメ，ヒジキなど
④ 藍藻（らんそう）類…スイゼンジノリなど

海藻に含まれる栄養素には，うま味のもとであるグルタミン酸や，人間が成長していくのに必要なヨウ素やミネラル，カルシウムなどを多く含んでいることを知っておきましょう．

健康のこと

私たちが生きていく上で，重要なことのひとつにある，運動能力が優れている，長寿であるなどといったことから，よく食べ，よく眠り，いたみのない活力のある日常生活が送れることであるといえるでしょう．健康な日々を私たちが送るためには，いろいろな栄養素を含んだ食材をバランスよく摂取することが必要です．

最近，アジア，欧米諸国では日本食がヘルシーだとされ流行しています．穀物である米を主食とし，魚貝から良質のたんぱく質，野菜からたっぷりのビタミンやミネラルを摂取する伝統的な食生活のパターンが，三大栄養素のエネルギー比からみても，バランスがよくとれているからでしょう．

しかし，私たちは世界に誇れる食生活を長年に渡って営みながら，加工食品や外食への依存度が増し，現代社会での食生活はお粗末になりつつあります．四方を海に囲まれ，四季折々の旬の魚貝類に恵まれている私たちこそが日本の恵まれた環境を再認識し，バランスのとれた食生活を再構築していかなければならない時期にきています．

【アボガド】

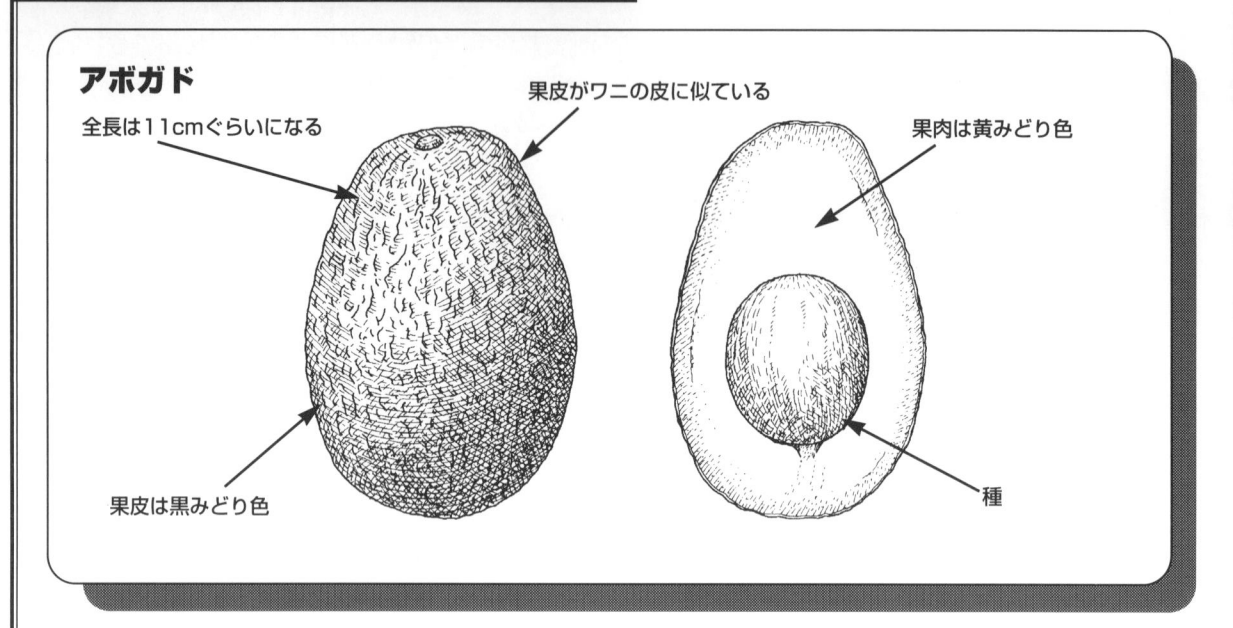

アボガド
- 全長は11cmぐらいになる
- 果皮がワニの皮に似ている
- 果肉は黄みどり色
- 果皮は黒みどり色
- 種

選び方のポイント

- 果皮が黒ずんでいるもの．
- 果皮にツヤがあるもの．
- 果皮を手で軽く押した時，やわらかく，弾力があるもの．
- 果肉がよく熟しているもの．

栄養価

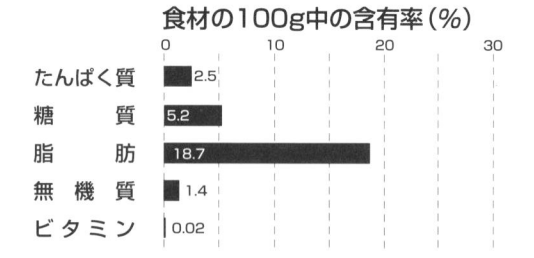

食材の100g中の含有率（％）

たんぱく質	2.5
糖　　質	5.2
脂　　肪	18.7
無　機　質	1.4
ビタミン	0.02

栄養の特徴

脂肪は20％ぐらいと多いが，そのほとんどが植物性不飽和脂肪酸なので，コレステロールなどの心配はいらない．ミネラル，ビタミンのバランスがよい．ビタミンB_1，B_2を多く含んでいる．

料理メモ

- 甘味も酸味もないが，「森のバター」といわれるほど脂肪が多く，コクがあり，なめらかな食感である．
- ドレッシング，レモンと相性がよいので，生のままサラダ（右参照），デザートにしたり，カクテルに使ってもよい．
- あえもの，揚げもの，スープなどにしてもおいしい．
- 最近ではカルフォルニア巻きとして，すし種にもよく使われる．
- 冷やして刺身のように切り，しょうゆをつけて食べると，まぐろのトロのような味がしておいしい．
- 貯蔵の適温は5～10度．家庭での貯蔵はむずかしく，熟したものは冷蔵庫で4日間ぐらいしか保存ができない．

旬

輸入品がほとんどで，3月～10月ごろが旬．

原産地

熱帯アメリカが原産．メキシコ，グアテマラ，ハワイ，台湾などでさいばいされている．

　クスノキ科ワニナシ属の熱帯性の果実．果皮は黒みどり色，むらさき色，かっ色などがあり，形も卵形，ようなし形，なすに似ている形などがあります．黒みどり色で卵形のものが一般的です．黒みどり色の果皮がワニの皮に似ているので，「ワニナシ」ともいわれます．
　最近では品種改良が進み，果実が小さく，独特のかおりを持つメキシコ型，果実が大きく，秋に熟するグアテマラ型，夏から秋にかけて収穫する西インド型の3種類にわかれます．果実は品種により75～600gと差がありますが，果肉はすべて黄みどり色で，甘味も酸味もなく，バター状です．果肉の中心に大きな種があります．

アボガドのサラダ

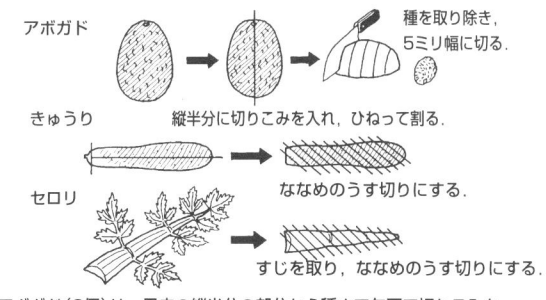

① アボガド(2個)は，果皮の縦半分の部分から種まで包丁で切りこみを入れる．左右にひねって果肉をふたつに割る．果皮をむき，種を取り除き，5ミリ幅に切る．きゅうり(1本)を横半分に切り，ななめのうす切りにし，セロリ($\frac{1}{2}$本)のすじを取り，ななめのうす切りにする．

② 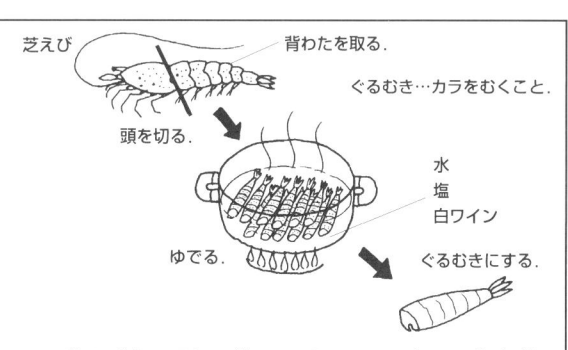 芝えび(12尾)の背わたを取り，頭を切り，塩水(塩30g，水5カップ)で洗う．白ワイン(大2)，少量の塩，ひたひたの水で5分ぐらいゆでてから，ぐるむきにする．

③  レモンしぼりを使って，レモン($\frac{1}{2}$個)をしぼる．レモン汁(大2)，ひとつまみの塩，アボガド，きゅうり，セロリをボールに入れて軽くまぜる．

④ ③を皿にもり，芝えびを上にかざる．フレンチドレッシングをかける．

フレンチドレッシング

ワインビネガー	大2
レモン汁	小1
(③でしぼったレモン汁を使う)	
塩	ひとつまみ
砂糖	小$\frac{1}{2}$
サラダ油	大4

【あんず】

あんず

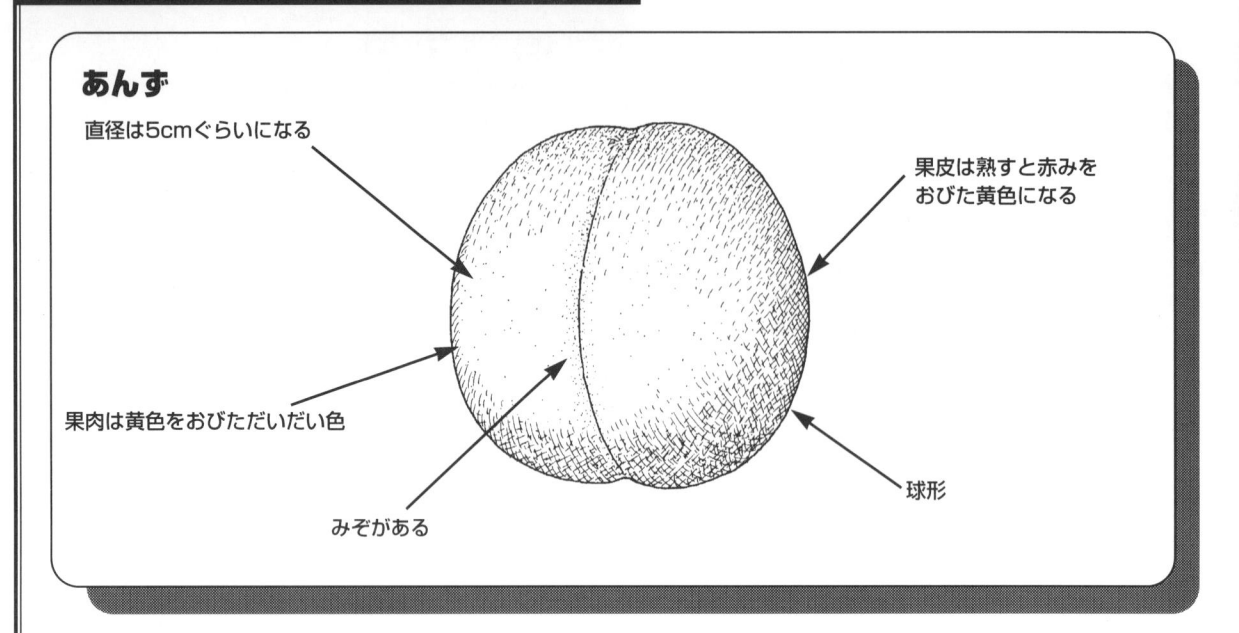

- 直径は5cmぐらいになる
- 果皮は熟すと赤みをおびた黄色になる
- 果肉は黄色をおびただいだい色
- みぞがある
- 球形

選び方のポイント

- よく熟したもの．
- かおりのよいもの．
- 果皮にツヤがあるもの．
- 果皮がいたんでいないもの．
- 果肉がやわらかいもの．

栄養価

食材の100g中の含有率(%)

	0	10	20	30
たんぱく質	1.0			
糖　　質	7.1			
脂　　肪	0.3			
無 機 質	0.4			
ビタミン	0.004			

栄養の特徴

果肉にはベータ・カロチンを多く含んでいる．

料理メモ

- 果皮をむき，食べやすい大きさに切る．生のまま食べるとおいしい．
- 干しあんずは，洋菓子，パウンドケーキ，カップケーキ(右参照)などに入れると，甘酸っぱさが生かされる．
- 中国料理では杏仁豆腐(あんにんどうふ)が有名だが，あんずの種を乾燥させた杏仁(きょうにん)を水につけて戻し，ふきんなどでこした杏仁水を使っている．スープ，お菓子などにしてもよい．杏仁をしぼると出る杏仁油は，食用，薬用などに利用される．
- 果汁をリキュール酒にまぜたり，お祭の屋台ではあんずアメが売られている．
- 加工品には，缶詰，ジャム，干しあんずなどがある．

旬

6月～7月ごろが旬.

原産地

中国(東部)が原産. 長野県, 山梨県, 新潟県などでさいばいされている.

バラ科サクラ属の果実. うめに似ている果実で, 6～7月に熟し, 果皮が赤みをおびた黄色になります.

熟した果実は, かおりがよく甘酸っぱい味がし, 果肉もやわらかくおいしいので, 生のまま食べます. しかし, いたみがはやく, 未熟なものは酸味が強すぎるので, 多くは干しあんずなどの加工品にされます.

あんずは中国が原産ですが, 世界各地でさいばいされているのは本あんずです. 日本には平和, 新潟大実(おおみ), 甲州大実などの代表的な品種があります. 東海以北でのさいばいが多く, 長野県, 山梨県が主産地です.

あんずのカップケーキ

① 小麦粉(100g), ベーキングパウダー(小1/2)を合わせ, ザルでよくふるっておく.

② 干しあんず(40g)に熱湯をかけ, 細かくきざむ. 洋酒(大2), 砂糖(大1)をなべに入れ, さっと煮る.

③ バター(80g)をボールに入れ, クリーム状になるまでねる. 砂糖(80g)を2～3回にわけて加え, よくまぜる. 溶きほぐした卵(2個)を少しずつ加えていく. ①の粉を切るようにまぜ, ②のあんずを加えてさっくりとまぜる.

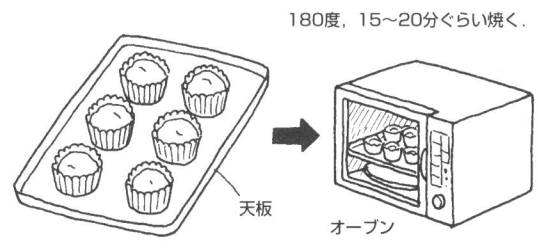

④ マフィン型の紙ケース(6枚)を敷き, 6等分に③を入れる. 180度に熱したオーブンの中に入れ, 15～20分ぐらい焼く.

【いちご】

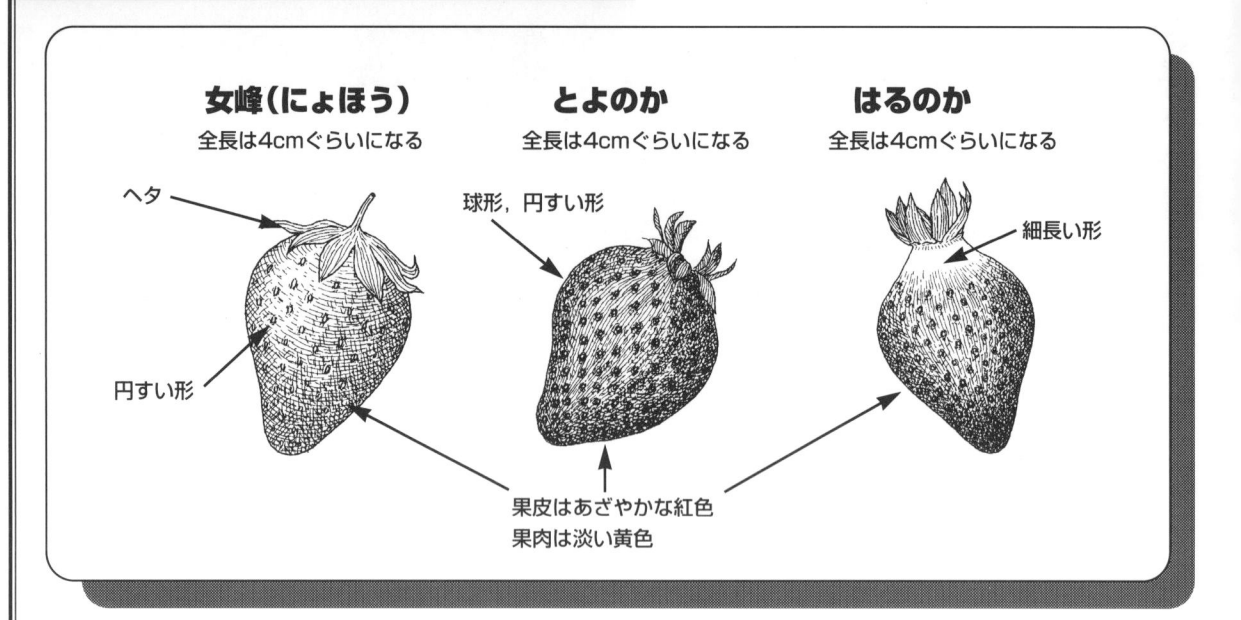

女峰(にょほう)
全長は4cmぐらいになる
- ヘタ
- 円すい形

とよのか
全長は4cmぐらいになる
- 球形, 円すい形

はるのか
全長は4cmぐらいになる
- 細長い形

果皮はあざやかな紅色
果肉は淡い黄色

選び方のポイント

- 果肉が熟しているもの.
- 果皮にツヤがあるもの.
- 果皮がいたんでいないもの.
- ヘタが濃いみどり色のもの.

栄養価

食材の100g中の含有率(%)

成分	含有率
たんぱく質	0.9
糖質	7.5
脂肪	0.2
無機質	0.5
ビタミン	0.08

栄養の特徴

「ビタミンCの女王」といわれ, 果物の中でもビタミンCを多く含んでいる.

料理メモ

- 生のまま食べ, いちご特有の酸味, 甘味を味わうとよい.
- いちごをつぶして砂糖, 牛乳をかけたり, 丸のままコンデンスミルク, ヨーグルトをかけて食べるとおいしい.
- ジャム, ミルクセーキ(右参照), ジュース, アイスクリームなどにするとおいしい.
- 冷凍してもビタミンはあまりこわれないので, いちごをシャーベットのようにして食べてもおいしい.
- ショートケーキなどのお菓子に使ってもおいしい.
- ヘタをつけたまま水でよく洗う.
- いちごはいたみやすいので, 買った日に食べるようにする.

旬

1年中出回っているが，4月～6月ごろが旬．

原産地

ヨーロッパの中部が原産．世界の各地でさいばいされ，日本では栃木県，静岡県，兵庫県，福岡県，奈良県などでさいばいされている．

　バラ科オランダイチゴ属の果実．ヨーロッパの中部が原産とされます．昔から野生のいちごが食され，17世紀ごろからさいばいがはじまりました．日本へは明治時代初期にオランダ人によって伝えられました．そのため，「オランダいちご」という別名があります．

　かつては春の訪れを知らせてくれる果物でしたが，需要が増加し，品種改良，ハウスさいばいが進み，1年中市場に出回るようになりました．代表的な品種には，女峰，ダナー，はるのか，とよのかなどがあります．

　見ても，食べても私たちを楽しませてくれるいちご．春先になったら，「いちご狩り」に出かけてみましょう．

いちごのミルクセーキ

① いちご(5～6個)，牛乳(200cc)，グラニュー糖(大1)，レモン(1個)を用意する．

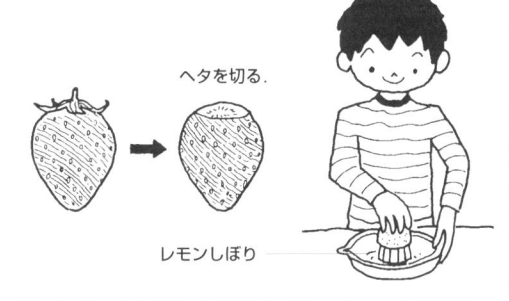

② いちごのヘタがついたままよく洗って，ヘタを切る．レモンを横半分に切り，レモンしぼりでしぼり，茶こしを使ってこしておく．

③ いちご，牛乳，グラニュー糖，レモン汁(大$\frac{1}{2}$)をミキサーの中に入れる．スイッチを入れ，まぜ合わせる．

④ 氷を入れたコップにミルクセーキをそそぐ．

【いちじく】

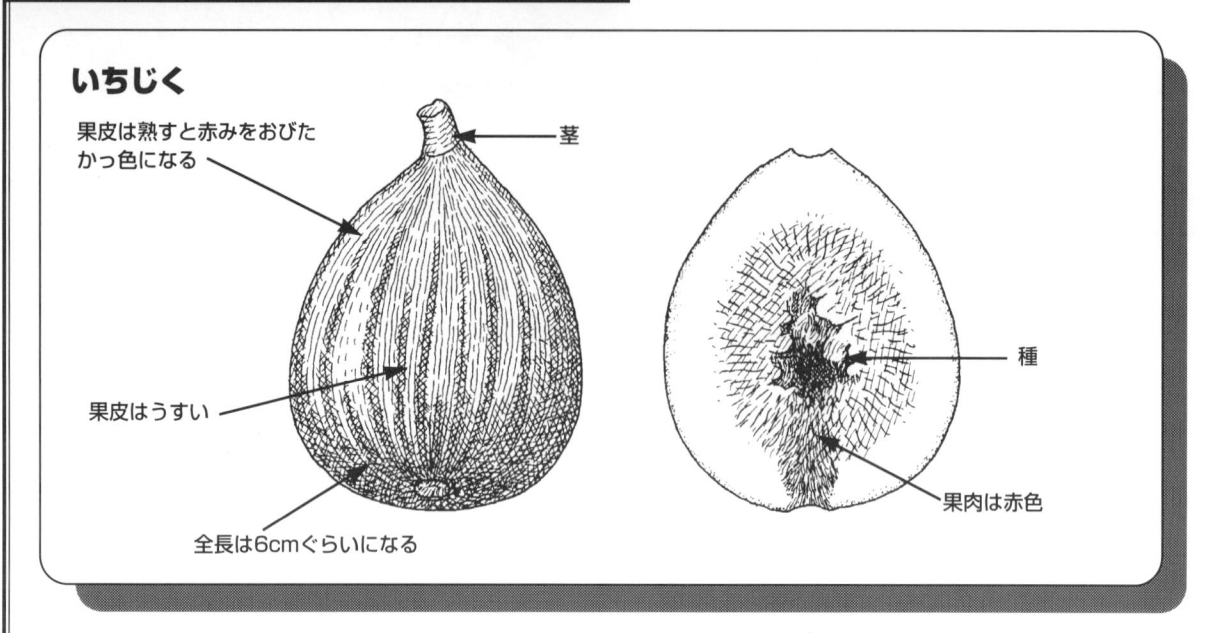

いちじく

- 果皮は熟すと赤みをおびたかっ色になる
- 茎
- 果皮はうすい
- 全長は6cmぐらいになる
- 種
- 果肉は赤色

選び方のポイント

- 果肉がやわらかいもの．
- 果肉がみずみずしいもの．
- 果肉が黒くなっていないもの．
- 果実が大きいもの．
- 果皮が赤みをおび，よく熟したもの．
- 果皮に傷がないもの．

栄養価

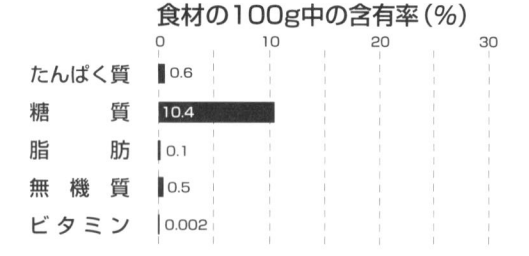

食材の100g中の含有率（％）

	0	10	20	30
たんぱく質	0.6			
糖　　質	10.4			
脂　　肪	0.1			
無 機 質	0.5			
ビタミン	0.002			

栄養の特徴

主成分は糖質．水分が多く，たんぱく質分解酵素（フィシン）を多く含んでいる．

料理メモ

- よく熟したものの果皮をむき，生のまま食べるとおいしい．酸味が少ないので，レモン汁を少しかけてもよい．
- 果肉を砂糖で煮詰めてジャムにしたり，丸のまま砂糖を加えて煮た砂糖煮，ワインと煮たワイン煮などにしてもおいしい．シロップ漬けにも合う．
- 砂糖で煮詰めてコンポート（右参照）にしてもよい．
- たんぱく質分解酵素（フィシン）を多く含んでいるので，生ハム，チーズと相性がよく，サラダにしたり，肉料理を食べた後にデザートとして食べると消化を助ける効果がある．
- いちじくを干したものは，ケーキなどのお菓子に使われる．

旬

8月～10月ごろが旬.

原産地

東南アジアが原産. 日本では岡山県, 大阪府などでさいばいされ, イタリア, ポルトガル, スペインなどでもさいばいされている.

　クワ科イチジク属の果実. 東南アジアで古くからさいばいされ, 日本へは江戸時代初期に伝わったとされています. 温暖で雨量の少ない気候に適し, スペイン, イタリアなどの地中海沿岸, 東南アジア地域などで多くさいばいされています.

　熟したいちじくは, 水分が多く甘味が強いので, 細菌が発生しやすく, 収穫してから2～3日ぐらいするといたんできます. しかし, はやく収穫しすぎると味が落ちてしまうというデリケートな果物です.

　いちじくを「無花果」と書くのは, 花がなくて実がなるように見えるからです.

　甘味の強い日本いちじく, 果実が大きく, あっさりとした味の西洋いちじくがあります.

いちじくのコンポート

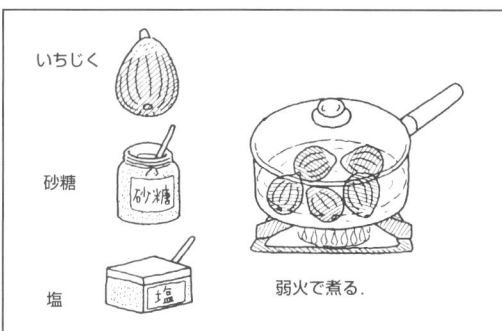

① いちじく（4～5個）をよく洗ってなべに入れる. 同量の砂糖（200ｇ）と水（カップ2）を加え, 弱火で煮る. 煮詰まったら, 火を止める直前に塩をひとつまみ加える.

② ホイッパーを使って, 生クリームを八分だてにとろっとするまで泡だてる.

③ ①のいちじくをひと口大に切って皿にもり, ②の生クリームをかける.

④ デザートとして食べる.

225

【いよかん】

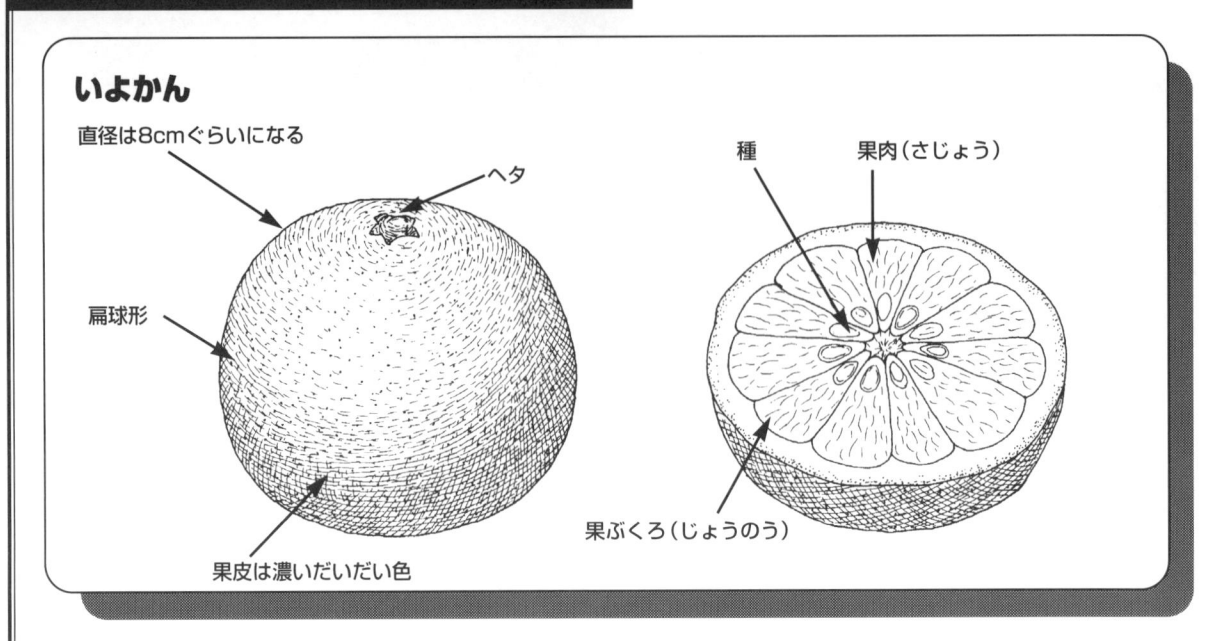

いよかん
- 直径は8cmぐらいになる
- ヘタ
- 扁球形
- 果皮は濃いだいだい色
- 種
- 果肉(さじょう)
- 果ぶくろ(じょうのう)

選び方のポイント

- 果皮にツヤがあるもの．
- 果肉がみずみずしいもの．
- 果肉がやわらかいもの．
- かおりのよいもの．
- 果汁が豊富なもの．

栄養価

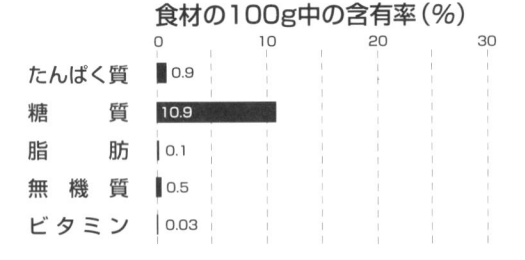

食材の100g中の含有率(%)

	0 10 20 30
たんぱく質	0.9
糖　　　質	10.9
脂　　　肪	0.1
無　機　質	0.5
ビタミン	0.03

栄養の特徴

75%が水分．ビタミンCを多く含んでいる．

料理メモ

- 果皮がむきやすく，果汁を多く含み，酸味と甘味の調和がよく，かおりがよい果物．
- 生のまま食べることが多く，サラダ，アイスクリーム，ヨーグルトなどにそえて食べてもおいしい．
- 果肉をゼリー(右参照)にしたり，果汁をしぼり，ジュースとして飲んだりするとおいしい．
- 果皮はかおりがよいので，マーマレードにしてもおいしい．
- 果肉を酢のもの，あえものにしてもおいしい．
- 果肉をタルトレット(果物，クリームなどを詰めたパイを焼いたタルトの小型のもの)にしてもおいしい．

旬

1月〜3月ごろが旬．

原産地

山口県で発見され，愛媛県などでさいばいされている．

ミカン科カンキツ属の果実．いよかんは，古くから山口県でさいばいされていましたが，発生の起源はよくわかっていません．明治時代中期に愛媛県に移植されてから，多くさいばいされるようになりました．

ミカン類とオレンジ類の雑種であるタンゴールの仲間と考えられていま す．

甘くてかおりのよい果物で，果皮はきれいでツヤがあり，濃いだいだい色をしています．果皮の表面にはでこぼこがあり，少し厚い果皮ですが，むきやすい．果肉は果汁が多く，やわらかいので，日本ではみかんについで生産量が多いカンキツ類です．

いよかんゼリー

ゼラチン…動物の骨から採取したものを精製したたんぱく質．粉状と板状があり，デザートをかためるのには欠かせないもの．
湯せん…火で直接熱するかわりに，容器に入れて湯の中で間接的に熱すること．

粉ゼラチン　水
粉ゼラチンをふやかす．

① 水(100cc)，粉ゼラチン(大1½)を入れてよくまぜ，10分ぐらいおいてふやかす．湯せんで溶かしておく．

② いよかん(2個)を洗う．ナイフを回すように使って，ヘタの部分を切り落とし，果肉と果汁を取り出す．

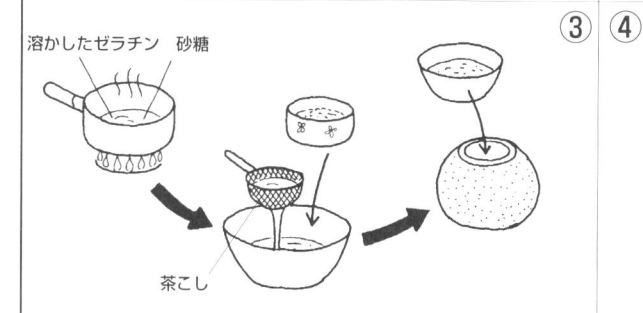

溶かしたゼラチン　砂糖
茶こし

③ ①に砂糖(70g)を加えて火にかけ，砂糖が溶けたら茶こしでこし，冷ます．冷めたら果肉と果汁を入れ，まぜる．これを果皮の中に流し入れ，氷水で冷やしてかためる．

④ くし形に切る．
かたまったら皮ごとくし形に切りわけ，器にもる．

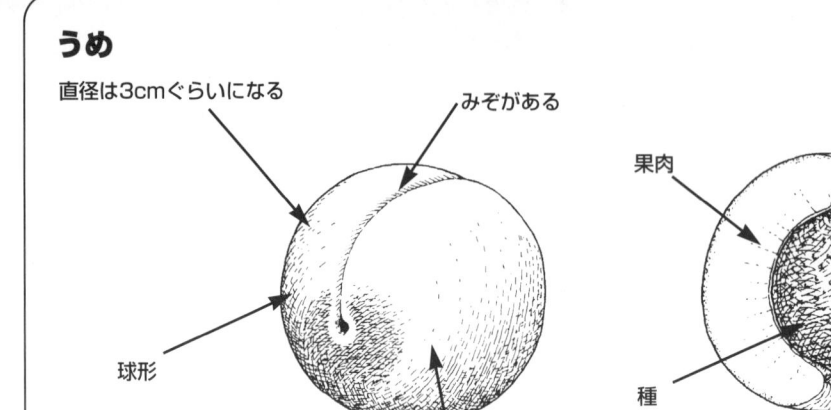

【うめ】

うめ
- 直径は3cmぐらいになる
- みぞがある
- 球形
- 果皮はみどり色 紅色になる品種もある
- 果肉
- 種

選び方のポイント
- 果皮に傷がないもの
- うめ酒には果皮があざやかなみどり色で，つぶが大きいもの．
- うめ干しには適度に熟し，果皮が黄みどり色で，つぶが大きくないもの．
- ジャムには完熟し，かおりのよいもの．

栄養価

食材の100g中の含有率（%）

成分	含有率
たんぱく質	0.7
糖質	7.6
脂肪	0.5
無機質	0.5
ビタミン	0.01

栄養の特徴
主成分はクエン酸，リンゴ酸．ビタミンB_2を多く含んでいる．

料理メモ
- 生のまま食べるのには向かないが，砂糖などと煮詰めてジャム（右参照）にするとおいしい．
- 砂糖，焼酎（しょうちゅう）を加え，うめ酒にしてもおいしい．
- 加工品には，うめ干し，のしうめ，砂糖漬け，梅肉（ばいにく）エキスなどがある．
- うめ干しを裏ごし，しょうゆなどとまぜ合わせた梅肉を作り，あえものなどに使うとよい．
- うめ干しはミネラルを多く含んでいるので，疲労回復，食欲を増進させる効果がある．
- うめ干しには腐敗をふせぐ効果もあり，お弁当，おにぎりに入れられる．

旬

5月～6月ごろが旬.

原産地

中国が原産．和歌山県，徳島県，長野県，福井県などでさいばいされている．

バラ科の果実．中国から仏教の伝来とともに日本に入ってきました．はじめは花を観賞していましたが，やがて果実を食べるようになりました．うめ干しは奈良時代になってから食べられるようになり，酢がなかった時代には酸味としても利用されていました．

果実は酸味が強いため，生で食べることはほとんどありません．未熟なうめにはアミグダリンという青酸配糖体が含まれ，生のまま食べるとお腹をこわしてしまいます．未熟なうめは加工して食べます．

うめには，整腸作用，解毒作用，疲労回復，肌の老化防止，血液の浄化などの効果があります．

うめジャム

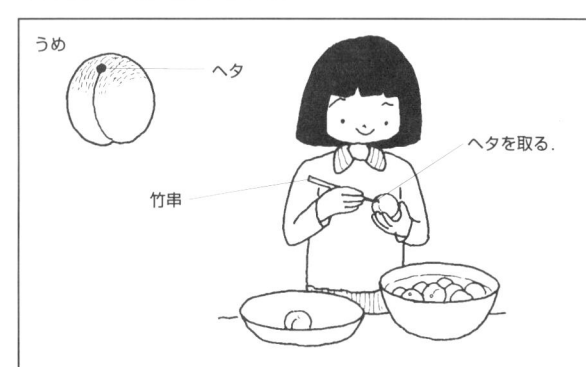

① うめ（1kg）を洗って，ひと晩水につけてアクを取り，竹串でヘタを取る．

② なべにうめ，たっぷりの水を入れ，おたまでアクを取りながら，うめがやわらかくなるまで煮る．うめがしんなりとしてきたら火を止める．

③ 冷めたら種を取り出す．果肉の量を計り，同量の砂糖を入れ，とろみがつくまで弱火で煮つめる．

④ 冷めたら容器に入れて保存する．

【オレンジ】

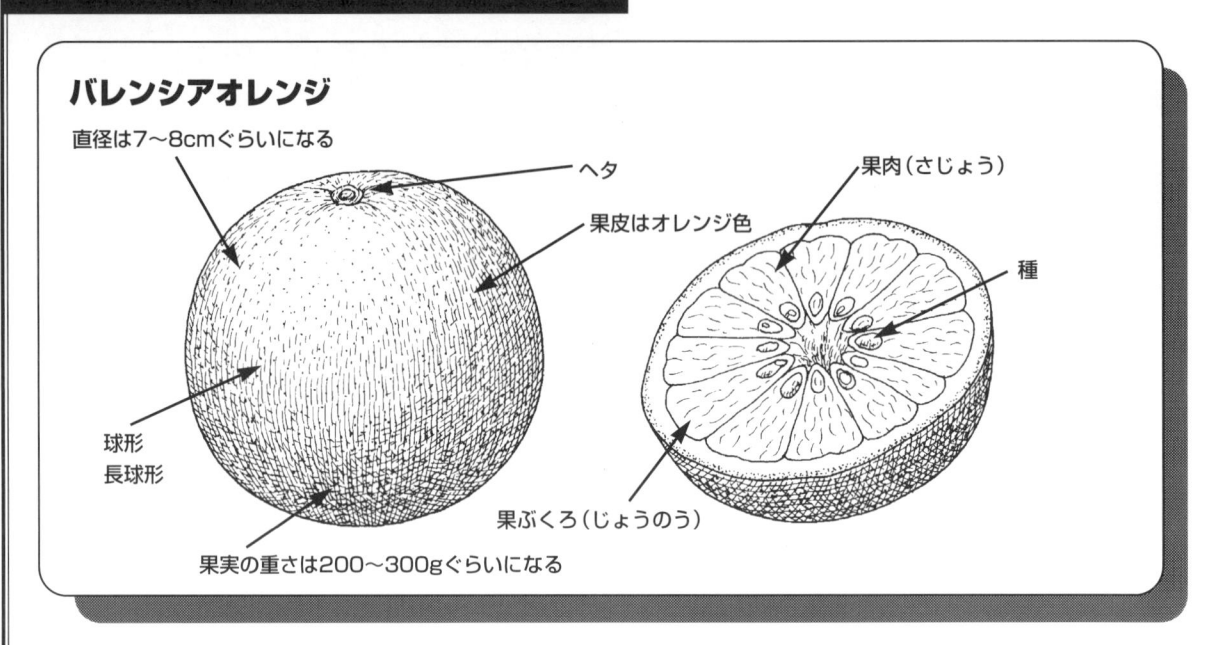

バレンシアオレンジ

- 直径は7～8cmぐらいになる
- ヘタ
- 果皮はオレンジ色
- 果肉(さじょう)
- 種
- 球形 長球形
- 果ぶくろ(じょうのう)
- 果実の重さは200～300gぐらいになる

選び方のポイント

- 手で持った時に重いもの．
- 形が大きいもの．
- 果皮にツヤがあるもの．
- 果皮のオレンジ色が濃いもの．
- ヘタが青いもの．

栄養価

食材の100g中の含有率(%)

	0 10 20 30
たんぱく質	0.9
糖　　質	9.0
脂　　肪	0.1
無 機 質	0.4
ビタミン	0.04

栄養の特徴

ビタミンCを多く含んでいる．

料理メモ

- 果皮ごとくし形に切り，果皮と果肉の間に切りこみを入れ，生のまま食べることが多い．
- ジュース，ゼリー，ババロア(右参照)などにしてもおいしい．
- サラダ，アイスクリーム，ヨーグルトなどにそえて食べてもよい．
- 果皮はかおりがよいので，マーマレード(p.39参照)にしてもおいしい．しかし，輸入品のオレンジの果皮には，防腐剤などがついていることが多いので，熱湯につけてよく洗ってから使うようにする．
- ローストポーク，肉，魚料理のソースにしてもおいしい．
- お菓子にも使われる．

旬

バレンシアオレンジは5月～8月ごろ，ネーブルオレンジは12月～4月ごろが旬．

原産地

ポルトガル，ブラジルが原産．スペイン，ブラジル，アメリカのカリフォルニア，フロリダなどでさいばいされている．

　ミカン科カンキツ属の果実．バレンシアオレンジ，ネーブルオレンジ，日本産の福原オレンジなどが一般にオレンジといわれているものです．

　日本に輸入されるオレンジの多くはバレンシアオレンジで，アメリカ産のものです．

　果実の形は球形，長球形で，大きさは直径7～8cmぐらいになり，重さは200～300gぐらい．果皮はあざやかなオレンジ色で，調理のかおりづけにも使われますが，少し厚みがあるため，むきにくいのが難点です．

　果肉はやわらかく酸味がありますが，甘味も強く，かおりがよいので，風味がよく，人気のある果物です．

オレンジババロア

① 水（大6）に粉ゼラチン（大2）を入れ，ふやかしておいたものを湯せんで溶かしておく．レモンしぼりを使ってオレンジ（1$\frac{1}{2}$個）をしぼり，果汁にする．

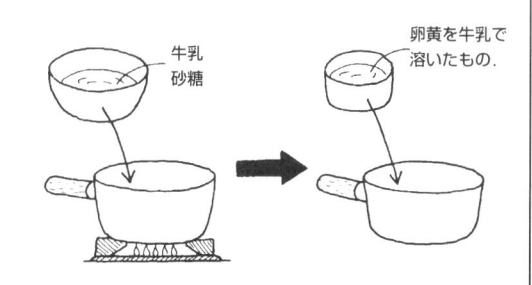

② 砂糖（100g）と牛乳（200cc）をなべに入れ，人肌にあたためる．卵黄（2個）に牛乳（100cc）の一部を入れて溶き，残りの牛乳を少しずつ入れてまぜ，茶こしでこす．

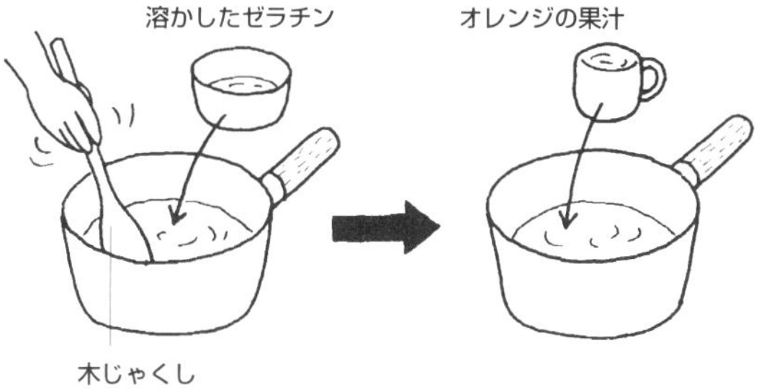

③ ②でこしたものに①の溶かしたゼラチンを加え，木じゃくしでよくまぜる．①のオレンジの果汁を加える．

④ コアントロ…オレンジのかおりがするリキュール酒．
生クリーム（100cc）を三分だてに泡だて，③にかきまぜながら入れる．ぬらした型に流しこみ，氷水を入れたバットにおき，冷蔵庫で冷やしかためる．なべにオレンジ汁（1$\frac{1}{2}$個），砂糖（小1），コーンスターチ（小1）を合わせる．ひと煮たちさせてとろみをつけ，コアントロ（大1）を入れて火を止め，オレンジソースを作り，冷やす．皿にオレンジソースを敷き，型から出したババロアをのせる．

【かき】

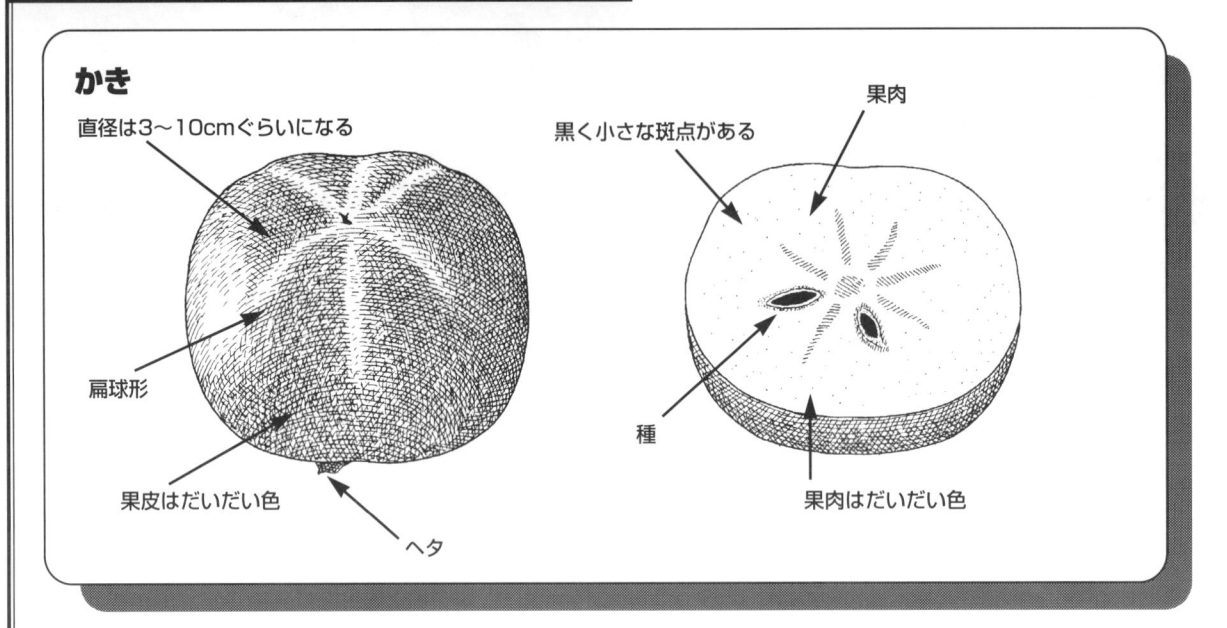

かき
- 直径は3〜10cmぐらいになる
- 扁球形
- 果皮はだいだい色
- ヘタ
- 黒く小さな斑点がある
- 果肉
- 種
- 果肉はだいだい色

選び方のポイント
- 果皮全体に赤みをおびているもの．
- 果皮にツヤがあるもの．
- 果皮に張りがあるもの．
- 手で持った時に重いもの．
- ヘタがあざやかなみどり色のもの．

栄養価

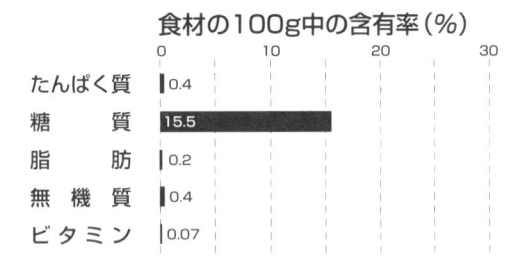

食材の100g中の含有率（％）

	0〜30
たんぱく質	0.4
糖　　質	15.5
脂　　肪	0.2
無機質	0.4
ビタミン	0.07

栄養の特徴
カロチン，ビタミンC，ミネラルを多く含んでいる．

料理メモ
- 果皮をむき，種の部分を切り取ってから果肉をくし形に切り，生のまま食べることが多い．
- 完熟したかきを凍らせ，シャーベットにして食べてもおいしい．
- 生のままのかきをすりおろし，酢などであえたかきなますにしたり，サラダにしてもおいしい．
- 干しがきにし，季節料理，お菓子の材料にするとよい．
- かきにはシブオールというタンニンのしぶ味があり，熟してくるとなくなる．しぶ味がある時は干しがきにするか，りんごといっしょに密封するとしぶ味がなくなる．
- 果肉は漬けものにもされる．

旬

10月〜11月ごろが旬．

原産地

日本が原産．北海道と沖縄県を除く全国各地でさいばいされている．

　カキノキ科カキノキ属の果実．かきは中国，韓国にもありますが，日本の特産果樹として，昔からさいばいされています．北海道と沖縄県を除く全国各地でさいばいされ，山野，宅地に自生するものもあります．

　日本では秋の代表的な果物ですが，「KAKI」の名で世界に通用するようになりました．

　甘がきとしぶがきのふたつにわけられ，ほかの果物には見られない東洋的な形と味，独特な色をしています．かおりの少ない果物です．

　かきのしぶ味は食べるのには適していませんが，ハチ，ヘビによる傷に効くぬり薬として利用されてきました．

かきなます

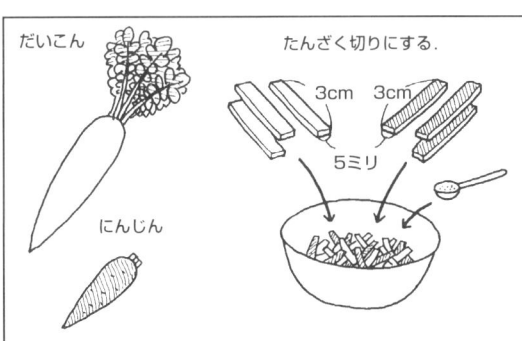

① だいこん(300g)，にんじん(50g)を5ミリ幅で3cmぐらいのたんざく切りにし，塩(小$\frac{1}{2}$)をふり，しんなりとさせる．かたくしぼって，水気を切る．

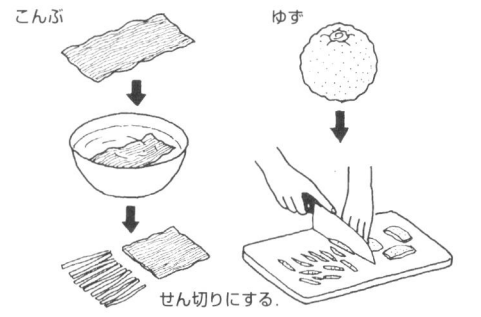

② こんぶ(1枚)をふきんでふいてからひたひたの水で戻し，せん切りにする．ゆず($\frac{1}{2}$個)の果皮も包丁でむき，せん切りにする．

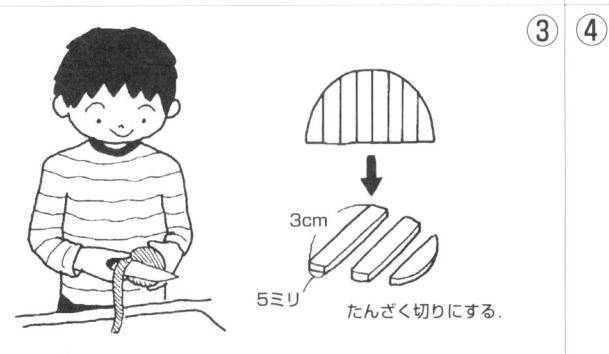

③ かき($\frac{1}{2}$個)の果皮をむき，種を取る．5ミリ幅で3cmぐらいのたんざく切りにする．

④ 酢(70cc)，砂糖(大2)，塩(小$\frac{1}{2}$)の合わせ酢を作り，①②③とあえる．残ったゆずの果肉をしぼり，果汁を加えるとよい．

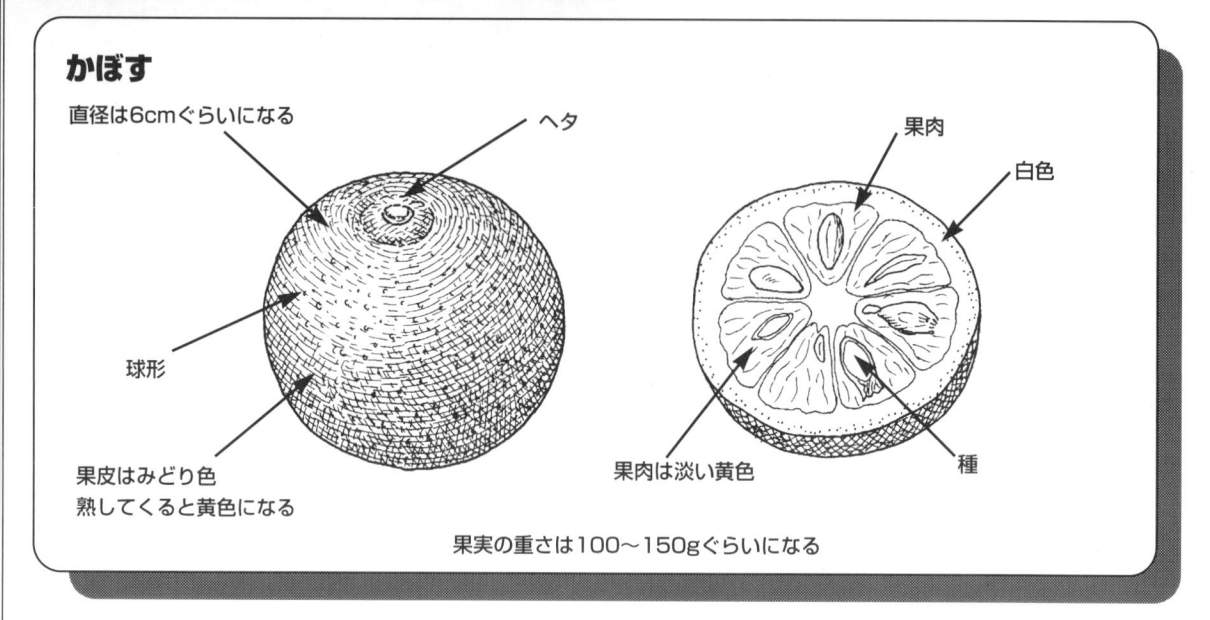

【かぼす】

かぼす

- 直径は6cmぐらいになる
- ヘタ
- 球形
- 果皮はみどり色 熟してくると黄色になる
- 果肉
- 白色
- 果肉は淡い黄色
- 種

果実の重さは100～150gぐらいになる

選び方のポイント

- ●果皮にツヤがあるもの．
- ●果皮に張りがあるもの．
- ●果皮がかたいもの．
- ●果汁が多いもの．
- ●かおりのよいもの．

栄養価

食材の100g中の含有率(%)

	0 10 20 30
たんぱく質	0.4
糖　　質	7.6
脂　　肪	0.1
無 機 質	0.2
ビタミン	0.04

栄養の特徴

ビタミン類を多く含んでいる．

料理メモ

- ●酸味が強いので，生のまま食べるのには向かない．
- ●かおりと酸味を生かし，果汁は湯どうふ，ちりなべ，冷ややっこ，刺身，鉄板焼きなどのつけ汁にしたり，酢のものにあえたり，焼き魚，天ぷらなどにしぼってかけてもおいしい．
- ●果皮はおろし金ですりおろしたり，細かくきざんで吸いものに入れたり，そうめんの薬味に使うとよい．
- ●うす切りにして魚料理(右参照)に使ったり，レモンのように紅茶，カクテルに入れてもよい．
- ●ポリぶくろに入れて冷蔵庫で保存する．
- ●原産地である大分県では焼酎（しょうちゅう）に入れて飲む．

旬

8月～12月ごろが旬．8月からは果皮がみどり色の果実，11月からは果皮が黄色の果実が市場に出回っている．

原産地

大分県が原産．大分県などでさいばいされている．

　ミカン科カンキツ属の果実．かぼすは大分県の特産で，ゆず(P.60参照)に近い調味用のカンキツ類です．12～13世紀ごろに発見され，改良を重ねてさいばいされてきました．
　かぼすの名前は，同じカンキツ類のだいだいの古名である「かぶす」に由来するといわれています．

　果実は球形で，重さは100～150gぐらいあり，独特のかおりがあります．
　かぼすは熟してくると，果皮はあざやかな黄色になりますが，酸味とかおりが減少してしまうので，果皮がみどり色のうちに収穫します．
　果肉はやわらかく，酸味が強い果汁のさわやかな風味を生かして料理に使います．

さけのかぼす風味焼き

① かぼす(1個)を横半分に切り，半分をうす切りにする．半分は手を使ってしぼる．

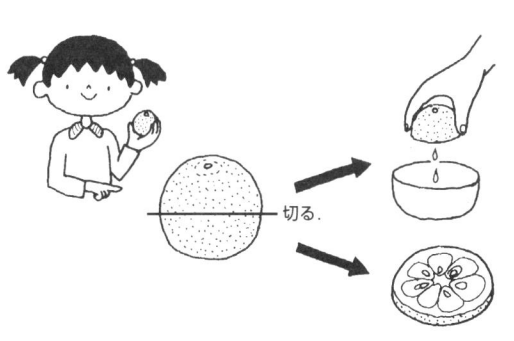

② みりん(大1～2)，酒(大1)，しょうゆ(大1)，かぼす($\frac{1}{2}$個)の果汁の中にさけの切り身(4切れ)を入れ，20分ぐらいおいておく．

③ フライパンを熱し，サラダ油(大$\frac{1}{2}$)を入れる．もりつける時，上になるほうからさけの切り身を焼き，裏返して両面を色よく焼く．残った油を捨て，②のつけ汁を加え，強火でツヤよく仕上げる．

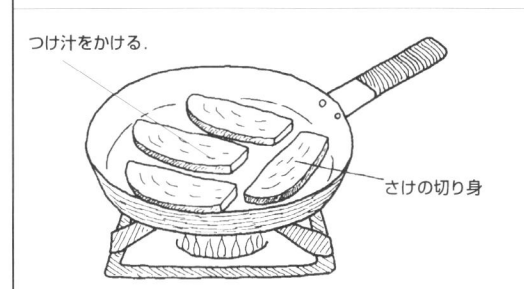

④ さけを器に盛り，かぼすのうす切りをそえて，できあがり．

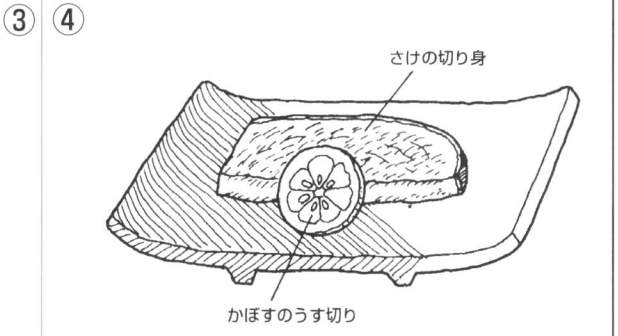

【キーウィフルーツ】

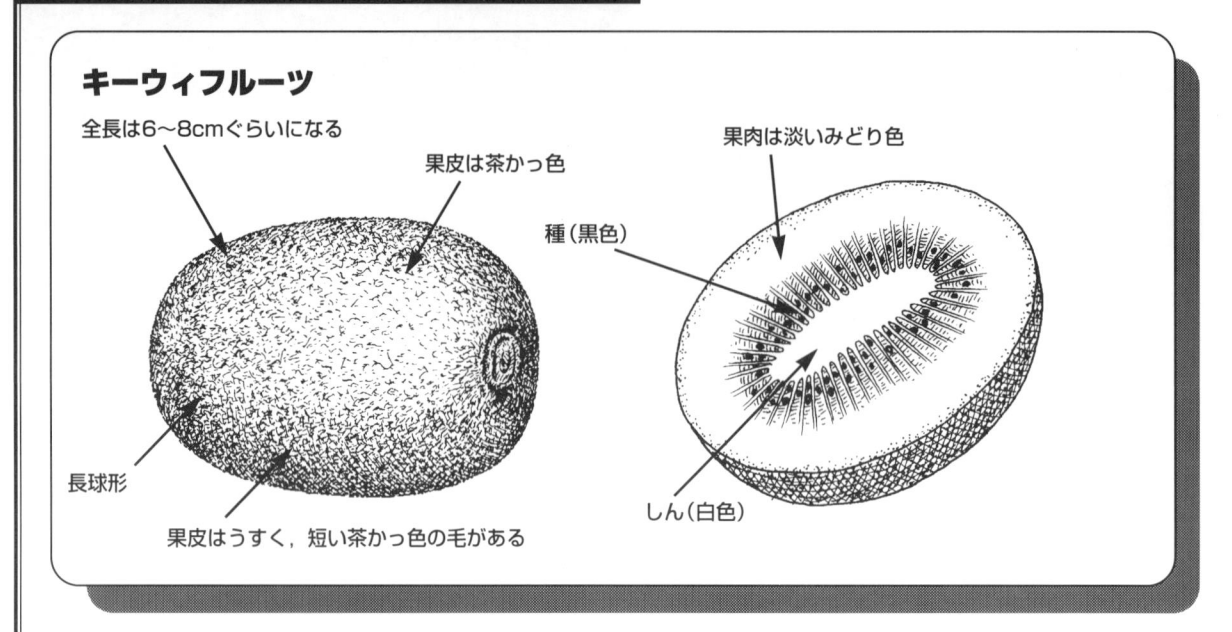

キーウィフルーツ

- 全長は6〜8cmぐらいになる
- 果皮は茶かっ色
- 果肉は淡いみどり色
- 種（黒色）
- 長球形
- 果皮はうすく，短い茶かっ色の毛がある
- しん（白色）

選び方のポイント

- さわった時に弾力があるもの．
- 果肉がみずみずしいもの．
- 果肉の色があざやかなもの．
- 未熟でかたいものは，りんごといっしょに保存する．

栄養価

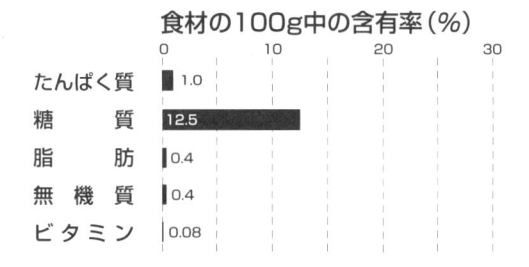

食材の100g中の含有率（％）

成分	含有率
たんぱく質	1.0
糖質	12.5
脂肪	0.4
無機質	0.4
ビタミン	0.08

栄養の特徴

ビタミンC，カリウム，食物繊維を多く含んでいる．

料理メモ

- 果肉を横半分に切り，スプーンでくりぬいたり，果皮をむき，輪切りにして生のまま食べるとよい．
- 酸味が少しあるので，ヨーグルト，砂糖をかけて食べてもおいしい．
- あざやかな色を生かし，サラダやカクテルに入れたり，ケーキのかざり，ババロアのソース，ジャム，冷たいスープ（右参照）などにしてもおいしい．
- たんぱく質分解酵素（アクチニジン）を含んでいるので，果汁やつぶした果肉の中に生の肉をつけておくと，肉がやわらかくなる．肉料理にそえると消化を助ける効果がある．
- 加工品には，果肉を乾燥させたもの，ピクルスなどがある．

旬

輸入品が1年中出回っているが，10月～11月ごろが旬．ニュージーランドでは5月～6月ごろに収穫されるものがよい．

原産地

中国が原産．日本では愛媛県などでさいばいされ，ニュージーランド，オーストラリアなどで多くさいばいされている．

マタタビ科マタタビ属の果実．中国が原産のシナサルナシを1906年にニュージーランドへ持ちこみ，品種改良されたものです．

長球形の果実がニュージーランドに生息するキーウィという鳥に似ているので，キーウィフルーツの名がつきました．果皮は茶かっ色で，茶かっ色の短い毛でおおわれています．キーウィフルーツは温暖な地域でのさいばいに適しています．主産地のニュージランドのほか，アメリカ西部，オーストラリア，日本などでさいばいされています．

甘くて酸味があり，レモンの約2倍のビタミンCを含み，日本人に好まれている果物です．

キーウィフルーツのスープ

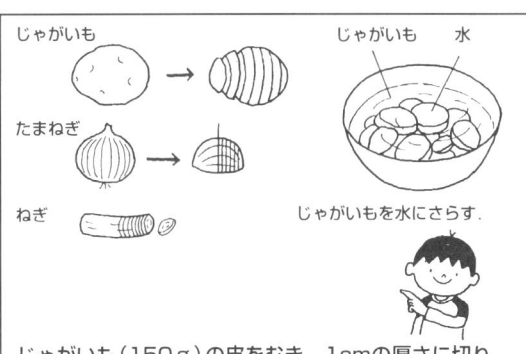

① じゃがいも（150g）の皮をむき，1cmの厚さに切り，水にさらす．たまねぎ（80g）の皮をむき，繊維に直角にうす切りにし，長ねぎ（4cm）は小口切りにする．

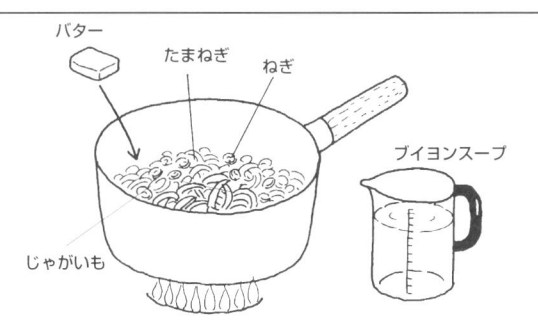

② なべにバター（大1）を入れて熱し，たまねぎ，ねぎ，じゃがいもをよく炒め，ブイヨンスープ（250cc）を加え，やわらかくなるまで煮る．

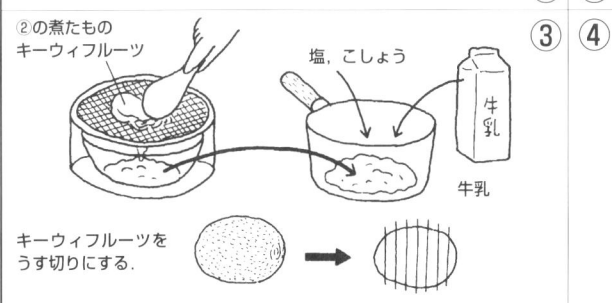

③ ②を裏ごし，再びなべにもどし，牛乳（150cc）を少しずつ加え，ひとつまみの塩とこしょう（少々）で味をととのえる．キーウィフルーツ（2個）の果皮をむき，5ミリ幅のうす切りにし，4切れを残して裏ごし，加える．

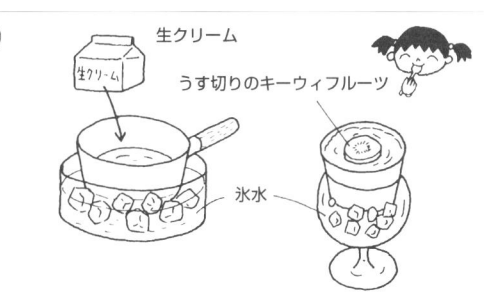

④ きれいにまざった③を氷水で冷やし，生クリームを加えてヴィシソワーズ（冷たいスープ）のできあがり．残しておいたうす切りのキーウィフルーツを浮かべてもりつける．

237

【グレープフルーツ】

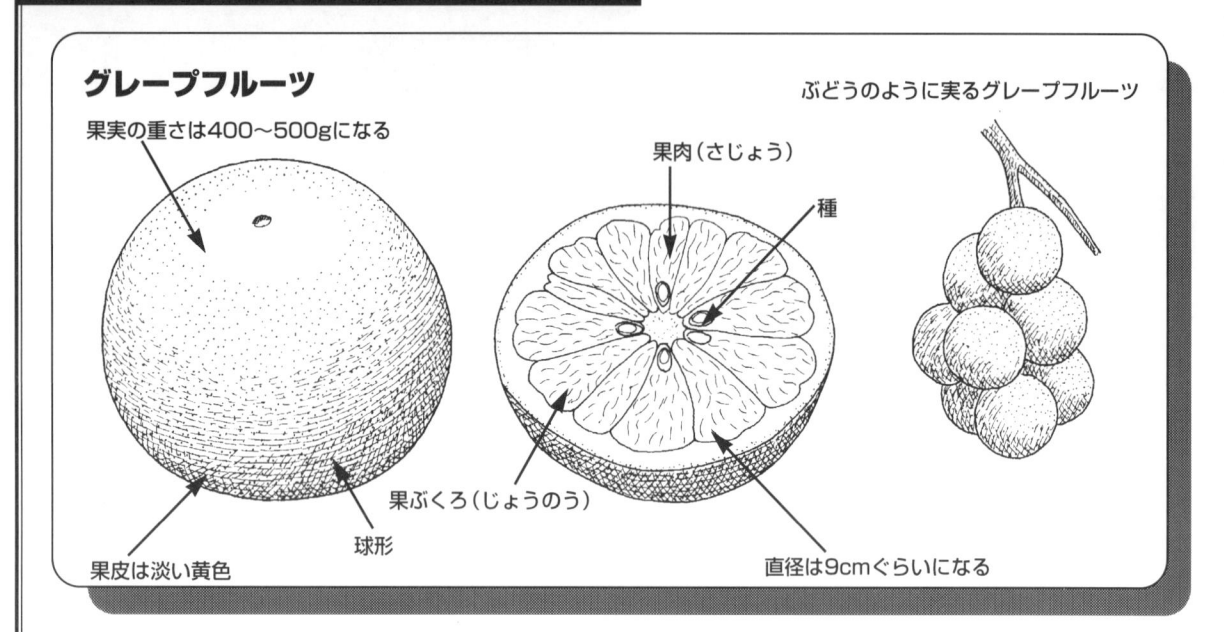

グレープフルーツ
- 果実の重さは400～500gになる
- 果皮は淡い黄色
- 球形
- 果ぶくろ（じょうのう）
- 果肉（さじょう）
- 種
- 直径は9cmぐらいになる

ぶどうのように実るグレープフルーツ

選び方のポイント

- かおりのよいもの．
- 果汁が豊富なもの．
- 果肉がやわらかいもの．
- みずみずしいもの．
- 果皮はうすく，張りがあるもの．
- 持った時に重いもの．
- 果肉から水分がなくなり，スカスカしているものはさける．

栄養価

食材の100g中の含有率（％）

たんぱく質	0.8
糖質	8.9
脂肪	0.1
無機質	0.4
ビタミン	0.041

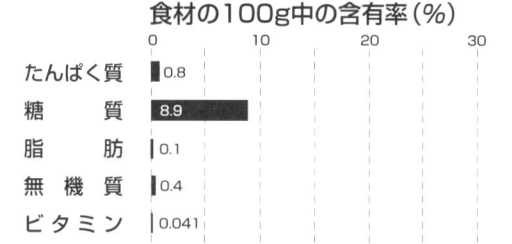

栄養の特徴

にが味の成分はナリンギン．ビタミンCが多く，果肉にはペクチンを多く含んでいる．精油は，ほかのカンキツ類に比べて少ない．

精油…植物の樹脂から得られ，かおりがある揮発性の液状物．

料理メモ

- 果肉がやわらかく，ジューシーな果物．ほどよい酸味とにが味があり，さわやかなかおりを楽しむ．
- 横半分に切り，食べやすいようにナイフの先を使い，果肉と果ぶくろの間に切りこみを入れる．スプーンで果肉をくりぬき，生のまま食べる．
- 酸味，にが味が気になる時は，砂糖，洋酒をかけて食べるとよい．
- 果肉をゼリー（右参照），ほぐしてサラダの材料にしたり，果汁を魚貝類のソースに合わせたりしてもおいしい．
- 加工品には，天然果汁，濃縮果汁，果汁飲料，清涼飲料，缶詰がある．
- 室温を1度に保ち，湿度85％で貯蔵すれば，2カ月ぐらい保存が効く．

旬

輸入品が1年中出回っているが，3月〜6月ごろが旬．

原産地

西インド諸島のバルバドス島が原産．アメリカのカリフォルニア州，フロリダ州，テキサス州，アリゾナ州で多くさいばいされている．

ミカン科カンキツ属の果実．果実が枝に多くついています．そのため，遠くから見た時にぶどう（グレープ）のように見えることから，グレープフルーツの名がついたといわれています．日本でさいばいするのには温度が適していないので，ほとんど輸入に依存しています．

18世紀，西インド諸島のバルバドス島で発見され，1810年，アメリカのフロリダ州に伝わってからさいばいされるようになり，現在ではフロリダ州だけで世界の10％を占めています．アメリカでは朝食によく食べられている果物です．

果肉の白いものが一般的ですが，リコピン（色素）を含んだ果肉が赤い品種，白と赤の中間の品種もあります．

グレープフルーツのゼリー

① グレープフルーツ（2個）を横半分に切り，包丁で果肉をくりぬく．果肉をしぼり，しぼった果汁は350ccぐらい必要なので，少ない時には水を加える．水（大5）の中に粉ゼラチン（大2）を入れ，10〜15分ぐらいかけてふやかす．湯せんで溶かしておく．

② なべに水（カップ1）とグラニュー糖（40g）を入れて火にかけ，木じゃくしでまぜながら溶かす．火を止め，①のゼラチン液を入れ，弱火で溶けるまでよくまぜる．①の果汁を加え，ボールに氷水を入れて冷ましてから，よくまぜる．

③ ①のグレープフルーツの果皮（4個）を器にし，②の液を流しこむ．冷蔵庫で1〜2時間ぐらい冷まし，かためる．

④ 水でぬらした包丁で，かたまったゼリーを好みの大きさに切る．器にもって，生クリームをかざる．

【ココナッツ】

ココナッツ

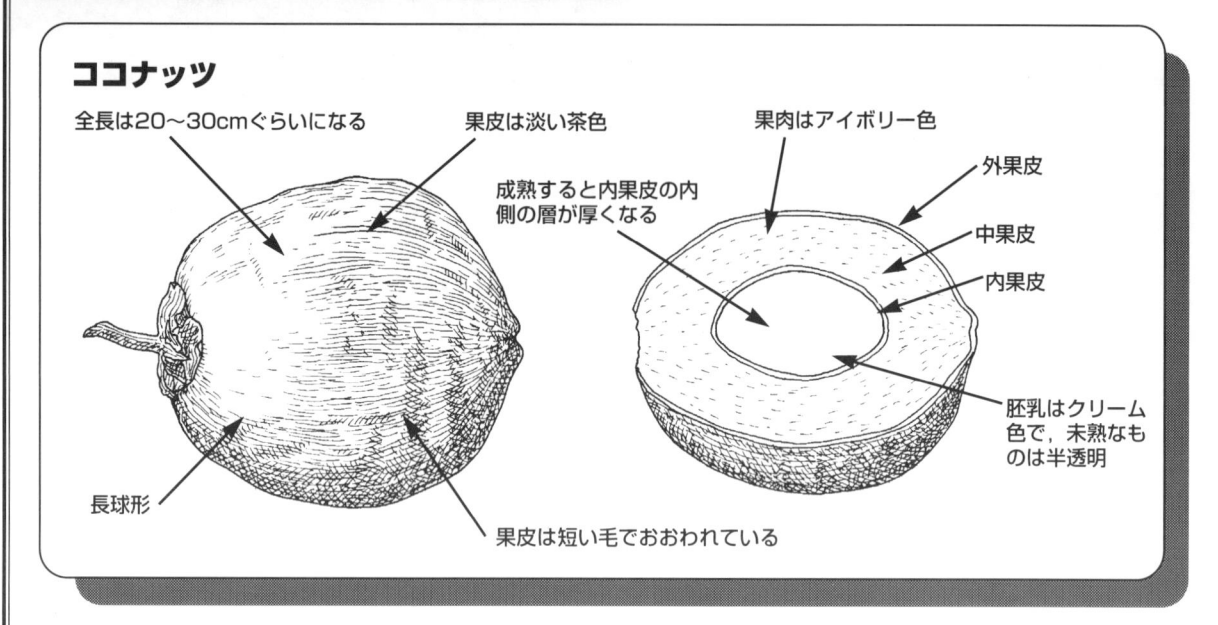

- 全長は20〜30cmぐらいになる
- 果皮は淡い茶色
- 果肉はアイボリー色
- 外果皮
- 中果皮
- 内果皮
- 成熟すると内果皮の内側の層が厚くなる
- 胚乳はクリーム色で，未熟なものは半透明
- 長球形
- 果皮は短い毛でおおわれている

選び方のポイント

- ●果実を切った時，胚乳の切り口がクリーム色のもの．
- ●手で持った時に重いもの．
- ●胚乳がみずみずしいもの．
- ●胚乳を削り，乾燥させたものは白いもの．

栄養価

食材の100g中の含有率（％）

	0	10	20	30
たんぱく質	0.2			
糖質	3.5			
脂肪	0.1			
無機質	0.5			
ビタミン	0.002			

栄養の特徴

グラフはココナッツミルクのものだが，胚乳には脂肪を多く含んでいるが，水を加えてしぼったココナッツミルクにはあまり含まれていない．

料理メモ

- ●未熟な果実の胚乳は半透明の液体で，甘味，酸味は少ないが，熱帯地方ではココナッツジュースとして貴重な飲みものである．熟してくると脂肪が多くなり，かたまってゼリー状になる．
- ●内果皮の内側にあるゼリー状の胚乳を削ったものを水に加えてまぜ，しぼり出したものもココナッツミルクといい，調味料として使われる．
- ●胚乳を細かく切って乾燥させたものがココナッツフレークで，風味を生かしてクッキー，ケーキのかざり，ゼリー（右参照）などに使うとよい．
- ●胚乳を乾燥させてから油をしぼったものがヤシ油で，ショートニング，マーガリンなどの原料に使われる．

旬

輸入品が1年中出回っている．

原産地

中南米が原産．東南アジア，中南米，インド，アフリカなどでさいばいされている．

　ヤシ科ココヤシ属のココヤシの果実．中南米の原産ですが，さいばいの歴史は古く，熱帯地方では数千年も前からさいばいされていたといわれています．

　熱帯地方に自生するヤシは熱帯地方を代表する樹木です．

　果実は大きな長球形で，かたい3層の果皮につつまれています．未熟なうちはココナッツジュースにしたり，ココナッツミルクを調理に使います．かたまった胚乳を乾燥させてから油をしぼったものがヤシ油（ココナッツオイル）で，調理に使ったり，石けんの原料になります．

　最近ブームになったナタ・デ・ココは，ココナッツミルクを発酵させて作ったものです．

ココナッツゼリー

①　なべに牛乳（300cc）とココナッツフレーク（50g）を入れて弱火にかける．木じゃくしでまぜながら煮て，ココナッツの風味を牛乳にうつす．さらに強火で5分ぐらい煮詰め，茶こしでこしてココナッツフレークを取り出す．

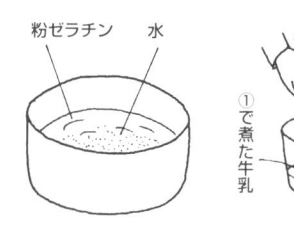

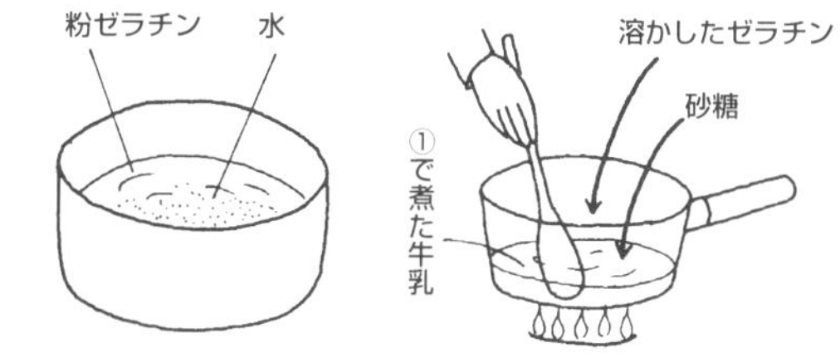

②　①に砂糖（40g），粉ゼラチン（20g）を水（120cc）でふやかし，湯せんにかけて溶かしたものを入れる．弱火であたため，よくまぜる．まざったら冷水で冷まし，とろみをつける．

③　生クリーム（100cc）を氷水で冷やしながら，とろっとした状態に泡だて，②をまぜる．

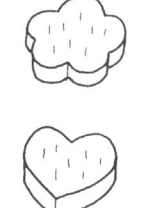

④　水でぬらした型に③を流し，冷蔵庫で冷やしてかためる．皿にもりつける．

【さくらんぼ】

ナポレオン
長めのハート形
果皮は赤斑黄色

果柄（かへい）
さくらんぼの果実の中には種がある

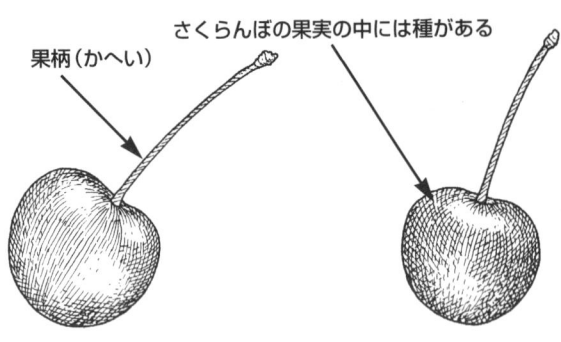

果実の重さは7gぐらいになる

佐藤錦（さとうにしき）
短かめのハート形
果皮は黄色地にあざやかな赤色

果実の重さは7gになる

アメリカンチェリー（ビング）
ひとまわり大きいハート形
果肉はかたく，強いかおりがある
果皮は赤むらさき色

果実の重さは10gになる

選び方のポイント

- 果皮にツヤがあるもの．
- 果皮に張りがあるもの．
- 果皮が黒ずんでいないもの．
- 果実がいたんでいないもの．
- 完熟し，甘味と酸味が適度にあるもの．
- 果柄が青く，あたらしいもの．

栄養価

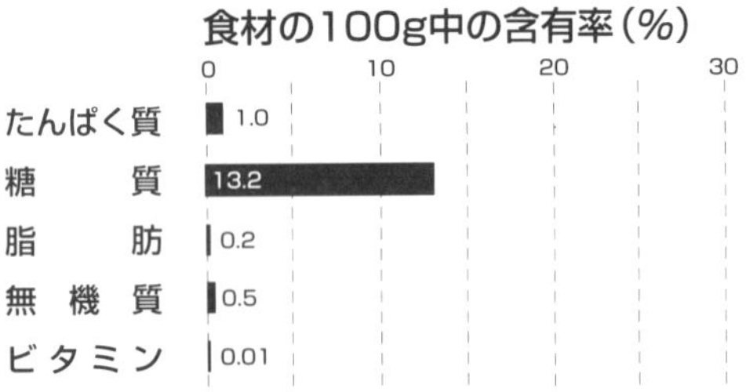

食材の100g中の含有率（％）

	0　　　10　　　20　　　30
たんぱく質	1.0
糖　　　質	13.2
脂　　　肪	0.2
無 機 質	0.5
ビタミン	0.01

栄養の特徴

糖質には果糖を多く含んでいる．主要な酸はリンゴ酸．果肉，果皮の赤色，紅色はアントシアン系色素による．

料理メモ

- 保存がむずかしく，日持ちが悪いので，買う時に果皮がいたんでないかなどに注意をし，買ったその日に食べる．
- 生産地から消費地まで低温貯蔵（0度の低温，湿度85〜90％）されて輸送されるが，10〜14日間しか保存できない．
- よく冷やして生のまま食べたり，果柄と種を除いてフランベ（右参照）にし，ゼリー，アイスクリームのかざりなどにするとよい．
- 加工品には，びん詰，缶詰，製菓用に使われる砂糖漬け（マラスキーノチェリー）などがある．
- 酸味の強い酸果種と甘味の強い甘果種にわけられる．さいばいされているのはほとんどが後者．

旬

ナポレオンは6月～7月ごろ，佐藤錦は5月～6月ごろ，アメリカンチェリーは5月～7月ごろが旬．

原産地

中国(東アジア系)，ヨーロッパ(西洋系)が原産．日本では山形県，山梨県，青森県，北海道などでさいばいされ，アメリカのカリフォルニア州，ワシントン州などでもさいばいされている．

バラ科サクラ属の果実．「桜桃」(おうとう)ともいわれます．東アジア系，アメリカ系，ヨーロッパ系にわかれます．日本ではヨーロッパ系の甘果桜桃が一般的です．

ナポレオンは1872年にアメリカから導入され，果肉は甘く，酸味の少し強い品種で，最近ではあまり見かけなくなりました．

佐藤錦はナポレオンと黄玉の交雑で生まれたとされ，日本を代表するさくらんぼです．果肉は厚く，甘味と酸味がほどよく調和しています．

アメリカンチェリーはアメリカから輸入されるさくらんぼの総称．ビング，ラムバード，レーニアなどの品種があります．日本のさくらんぼよりひとまわり大きく，果肉はかたく，強いかおりがします．

さくらんぼのフランベ

① フランベ…フラム(炎)というフランス語に由来し，お菓子などにお酒をふりかけ，火をつけてアルコール分を燃やすこと．

さくらんぼ(400g)をやさしく，よく洗う．果柄と種を取り除く．

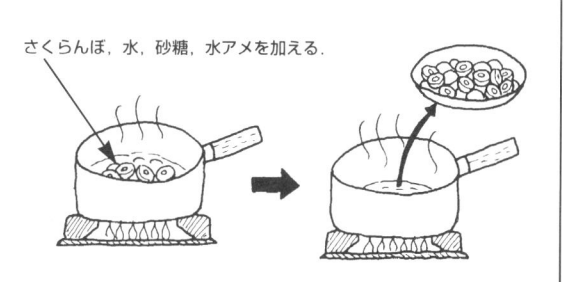

② さくらんぼ，水，砂糖，水アメを加える．

なべにさくらんぼ，水(2カップ)，砂糖(100g)，水アメ(50g)を加える．中火でさくらんぼがやわらかくなるまで煮こむ．やわらかくなったら，取り出す．残りの汁を濃度がつくまで，さらに煮こむ．

③ キルシュ酒…さくらんぼを発酵させて蒸留したブランデーの一種．

キルシュ酒を入れると，火が出るので注意をする．

厚手のなべにバターを熱し，②のさくらんぼ，残り汁，キルシュ酒(45cc)を入れてフランベする．レモン汁(少々)を加え，ソースを作る．

④ バニラアイスクリーム / さくらんぼのフランベ / ソース

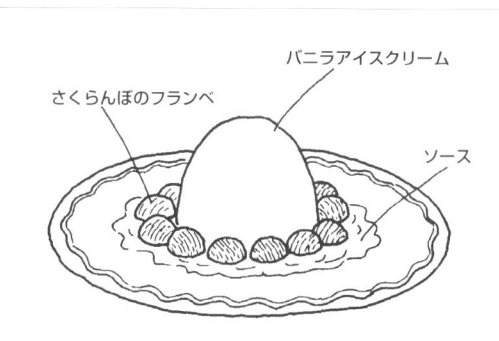

バニラアイスクリーム(ひとり分＝50gぐらい)を皿にもりつける．まわりにさくらんぼをそえ，ソースをかける．

【すいか】

大玉
球形
果実の重さは5〜7kgになる
←黒いしま模様
←果皮はみどり色

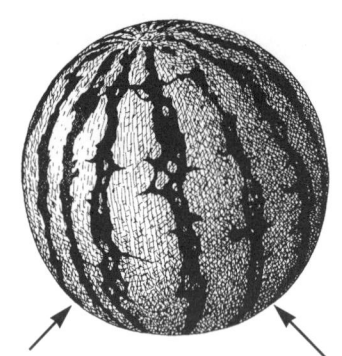

スマートボールすいか
長球形,果実の重さは2〜2.5kgになる

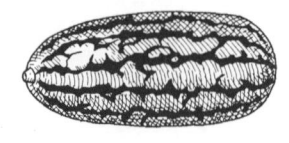

南洋黒すいか
球形,果実の重さは6〜6.5kgになる
←果皮は黒色

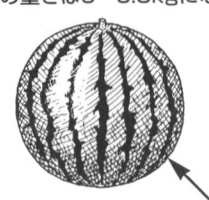

黒部すいか
俵（たわら）形,
果実の重さは15〜20kgになる
←縄で縛られて市場に出回る.

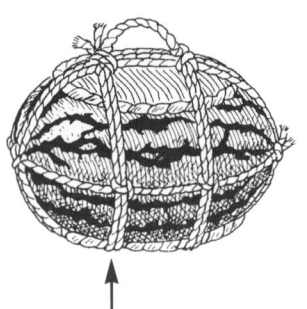

選び方のポイント

- 果皮にツヤがあるもの.
- しま模様がはっきりとしているもの.
- 手で持った時に重いもの.
- 手で軽くたたいて,コンコンとよい音がするもの.
- 果肉がみずみずしいもの.
- 果肉の水分が豊富なもの.
- 切り口の果肉がよくしまっているもの.

栄養価

食材の100g中の含有率（％）

	0〜30
たんぱく質	0.7
糖質	7.9
脂肪	0
無機質	0.3
ビタミン	0.006

栄養の特徴

主成分は水分（91％），甘味である糖質（7.9％）．利尿作用があり，腎臓病に効果がある．果肉の赤色はカロチノイド系のリコピンとカロチンである（9：1の割合）．

料理メモ

- 冷蔵庫で冷やしたすいかをそのまま食べるのがいちばんおいしい食べ方.
- 舟形に切って両手で持って食べるか,食べやすい大きさに切って食べる．果肉に塩をふれば,甘味が強くなる.
- 果肉だけを切り取り,かき氷とみつをかけた氷すいか,凍らせてシャーベット（右参照）にするとよい.

- 丸ごとでは冷えるのに時間がかかるので,半分に切った後,水分が逃げないように切り口をラップなどでしっかりとつつむことが大切.
- 果汁を煮詰めた水アメ状のすいか糖は,昔から腎臓病に効果があるされている.
- 皮は漬けもの,酢のもの,種は塩で煎り,中国料理のつまみにされたりする.

旬

6月～8月ごろが旬．ハウスさいばいのものは12月ごろから出回っている．

原産地

南アフリカが原産．熊本県，山形県，富山県などでさいばいされている．特に富山県の特産品である黒部すいかは有名．

　ウリ科スイカ属の果実．畑でさいばいされ，地面をはうつる性の茎に実がなります．夏を代表する果物で，すいか割りは浜辺の風物詩です．

　11世紀にシルクロード（絹の道）経由で中国に伝わり，「西域の瓜（うり）」とされ，「西瓜」（すいか）と書きます．日本へは鎌倉時代に鳥羽僧正が描いた「鳥獣戯画」（ちょうじゅうぎが）の中にすいかを持ったうさぎがいることから，このころに伝わったとされています．当初は赤い汁が血を連想させるので敬遠され，一般に食べられるようになったのは江戸時代からです．

　すいかの果肉は，赤色，黄色，白色があり，形は球形，長球形，俵形があります．赤色で球形が一般的です．

すいかのシャーベット

① すいか（1/3個）の果肉を2cm角に切る．

② アルミの皿など，金属製の容器に入れ，ラップをしっかりとかぶせる．

③ 冷凍庫に1～2時間ぐらい入れ，凍らせる．

④ 器にすいかのシャーベットをもりつけ，セルフィユ（適量）をかざる．

セルフィユ…パセリに似た香草．

【すだち】

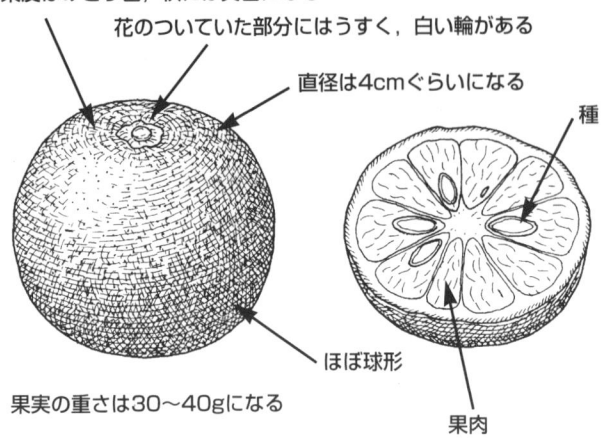

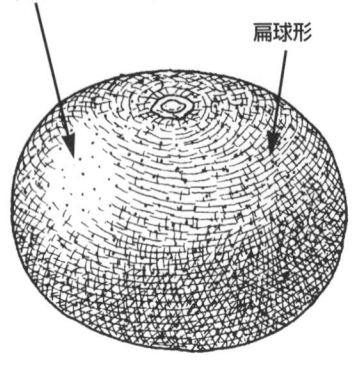

すだち
- 果皮はみどり色，秋には黄色になる
- 花のついていた部分にはうすく，白い輪がある
- 直径は4cmぐらいになる
- 種
- ほぼ球形
- 果肉
- 果実の重さは30〜40gになる

田熊すだち
- 果皮はみどり色，秋には黄色になる
- 扁球形
- 果実の重さは100〜150gになる

選び方のポイント
- 果皮，果肉のかおりがよいもの．
- 花のついていた部分にうすく，白い輪があるもの．
- 果汁を利用する場合は，果肉に水分をしっかりと含んでいるもの．

栄養価

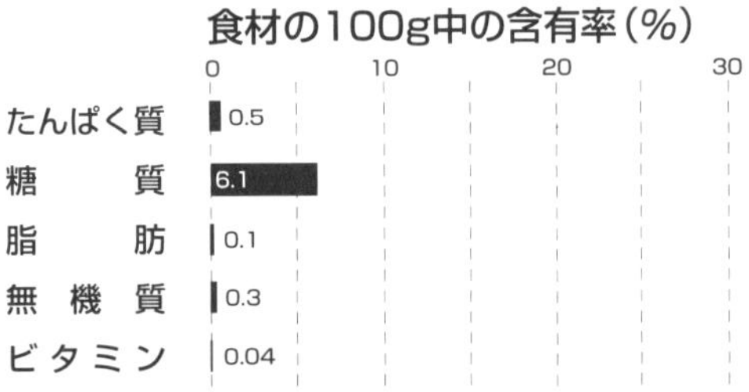

食材の100g中の含有率（％）

	0　　　10　　　20　　　30
たんぱく質	0.5
糖　　　質	6.1
脂　　　肪	0.1
無　機　質	0.3
ビタミン	0.04

栄養の特徴

果汁中のクエン酸は，腐敗菌の繁殖を抑える働きがあり，疲労回復に効く．かおりには食欲増進の効果がある．

料理メモ

- 果皮，果汁には独特の風味があり，酸味が強いので，香味料として日本料理に使われる．
- 特にまつたけとの相性がよく，まつたけの土瓶蒸しに使われる．
- 果皮ごとおろし金でおろし，刺身や汁ものの薬味にしたり，焼き魚，なべものに果汁をしぼって入れてもおいしい．

- しぼり汁をドレッシング，ポン酢，ジュース（右参照）などにしてもよい．
- すだちは，関西地方で使われることが多かったが，最近では関東地方にもよく出回っている．
- 徳島県などでさいばいされる「ゆこう」（柚香，柚紺）は，すだちに似ている．使い方も同じである．

旬

7月中ごろ～10月ごろが旬.

原産地

すだちは徳島県が原産. 田熊すだちは広島県因島市田熊が原産で, 高知県で多くさいばいされている.

ミカン科カンキツ属の果実. 古木の枝に実をつけます. 枝に小さいトゲがありますが, 古木になるにつれなくなります. 江戸時代から徳島県でさいばいされ, 樹齢300年ぐらいのものもあり, すだちの花が徳島県の県花になっているほどです.

すだちは形, 用途ともゆず(p.60参照)に似ていますが, ゆずより少し小さく, 味, かおりがまろやかです.

8月ごろまでに収穫されるすだちは木酢用(実からしぼり取った酢)として, 食用酢にされ, 9月に入ると市場に多く出回ります. 10月をすぎると, 果実は熟し, 黄色になりますが, 熟しすぎると酸味が強くなり, 生のままでは食べられなくなります.

すだちのジュース

① 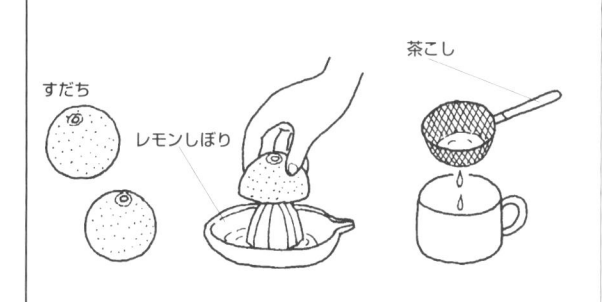 すだち(2個)を横半分に切り, レモンしぼりを使ってしぼる. しぼり汁を茶こしでこす.

②  しぼり汁(大1)を冷水(600cc)の中に入れる.

③  はちみつ(大1)を入れ, よくまぜる.

④ 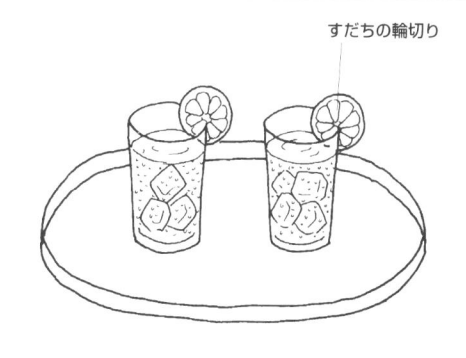 コップにそそぎ, 氷を入れ, すだちの輪切りをそえる.

【なし】

なし（日本なし）

二十世紀（にじゅっせいき）　**長十郎（ちょうじゅうろう）**　**幸水（こうすい）**

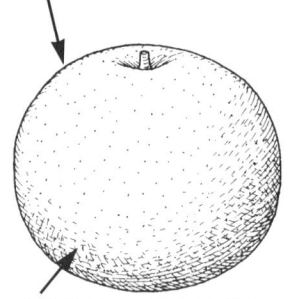

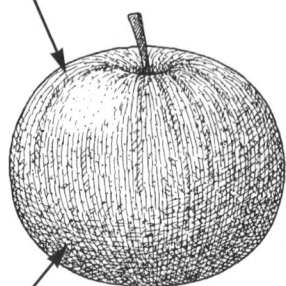

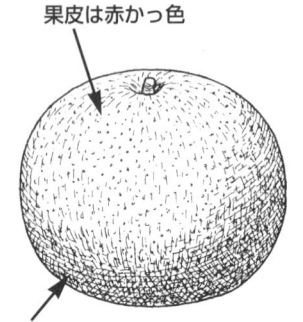

- 果皮は黄みどり色
- 直径は10cmぐらいになる

- 果皮は赤かっ色
- 直径は10cmぐらいになる

- 果皮は赤かっ色
- 直径は10cmぐらいになる

＊ようなし（西洋なし）はp.62参照

選び方のポイント

- 果皮にツヤがあるもの．
- 果肉が白く，果汁の多いもの．
- 果肉がしっかりとしているもの．
- 手で持った時に重いもの．
- 横に張っている形のもの．

栄養価

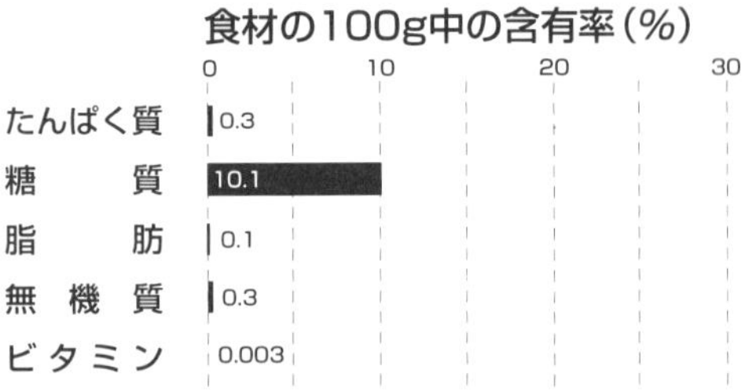

食材の100g中の含有率（％）

成分	含有率（％）
たんぱく質	0.3
糖質	10.1
脂肪	0.1
無機質	0.3
ビタミン	0.003

栄養の特徴

糖質には果糖，ブドウ糖，ショ糖を含んでいる．ビタミンは少ない．

料理メモ

- 果肉は少しざらついているが，シャキシャキとしたさわやかな歯ざわりが好まれている．
- 生のままくし形に切り，種がついているしんの部分を切り取り，果皮をむき，デザートとして食べるとおいしい．
- ゴマ酢，甘酢（右参照）であえものにしたり，サラダにしてもおいしい．
- 果皮や種のまわりは酸味が強いので，果皮は厚めにむき，種の部分は大きく切り取るようにする．
- 冷やしすぎると甘味が少なくなるので，食べる1〜2時間ぐらい前に冷蔵庫で冷やすとよい．
- 新鮮なものほど味がよく，熟しすぎると果肉がやわらかくなり，味が落ちる．

旬

日本なしの二十世紀，長十郎は8月上～9月中ごろ，幸水は7月下～8月下ごろが旬。

原産地

日本が原産．徳島県，長野県，茨城県などでさいばいされている．

　バラ科ナシ属の果実．なしは，日本なし，西洋なし(p.62参照)，中国なしの3種類にわかれます．水分を多く含んでいる果物です．

　日本なしは，日本書紀の時代からさいばいされている歴史の古い果物で，江戸時代からはなし園で多くさいばいされるようになりました．英語では「サンドペア」(sand pear：砂なし)と書き，シャキシャキとした歯ごたえが特徴です．果実は扁球形で，果皮が赤かっ色の赤なし(長十郎，幸水など)と黄みどり色の青なし(二十世紀など)の品種にわかれます．

　なしは「無し」に通じ，それを嫌って「ありの実」ともいいます．

なしの甘酢あえ

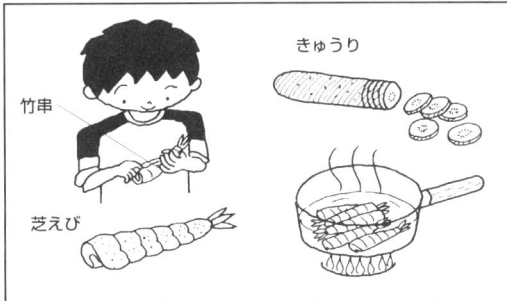

① 芝えび(200g)の背わたを竹串を使って取り，頭を切り取る．カラつきのまま，酒(大1)，少量の塩，ひたひたの水でさっとゆでる．冷ましてぐるむきにし，大きければふたつに切る．きゅうり(1本)を塩みがきしてから，うすく小口切りにし，少量の塩をふっておく．

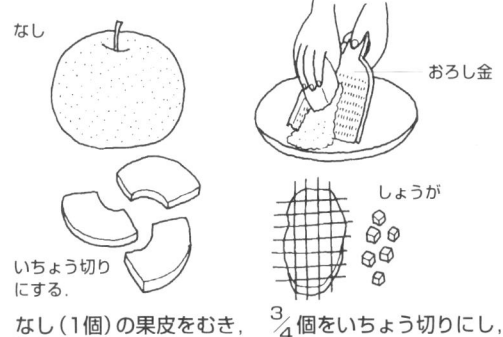

② なし(1個)の果皮をむき，$\frac{3}{4}$個をいちょう切りにし，$\frac{1}{4}$個をおろし金ですりおろす．しょうが(5g)をあらに切る．

甘酢
砂糖　大1
酢　　大3
塩　　小$\frac{1}{2}$

③ 甘酢を作り，ボールの中に入れる．果皮をむき，種を取り，半分に切ったマスカット(200g)，①の芝えび，きゅうり，②のなし，しょうがも加える．

④ 器にきれいにもりつける．

「まあじょうずにできたわね」

249

【なつみかん】

なつみかん

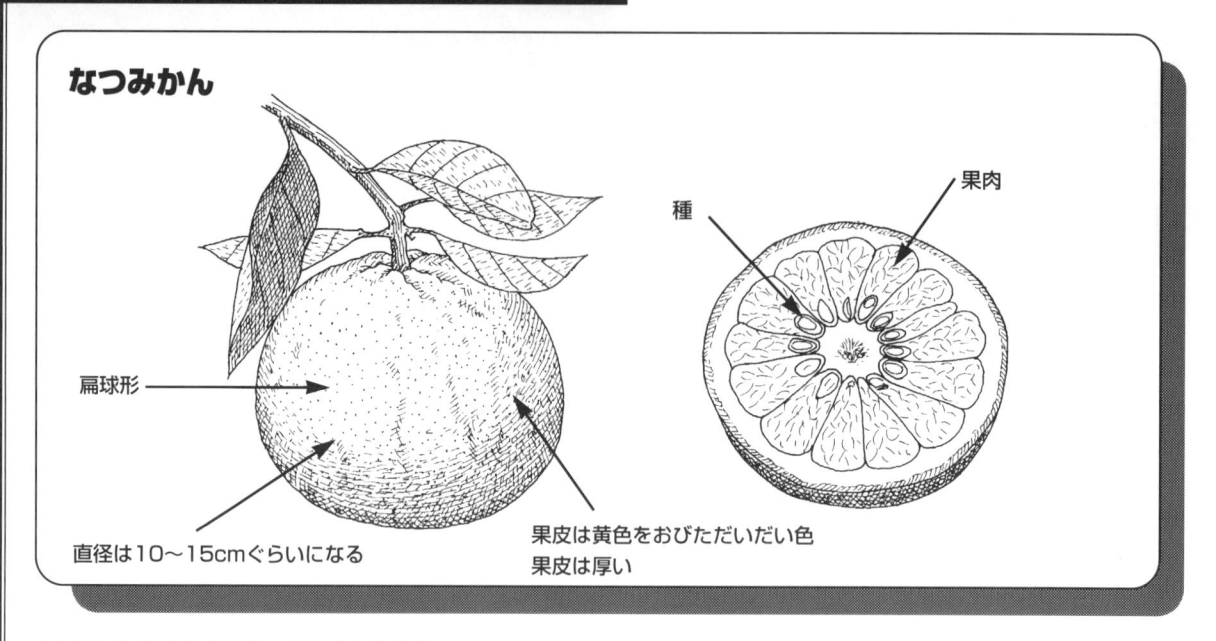

- 扁球形
- 直径は10〜15cmぐらいになる
- 果皮は黄色をおびただいだい色
- 果皮は厚い
- 種
- 果肉

選び方のポイント

- 果皮にツヤがあるもの．
- 果皮の色が濃いもの．
- 手で持った時に重いもの．
- 果汁の多いもの．

栄養価

食材の100g中の含有率（％）

たんぱく質	0.8
糖　　質	8.8
脂　　肪	0.3
無 機 質	0.4
ビタミン	0.04

栄養の特徴

ビタミンCを多く含んでいる．果皮などにあるにが味はナリンジンによる．

料理メモ

- 生のまま食べることが多いが，果肉は少しかたく，酸味が強いので，砂糖，洋酒をかけると酸味がやわらぎ，食べやすくなる．
- 果肉をサラダ，ゼリーにする．果汁をしぼって砂糖，炭酸水を加えれば，さわやかなジュースになる．
- 低温で保存すると，果皮などにあるナリンジンによるにが味が果肉にまでうつってしまうので，冷蔵庫で保存しないほうがよい．
- 果皮にはペクチン（多糖類）を多く含んでいるので，マーマレード（右参照）に加工されることが多い．
- クエン酸を多く含んでいるので，未熟な果実はクエン酸製造の材料となる．

旬

なつみかんは4月～8月ごろが旬．あまなつは2月～3月ごろが旬．

原産地

熊本県田ノ浦が有名．和歌山県，愛媛県，大分県，静岡県などでもさいばいされている．

ミカン科カンキツ属の果実．正式には「なつだいだい」という名称で，別名を「なつかん」ともいいます．1700年ごろ，山口県長門市の海岸に流れついた果実の種をまいたことから，さいばいが広まったとされています．はじめは食酢として利用され，明治時代から食用にされるようになりました．

なつみかんは4月ごろから収穫される酸味の強い果物ですが，遅く収穫するほど，酸味が少なくなります．

1900年ごろ大分県で発見されたあまなつ（川野なつだいだい）は，酸味が少ないことから，生産をのばし，なつみかんにかわって主流となっています．

なつみかんのマーマレード

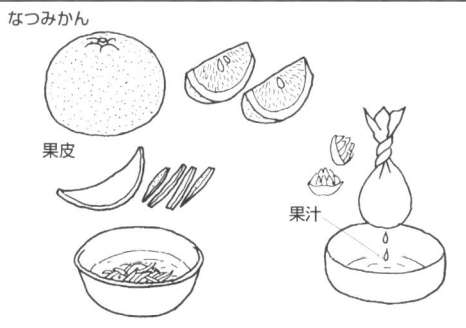

① なつみかん（1個）の果肉と果皮を切り離す．果皮の裏側の白い部分をそぎ取り，せん切りにして水にさらす．果肉は適当な大きさに切り，ふきんでしぼって果汁を出す．

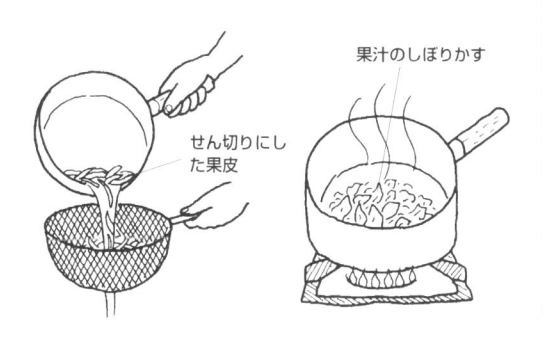

② せん切りにした果皮を3回にわけてゆでこぼし，にが味を取る．果汁のしぼりかすを煮出してこす．

③ グラニュー糖（400g），果汁，煮出した果汁，せん切りにした果皮をなべに入れ，おたまなどでアクを取りながら40分ぐらい煮る．

④ ビンなどに入れて保存し，食パンなどにつけて食べるとよい．

【パイナップル】

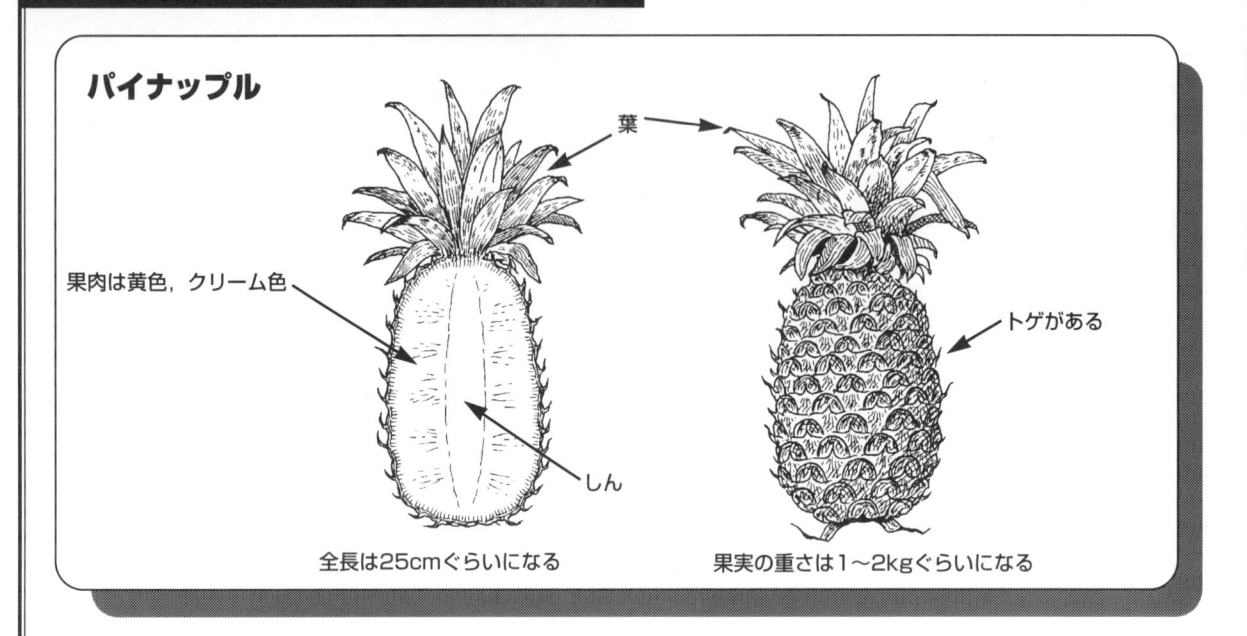

パイナップル
- 葉
- 果肉は黄色, クリーム色
- しん
- トゲがある
- 全長は25cmぐらいになる
- 果実の重さは1〜2kgぐらいになる

選び方のポイント

- かおりのよいもの.
- 果皮に傷がないもの.
- 果皮がみどり色で, 新鮮なもの.
- 果肉が濃い黄色のものは熟しすぎ.
- 果実が小さく, 下部がふくらんでいるもの.
- 葉が広がりすぎていないもの.
- 葉がみずみずしいもの.

料理メモ

- 果肉は甘味と適度の酸味があり, 独特のさわやかなかおりを楽しむとよい.
- 果汁の中に含まれるたんぱく質分解酵素(ブロメリン)は, 肉をやわらかくし, 消化を助ける効果があるので, ハムステーキ(右参照), 酢ぶたなどに入れるとよい.
- カクテルの材料や凍らせてシャーベットにしたり, チーズと相性がよいので, サラダに入れたりするとよい.

栄養価

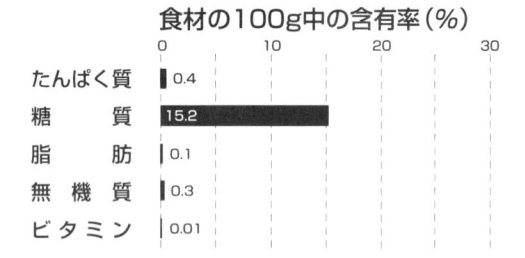

食材の100g中の含有率(%)

	0 10 20 30
たんぱく質	0.4
糖　　質	15.2
脂　　肪	0.1
無　機　質	0.3
ビタミン	0.01

栄養の特徴

たんぱく質分解酵素(ブロメリン)を含んでいるため, 消化を助ける効果がある. 食べた時, 舌, 唇(くちびる)が荒れるのはこのため.

- 加工品には, 缶詰, ジュース, ジャム, ゼリー(生のままだと酵素の働きでゼラチンがかたまらないので, 寒天を使うか缶詰を使う), 砂糖漬けなどがある.
- 熟していないものはショウ酸石灰を含み, にが味が口の中に残ってしまう.

旬

輸入品が1年中出回っているが，3月～6月ごろが旬．

原産地

ブラジルが原産．熱帯地域である沖縄県，ハワイ，マレーシア，台湾，フィリピンなどでさいばいされている．

パイナップル科アナナス属の果実．ヨーロッパでは「アナナス」として親しまれていますが，パイナップルは英語のパイン（松）とアップル（りんご）の合成語に由来しています．

幕末のころ，オランダ商船によって持ちこまれました．現在，国内産は沖縄県でさいばいされていますが，市場に出回っているのはほとんどがフィリピン産です．

パイナップルは木の実ではなく，草の実です．茎の上にらせん状に小さな花がつき，咲き終わった後，ひとつずつ小さい果実となり，大きな集合体になります．表面のうろこ状の果皮は花だった部分で，花托（かたく）や子房

ハムステーキ（ハワイ風）

シェリー酒…スペイン南部でぶどうから作られるワインの一種．
フランベ…p.31参照

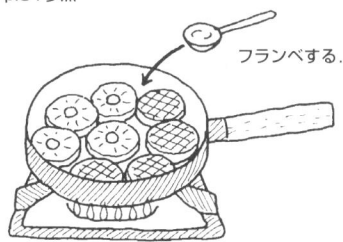

① フライパンにサラダ油（大1），バター（大1）を入れて熱し，ロースハム（4枚＝1枚200g），缶詰のパイナップルのスライス（4枚）を焼く．シェリー酒（大1）でフランベする．

② ①のハム，パイナップルを器に取り，保温しておく．①のフライパンにパインジュース（120cc），ドゥミグラスソース（80cc），レモン汁（小1），バター（40g）を加えてよく溶かす．適量の塩，こしょうで味をととのえ，ソースを作る．

③ ヘタをくりぬく．湯むきをする．冷やす．手で果皮をむく．器を作る．種を取り除く．とまとの器

とまと（小4個）のヘタを包丁でくりぬき，反対側に十字を入れ，湯むきをする．湯むきをしたとまとは水に入れて冷まし，手で果皮をむき，水気を切る．上の部分を切り取り，種を小さいスプーンで取り除き，とまとの器を作る．ゆで卵（2個）をみじん切りにし，マヨネーズ（大2）であえ，とまとの器に入れる．

④ クレソン／ゆで卵のマヨネーズあえ／とまとの器／ロースハム／パイナップル／ソース

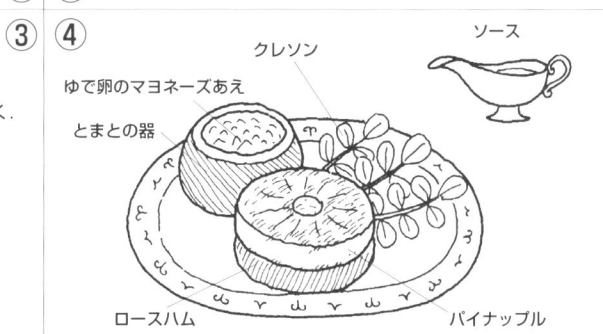

器にロースハム，パイナップルを重ねてもりつけ，クレソン，③のとまとをそえる．好みでソースをかける．

【はっさく】

はっさく

- 直径は8～10cmぐらいになる
- 果皮はオレンジ色
- 果皮はなめらか
- 扁球形
- 果実の重さは350～400gぐらいになる
- 果肉は淡いオレンジ色
- 種
- しん
- 果皮，果肉はかたい

選び方のポイント

- 果皮，果肉がかたいもの．
- かおりのよいもの．
- 果汁が豊富なもの．
- みずみずしいもの．
- 果皮はうすく，張りがあるもの．
- 手で持った時に重いもの．
- 果肉から水分がなくなり，スカスカとしているものはさける．

料理メモ

- 果皮はかたいので食べられないが，少しかたい果肉の食感を楽しむとよい．
- 生のまま食べる（右参照）ことが多い．ほかの果物といっしょにサラダなどにしてもよい．
- 貯蔵の最適温度は4～6度，湿度90％．常温貯蔵の場合は，ひとつずつラップでつつんでおけば保存が効く．

栄養価

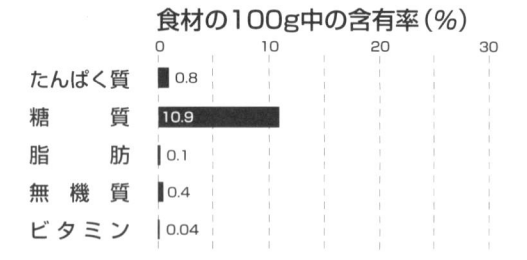

食材の100g中の含有率（％）

	0	10	20	30
たんぱく質	0.8			
糖　　質	10.9			
脂　　肪	0.1			
無　機　質	0.4			
ビタミン	0.04			

栄養の特徴

糖質の中にはアスパラギン酸がいちばん多く，ビタミンCを比較的多く含んでいる．

- 果皮を甘く煮たものは，茶受け（お茶を飲む時にそえる菓子，漬けもの）などになる．
- はっさくのにが味を取り除き，最近ではジュースとしても利用されている．
- 外観の美しさや貯蔵効果をあげるため，果皮に防腐剤などがぬられていることがあるので，熱湯で十分に果皮を洗う．

旬

2月～4月ごろが旬．

原産地

広島県が原産．広島県，和歌山県，愛媛県，徳島県などでさいばいされている．

　ミカン科カンキツ属の果実．江戸時代末期(1860年)，広島県因島市で発見されたのが最初とされています．現在では広島県だけで，全国の生産量の半分ぐらいを占めています．

　旧暦の8月1日の八朔(はっさく．「朔」はついたちの意味)に食べられていたのが名前の由来ですが，この時期ではまだ果実が小さく，実際の食べごろは2～4月ごろからです．

　はっさくは採取して貯蔵するより，同じ期間だけ木に果実をつけていたほうが酸味が少なくなります．

　グレープフルーツに似た風味なので，にが味を少し取り除く品種改良に成功すれば，市場に多く出回る可能性のある果物です．

はっさくの食べ方

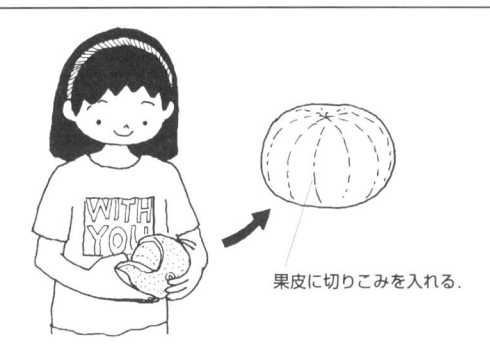

① 果皮に包丁で切りこみを入れ，はっさく(1個)の果皮をむく．
果皮に切りこみを入れる．

② ひとつずつ房(ふさ)をわける．

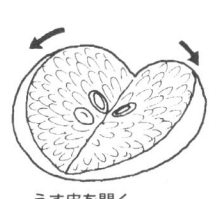

③ うす皮に包丁で切りこみを入れる．

④ うす皮を開いて果肉を食べる．
うす皮を開く．

【バナナ】

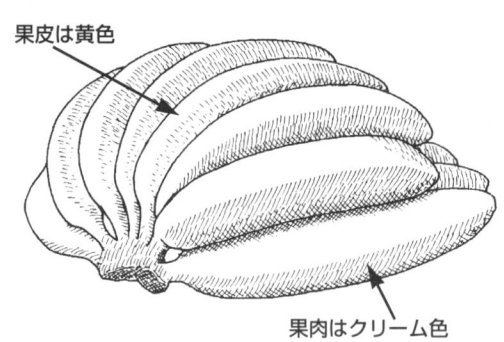

台湾バナナ
- 果皮は黄色
- 果肉はクリーム色
- 全長は18cmぐらいになる

レッドバナナ（モラード種）
- 果肉はピンク色
- 果皮は赤茶
- 全長は12cmぐらいになる

カーベンディッシュ
輸出用に改良された品種
- 果肉はクリーム色
- 果皮は黄色
- 全長は15～22cmぐらいになる

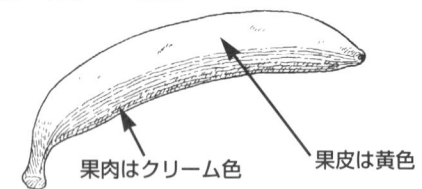

選び方のポイント

- 黄色の果皮に茶色のボツボツが出ていないもの．
- 果皮がめくれていないもの．
- かおりのよいもの．
- 果肉が適度にかたいもの．
- 房（ふさ）がそろい，丸みをおびているもの．

栄養価

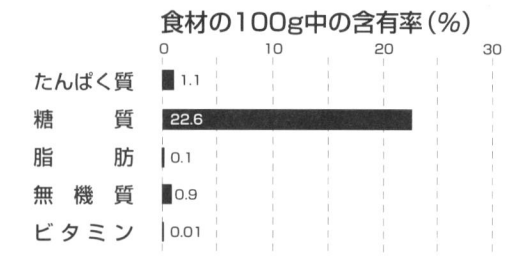

食材の100g中の含有率（％）

たんぱく質	1.1
糖　　　質	22.6
脂　　　肪	0.1
無　機　質	0.9
ビタミン	0.01

栄養の特徴

炭水化物が多く，たんぱく質，ビタミン，カロチン，カルシウム，ミネラルなどをバランスよく含み，栄養価に富んでいる．揮発性の成分が多いので，かおりはよい．

料理メモ

- 冷やしすぎると黒くなってしまうので，常温で保存し，食べる前に30分ぐらい冷蔵庫で冷やすとよい．
- 果肉を切ってから空気にふれると変色するので，変色をふせぐためにオレンジ，レモンの果汁をかけておくとよい．
- 生のまま食べたり，ジュース，砂糖漬け，アイスクリームに加えたり，洋菓子の材料（右参照），フリッター，サラダなどにするとよい．
- 価格が安く，すぐ手に入るバナナは，消化がよく，カロリーも高いので，赤ちゃん，お年寄りの食品に適している．
- 未熟な果肉は消化に悪いのでさける．
- 加工品には，ゼリー，砂糖漬け，乾燥バナナ，バナナチップなどがある．

旬

輸入品が1年中出回っているが,台湾バナナ,カーベンディッシュは2月〜3月ごろ,レッドバナナは5月〜8月ごろが旬.

原産地

東南アジアのマレーシアあたりが原産.熱帯,亜熱帯地域である中南米,台湾,フィリピンなどでさいばいされている.

バショウ科バショウ属の果実.熱帯性の果物で,1950年,ポルトガルの船員によって原産地から大西洋諸島,西アフリカに根が運ばれ,さいばいされるようになりました.現在では世界中に200〜300種類ぐらいあるといわれています.

果皮も黄色のものだけでなく,赤茶色,淡いかっ色などがあり,果肉も白色,黄色,ピンク色などがあります.大きさも,親指ぐらいの大きさのモンキーバナナから50cmぐらいあるものまで千差万別です.

バナナは青いうちに輸入し,密閉した30度の部屋に1日放置し,やわらかくなってきたら急速に冷やし,ゆっくりと発酵させて甘味を出します.果皮が黄色くなってから市場に出されます.

バナナチョコロールパイ

生地
- 薄力粉　300g
- バター　50g
- 塩　小1/8
- 水　120cc

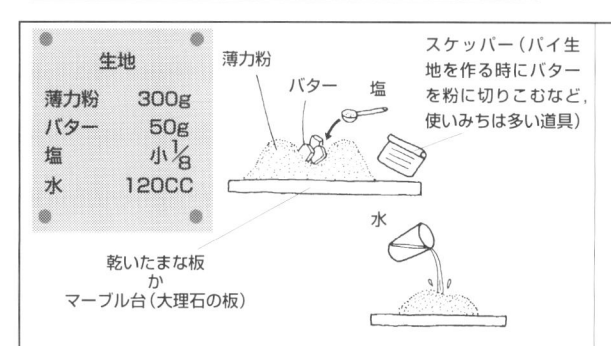

① 生地を作る.乾いたまな板かマーブル台の上で,薄力粉,1cm角に切ったバター,塩をスケッパーを使ってよくまぜる.バターが全体になじんだら水を加え,全体にまぜる.

② 生地をボールに入れ,ラップをかける.室温で1時間ぐらい待つ.バナナ(2本)の果皮をむき,レモン汁(大1)をかける.スイートチョコレート(40g)をくだく.

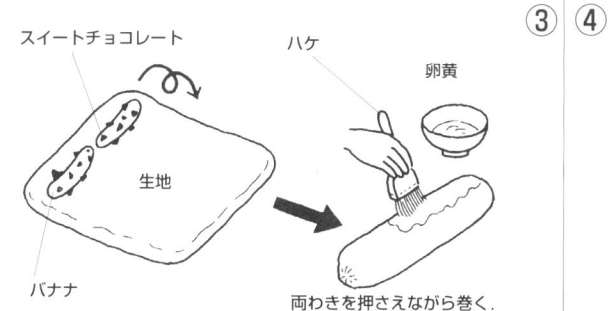

③ ②の生地をめん棒で3cmぐらいの厚さにのばし,バナナとスイートチョコレートをのせ,両わきを押さえながら巻く.巻けたら,ハケで全体に卵黄(1個)をぬる.

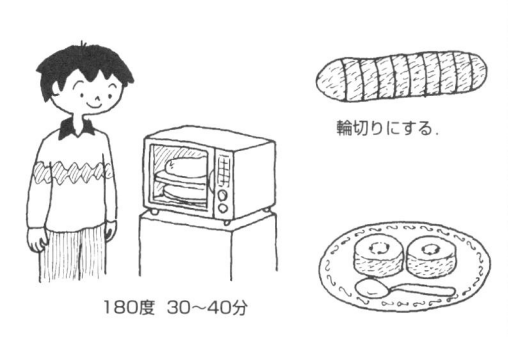

④ 180度のオーブンで30〜40分ぐらい焼く.適当な大きさの輪切りにし,器にもる.

【パパイア】

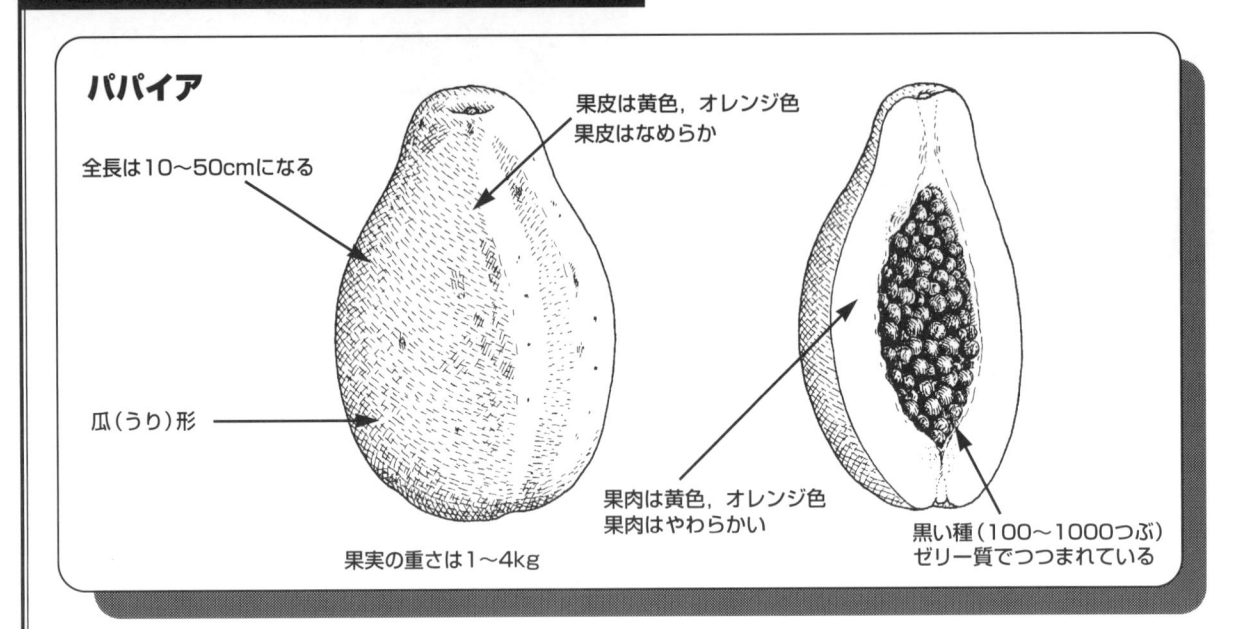

パパイア
- 全長は10〜50cmになる
- 果皮は黄色，オレンジ色　果皮はなめらか
- 瓜（うり）形
- 果肉は黄色，オレンジ色　果肉はやわらかい
- 果実の重さは1〜4kg
- 黒い種（100〜1000つぶ）ゼリー質でつつまれている

選び方のポイント

- かおりのよいもの．
- 果皮が黄色いもの（未熟なものはみどり色）．
- 果皮に傷がないもの．
- 手で持った時，果肉に少し弾力があるもの．
- みずみずしいもの．

栄養価

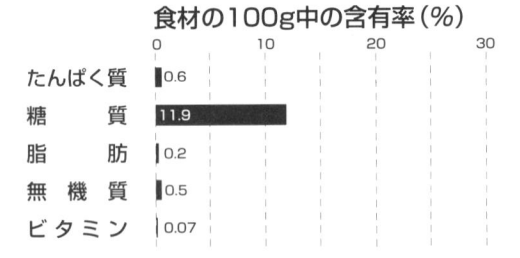

食材の100g中の含有率（%）

たんぱく質	0.6
糖　　質	11.9
脂　　肪	0.2
無 機 質	0.5
ビタミン	0.07

栄養の特徴

たんぱく質分解酵素（パパイン）を多く含んでいるので，消化を助ける効果がある．ビタミンA，Cを多く含んでいる．

料理メモ

- 水分が多く，甘味の強い果物で，独特のかおりがする．
- 縦半分に切り，種をスプーンなどで取り除き，メロンのようなやわらかい果肉を食べる．レモン，ライムなどの酸味の強い果汁をかけると味が引きたつ．
- 果肉の中に含まれるたんぱく質分解酵素（パパイン）は，肉をやわらかくし，消化を助ける効果があるので，肉料理（右参照）などに入れるとよい．
- ジュース，凍らせてシャーベットにしたり，サラダに入れるとよい．
- 加工品には，缶詰，ジュース，ゼリー（生のままだと酵素の働きでゼラチンがかたまらないので，寒天を使う），砂糖漬けなどがある．

旬

輸入品が1年中出回っているが，3月〜7月ごろが旬．

原産地

熱帯アメリカが原産．日本では沖縄県，小笠原諸島でさいばいされ，ハワイ，ニュージーランド，メキシコなどでもさいばいされている．

パパイア科パパイア属の果実．熱帯性で，沖縄県などでさいばいされていますが，大半が輸入品です．99％がハワイ産で，ハワイではパイナップルと並んで重要な輸出品です．

昔，日本では瓜（うり）に形が似ていたため，「木瓜」（もっか）といわれていました．果実は，10メートルもある高い木の先からたれさがっています．そのため，別名を「ツリーメロン」ともいいます．

果皮はなめらかで，はじめはみどり色をしています．熟すにつれ，黄色くなり，オレンジ色にまでなります．

果実や木の幹を傷つけると，白い液が出てきます．これがたんぱく質分解酵素のパパインです．加工され，消化剤，駆除剤としても市販されています．

パパイアとぶた肉の炒めもの

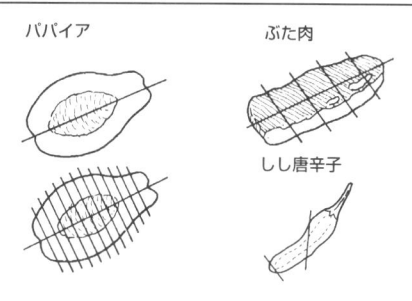

① パパイア（1個）の果皮をむく．縦に4等分し，うすく半月に切る．ぶた肉うす切り（200g）をひと口大に切り，しょうが汁（小1），酒（大2），しょうゆ（小2）の下味につける．しし唐辛子（8本）の先を少し切り落とし，ななめに切る．

② フライパンにサラダ油（大1）を入れて熱し，ぶた肉を炒めてから，パパイア，しし唐辛子を加えてさらに炒める．酒（大1），しょうゆ（大$\frac{1}{2}$），少量の塩，こしょう（少々）で味つけをする．

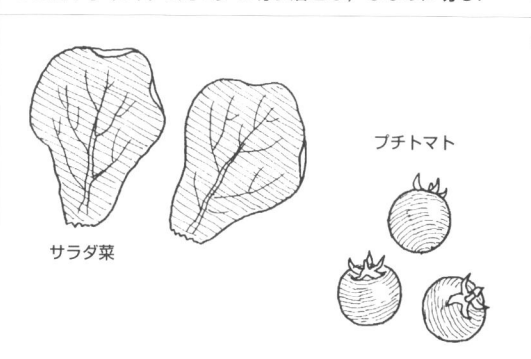

③ サラダ菜（$\frac{1}{2}$株）の葉を1枚ずつはがす．サラダ菜，プチトマトをよく水洗いし，水気をふく．

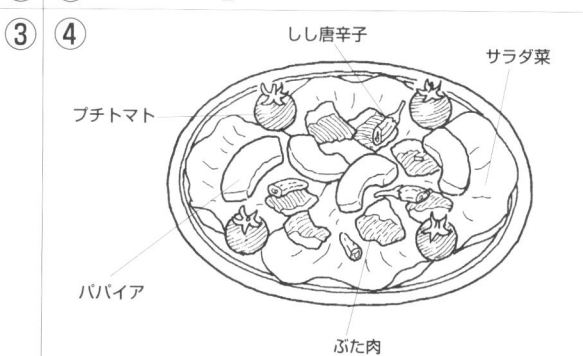

④ サラダ菜を下に敷き，それぞれを器にきれいにもりつける．

【びわ】

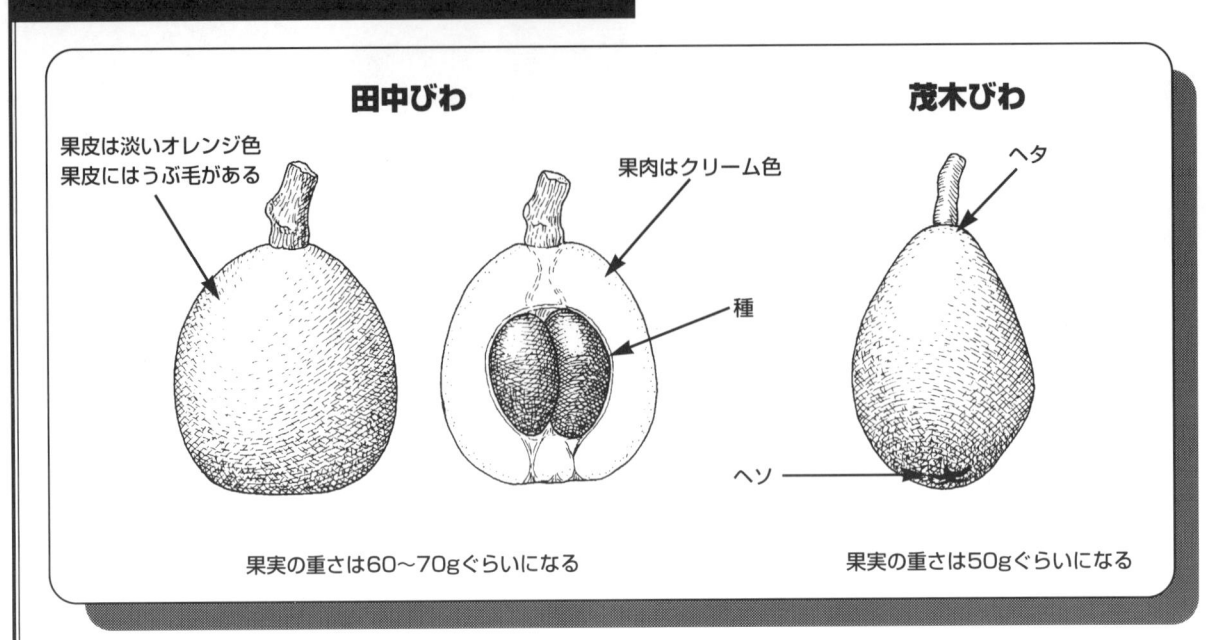

田中びわ
- 果皮は淡いオレンジ色
- 果皮にはうぶ毛がある
- 果肉はクリーム色
- 種

果実の重さは60〜70gぐらいになる

茂木びわ
- ヘタ
- ヘソ

果実の重さは50gぐらいになる

選び方のポイント

- 果皮にうぶ毛がついているもの．
- 果皮が淡いオレンジ色で，よく熟しているもの．
- 果皮がむきやすく，果肉が多いもの．
- 果肉に甘味があるもの．
- 果皮にツヤがあるもの．
- 果肉に張りがあるもの．

栄養価

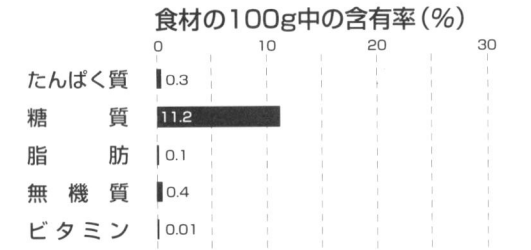

食材の100g中の含有率（％）

成分	含有率
たんぱく質	0.3
糖質	11.2
脂肪	0.1
無機質	0.4
ビタミン	0.01

栄養の特徴

ビタミンAを多く含んでいるが，ビタミンCは少ない．果肉の色はカロチノイド系色素による．

料理メモ

- 果実は傷つきやすいので，ていねいにあつかう．
- ヘソの部分からヘタの部分に向かって果皮をむくとむきやすい．
- 果肉には酸化酵素とタンニン系物質が多く含まれているので，切ったり，果皮をむいて時間をおくと黒くなってしまう．食べる直前に果皮をむくか，レモン汁などをかけておくとよい．
- びわは低温に弱い果物なので，常温で保存し，食べる前に2時間ぐらい冷蔵庫で冷やすとよい．
- 生のまま食べることが多いが，ゼリー（右参照）などにしてもおいしい．
- 加工品には，缶詰，シロップ漬け，ジャムなどがある．

旬

茂木びわは6月ごろ，田中びわは6月～7月ごろが旬．ハウスさいばいのものが1月ごろから出回っている．

原産地

中国，日本が原産．長崎県，高知県，静岡県，千葉県などでさいばいされている．

　バラ科ビワ属の果実．日本にも野生種がありましたが，現在さいばいされているのは，江戸時代後期に中国産の種をまいて育てたものとされています．

　果肉が厚く，甘味が強い長崎県の茂木びわが日本最古のものとされ，この種が関東に持ちこまれ，少し酸味がある田中びわとして千葉県などでさいばいされています．ほかにも高知県の楠びわ，静岡県の土肥びわなどの品種があります．

　食べるとおいしいびわですが，生長すると大木になってしまいます．そのため，庭に植えると風通しが悪くなったり，健康を害する，家屋をこわすなど，あまり好まれていない樹木です．

びわのゼリー

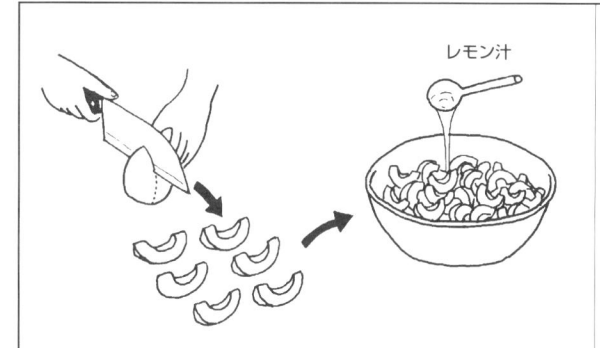

① びわ（8個）の果皮をむく．果肉についているうす皮もむく．縦6等分にし，レモン汁（大1）をかけておく．

② 寒天…てんぐさを煮てかため，乾燥させたもの．調理では，煮て冷やすとかたまるのを利用して，寒天よせ，ようかんなどに使われる．

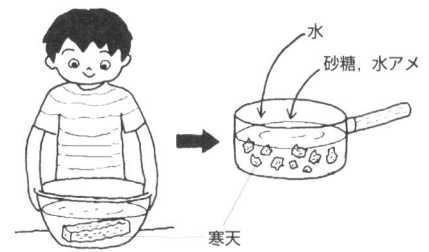

寒天（1本）を洗って，水（カップ3）に入れて寒天をやわらかくする．寒天の水気を切り，適当な大きさにちぎって，なべの中に水（カップ2），砂糖（カップ$\frac{2}{3}$），水アメ（大2）といっしょに入れる．

③ なべを中火で熱し，②の寒天などを溶かす．①のびわを入れ，弱火で3分ぐらいかけて火を通す．水でぬらしたバットなどに流しこみ，冷ましてかためるとゼリーができる．

④ 松，竹，梅の型でゼリーをぬく．笹の葉などを器に敷き，もりつける．

【ぶどう】

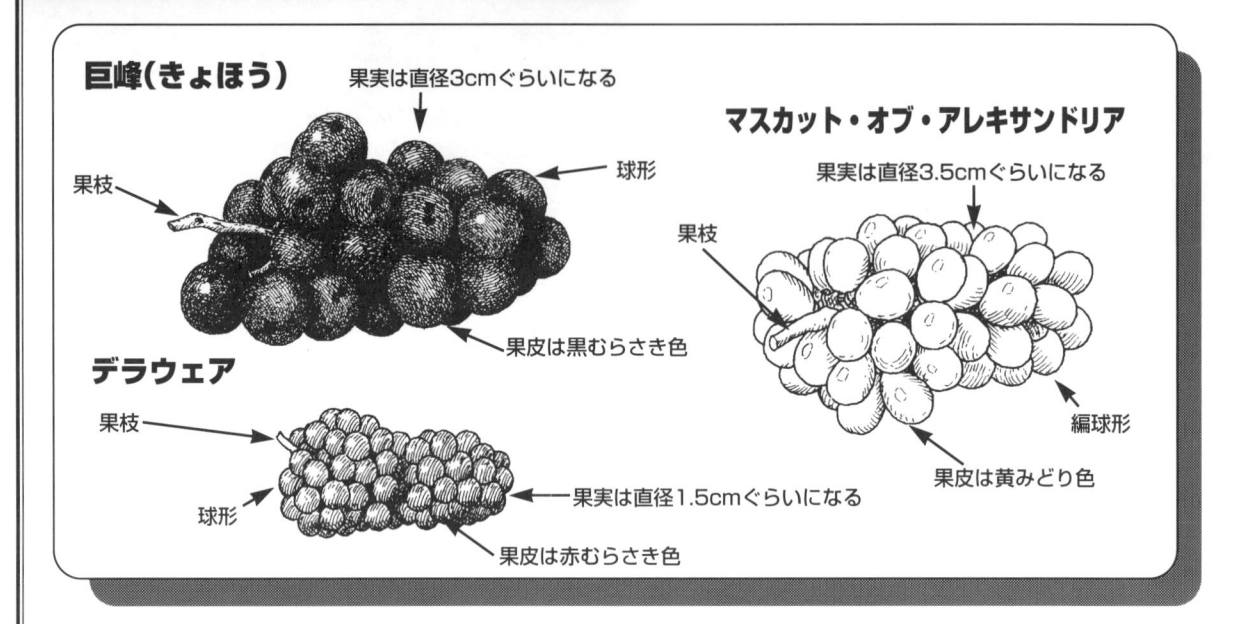

巨峰(きょほう)
- 果枝
- 果実は直径3cmぐらいになる
- 球形
- 果皮は黒むらさき色

マスカット・オブ・アレキサンドリア
- 果実は直径3.5cmぐらいになる
- 果枝
- 編球形
- 果皮は黄みどり色

デラウェア
- 果枝
- 球形
- 果実は直径1.5cmぐらいになる
- 果皮は赤むらさき色

選び方のポイント

- 果枝がみどり色で太いもの．
- 果皮の表面に白い粉をふいているようなもの．
- つぶがそろっているもの．
- 果枝を持っても，果実が落ちないもの．
- 果皮が赤むらさきや黒むらさき色のものは，色が濃いもの．
- 果皮が黄みどり色のものは，色が黄色に近いもの．

栄養価

食材の100g中の含有率(%)

	0 10 20 30
たんぱく質	0.5
糖　　質	14.4
脂　　肪	0.2
無 機 質	0.3
ビタミン	0.004

栄養の特徴

糖質，カリウム，ペクチンを多く含んでいる．ほのかなしぶ味はタンニンによる．果皮の赤色はアントシアン系色素のため．

料理メモ

- 冷やして生のまま食べることが多い．
- 日持ちが悪いので，買ってから2日以内に食べるようにする．
- ぶどうは果枝に近いほうが甘い．
- 日本料理では甘酢，黄身酢であえたり，丸のまま天ぷらなどにする．
- 西洋料理では肉料理のソースにしたり，中国料理の杏仁豆腐(あんにんどうふ)に使われる．
- ジュース(右参照)，ジャム，お菓子のタルトなど，季節を味わいながら家庭で作ってみるのもよい．
- 加工品には，ワイン，ブランデーなどのアルコール飲料，ジュース，シロップ漬けの缶詰，干しぶどう(レーズン)などがある．

旬

巨峰は8月～10月ごろ，デラウェア，マスカット・オブ・アレキサンドリアは5月～10月ごろが旬だが，ぶどうの品種は多く，最盛期は9月ごろ．

原産地

西南アジア，北アメリカ，日本が原産．山梨県，長野県，岡山県，山形県などでさいばいされている．

　ブドウ科ブドウ属の果実．さいばいの歴史は古く，世界でいちばん多く生産されている果物（8割はワイン用）です．欧州系，アメリカ系，欧米雑種の3種類にわかれます．
　欧州系は果皮がうすく，果肉と離れにくいため，多くがワイン用になります．マスカット・オブ・アレキサンドリア，甲斐路（かいじ），甲州（こうしゅう），ネオ・マスカットなどの品種があります．
　アメリカ系は特有のかおりがあり，ジュースなどに加工されるコンコートなどの品種があります．
　日本の代表的な品種である巨峰，デラウェア，マスカット・ベイリーAは欧米雑種です．また，やまぶどうなどの日本原産の野生種もあります．

ぶどうのジュースと生ジュース

●ジュース

果実をよくつぶす．

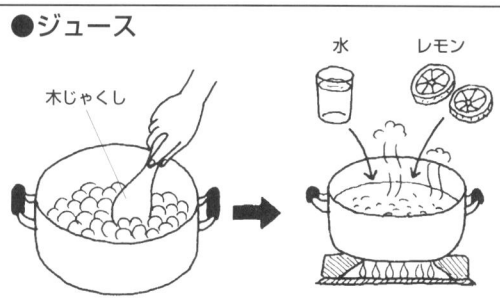

マスカット・ベイリーAなど，ぶどう（500g）の果皮をむく．なべに入れ，木じゃくしでよくつぶす．水（1カップ），レモンのうす切りを2～3枚入れて火にかける．沸騰してから4～5分ぐらい煮る．　①

●こしぶくろの作り方

さらしの布 → ふたつに折って2辺を縫う． つるす．

煮たぶどう　にごってしまうので，手でこしぶくろをしぼらない．

果汁　氷　炭酸水　果汁　ボール

さらしの布をふたつに折って2辺を縫い，こしぶくろを作る．こしぶくろに①の煮たぶどうを入れ，縄などでつるす．果汁が落ち切ったら，砂糖400gを加えて煮溶かし，冷ましたら好みの量の果汁，炭酸水を加え，氷の入ったコップにそそぐ．　②

●生ジュース

手で果実をつぶす．ストレーナー　ボール

巨峰，マスカット・ベイリーAなど，ぶどう（500g）の果皮ごとストレーナーに入れ，ボールの上におき，手で果実をつぶす．　①

再度，ストレーナーで果汁をこし，氷の入ったコップにそそぐ．　②

【マンゴー】

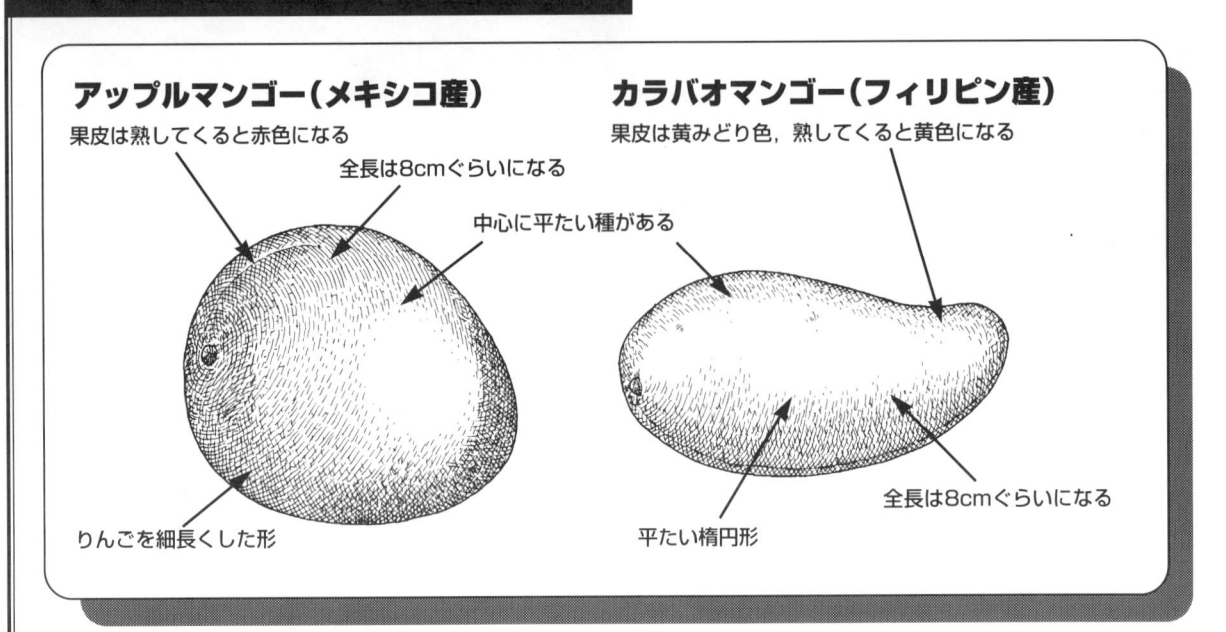

アップルマンゴー（メキシコ産）
- 果皮は熟してくると赤色になる
- 全長は8cmぐらいになる
- 中心に平たい種がある
- りんごを細長くした形

カラバオマンゴー（フィリピン産）
- 果皮は黄みどり色，熟してくると黄色になる
- 全長は8cmぐらいになる
- 平たい楕円形

選び方のポイント

- 果皮に黒い斑点がないもの．
- 果皮に傷がないもの．
- 果皮にツヤがあり，張りのあるもの．
- アップルマンゴーの果皮は，りんごのような赤い色をしているもの．
- カラバオマンゴーの果皮は，全体に黄色いもの．
- 果肉のしまったもの．

栄養価

食材の100g中の含有率(%)

成分	含有率
たんぱく質	0.6
糖　　質	17.6
脂　　肪	0.1
無 機 質	0.4
ビタミン	0.002

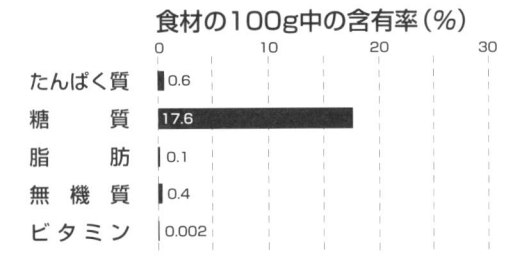

栄養の特徴

80%が水分．ビタミンC，カロチンが比較的多く，クエン酸も少し含んでいる．

料理メモ

- 生のまま食べる（右参照）ことが多いが，ジュース，ジャム，シロップ漬け，ゼリーなどにするとおいしい．
- 特有のかおりと濃厚な甘味がある．
- 加工品には，干しマンゴー，マンゴーチャツネ（カレーなどに使う調味料）などがある．マンゴーチャツネは，青い未熟なマンゴーと完熟したものをタマリンド（マメ科の木の実の種），干しぶどう，唐辛子，しょうが，たまねぎ，にんにく，砂糖，塩などといっしょにつけこんだもので，濃厚な味がし，かくし味になる．
- マンゴーはウルシ科なので，人によってはかぶれてしまうことがあるので，注意が必要．

旬

輸入品が1年中出回っているが，3月～10月ごろが旬．

原産地

インド，マレー半島などが原産とされている．日本では小笠原諸島，奄美大島以南で少しだけさいばいされ，インド，フィリピン，メキシコ，ハワイなどでもさいばいされている．

ウルシ科マンゴー属の果実．さいばいの歴史は古く，インドでは4000年以上も前からさいばいされていました．世界中の熱帯，亜熱帯地域でさいばいされ，品種も多く，果実の形，果皮の色も実にさまざまです．

日本で市場に出回っているものは，果皮が赤い色をしたメキシコ産のアップルマンゴーと果皮が黄色い色をしたフィリピン産のカラバオマンゴーの2種類です．

果実の中心には平たくて大きな種がひとつ入っています．果肉は繊維質が多く，特有のかおりと濃厚な甘味があり，「果物の王様」といわれています．

マンゴーの食べ方

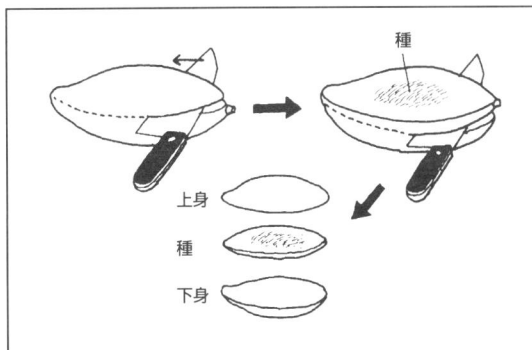

① マンゴー(1個)を横におき，中心にある種にそってナイフを入れ，3枚にうすく切る．

② 果皮を切らないように，上身と下身をさいのめに切る．

③ 果皮を上に押し，果肉をひっくり返してそらせる．松かさのようになり，きれい．

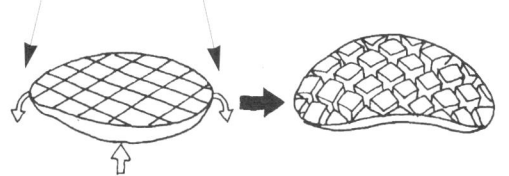

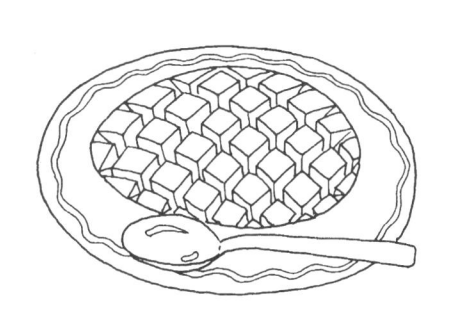

④ 皿にもり，スプーンですくって食べる．

【みかん】

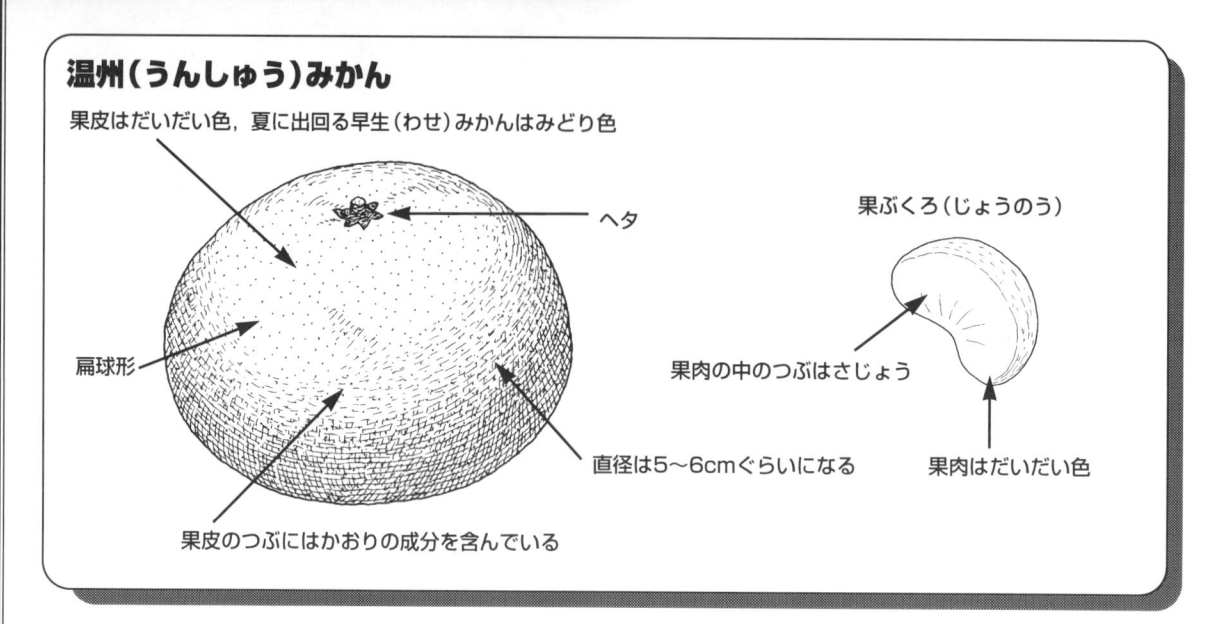

温州（うんしゅう）みかん

- 果皮はだいだい色，夏に出回る早生（わせ）みかんはみどり色
- ヘタ
- 扁球形
- 直径は5～6cmぐらいになる
- 果皮のつぶにはかおりの成分を含んでいる
- 果ぶくろ（じょうのう）
- 果肉の中のつぶはさじょう
- 果肉はだいだい色

選び方のポイント

- 手で持った時に重いもの．
- 果皮がうすいもの．
- 果皮のツヤがあるもの．
- 果肉が詰まっているもの．
- 扁球形のもの．
- ヘタが小さく青いもの．

栄養価

食材の100g中の含有率（％）

たんぱく質	0.8
糖　　質	10.9
脂　　肪	0.1
無　機　質	0.4
ビタミン	0.036

栄養の特徴

75％ぐらいが水分．ビタミンC，ペクチンが多く，カロチンも含んでいる．

料理メモ

- 果皮はむきやすく，種がないので食べやすい．
- 生のまま食べることが多く，サラダ，アイスクリーム，ヨーグルトなどにそえて食べるとおいしい．
- 果汁には，りんご，ももなどのように色を悪くする酵素（ポリフェノールオキシダーゼ）の働きが少なく，ビタミンCも酸化されにくいので，ジュース，サワー（右参照）にして飲むとよい．
- オレンジのかわりに，肉，魚料理のソースにしてもおいしい．
- 冷凍みかんにして食べてもおいしい．
- 加工品にはシロップ漬けの缶詰がある
- 水分の蒸発をふせぐため，果皮にワックスがぬられていることが多い．

旬

早生(わせ)みかんは7月～9月ごろ,温州(うんしゅう)みかんは1年中出回っているが,10月～3月ごろ,紀州(きしゅう)みかんは11月～3月ごろ,ポンカンは1月～2月ごろが旬.

原産地

温州(うんしゅう)みかんは鹿児島県が原産.愛媛県,静岡県などでさいばいされている.ポンカンはインドが原産で,鹿児島県,高知県などでさいばいされている.

　ミカン科カンキツ属の果実.秋,冬,春の間,食卓には欠かせない果物です.
　温州みかんは,江戸時代初期から鹿児島県でさいばいされている日本の代表的なみかんです.種がなく,果皮がむきやすいので食べやすい品種です.
　みかんは品種が多く,夏に出回る果皮がみどり色の早生みかん,中国が原産で,果実が少し小さい紀州みかん,甘味が強くかおりのよいポンカン,イヨカンなどがあります.
　「みかんが黄色くなると医者が青くなる」という格言は,みかんが黄色くなる秋ごろには食欲が出て,体調もよくなることから,医者にかかる人が少なくなるというたとえです.

みかんサワー

① 1cmの厚さに切る.
みかん(500g)をよく洗い,果皮ごと1cmの厚さに切る.

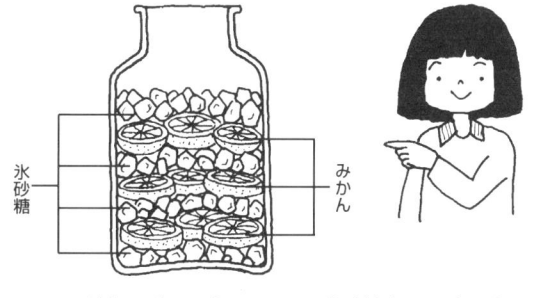

② 口が広いビンに①のみかん,氷砂糖(500g)を交互に入れていく.

③ 米酢　しっかりとフタをしめる.
米酢(500cc)をそそぎ,フタをしめる.作った日がわかるようにしておくとよい.

④ ザルでこし,果肉をよくしぼる.　サワーの原液を口のほそいビンに入れておく.
1週間後に③の汁をザルでこし,みかんの果肉をよくしぼる.炭酸水で割ったり,牛乳で割って飲むとよい.サワーの原液は炭酸水や牛乳で4～5倍にうすめる.

【メロン】

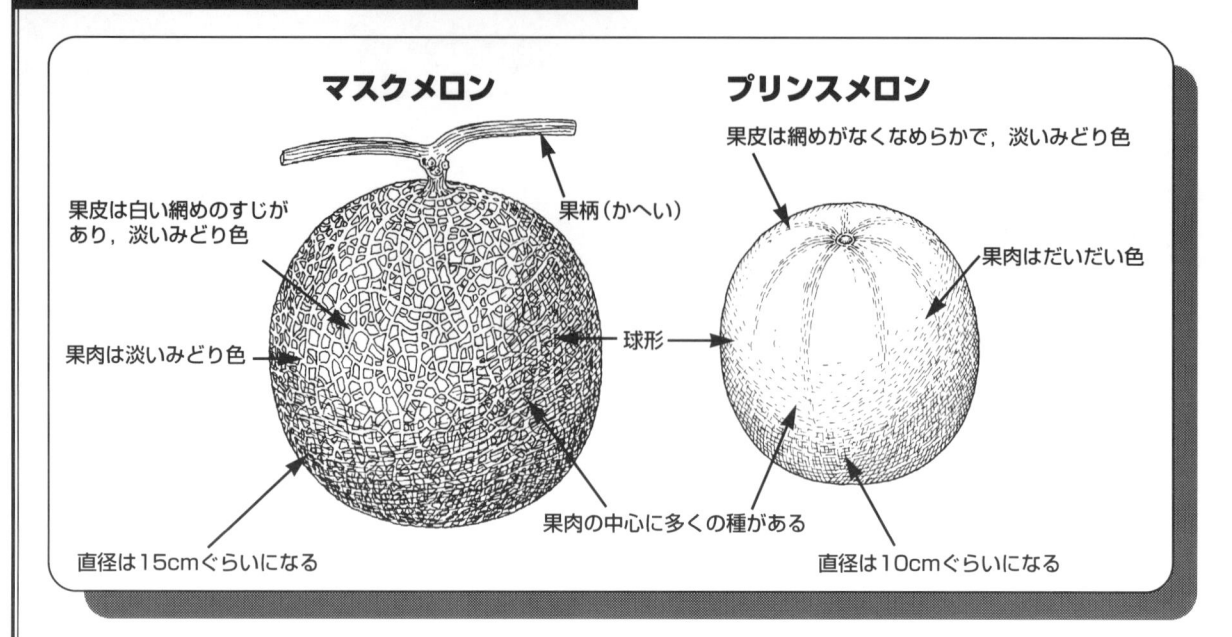

マスクメロン
- 果皮は白い網めのすじがあり，淡いみどり色
- 果柄（かへい）
- 果肉は淡いみどり色
- 球形
- 果肉の中心に多くの種がある
- 直径は15cmぐらいになる

プリンスメロン
- 果皮は網めがなくなめらかで，淡いみどり色
- 果肉はだいだい色
- 直径は10cmぐらいになる

選び方のポイント

- 果皮に網めがあるメロンは，すじが浮きあがり，均等に張っているもの．
- 果柄（かへい）が太いもの．
- 果皮に網めがないメロンは，形がととのっていて，果皮に変色した部分，斑点などがないもの．
- 手で持った時に重いもの．
- 果肉に水分が多いもの．

料理メモ

- メロンを冷やしてから，縦半分に切り，種を取り除き，くし形に切って食べるとおいしい．
- メロンは酸味が少ないので，ジュース，シャーベットなどにしてもおいしい．
- 生ハムをそえ，オードヴルなどにしたり（右参照），えびなどとあえ，サラダなどにすると風味がよい．

栄養価

食材の100g中の含有率（％）

成分	含有率（％）
たんぱく質	0.7
糖質	10.7
脂肪	0.1
無機質	0.6
ビタミン	0.041

栄養の特徴

90％ぐらいが水分．カロチン，カリウム，ビタミンCを多く含んでいる．

- かおりが強いので，ほかの食材にかおりがうつらないよう，ラップなどでつつみ，冷蔵庫で保存するとよい．
- 早く収穫された小さなメロンは，吸いものの具，ぬか漬け，粕漬けなどの漬けものにされる．
- 果皮の厚いものは，かたい部分をむき，漬けものにしてもよい．

旬

多くの品種があり，温室でさいばいされるものもあるため1年中出回っているが，6月〜7月ごろが旬．

原産地

中央アジア，中近東が原産．静岡県，愛知県，北海道などでさいばいされている．アメリカ産などが輸入されている．

ウリ科キュウリ属の果実．古代エジプト時代から愛されてきた最高級の果物です．世界中に多くの品種があり，果皮に白いすじがある網メロンと網めのないものがあります．果皮もみどり色，淡いみどり色，白色，クリーム色，黄色があり，果肉もみどり色，黄色，白色，だいだい色があり，大きさもさまざまです．

日本では昔から高級な果物とされてきましたが，最近では品種改良も進み，手軽に食べれるようにもなりました．網メロンには，香料のじゃこうのようなかおりがするマスクメロン(マスクはじゃこうの意)，北海道でさいばいされる果肉がだいだい色の夕張メロン，高級感があるアンデスなどがあり，網めのないメロンには，よく市場に出回っているプリンスメロン，果皮が黄色のキンショーなどがあります．

メロンと生ハムのカルパッチョ

カルパッチョ…肉，魚などを生のままオリーブ油で食べるイタリア風の刺身．

① メロン(1個)を縦半分に切ってから，8等分のくし形に切る．種はスプーンなどを使ってきれいに取り除き，果皮を切り取る．果肉をななめに切る．

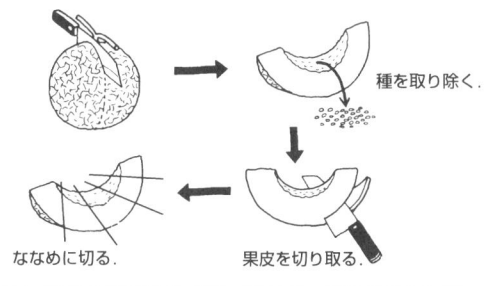

② 生ハム(ひとり分＝2枚)のうす切りを半分に切り，はじから巻いていく．

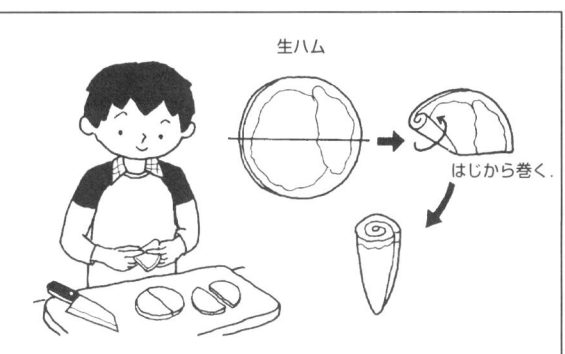

③ 大きい皿にメロン，生ハムを並べる．

④ オリーブ油(小1)，レモン汁(小1〜2)をかける．

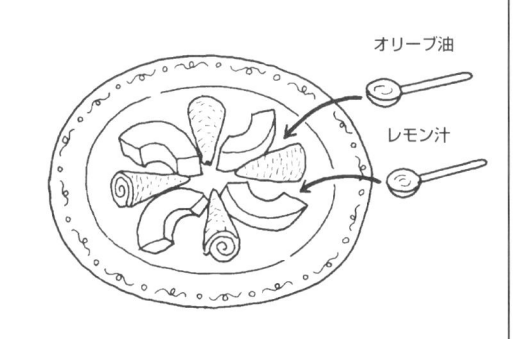

【もも】

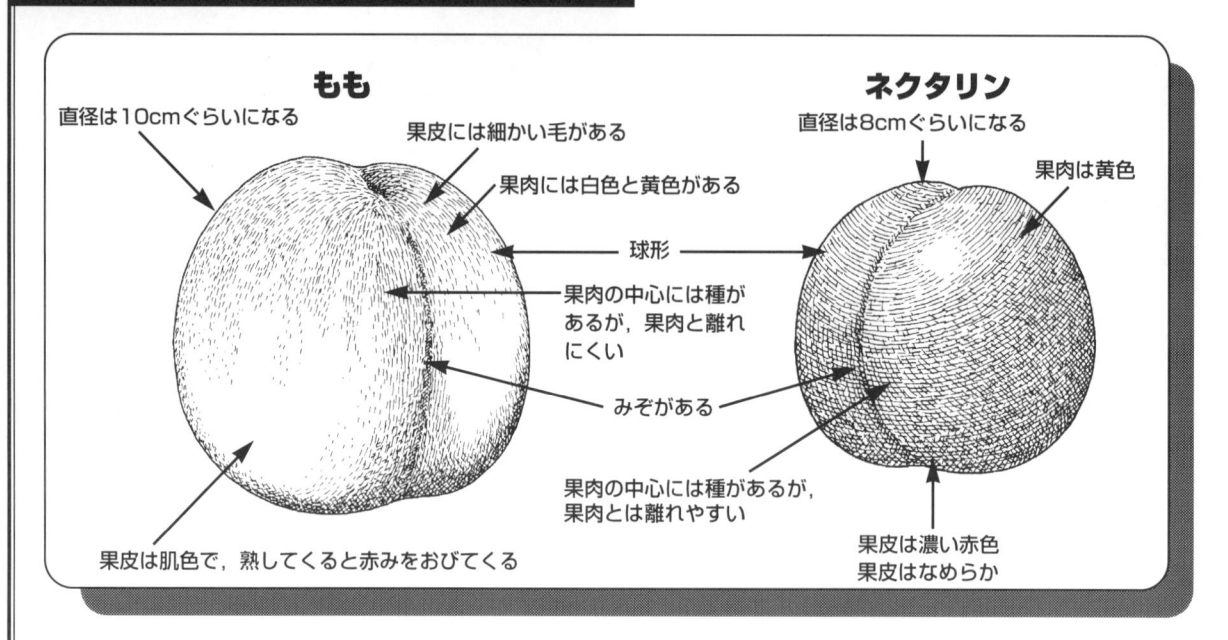

もも
- 直径は10cmぐらいになる
- 果皮には細かい毛がある
- 果肉には白色と黄色がある
- 球形
- 果肉の中心には種があるが，果肉と離れにくい
- みぞがある
- 果皮は肌色で，熟してくると赤みをおびてくる

ネクタリン
- 直径は8cmぐらいになる
- 果肉は黄色
- 果肉の中心には種があるが，果肉とは離れやすい
- 果皮は濃い赤色
- 果皮はなめらか

選び方のポイント

- 果皮全体が色づいているもの．
- 果皮に傷がないもの．
- 果皮がうすいもの．
- 形が丸くととのっているもの．

栄養価

食材の100g中の含有率（％）

成分	含有率
たんぱく質	0.6
糖質	9.2
脂肪	0.1
無機質	0.4
ビタミン	0.011

栄養の特徴

グラフはもものものだが，果肉の黄色いもも，ネクタリンにはカロチン，カリウムが多く含まれている．ポリフェノール化合物が含まれるので，しぶ味が少しあ

料理メモ

- 熟したももは冷やしてから，ぬるま湯に2〜3分ひたして果皮をむく．
- 生のまま食べると，したたり落ちるほど甘い果汁があり，とてもおいしい．
- 冷やしすぎると味が落ちる．食べる1〜2時間前に冷蔵庫で冷やすとよい．
- シロップなどで甘く煮詰め，デザート（右参照）にしたり，ネクター（果肉に水を加えてミキサーにかけたもの），お菓子のタルトなどにしてもよい．
- サラダにしたり，冷製パスタに加えるとおいしい．
- 加工品には，白色と黄色のもものシロップ詰めの缶詰がある．
- アーモンドに似たももの種は桃仁（とうにん）といい，漢方薬にされる．

旬

もも，ネクタリンは7月〜8月ごろが旬．

原産地

中国が原産．岡山県，長野県，山梨県などでさいばいされている．

　バラ科サクラ属の果実．昔から中国では不老長寿の象徴とされ，日本でも魔よけの効力があるとされ，桃太郎の昔話ができました．また，ももの葉のエキスは，あせもによいとされています．

　中国から伝わり，弥生時代の遺跡からももの種が出土しています．現在，日本でさいばいされている品種は明治時代初期に中国から伝わったもので，白桃（はくとう），白鳳（はくほう），大久保などがあります．同じころ，西洋から缶詰に使われる黄桃（おうとう）も伝わってきました．

　ももの近縁種には，ネクタリン，プラム（すもも），ソルダム，プルーン，アプリコット（あんず）などがあります．

ピーチメルバ

ピーチメルバ…もものシロップ漬けをのせたアイスクリームに木いちごのソースをかけたデザート．

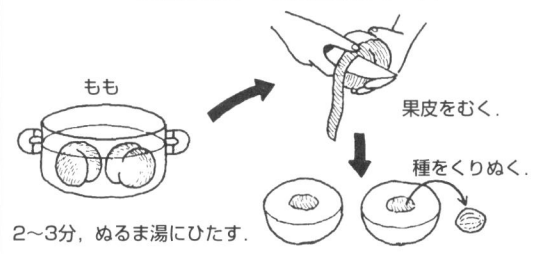

もも

2〜3分，ぬるま湯にひたす．

果皮をむく．

種をくりぬく．

① もも（2個）をぬるま湯に丸ごと2〜3分ひたしてから果皮をむく．縦半分に切り，スプーンなどで種をくりぬく．

② なべにもも，シロップを入れる．弱火でコトコトと20分ぐらい煮詰める．

もも　シロップ

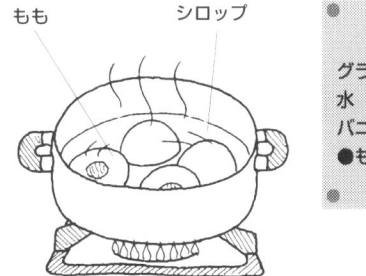

シロップ
グラニュー糖　100g
水　70cc
バニラ棒　少々
●もも2個に対する割合

③ もものシロップ煮を冷まし，食べやすく切る

④ 器にバニラアイスクリーム（ひとり分＝50g）をもりつけ，ももをそえてから木いちごのソースをかける．

木いちごのソース

木いちごのソース
木いちご　140g
グラニュー糖　18g
ミキサーにかけ，ザルでこす．

【ゆず】

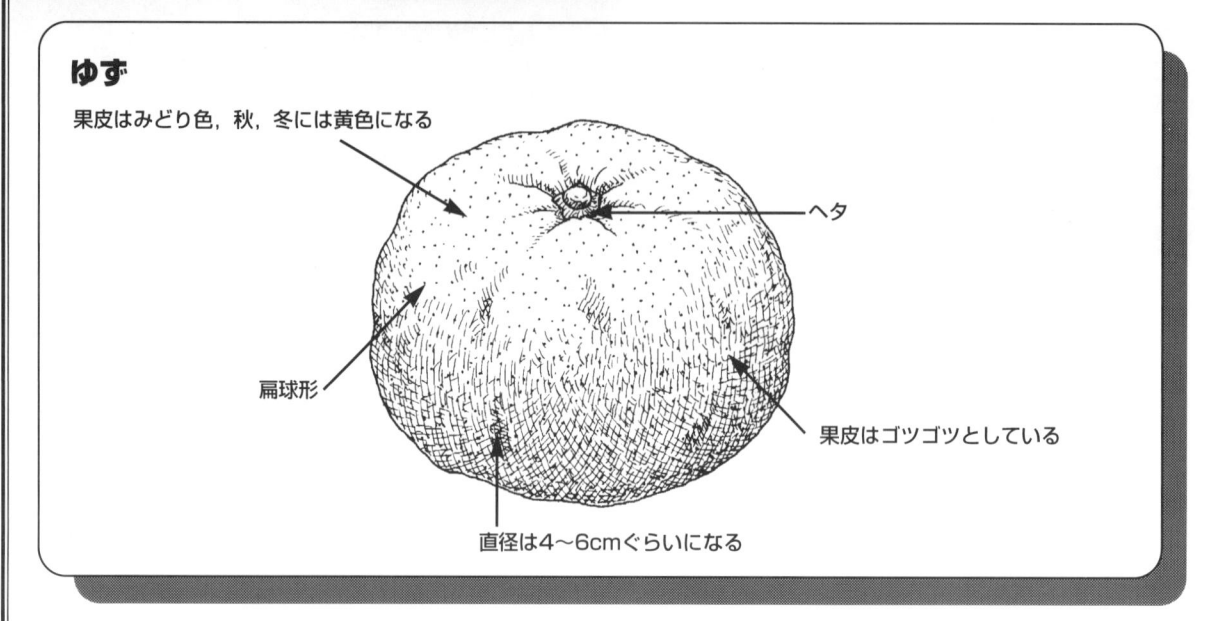

ゆず
- 果皮はみどり色，秋，冬には黄色になる
- ヘタ
- 扁球形
- 果皮はゴツゴツとしている
- 直径は4～6cmぐらいになる

選び方のポイント

- 果皮に傷がないもの．
- 果皮の色が均等なもの．
- 果皮，果肉のかおりがよいもの．
- 果皮が厚いもの．

栄養価

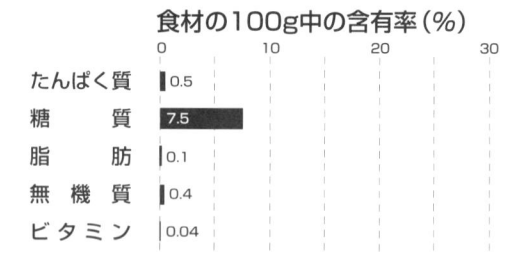

食材の100g中の含有率（％）

	0	10	20	30
たんぱく質	0.5			
糖質	7.5			
脂肪	0.1			
無機質	0.4			
ビタミン	0.04			

栄養の特徴

クエン酸などの有機酸を多く含み，さわやかな酸味がある．

料理メモ

- 果汁はかおりがよく，3杯酢，和風ドレッシングに使ったり，同量のしょうゆと合わせてポン酢を作るとよい．
- 果汁にはちみつを加え，湯，冷たい水，炭酸水などで割ると，おいしいジュースになる（右参照）．
- 果皮もかおりがよく，季節感を出す貴重な食材として，日本料理ではせん切りにし，吸いもの，あえものなどに使われる．
- 福岡県の「ゆずこしょう」（唐辛子をベースとした香辛料），新潟県の「かんずり」（塩漬けの唐辛子をつぶし，米こうじをまぜて熟成させた香辛料）には，すりおろしたゆずの果皮が使われる．
- ゆずを使ったお菓子の「ゆべし」は有名．

旬

青ゆずは7月〜8月ごろ，黄ゆずは10月〜3月ごろが旬．

原産地

中国が原産．日本各地でさいばいされている．

　ミカン科カンキツ属の果実．季節によって，果皮が熟していないみどり色の青ゆずとよく熟した黄色の黄ゆずがあります．果皮の色は違いますが，同じ木から採れるものです．
　ゆずの果汁は甘味が少なく，さわやかな酸味が特徴です．ゆずの近縁種には，徳島県特産のすだち(p.34参照)，大分県特産のかぼす，縁起ものとしてお正月のかざりに使われるだいだいなどがあります．
　ゆずの花やつぼみは，「花ゆず」といって刺身のかざりなどに使われます．
　冬至(12月22日ごろ)の日には，お風呂にゆずを浮かばせて入る「ゆず湯」という風習が昔からあります．

ゆずミルク

① ゆず(1/2個)をレモンしぼりでしぼる．

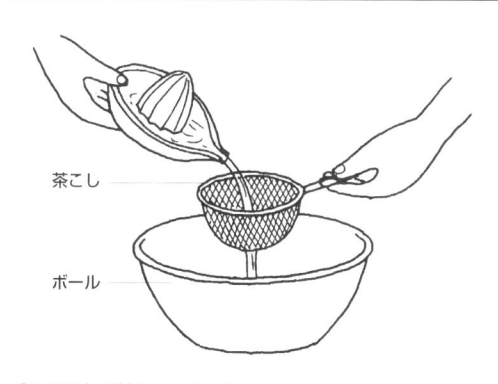

② ①の果汁を茶こしでこす．

③ はちみつ(小1〜)，牛乳(カップ1/2〜1)を入れ，よくまぜる．

④ 氷を入れたグラスに③をそそぐ．

273

【ようなし】

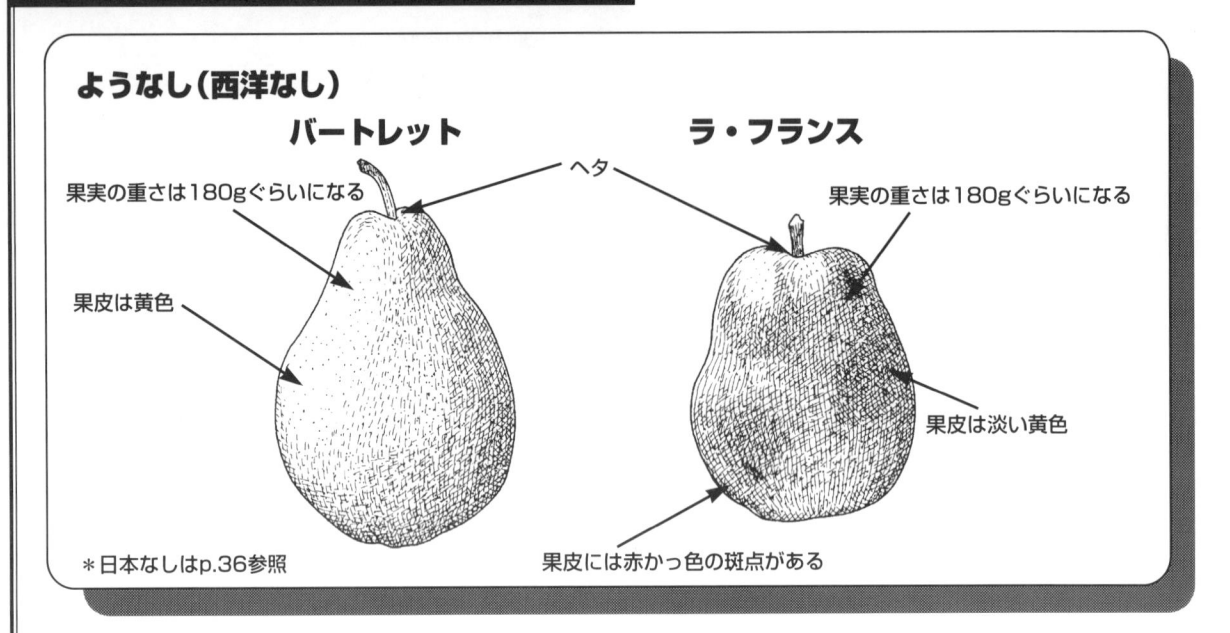

ようなし（西洋なし）

バートレット
- 果実の重さは180gぐらいになる
- ヘタ
- 果皮は黄色

ラ・フランス
- 果実の重さは180gぐらいになる
- 果皮は淡い黄色
- 果皮には赤かっ色の斑点がある

＊日本なしはp.36参照

選び方のポイント

- 果皮に傷がないもの．
- 果皮にツヤがあるもの．
- 手で持った時に重いもの．
- 果肉が少しかたいもの．
- 果実のくびれている部分を親指と人さし指で両側からはさんで軽く押した時，果皮の表面にしわがよってくるものが食べごろ．

栄養価

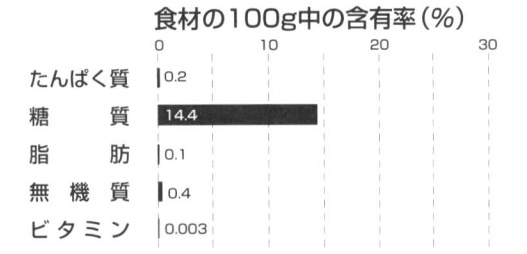

食材の100g中の含有率（%）

	0	10	20	30
たんぱく質	0.2			
糖質	14.4			
脂肪	0.1			
無機質	0.4			
ビタミン	0.003			

栄養の特徴

80%が水分．少量の澱粉（でんぷん）を含んでいる．かおりの成分であるエステルやアルコールなどを含んでいるため，とてもかおりがよい．

料理メモ

- ようなしはかおりがよく，ねっとりとした舌ざわりがとてもおいしい．
- よく冷やしてから生のまま食べるのがいちばんおいしいが，コンポート，ババロア，シャーベット，フルーツポンチ，ケーキなどのデザート（右参照）にしてもおいしい．
- 加工品には，シロップ漬けの缶詰，ジャム，ジュース，ネクターなどある．
- フランスでは，しぼり汁を発酵させて「ポワレ」というワインにしたり，さらに蒸留させてブランデーにしている．
- 熟しすぎると味が落ちてしまうので，少し果肉がかたいものを選ぶ．
- 熟していないものは新聞紙でつつみ，室内においておくとよい．

旬

バートレット，ラ・フランスは8月〜11月ごろが旬．

原産地

バートレットはイギリスが原産．ラ・フランスはフランスが原産．夏に雨が少ない地域の山形県，長野県，岡山県などでさいばいされている．

　バラ科ナシ属の果実．よう（洋）なしは日本なしとは種類が異なり，西洋なしともいわれています．最近，デザートとして人気が出てきている果物です．
　日本なし（p.36参照）は歯ごたえがザラザラとしているので，「サンドペア」（砂なし）といわれていますが，ようなしはねっとりとした舌ざわりなので，「バターペア」といわれています．
　ようなしは木の枝についている状態で完熟することはなく，果皮がみどり色のころに収穫し，2〜3週間ぐらい放置しておくと，黄色くなり，果肉がやわらかくなっておいしくなります．ようなしは収穫後に追熟することが大切です．

ようなしのサバイヨングラタン

① なべにグラニュー糖（150g），水（650cc），バニラ棒（1/2本）を入れて火にかける．グラニュー糖が溶けてきたら，ようなし（2個）の果皮をむく．しぼったレモン汁（1/3個）をかけ，丸ごと加える．

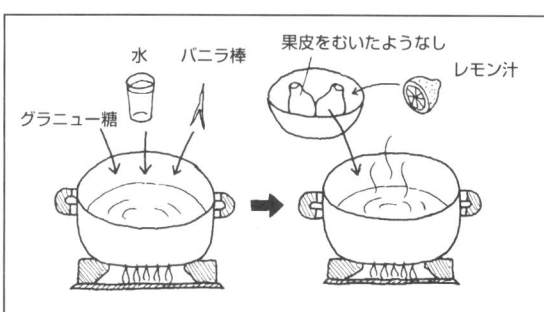

② しぼったオレンジの果汁（1/3個）を加える．紙ブタをし，ようなしがやわらかくなるまで煮る．

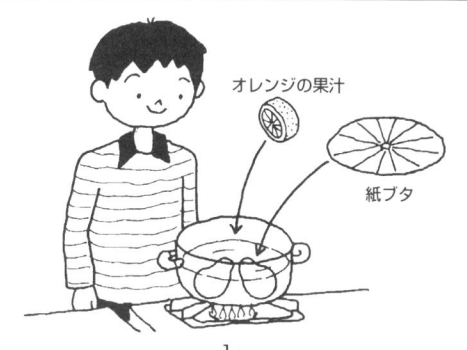

③ サバイヨンを作る．ボールの中に卵黄（4個），グラニュー糖（120g），甘口の白ワイン（60cc），ようなしのブランデー（30cc）を入れ，湯せんにかける．マヨネーズのようになるまでホイッパーでよくかきまぜる．

④ ②のようなしのコンポートを縦半分に切り，しんをくりぬき，切りこみを入れる．おうぎ形にして皿にのせ，③のサバイヨンをかけ，上火だけのオーブンで5〜10分ぐらい焼き，色をつける．

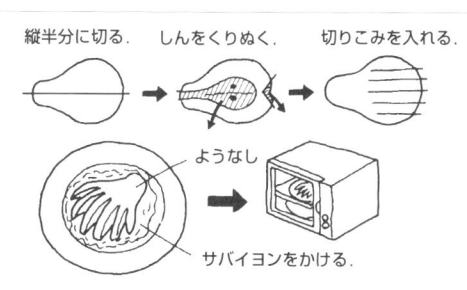

【ライム】

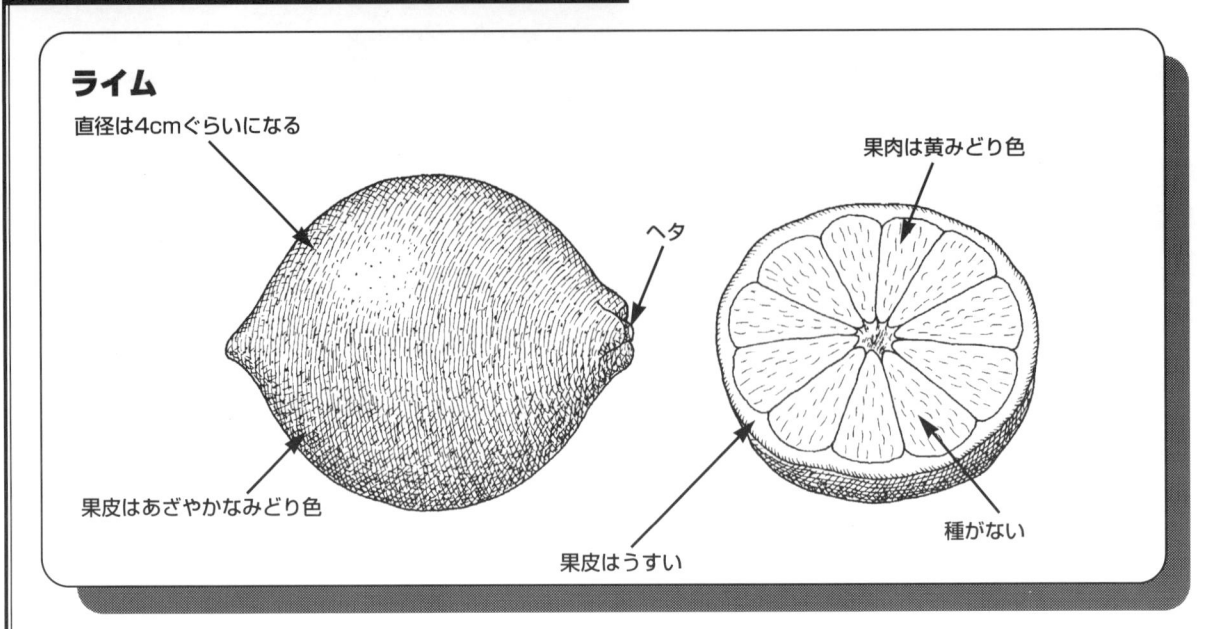

ライム
- 直径は4cmぐらいになる
- 果皮はあざやかなみどり色
- ヘタ
- 果皮はうすい
- 果肉は黄みどり色
- 種がない

選び方のポイント

- 果皮に傷がないもの．
- 果皮がなめらかなもの．
- 果皮にツヤがあるもの．
- ヘタがかたく，みずみずしいもの．

栄養価

食材の100g中の含有率（％）

たんぱく質	0.4
糖　　質	8.7
脂　　肪	0.1
無 機 質	0.3
ビタミン	0.033

栄養の特徴

ビタミンCを多く含んでいる．有機酸を多く含み，レモンより酸味が強い．

料理メモ

- レモンより強い酸味を持つライムは，その風味を生かし，果汁をドレッシング，ジュース（右参照），ゼリーなどに使うとおいしくなる．
- アルコールを含んだカクテルには欠かせない．
- 紅茶に入れてライムティーにしてもおいしい．
- 日本ではライムを使った料理は少ないが，東南アジア，中東諸国では多く使われ，ライムの果汁を酢のように調味料として使う．
- 世界の3大スープのひとつであるタイのトムヤムクンには特有の酸味があるが，レモン，ライムの果汁による．
- 果皮も調理のかおりづけに使われる．

旬

輸入品が1年中出回っているが，10月～4月ごろが旬．

原産地

インド，アジア南部が原産．日本では小笠原諸島で少しだけさいばいされ，インド，メキシコ，地中海沿岸でもさいばいされている．

ミカン科カンキツ属の果実．1年中，白い花が多く咲き，果実となります．そのため，いつでも果実を採ることができます．完熟するとレモンのように果皮が黄色くなりますが，風味がよいみどり色の時に収穫されます．

ライムのほとんどは輸入品ですが，酸味が強く，果実の大きいタヒチライム，果実の小さいメキシカンライム，酸味が少なく，甘酸っぱいスイートライムなどの品種があります．日本の市場に出回っているもののほとんどがメキシカンライムです．

子どもにはさわやかなライムジュース，大人にはアルコールの入ったライムサワーを作り，ライムを味わいましょう．

ライムの生ジュース

① ライム（1～2個）を横半分に切る．

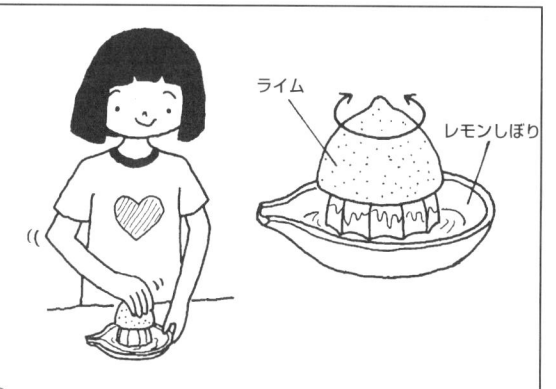

② レモンしぼりで果肉をしぼり，果汁を出す．

③ 茶こしを使って②の果汁をこす．氷を入れたグラスにそそぐ．

④ ガムシロップ…砂糖と水を煮たてた甘い液料．

適量の水でうすめてガムシロップを加え，好みの甘さにする．

【りんご】

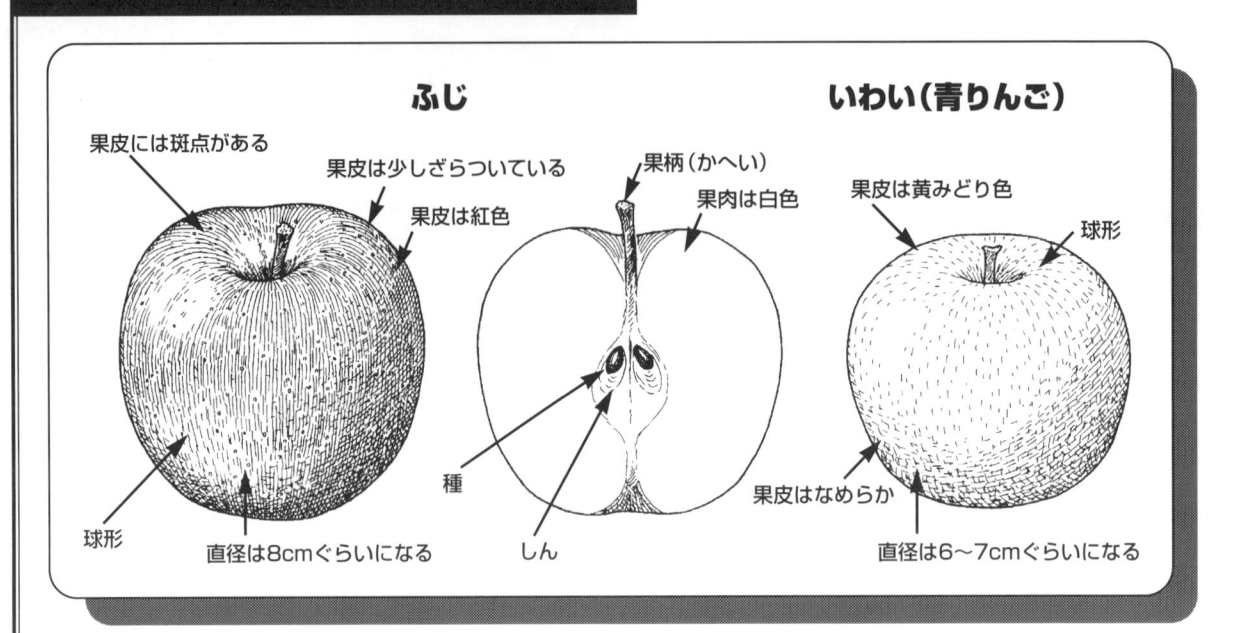

ふじ
- 果皮には斑点がある
- 果皮は少しざらついている
- 果皮は紅色
- 球形
- 直径は8cmぐらいになる

- 果柄（かへい）
- 果肉は白色
- 種
- しん

いわい（青りんご）
- 果皮は黄みどり色
- 球形
- 果皮はなめらか
- 直径は6～7cmぐらいになる

選び方のポイント

- 果柄（かへい）にしわがなく，弾力があり，ピンとたっているもの．
- 果皮に張りがあり，指先ではじいた時，すんだ音がするもの．
- 果皮にツヤがあるもの．
- 果皮の色があざやかなもの．
- 果肉にみつを多く含んでいるもの．

栄養価

食材の100g中の含有率（%）

	0	10	20	30
たんぱく質	0.2			
糖　　質	13.1			
脂　　肪	0.1			
無 機 質	0.3			
ビタミン	0.003			

栄養の特徴

糖質が比較的多く，腸に刺激を与える食物繊維のペクチン，血圧を下げるカリウムなどを多く含んでいる．

料理メモ

- 酸味が少ないふじ，陸奥（むつ），つがる，スターキングなどは，果皮をむき，生のまま食べるとおいしい．
- 酸味が強い紅玉（こうぎょく）は，焼きりんご，コンポート，パイ，タルト，ジャムなどにするとよい．
- くるみを加えてサラダ（右参照）にしたり，ぶた肉，鶏肉などとよく合うので，つけ合わせにしたり，ソースにしてもおいしい．
- しぶ味成分であるポリフェノール類を酸化させる酵素（ポリフェノールオキシターゼ）を含むので，果肉を切ったままおいておくと茶色くなってしまう．果皮をむいたら，塩水，レモン汁につけておくとよい．

旬

ふじは10月～3月ごろ，陸奥は8月～10月ごろ，つがるは9月～11月ごろ，紅玉は9月～3月ごろ，青りんごは7月～8月ごろが旬．

原産地

ヨーロッパ，西アジアが原産．長野県，岩手県，青森県などでさいばいされている．

　バラ科リンゴ属の果実．さいばいの歴史は古く，日本へは明治時代初期にヨーロッパから伝わりました．
　多くの品種があり，日本のりんご生産量の半分ぐらいを占めているふじ，いちばん大きく，直径12cmぐらいの世界一，直径4cmぐらいのアルプス乙女（おとめ），料理，デザートには欠かせない紅玉，青森県の陸奥などがあり，果皮も赤色，黄色，みどり色のものがあります．
　欧米では，果実の小さいクラブアップルの果汁を発酵させてシードル（りんごのお酒）を作ったり，さらに蒸留させてアップルブランデー（フランス産のカルヴァドスは有名）を作ります．

りんごのサラダ

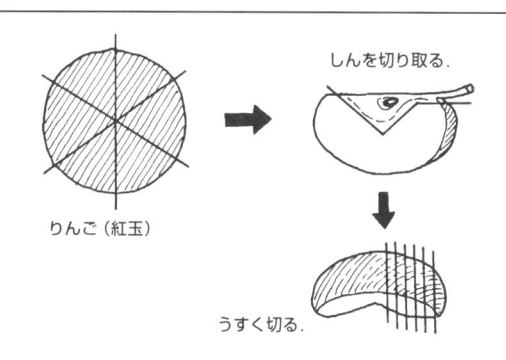

① りんご（2個）をよく水洗いする．果皮つきのまま縦6つに切り，しんを切り取り，うすく切る．

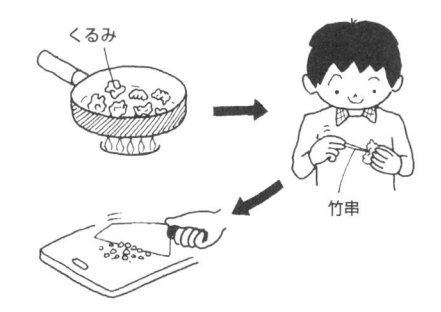

② くるみ（3個）のかたいカラを金づちなどで割り，実を取り出す．から煎りし，竹串でしぶ皮を取り除き，細かくきざむ．

③

オーロラソース			
マヨネーズ	大3	レモン汁	小1
トマトケチャップ	大1	マスタード	小$\frac{1}{2}$
塩	小$\frac{1}{4}$	生クリーム	カップ$\frac{1}{2}$

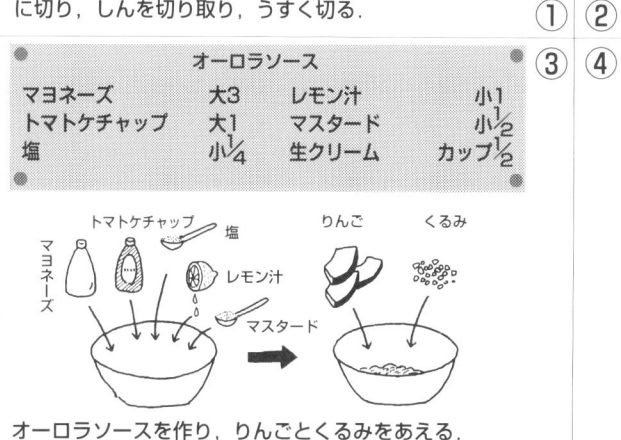

オーロラソースを作り，りんごとくるみをあえる．

④ 器にサラダ菜を敷き，オーロラソースであえたりんごとくるみをもりつける．オーロラソースを少量かける．

【レモン】

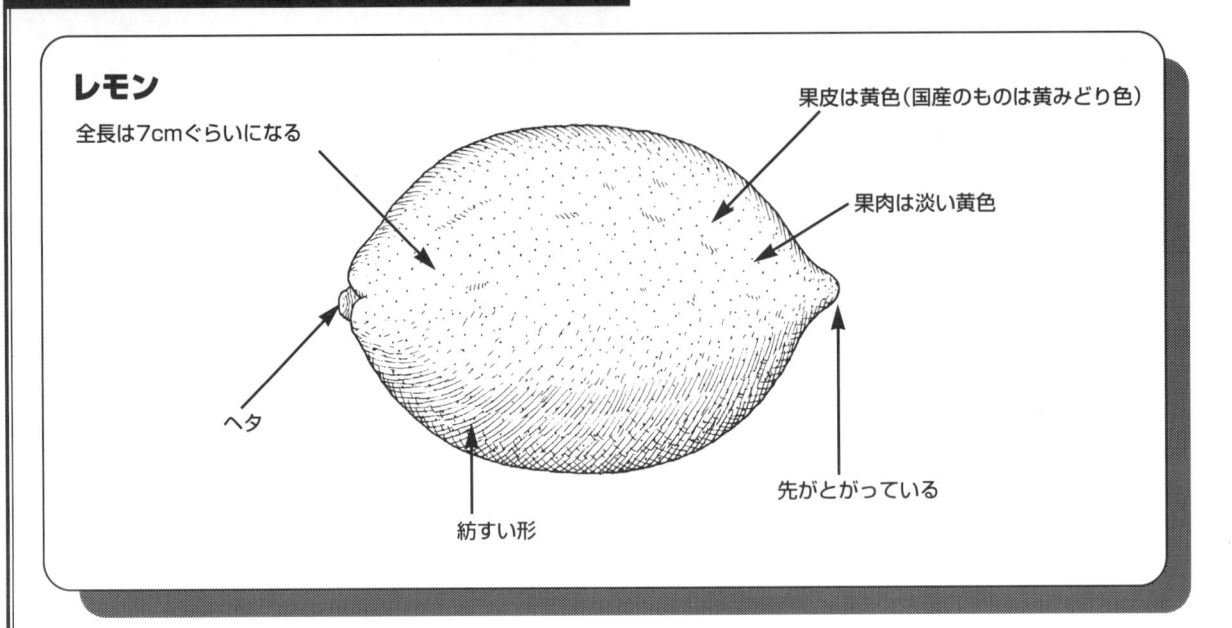

レモン
- 全長は7cmぐらいになる
- 果皮は黄色（国産のものは黄みどり色）
- 果肉は淡い黄色
- ヘタ
- 紡すい形
- 先がとがっている

選び方のポイント

- 果皮にツヤがあるもの．
- 果皮の色が均等なもの．
- 果実が大きく，形がととのったもの．
- 果皮がうすく，なめらかなもの．
- 手で持った時に重いもの．
- 果皮を使う時は，防腐剤を使っていない国産のものを買う．

栄養価

食材の100g中の含有率（％）

	0	10	20	30
たんぱく質	0.4			
糖質	7.6			
脂肪	0.2			
無機質	0.3			
ビタミン	0.045			

栄養の特徴

ビタミンCを多く含んでいる．酸味はクエン酸による．

料理メモ

- 特有の酸味，風味を生かし，レモネード，レモンスカッシュ，ハニーレモン，レモンティーなどにするとよい．
- 酢のかわりに，レモン汁をドレッシングや酢のものに使ったり，いわし，あじ，さばなどの酢じめに使ってもよい．
- 油と相性がよいので，天ぷら，フライなどにレモン汁をかけたり，バター，生クリームを使ったソースにかけると味が引きしまり，とてもおいしくなる．
- レモン汁をしょうゆ，塩のかわりに，焼き魚，えびなどにかけてもおいしい．
- はちみつ漬けにしたレモンを食べると，疲労回復の効果がある．
- レモンのかざり切り（右参照）をマスターし，料理を楽しみましょう．

旬

輸入品が1年中出回っているが，9月～4月ごろが旬．

原産地

インドのヒマラヤ山脈が原産．日本では広島県，愛媛県，静岡県，和歌山県などでさいばいされている．アメリカ産が多く輸入されている．

　ミカン科カンキツ属の果実．13世紀ごろにインドからヨーロッパに伝わったとされ，日本へは明治時代初期にアメリカから伝わってきました．

　寒さに弱く，あたたかい地域でしかさいばいできません．1年に4回花が咲き，実がなります．

　1964年にレモンの輸入が自由化され，現在日本で消費されている99％が輸入品です．しかし，アメリカのカリフォルニア産の防腐剤が問題となり，国内産のレモンが安全面から注目されています．防腐剤は熱湯に溶けるので，使う前に熱湯の中に入れ，タワシでよくこすり，洗い流すことが必要です．

レモンのかざり切り3種

●S字レモン

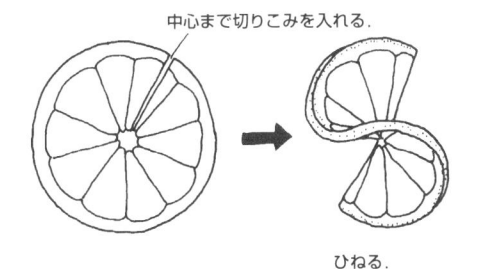

中心まで切りこみを入れる．

ひねる．

レモンをうすく切る．中心までナイフで切りこみを入れ，ひねる．

①

●おおかみの歯レモン

白い部分を3ミリぐらい残し，中心まで切りこみを入れる．

果皮を切り取る．　白い部分　　　果肉を外側に引き出す．

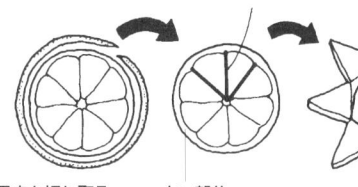

レモンをうすく切る．果皮を切り取り，白い部分を3ミリぐらい残し，中心までナイフで切りこみを入れる．果肉を外側に出す．

① ②

●歯車レモン

みぞ

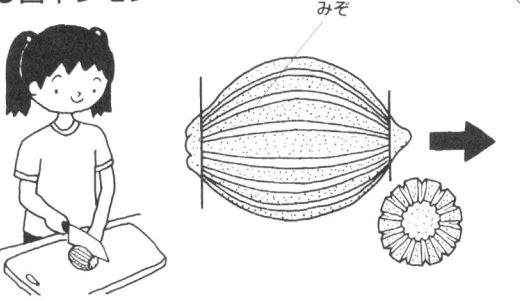

両はじを切り落とし，果皮の表面に縦に切りこみを入れ，みぞを作る．

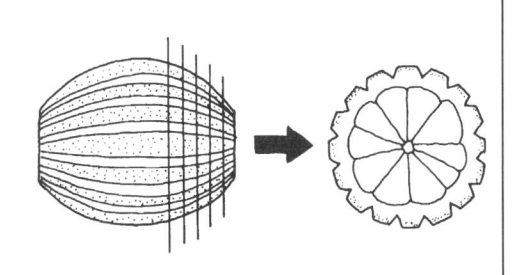

横にうすく切る．

【あずき】

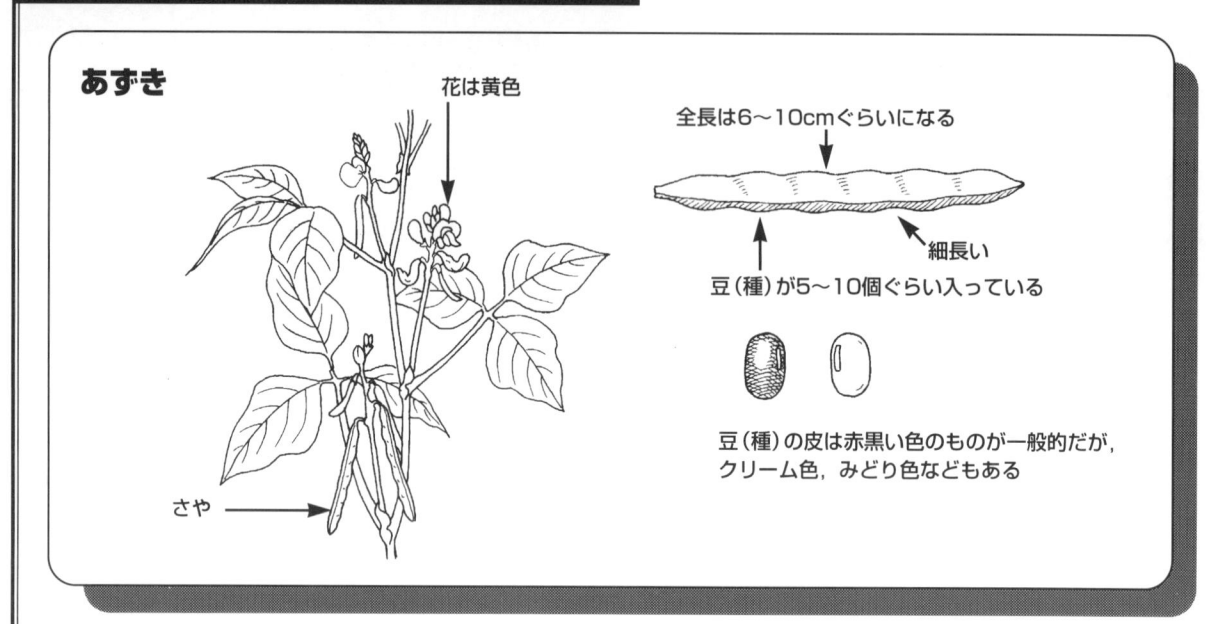

あずき / 花は黄色 / さや

全長は6〜10cmぐらいになる / 細長い / 豆(種)が5〜10個ぐらい入っている

豆(種)の皮は赤黒い色のものが一般的だが，クリーム色，みどり色などもある

選び方のポイント

- 豆を水の中に入れた時に浮いてくるものはさける．
- よく乾燥しているもの．
- 表皮にツヤがあるもの．
- 豆がふっくらとしているもの．

栄養価

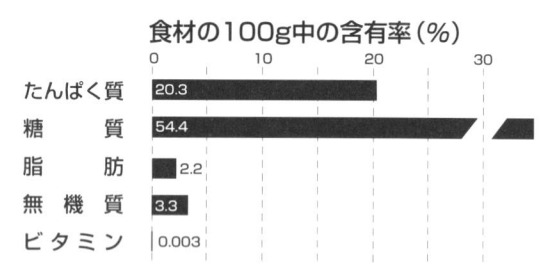

食材の100g中の含有率(%)

たんぱく質	20.3
糖質	54.4
脂肪	2.2
無機質	3.3
ビタミン	0.003

栄養の特徴

主成分は澱粉(でんぷん)．皮には食物繊維のセルロースを含んでいる．赤い色はアントシアン系色素で，鉄と反応すると黒くなる．

- 甘納豆，やわらかく煮てから砂糖を加えてねるつぶあん，こしてから皮を除いたこしあん(右参照)，みつの含ませ煮など，和菓子の材料には欠かせない．
- 小倉あんは，こしあんにみつを含ませてから煮たあずきをまぜたもので，シャーベット状にしてから小倉アイスとして食べるとおいしい．

料理メモ

● あずきのゆで方

水にひたさずに煮はじめ，沸騰したらゆで水をすてる(2〜3回繰り返す)．再び水を加え，やわらかくなるまで豆を煮る．

- よく乾燥した豆は煮豆にしたり，かぼちゃ，いも類などといっしょに煮て，いとこ煮にするとよい．

旬

乾燥させたものが1年中出回っているが，10月ごろが旬．

原産地

中国が原産．日本各地でさいばいされているが，北海道十勝産が有名．

マメ科の1年草．豆といわれる部分は種です．あずき（小豆）のほかに，つぶが大きい大納言，中納言，中国料理の春雨（はるさめ）の原料となるみどり色のりょくとう，高級な白あんに使われるクリーム色の白あずきなどがあります．

祝いごと，年中行事などでの赤飯にはあずきに似たささげが多く使われています．あずきでもよいのですが，皮がやわらかいので，ごはんをたく時に切れてしまいます．

あずきには溶血（赤血球をこわす）作用のあるサポニンが含まれます．多く摂取するとからだによくないので，煮る前に，しぶ切り（沸騰したらゆで水をすてる）を2〜3回行い，取り除く必要があります．

あずきあん（つぶあん）

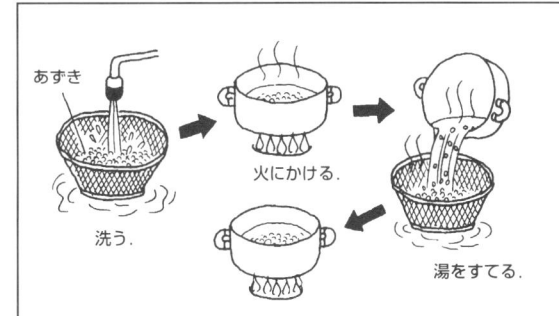

① あずき（150g）を水で洗い，あずきの3〜4倍の水といっしょになべに入れ，火にかける．沸騰して2〜3分たったら，湯をすて，再び水を加えて火にかける．

② ①を2〜3回繰り返す．あずきがやわらかくなるまで煮る．

③ あずきがやわらかくなったらグラニュー糖（150g）を加える．焦がさないように弱火で，水分がなくなるまで木じゃくしでねりまぜる（ねばりを出さないようにする）．

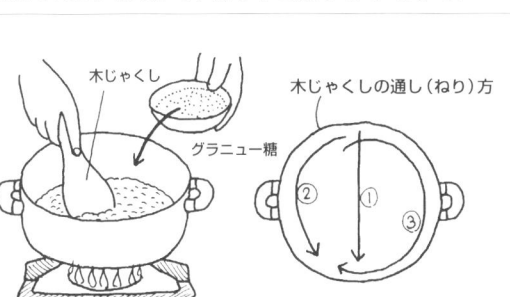

④ バットに入れ，冷ましてできあがり．

【いんげん】

いんげん

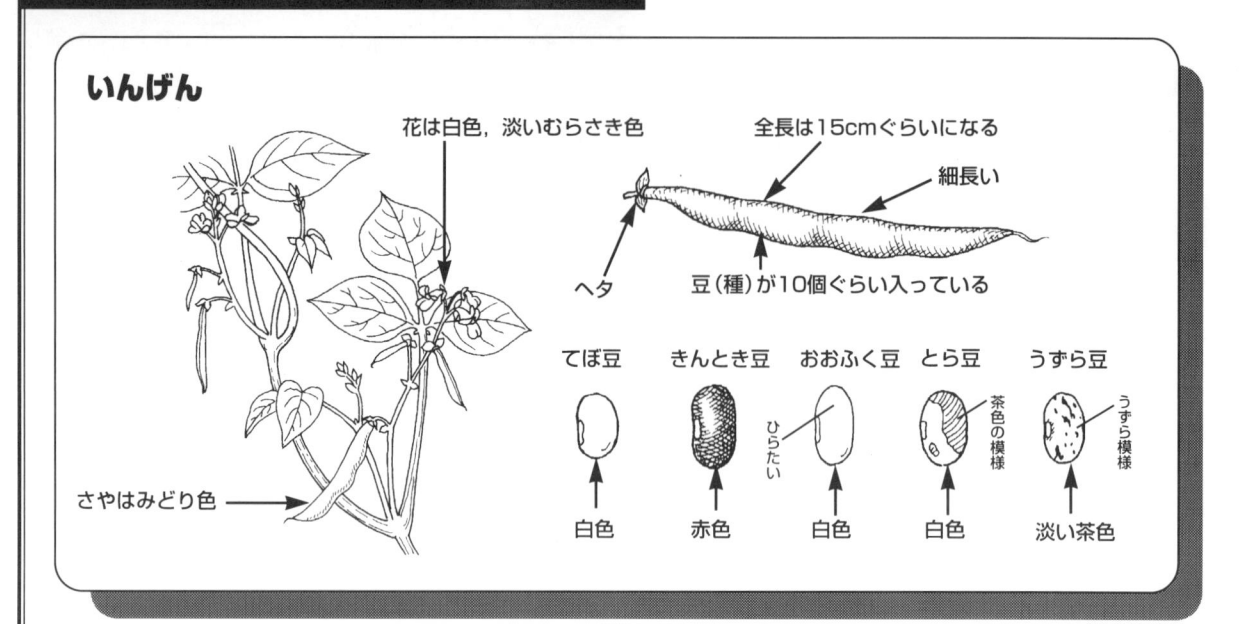

- 花は白色，淡いむらさき色
- 全長は15cmぐらいになる
- 細長い
- ヘタ
- 豆（種）が10個ぐらい入っている
- さやはみどり色

てぼ豆	きんとき豆	おおふく豆	とら豆	うずら豆
白色	赤色	白色(ひらたい)	白色(茶色の模様)	淡い茶色(うずら模様)

選び方のポイント

- みずみずしいもの．
- さやがあざやかなみどり色のもの．
- さやが細長いもの．
- さやの長さがそろっているもの．

栄養価

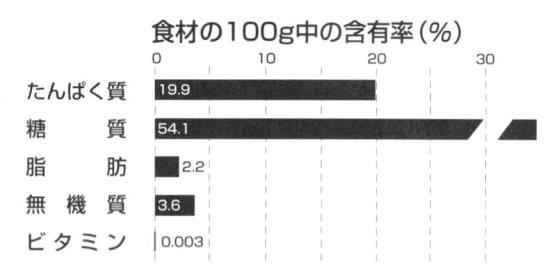

食材の100g中の含有率（％）

	0　　10　　20　　30
たんぱく質	19.9
糖　　質	54.1
脂　　肪	2.2
無 機 質	3.6
ビタミン	0.003

栄養の特徴

主成分は澱粉（でんぷん）．特殊な成分であるファゼオルナチンを含んでいるが，微量なので特に注意をする必要はない．

料理メモ

●さやいんげんの下処理
ヘタを切り取り，さやのすじを手で取る．塩をふりかけ，板ずりをしてからさっと熱湯でゆでるか，1.5％ぐらいの塩水（水5カップ，塩大1）を沸騰させてから，さっとゆでる．

●さやのみどり色がきれいなので，つけ合わせとして，ゆでたさやをバター炒めにしたり，からしあえ（右参照），ごまあえ，おひたし，サラダなどにしてもおいしい．

●煮もの，天ぷらに使う時は生のままさやごと使う．

●成熟し，乾燥させた種（いんげん豆）は，水にひと晩つけて戻し，煮豆にしたり，和菓子の材料にするとよい．

旬

さやいんげんは6月～9月ごろ，乾燥した豆は1年中出回っているが，10月～11月ごろが旬.

原産地

中央アメリカが原産．北海道などでさいばいされている．

マメ科のつる性1年草．豆(種)が未熟ないんげんをさやごと食べるさやいんげん，成熟させた豆を乾燥させてから食べるいんげん豆があります．

いんげんという名前は，江戸時代初期(1654年)に来日した明(昔の中国)の僧である隠元(いんげん)が持ちこんだことに由来しています．しかし，実際には別の種類であるふじ豆を持ちこみ，いんげんはもっと後になって持ちこまれたという説もあります．

いんげんは別名を「さいとう」ともいいますが，関西では1年に3回収穫できることから「三度豆」(さんどまめ)といい，ふじ豆をいんげんといっています．

さやいんげんとぶた肉のからしあえ

板ずり…まな板の上に食材をおき，塩をふってゴリゴリと塩をすりこむこと．

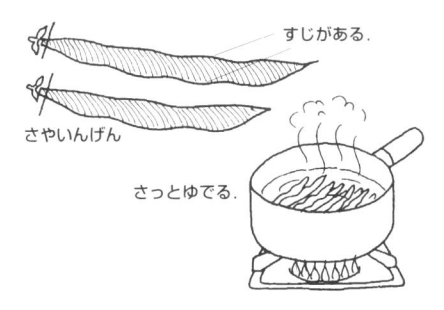

すじがある．
さやいんげん
さっとゆでる．

① さやいんげん(200g)のヘタを切り，すじを取る．少量の塩で板ずりをし，熱湯でさっとゆでる．

② ゆであがったら，ななめに切る．

ななめに切る．

③ ぶた肉のうす切り肉(100g)を1cm幅にほそく切り，酒(大1)，水(大1)，塩(小$\frac{1}{3}$)，小口に切ったねぎ($\frac{1}{4}$本)，うす切りにしたしょうが(5g)をなべに入れてよく煮る．

ぶた肉を調味料などで煮る．

④ ボールにからし(小1)，水(小1)を入れてよくねる．しょうゆ(大1$\frac{1}{2}$)，ゴマ油(小$\frac{1}{2}$)，②，③を加えてあえる．器にもりつける．

調味料，煮こんだぶた肉，ゆでたさやいんげんを加えてあえる．

【えんどう】

えんどう

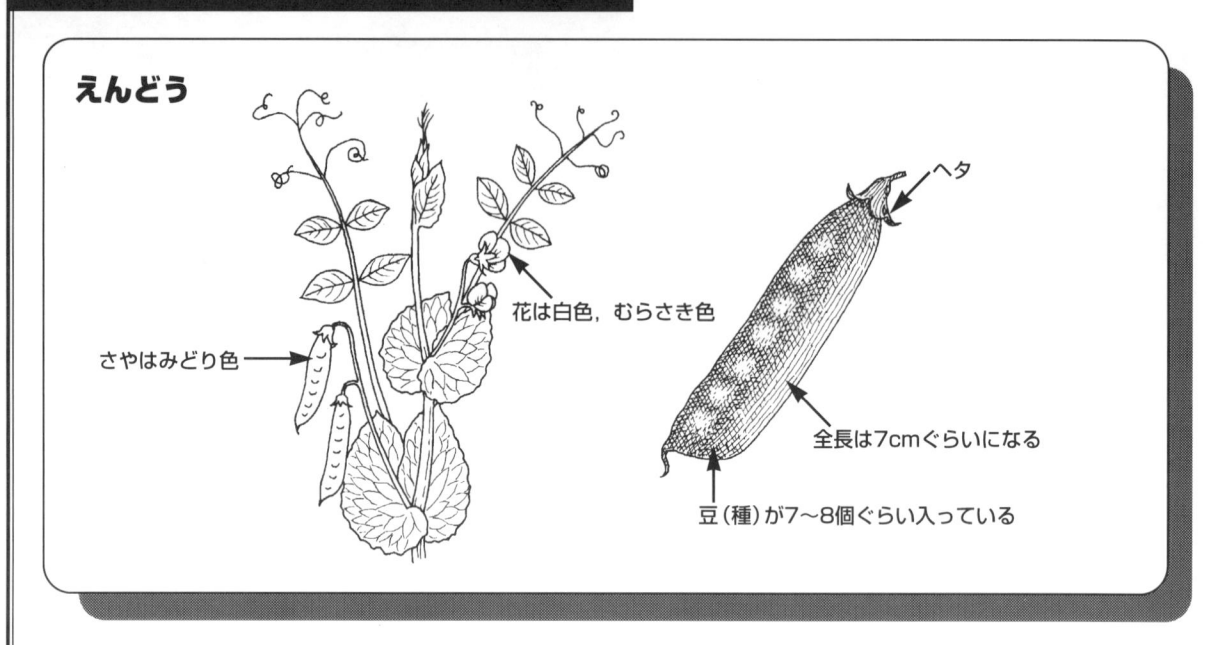

- さやはみどり色
- 花は白色, むらさき色
- ヘタ
- 全長は7cmぐらいになる
- 豆(種)が7〜8個ぐらい入っている

選び方のポイント

- さやがあざやかなみどり色のもの.
- さやの表面にツヤがあるもの.
- さやを折った時, ポキッと音がするぐらいのもの

栄養価

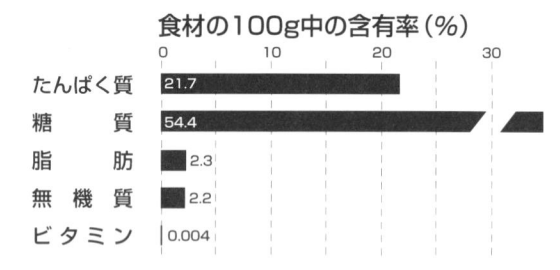

食材の100g中の含有率(%)

たんぱく質	21.7
糖　　質	54.4
脂　　肪	2.3
無 機 質	2.2
ビタミン	0.004

栄養の特徴

主成分は澱粉(でんぷん). ビタミンB_1, B_2, C, カロチンを多く含んでいる.

料理メモ

- **さやえんどうのゆで方**
さやのすじをヘタごと手で取り除く. 1.5%ぐらいの塩水(水5カップ, 塩大さじ1)を沸騰させてから, さっと色よくゆでる.
- さやのみどり色がきれいなので, 吸いもの, あえもの, 煮もの, 揚げものにしたり, うす味に煮て卵とじ, ぶた肉などと炒める(右参照)とおいしい.
- 未熟な豆(グリンピース)は, ごはんといっしょにたきこんで, 豆ごはんにしたり, 塩ゆでにするとよい.
- 完熟し, 乾燥させた種(実えんどう)は, 水にひと晩つけて戻してから, うぐいす豆(甘く煮たもの)にしたり, 和菓子の材料にするとよい.

旬

さやえんどうは3月～5月ごろ，未熟な豆（グリンピース）は3月～6月ごろ，乾燥した豆は1年中出回っているが，北海道では8月～9月ごろ，ほかの地域では3月ごろが旬．

マメ科の1～2年草．豆（種）が未熟なえんどうをさやごと食べるさやえんどう，さやの中でふくらんだ未熟な豆であるグリンピース，成熟させた豆を乾燥させてから食べる実えんどうがあります．えんどうには，みどり色の青えんどう，みつ豆に入っている赤茶色の赤えんどうなどがあります．

原産地

ヨーロッパが原産．北海道，高知県などでさいばいされている．

さいばいの歴史は古く，ヨーロッパ，中国でさいばいされていたものが品種改良され，現在に至っています．品種も多く，手のひらにのせた時にキュッキュッと絹糸に似た音がするので，その名前がついたさやの小さいキヌサヤ，さやと未熟な豆をいっしょに食べるスナップエンドウなどがあります．

さやえんどうと牛肉の炒めもの

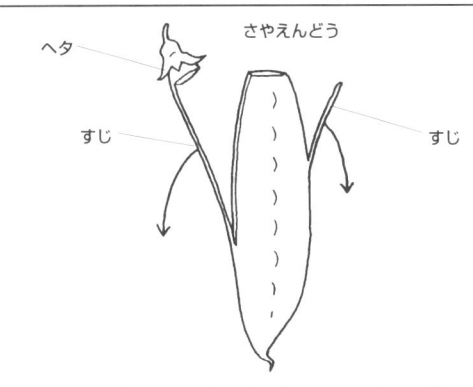

① さやえんどう（200g）のすじをヘタごと手で取り除く．

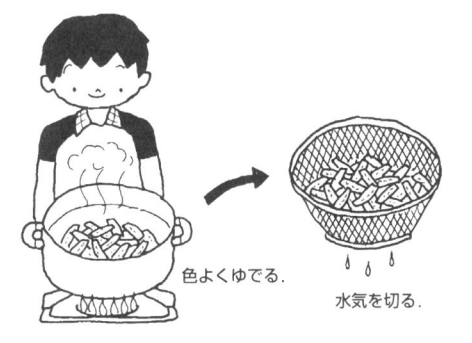

② 1.5％の塩水（水5カップ，塩大1）を沸騰させてから色よくさっとゆでる．水気を切る．

③ 牛肉の赤身うす切り肉（150g）を3cm幅に切り，しょうが汁（小1），酒（小1），しょうゆ（小1），にんにく（ひとかけら）の下味につけておく．

④ 中華なべを熱し，サラダ油（大3）を加え，③に片栗粉（大1）をまぶしてからよく炒める．②のさやえんどうも加え，しょうゆ（大1），酒（大1），少量の塩で味をつけ，器にもりつける．

【ぎんなん】

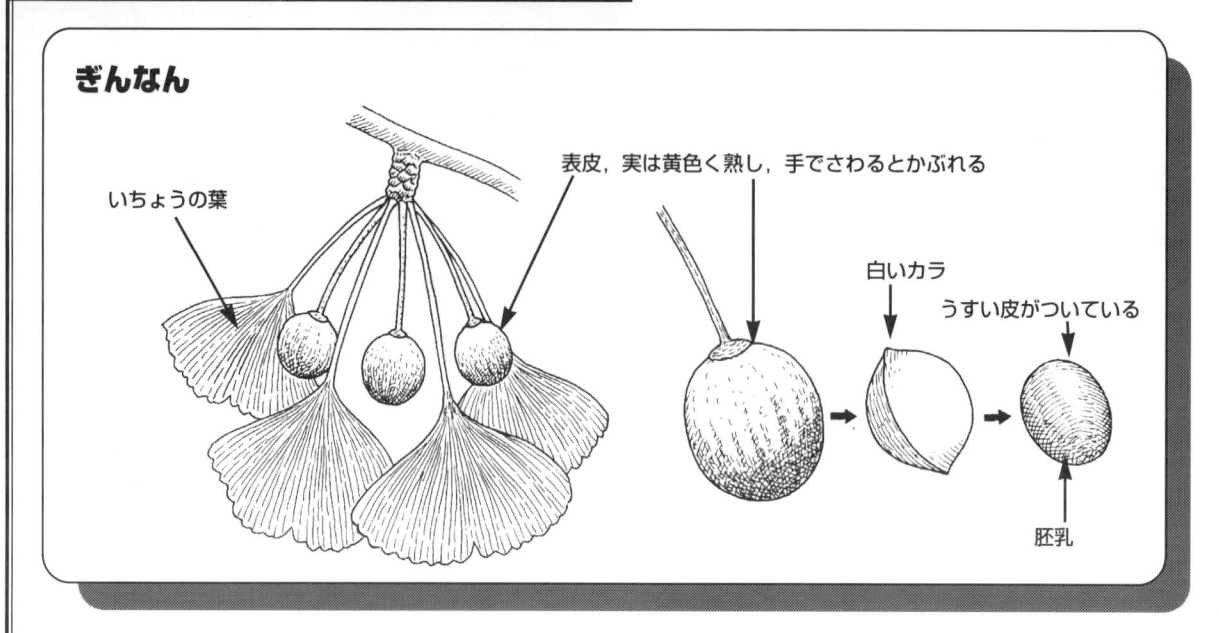

ぎんなん

- いちょうの葉
- 表皮，実は黄色く熟し，手でさわるとかぶれる
- 白いカラ
- うすい皮がついている
- 胚乳

選び方のポイント

- 収穫した年のもの．
- 表皮が黄色で，実がしまっているもの．
- つぶがそろっているもの．
- 実がよく乾燥しているもの．

栄養価

食材の100g中の含有率(％)

	0 10 20 30
たんぱく質	4.7
糖　　質	34.5
脂　　肪	1.7
無 機 質	1.5
ビタミン	0.025

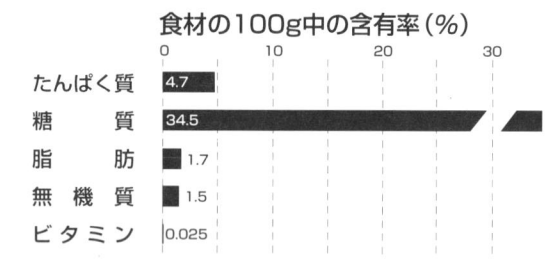

栄養の特徴

主成分は澱粉（でんぷん）．カロチン，ビタミンC，ベータ・カロチンを比較的多く含んでいる．

料理メモ

- 白いカラを包丁の柄などで軽くたたいて割り，ゆでてからうすい皮を手でむく．少量の塩を加え，たまじゃくしなどでころがしながらゆでるとよい．
- ゆでたぎんなんは美しいみどり色になり，特有のほろにがさがある．
- ぎんなんごはん（右参照）にしたり，うにをつけて焼いたり，茶わん蒸しの具などにするとおいしい．
- ゆでたぎんなんを竹串などに刺し，うすいころもをつけ，揚げ油で串揚げにしてもおいしい．
- うすい皮がついたまま揚げ油で揚げると，きれいに皮が取れる．
- 中国料理では炒めものに使われ，ぎんなんのことを「白果」(ハイグォ)という．

旬

10月～11月ごろが旬．

原産地

中国が原産．日本各地の公園，神社，寺などに植えられたいちょうの木の実が，秋に熟して落ちる．

　イチョウ科落葉性の木の実．中国から日本に伝わりました．いちょうの木は昔から各地の公園，神社，歩道などに多く植えられています．秋に葉が黄色く紅葉し，いちょう並木として親しまれている場所もあります．

　種子植物ですが，実のなる木(雌)，実のならない木(雄)があります．

　実の外側の肉質部分には不快なにおいがし，手でさわるとアレルギー性皮膚炎になる人もいます．手ぶくろなどをして実をひろい，水に2～3日つけたり，土の中にうめたりして，肉質部分をくさらせて取り除く必要があります．白いカラのついた実をよく乾燥させ，カラを割ってから調理に使います．

ぎんなんごはん

① ぎんなん(200g)のカラを包丁の柄などで割り，なべにひたひたの水と少量の塩を入れてゆで，うすい皮を手でむく．

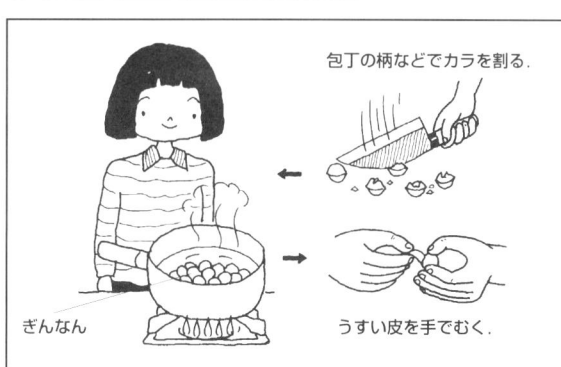

② 米(3カップ)をよく洗い，ザルで水気を切る．芝えび(100g)をうすい塩水で洗い，頭を切り，背わた，カラを取り，2cm幅に切る．みつば(5本)を水で洗い，ザク切りにする．

＊米のたき方は，p.92～93参照．

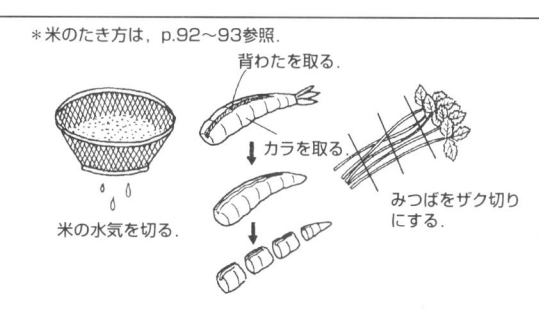

③ 水気を切った米，同分量の水(カップ3)，酒(大3)，しょうゆ(大1)，塩(小1)，②の芝えびを加えてたく．たけたら，ぎんなん，みつばを加えてよくまぜる．

④ 茶わんによそって食べる．

【ごま】

ごま

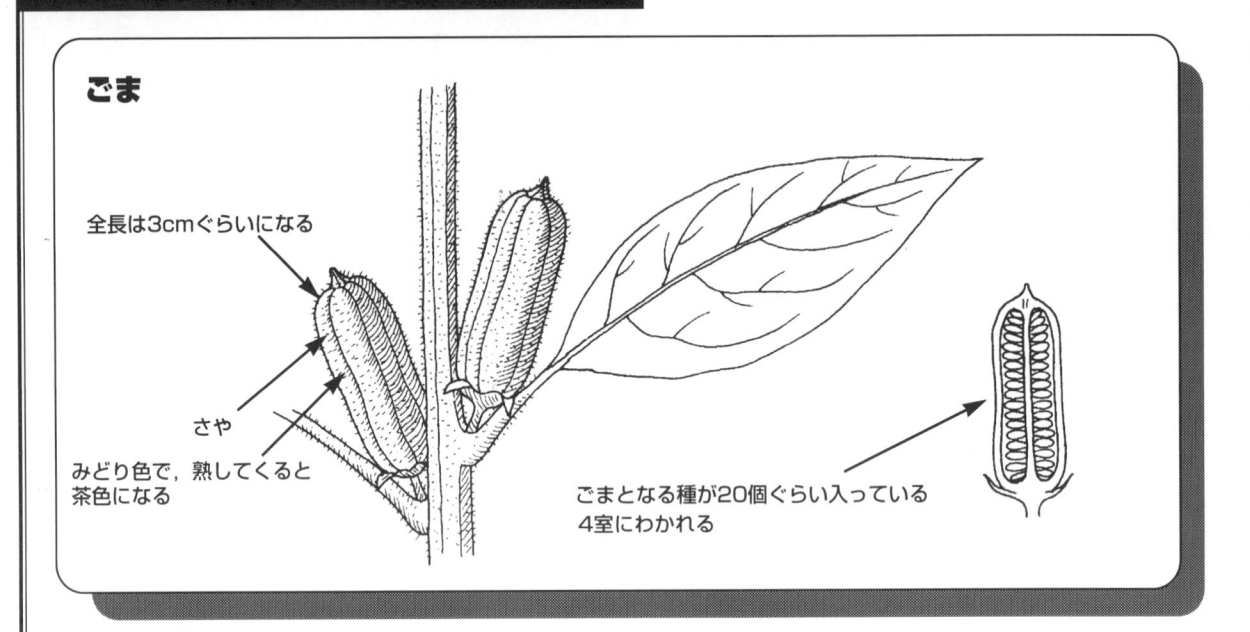

- 全長は3cmぐらいになる
- さや
- みどり色で，熟してくると茶色になる
- ごまとなる種が20個ぐらい入っている 4室にわかれる

選び方のポイント

- ごまのつぶがそろっているもの．
- ごまに石，砂がまざっていないもの．

栄養価

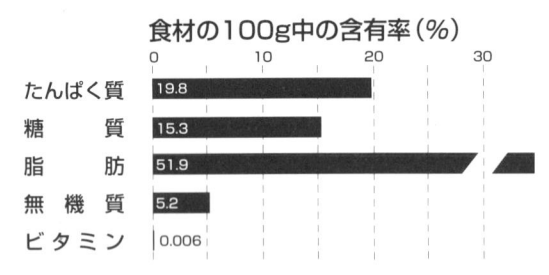

食材の100g中の含有率（％）

たんぱく質	19.8
糖　　質	15.3
脂　　肪	51.9
無 機 質	5.2
ビタミン	0.006

栄養の特徴

たんぱく質，脂肪，油の酸化をふせぐビタミンEを多く含んでいる．

料理メモ

- ごまの煎り方

  熱したなべに適量のごまを入れ，なべを動かしながら弱火で煎る．パチッと音がしたら火を止め，少しの間，余熱を使って香ばしく煎る．
- 白ごまを香ばしく煎り，すりばちでとろみが出るまですり，くず粉（くずの木の根を粉にし，水につけて沈澱させ，乾燥させたもの．吉野くずが有名）を加えてねれば，ごまどうふになる．
- あえもの（右参照），黒ごまの入ったごまみそ，肉，魚につけて揚げるごま揚げなどにしてもよい．
- ごまと塩を煎ったものがごま塩．
- おはぎなどのお菓子にも使われる．

旬

8月～10月ごろが旬.

原産地

インド, エジプトが原産. 日本では茨城県などで少しだけさいばいされ, 中国, インド, メキシコ, スーダンなどでさいばいされている.

ゴマ科の1年草. 古代エジプト時代からさいばいされ, 日本でも縄文時代後期にはさいばいされていました. ごまのひとつぶずつは小さくても, たんぱく質, 脂肪, ビタミンなど, 栄養価に富んでいます. ごまは, 昔から「食べる薬」として大事にされ, 重要な栄養補給源でもありました.

花が咲き終わってから, みぞの入った円柱状の果実の中に種ができます. これがごまで, 品種により白ごま, 黒ごま, 黄ごま, 茶ごまなどがあります. 茶ごまはゴマ油にされます.

「ごまをする」という格言は, 人にへつらい, 自分の利益をはかるたとえです.

ほうれんそうのごまあえ

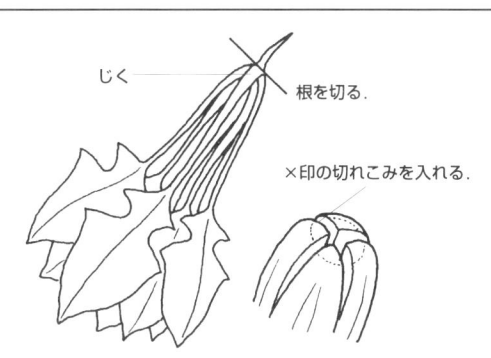

① ほうれんそう (1束) をよく洗い, 赤い根を切り, 根もとに×印の切れこみを入れる.

② なべに水 (5カップ) を入れて沸騰させる. じくのほうから先に入れ, 少しゆでた後で葉も入れる.

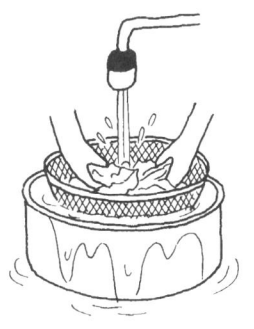

③ ザルにほうれんそうを入れ, 水でよく洗い流すと, みどり色があざやかになる. 水気をよく切る.

④ ほうれんそうをザク切りにし, しょうゆ (小2) をかけておく. 黒ごまを香ばしく煎ってからすりばちでする. 砂糖 (大1), しょうゆ (大2), ほうれんそうを加えてまぜる. 器にもる.

【そら豆】

そら豆

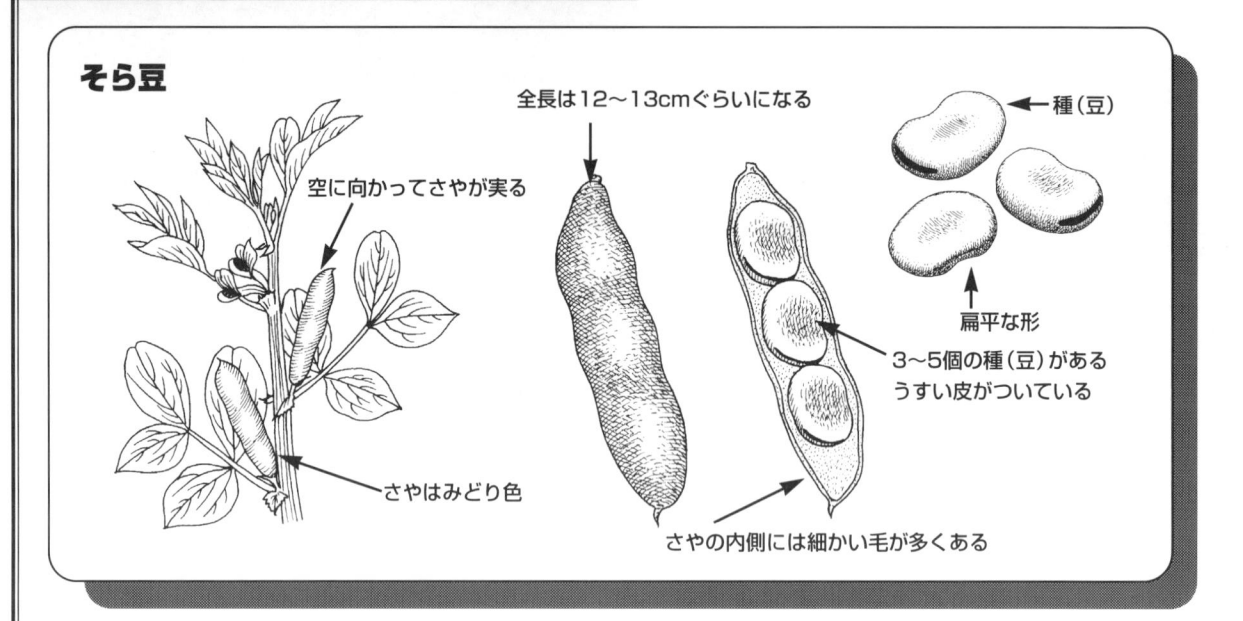

- 空に向かってさやが実る
- 全長は12〜13cmぐらいになる
- さやはみどり色
- さやの内側には細かい毛が多くある
- 3〜5個の種（豆）がある
- うすい皮がついている
- 種（豆）
- 扁平な形

選び方のポイント

- 豆が多く入っているもの．
- 豆の形がそろっているもの．
- さやのみどり色があざやかなもの．
- さやがふっくらとしているもの．
- さやがついているもの．

栄養価

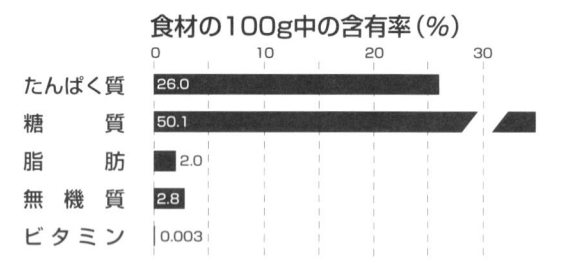

食材の100g中の含有率（％）

たんぱく質	26.0
糖質	50.1
脂肪	2.0
無機質	2.8
ビタミン	0.003

栄養の特徴

主成分は澱粉（でんぷん），たんぱく質．ビタミンB_1，B_2を比較的多く含んでいる．

料理メモ

- さやから種（豆）を取り出し，少量の塩を加えた熱湯で，3〜4分ぐらい強火でゆでる．ゆであがったらうすい皮をむく．
- ゆでたものをおつまみとしてそのまま食べたり，そら豆ごはんにしたり，裏ごしてからスープ（ポタージュウィンザー），えびなどといっしょに炒めもの（右参照），天ぷらなどにしてもおいしい．
- 中国料理で使われる豆板醤（トウバンジャン）は，そら豆，唐辛子などで作られる．
- 完熟豆はあんの原料になる．
- 煎り豆，甘納豆，おたふく豆，ふき豆，煮豆などにするとよい．

旬

未熟豆は5月～6月ごろ，完熟豆は1年中出回っているが，西日本では3月ごろ，東日本では8月ごろが旬．

原産地

北アフリカ，西南アジアが原産．世界の各地でさいばいされている．

　マメ科の1～2年草．昔から北アフリカ，西南アジアでさいばいされていましたが，日本では8世紀ごろからさいばいされ，現在では全国各地でさいばいされています．
　そら豆は，みどり色のさやが空に向かって木の枝に実ることから，「空豆」と書きます．また「蚕豆」とも書き，蚕（かいこ）を養殖している初夏にそら豆を食べたからとか，さやの形が蚕に似ているからといわれています．
　塩でゆでて食べる未熟豆と煮豆や甘納豆にする完熟豆があります．豆が大きい品種と小さい品種がありますが，うす皮がむきやすいことから，最近では大きいほうが好まれています．

そら豆とえびの炒めもの

① うすい皮をむく．
さやつきのそら豆（1.2kg）をさやから取り出し，少量の塩を加えて熱湯で3～4分，強火でゆでる．そら豆のうすい皮をむく．

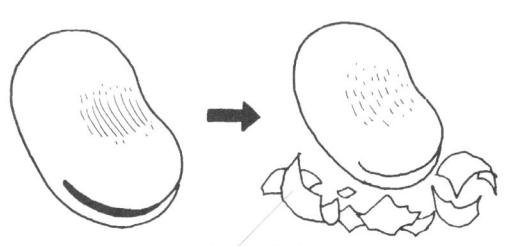

② 背わたをようじで取る．
芝えび（12尾）をうすい塩水で洗い，頭を切り，背わた，カラを取り，少量の塩，酒（少々），しょうが汁（少々）につけておく．たまねぎ（100g）を2cm角に切る．干ししいたけはさっと洗ってぬるま湯につけて戻し，1.5cm角に切る．

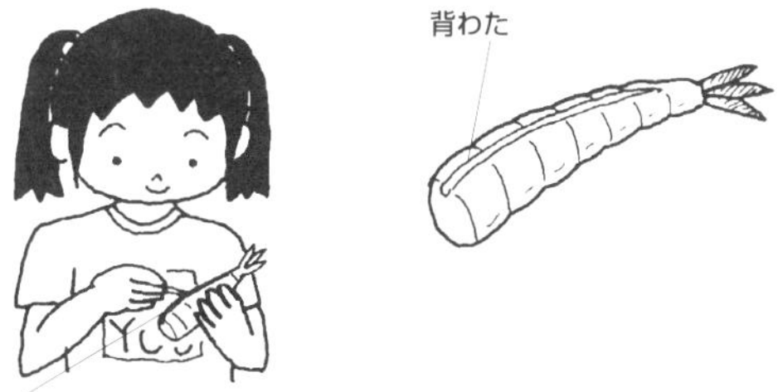

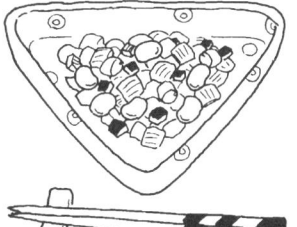

③
スープ
鶏ガラスープ　カップ2/3
砂糖　　　　　小1
塩　　　　　　小2/3
片栗粉　　　　大1
●材料をあわせておく．

中華なべを熱し，サラダ油（大2）を加え，芝えびに片栗粉（小1）をまぶしてからさっと炒め，皿においておく．サラダ油（大1）を加え，干ししいたけ，たまねぎを炒める．合わせておいたスープを加え，そら豆，芝えびを加えて軽く炒める．

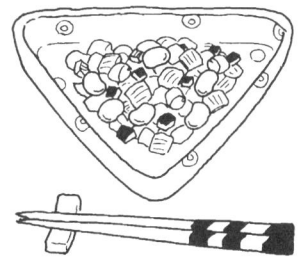

④ 器にもりつける．

【だいず】

だいず

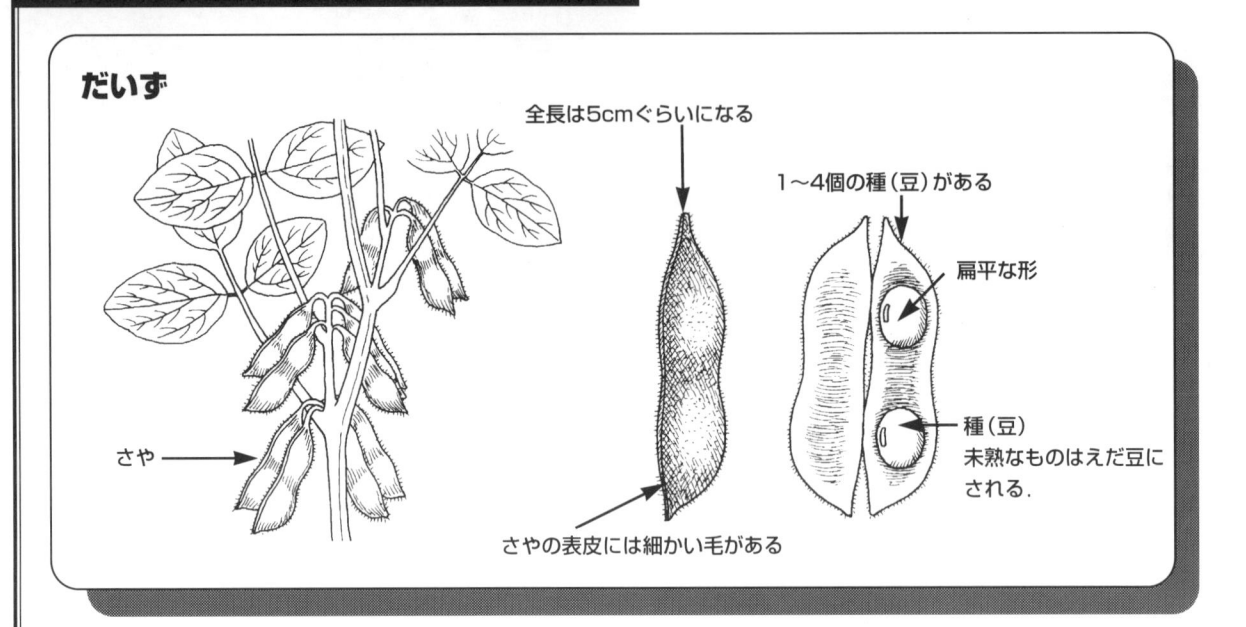

- さや
- 全長は5cmぐらいになる
- さやの表皮には細かい毛がある
- 1～4個の種（豆）がある
- 扁平な形
- 種（豆）未熟なものはえだ豆にされる．

選び方のポイント

- つぶがそろっているもの．
- 収穫した年のもの．
- 豆にツヤがあるもの．
- 豆がいたんでいないもの．
- だいずを未熟なうちに食べるえだ豆は，さやつきのもの．

栄養価

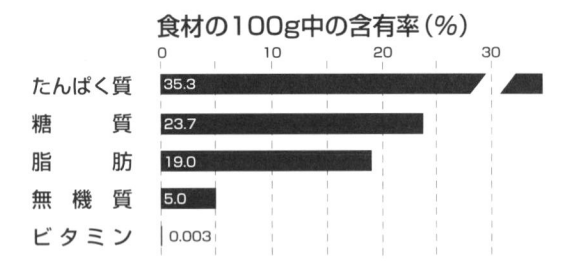

食材の100g中の含有率（％）

	0　　　10　　　20　　　30
たんぱく質	35.3
糖　　質	23.7
脂　　肪	19.0
無 機 質	5.0
ビタミン	0.003

栄養の特徴

主成分はたんぱく質，脂肪．カルシウム，ビタミンB_1，Eを多く含んでいる．

料理メモ

- だいずを水でさっと洗ってから弱火でゆっくりと煎り，煎り豆にしたり，煎り豆をあたたかいうちにしょうゆにつけ，しょうゆ豆にしたりするとよい．
- だいずをひと晩水につけてから，なべでだいずがやわらかくなるまで弱火でゆで，ゆでだいずにするとよい．
- ゆでだいずをそのまま食べたり，煮豆にしたり，にんじん，ごぼうなどを加え，砂糖，しょうゆで味をつけた五目豆（右参照），すりつぶしてだいずハンバーグにしてもよい．
- だいずを加工し，とうふ，湯葉（豆乳を煮た時にできるうすい皮，乾燥と生のものがある），納豆，きなこ（煎って粉にしたもの），もやしなどにもなる．

旬

新豆ができる10月～11月ごろが旬．えだ豆は7月～8月ごろが旬

原産地

中国が原産．日本では北海道，青森県，岩手県などでさいばいされ，世界の各地でさいばいされている．

　マメ科の1年草．古代から中国では五穀(米，麦，豆，あわ，きび)のひとつとされ，日本へは縄文時代後期，弥生時代初期に伝わったとされています．

　現在では北海道，東北地方で多くさいばいされていますが，自給率はとても低く，中国，アメリカなどの輸入品が市場に多く出回っています．

　世界の各地でさいばいされているだいずですが，品種も多く，豆の色も黄色，青色，黒色にわかれます．

　だいず(大豆)は「畑の肉」ともいわれ，良質なたんぱく質などを多く含み，栄養価の面からも重要な食材とされています．また，「鬼は外，福は内」で有名な節分の時にまく風習があります．

五目豆（ごもくまめ）

① だいず(カップ1)をひと晩水(カップ3～4)につけておく．なべにつけておいただいずを水ごと1時間ぐらい弱火でゆでる．

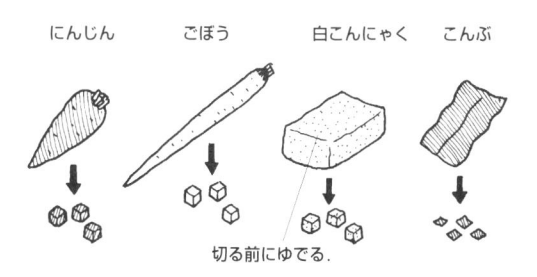

② にんじん(200g)，ごぼう(80g)の皮をむき，7ミリ角に切り，水にさらしておく．白こんにゃく(1/4枚)をゆでてから7ミリ角に切る．こんぶ(10×10cm)をハサミで7ミリ角に切る．

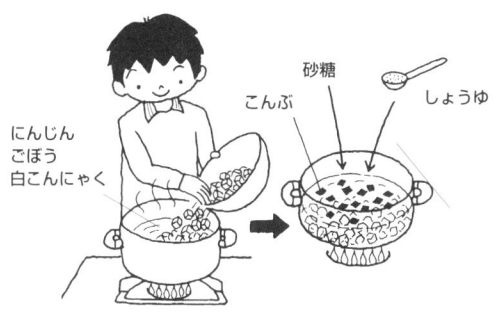

③ ②のにんじん，ごぼう，白こんにゃくを①のなべに加え，中火で煮る．野菜がやわらかくなったら，砂糖(100g)，しょうゆ(大3)，②のこんぶを加え，15～20分ぐらい弱火で煮る．

④ 小さい器にもりつける．

【うずらの卵】

うずらの卵

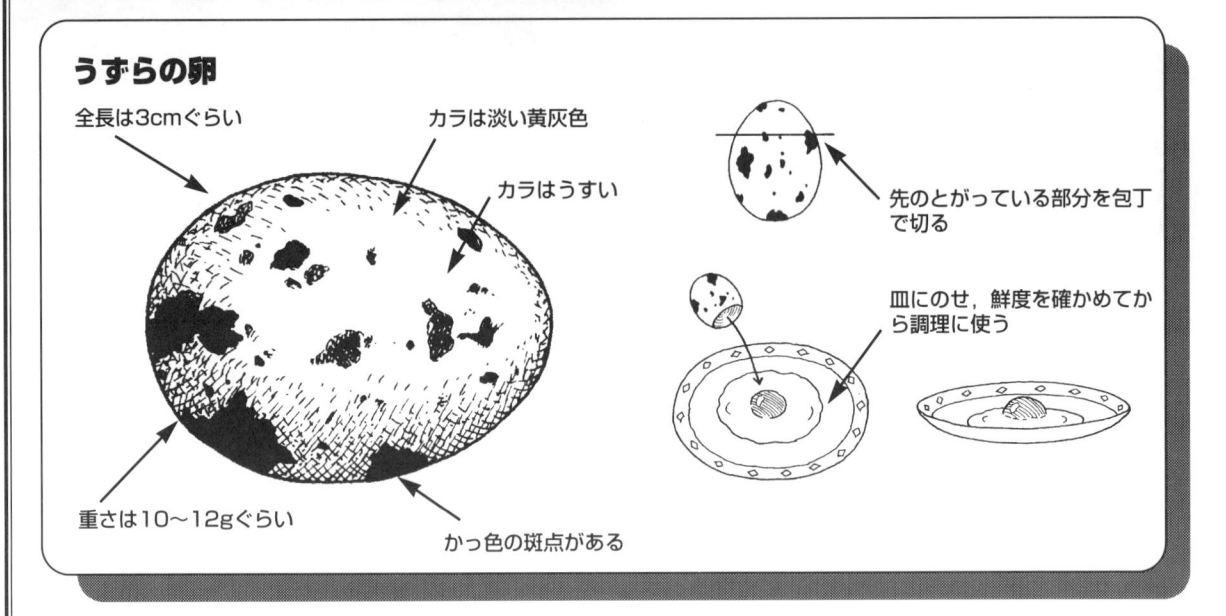

- 全長は3cmぐらい
- カラは淡い黄灰色
- カラはうすい
- 重さは10〜12gぐらい
- かっ色の斑点がある
- 先のとがっている部分を包丁で切る
- 皿にのせ，鮮度を確かめてから調理に使う

選び方のポイント

- 卵を割って，皿にのせた時，卵黄がもり上がり，卵白が卵黄をしっかりとつつんでいるもの．
- カラを手でさわった時，ざらついているもの．

栄養価

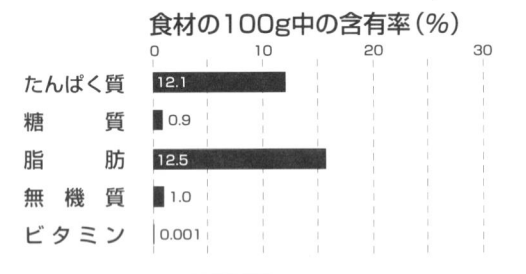

食材の100g中の含有率(%)

	0	10	20	30
たんぱく質	12.1			
糖　　質	0.9			
脂　　肪	12.5			
無機質	1.0			
ビタミン	0.001			

栄養の特徴

卵の中では，脂肪，鉄，ビタミンA，B_1，B_2を比較的多く含んでいる．

料理メモ

- ぬるま湯の中に卵を入れ，ころがしながら7分ぐらいゆでるとゆで卵になる．すぐに水の中に入れてカラをむく．サラダ，オードヴル(右参照)のつけ合わせにしたり，竹串に刺して串焼き，中国料理の炒めものなどに使うとよい．
- そばのつけ汁やとろろ汁の中に生のまま落として食べるとおいしい．
- カラについている膜が厚く，割りにくいので，先のとがっている部分を3分の1ぐらい包丁で切り，取り出して使うとよい．
- 貯蔵性は比較的よいが，市場に出回る回転が遅いので，かならず皿にのせ，鮮度を確かめて調理に使うようにする．
- 加工品には水煮の缶詰がある．

旬

9月〜5月ごろが旬．

生産地

日本では全飼育量の70％が愛媛県．

キジ科の鳥の卵．全長3cm，重さ10〜12gぐらいの小型の卵で，うすい黄灰色の地にかっ色の斑点があります．1年間で1羽のうずらが250〜350個の卵を産みます．

カラについている膜（卵殻膜）が厚いので貯蔵性はよいが，カラは割れにくいので包丁で切るようにします．

ゆでるとカラがむきやすくなるため，カラをむいた水煮の缶詰が市場に多く出回っています．

食用の卵の中でも栄養価に富み，味は濃厚です．外観だけで卵の鮮度を確かめるのはむずかしいので，割ってから卵黄，卵白を見て判断し，鮮度がよいものを調理に使うようにします．

うずらのソース漬け

① うずらの卵（10個）をぬるま湯からなべに入れ，ころがしながら7分ぐらいゆでる．

② ゆであがったらすぐに水に入れ，カラがむきやすいので，水の中でカラをむく．

③ ボールの中にウースターソース（1/2カップ），カラをむいたうずらの卵を入れ，1時間ぐらいおいておく．

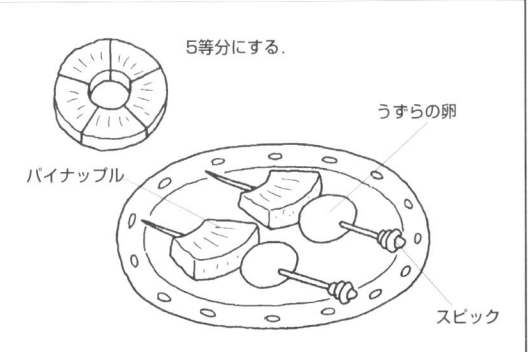

④ 缶詰のパイナップル（2枚）を5等分にし，スピックにうずらの卵，パイナップルをひとつずつ刺す．

【にわとりの卵】

にわとりの卵

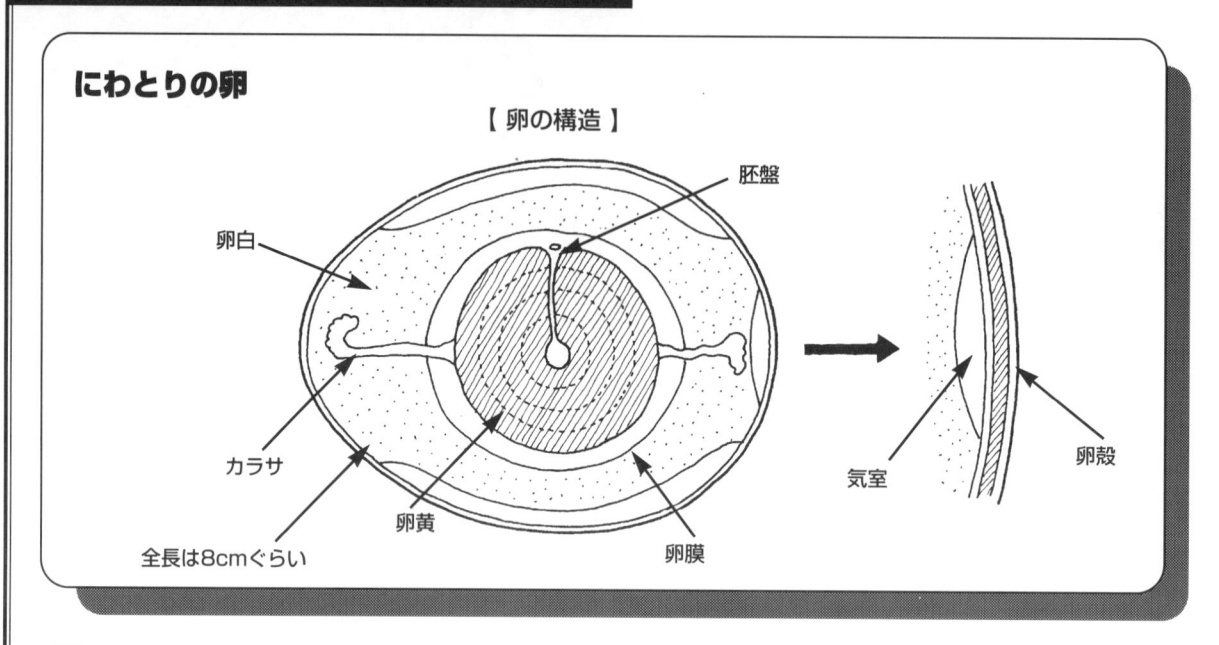

【卵の構造】

- 胚盤
- 卵白
- カラサ
- 卵黄
- 卵膜
- 気室
- 卵殻
- 全長は8cmぐらい

選び方のポイント

- 卵を割って，皿にのせた時，卵黄がもり上がり，卵白が卵黄をしっかりとつつんでいるもの．
- カラを手でさわった時，ざらついているもの．

栄養価

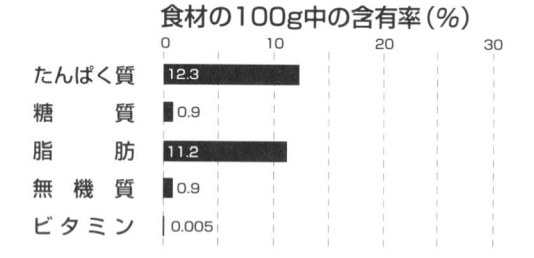

食材の100g中の含有率(％)

たんぱく質	12.3
糖　　質	0.9
脂　　肪	11.2
無 機 質	0.9
ビタミン	0.005

栄養の特徴

栄養価に富み，たんぱく質と脂肪，ビタミンB_1，B_2，Dを多く含んでいる．ビタミンCは少ない．

料理メモ

- 熱湯の中に卵を入れ，ころがしながら7～8分ぐらいゆでるとゆで卵になる．湯の中に少量の塩と酢を入れれば，カラが割れても卵白が出てこない．
- 生のままごはんにのせ，しょうゆをかけて食べたり，たんぱく質が熱でかたまる性質を利用し，目玉焼き，卵焼き，茶わん蒸し，卵とじ，かきたま汁，スペイン風オムレツ(右参照)，卵どうふなどにするとおいしい．
- プレーンオムレツは強火のフライパンに卵を入れてよくかきまぜ，半熟の時にフライパンをななめにし，形を作る．
- 65度の湯に30分つけると温泉卵(卵黄がかたまり，卵白が半熟)になる．
- お菓子に多く使われる．

旬

1年中出回っているが，5月～6月ごろが旬．

生産地

日本では鹿児島県，愛知県，茨城県，千葉県などで飼育され，生産されている．

　キジ科の鳥の卵．江戸時代に出版された「本朝食鑑」という書物にゆで卵，卵焼き，卵酒などのことが書かれていますが，現代のように1日1個を食べるようになったのは，1950年ごろからで，大量生産，価格の安定という背景があります．「物価の優等生」といわれ，安価で栄養価にも富み，日本人に好まれている食材です．

　卵には，放し飼いにしているにわとりが産んだ地卵，スーパーなどで見かける有精卵，親鶏のエサにヨウ素を加えたヨード卵があります．地卵がいちばんおいしいようです．カラの色には白色と赤茶色がありますが，おいしさ，栄養面などの差はありません．

スペイン風オムレツ

① じゃがいも（2個）の皮をむき，1.5cm角に切り，水にさらす．なべに入れ，やわらかくなるまでゆでる．

1.5cm角に切る．

② ピーマン（3個）も両はじを切り，種の部分を取り除き，1.5cm角に切る．

1.5cm角に切る．

③ 卵（9個）をボールの中で割りほぐし，少量の塩，こしょう（少々）を加える．フライパンを熱し，バター（大2）を入れて溶かし，ピーマン，じゃがいもを炒める．色がついてきたら火を止め，冷めたらボールの中に入れ，卵とよく合わせる．

④ フライパンを熱し，バター（大2～3）を入れて溶かし，③を流し入れる．焦がさないように中火でよく焼き，ナチュラルチーズ（30g）を加え，引っ繰り返し，反対側もよく焼く．皿にもりつけ，切りわけて食べる．

【大麦】

二条大麦
つぶが2列に並んで生長する

六条大麦
つぶが6列に並んで生長する

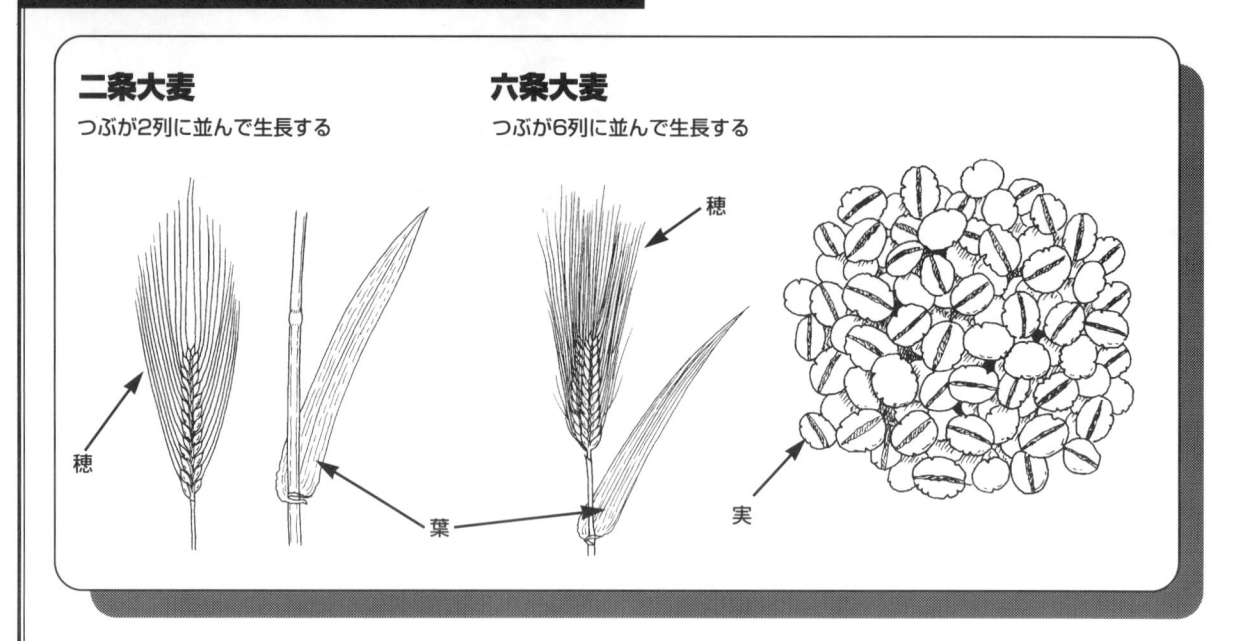

穂
葉
実

選び方のポイント

- 実がよく熟しているもの．
- 実がよく乾燥しているもの．
- つぶがそろっているもの．

栄養価

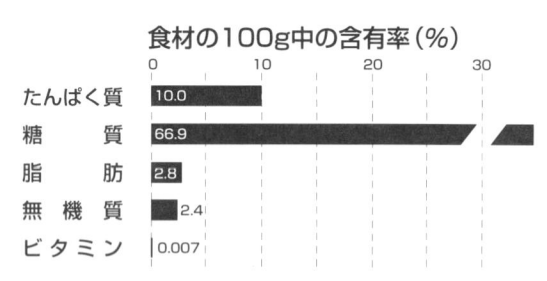

食材の100g中の含有率（％）

成分	含有率
たんぱく質	10.0
糖質	66.9
脂肪	2.8
無機質	2.4
ビタミン	0.007

栄養の特徴

主成分は糖質，たんぱく質．

料理メモ

- 大麦をローラで押しつぶし，カラを取り除いた押し麦は，米とまぜてたいたり，パン生地（きじ）にまぜて焼くとおいしい．
- 麦茶パックが市場に多く出回っているが，自分で大麦を香ばしく煎って，煮出した麦茶（右参照）を作ってみるのもよい．
- 大麦を煎って粉末にしたものを麦こがしという．
- カラを取って精白した大麦は，しょうゆ，みそ用のこうじ（麹）にされる．
- 大麦を水に入れ，発芽させた麦芽（ばくが）は，水アメ，ビール，ウイスキーの原料になる．
- 大麦と米こうじで麦焼酎が作られる．

旬

3月〜5月ごろが旬.

原産地

二条大麦は西南アジア,六条大麦は西アジアが原産.日本各地でさいばいされている.

イネ科の1〜2年草.穂の生長によって,穂のつぶが2列に並ぶ二条大麦と穂のつぶが6列に並ぶ六条大麦にわけられます.

二条大麦は明治時代に中国を経て日本に持ちこまれました.別名を「ビール麦」ともいい,大麦を発芽させ,乾燥させた麦芽を加工してビール,ウイスキーなどの醸造に使われています.

六条大麦は中国,朝鮮半島を経て2〜3世紀ごろに日本へ持ちこまれました.日本人が夏に好んで飲む麦茶の原料とされ,炊飯用の精麦,麦みそ,麦焼酎,しょうゆなどに加工されます.

麦茶を作る

① フライパンをよく熱し,カラつきのままの大麦(50g)を香ばしく煎る.

② 沸騰させた湯(カップ5)の中に①を入れ,5分ぐらい煮出す.

③ 茶こしを使って,②を容器にそそぎ,冷ましておく.冷めたら冷蔵庫に入れておく.氷を入れたグラスにそそぎ飲む.

④ ①を保存する時にはしけないように,しっかりとした缶などに入れて密封しておく.半年ぐらいは保存が効くので,大量に作ってもよい.

【小麦】

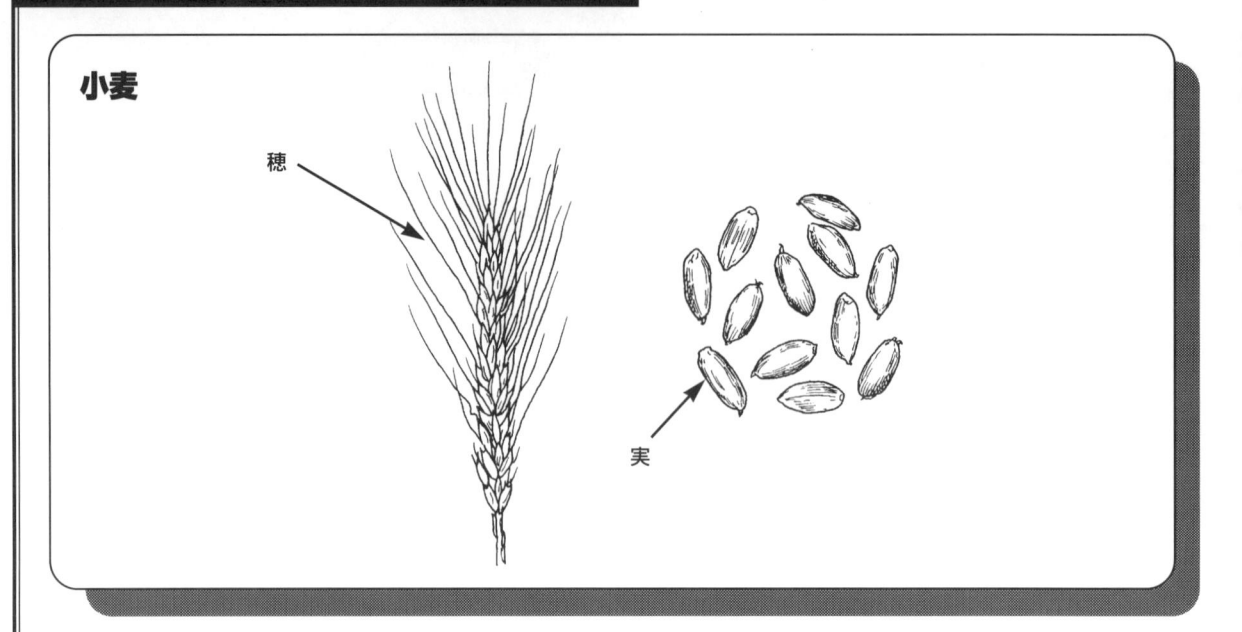

小麦
穂
実

選び方のポイント

■小麦粉の種類
- 強力粉…たんぱく質が12％ぐらい
 パンなどに使われる．
- 中力粉…たんぱく質が8〜9.5％ぐらい
 そうめん，うどんなどに使われる．
- 薄力粉…たんぱく質が6.5〜8.0％ぐらい
 お菓子，天ぷらのころもなどに使われる．

＊開封したら冷蔵庫で保存し，はやめに使ってしまう．

栄養価

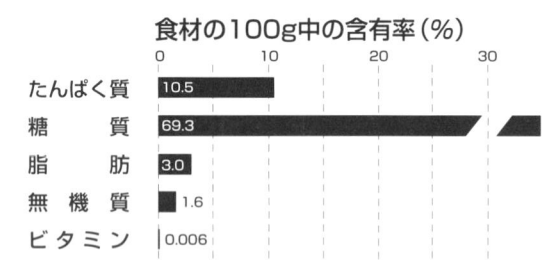

食材の100g中の含有率（％）

たんぱく質	10.5
糖質	69.3
脂肪	3.0
無機質	1.6
ビタミン	0.006

栄養の特徴

主成分は糖質，たんぱく質．

料理メモ

- 調理の使用目的に応じた小麦粉を選ぶようにする．
- 小麦粉の調理には，原則として水を加え，まず生地（きじ）を作ることからはじめる．生地の水分量によって，
 ① **ドウ**…水分がなく，ねり粉が形を保つぐらいの生地．
 パン生地，めん，ぎょうざの皮，パイ生地，ドーナッツなどにする．
 ② **バッター**…水分が多く，ねり粉が形を保つことができない生地．
 お菓子（右参照），天ぷらのころもなどにする．
- 肉，魚を加熱する時，表面に小麦粉をまぶしておくと，うま味が外に逃げるのをふせぐことができる．

旬

秋に種をまく冬小麦は5月～6月ごろ，春に種をまく春小麦は8月～10月ごろに収穫される．

イネ科の1～2年草．さいばいの歴史は古く，紀元前50～100年といわれ，現在，世界でいちばん多くさいばいされている食材です．品種はとても多く，秋に種をまく冬小麦と冬に種をまく春小麦にわけられます．

小麦から作られる小麦粉には，強力粉，準強力粉，中力粉，薄力粉な

原産地

アフガニスタンからカスピ海地域が原産．北海道などでさいばいされている．

どの種類があり，たんぱく質の含有量，グルテン（たんぱく質の中に含まれるグリアジン，グルテニンが水によって結びついたもの）の質によってわけられます．小麦粉は使用目的に応じて使いわけます．グルテンはパンにふくらみ，めん類には独特の歯ざわりを与えます．

ホットケーキ

① ホットケーキ6枚分の生地を作る．

ホイッパー
ふきんなどを敷く．

ボールに卵（2個），砂糖（50g）を入れてホイッパーでまぜ，泡だてる．牛乳（1カップ），小麦粉（240g），ベーキングパウダー（大1）を入れて軽くまぜる．溶かしたバター（大1）も最後に加えてまぜる．

② メイプルエッセンス…かえでの樹液を煮詰めて作った香料．

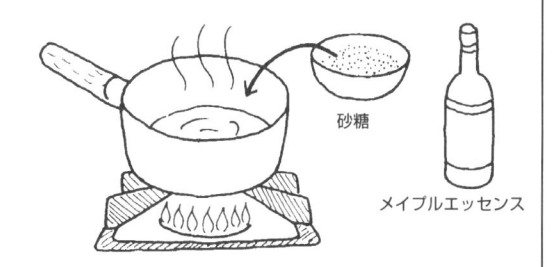

砂糖
メイプルエッセンス

沸騰させた湯（カップ$\frac{1}{4}$）に砂糖（100g）を入れて溶かす．冷ましてからメイプルエッセンスを加え，メイプルシロップを作る．

③ ホットプレートを180度に熱し，サラダ油（大$\frac{1}{2}$）を全体によくぬり，①の生地の$\frac{1}{6}$を丸く落とし，きつね色に焼く．裏返して反対側も焦がさないように焼く．

④ バター
メイプルシロップ

器に焼けたホットケーキを2枚のせ，その上に角切りのバター（ひとり分＝大1）をのせる．メイプルシロップをかけ，ナイフ，フォークを使って食べる．

【米】

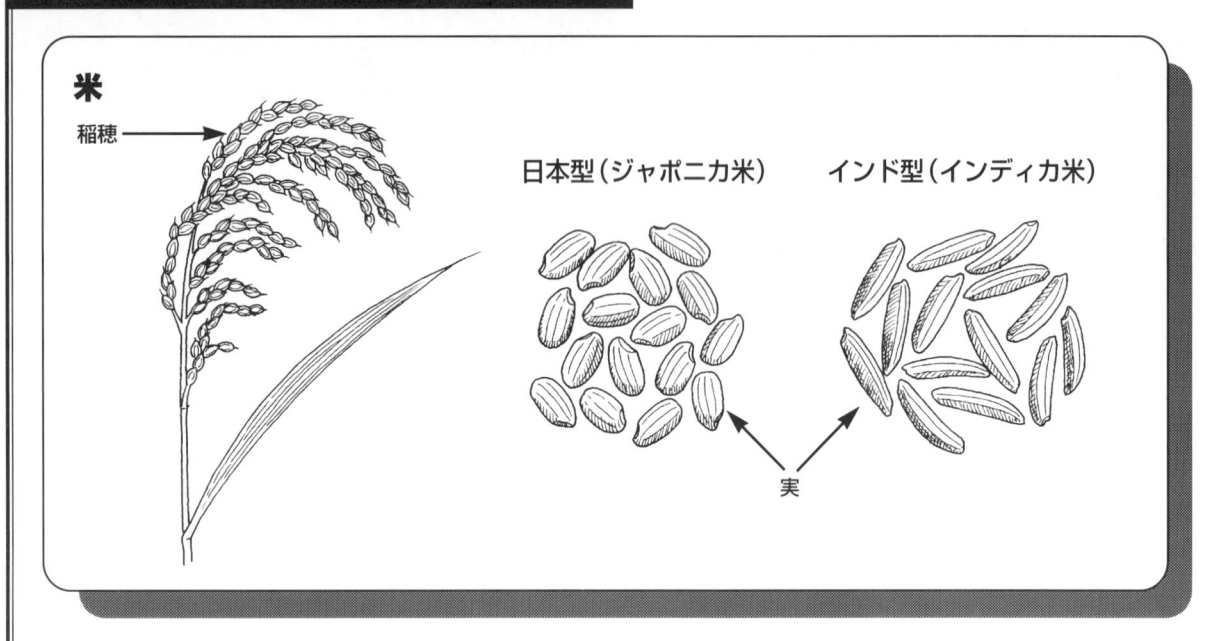

米
- 稲穂
- 日本型（ジャポニカ米）
- インド型（インディカ米）
- 実

選び方のポイント

- ●産地直売で好みの銘柄を買う．
- ●保存管理がしっかりとしている店で新米を買う．
- ●値段は少し高いが，新潟県魚沼地域のコシヒカリが有名である．

栄養価

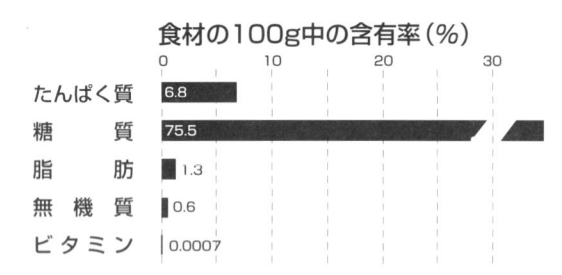

食材の100g中の含有率（％）

たんぱく質	6.8
糖　　質	75.5
脂　　肪	1.3
無　機　質	0.6
ビタミン	0.0007

栄養の特徴

主成分は糖質．消化のよい澱粉（でんぷん），植物性たんぱく質を多く含んでいる．

料理メモ

●ごはんのたき方

毎日食べる主食の米のおいしいたき方をマスターしましょう．

米にはぬか（糠）がついているので，ザルに米を入れ，なべの中で，手ばやくかきまぜながらよく洗い，白くにごった水はすぐにすてる．ザルを入れたなべの中で，手のひらの厚い部分を使って米を押すようにシャッ，シャッとリズムをつけて10回ぐらい洗う．米つぶを洗い流さないように水をすてる．これを2～3回ぐらい繰り返す．水のにごりが取れてきたら，ザルの中心をあけて水気を切り，たく（右参照）．

●稲穂は160度の揚げ油で揚げ，秋に季節料理として天ぷらなどにそえる．

旬

その年に採れたものを新米といい，11月ごろが旬．前年度のものを古米，2年前のものを古々米といい，年が経つにつれ味は落ちる．

原産地

インドのアッサム地方，中国の雲南が原産とされている．新潟県，秋田県，北海道などでさいばいされている．

イネ科の1～2年草．日本へは紀元前3世紀ごろに中国から九州地方に伝わりました．もみがらを取り除いた稲の実である玄米(げんまい)，精米した三分，五分，七分づきの白米(はくまい)があります．

さいばい方法には水田でさいばいされる水稲(すいとう)さいばいと畑でさいばいされる陸稲(りくとう)さいばいがあります．

米はうるち米種ともち米種にわかれ，さらに日本型(ジャポニカ米)，インド型(インディカ米)にわけられます．日本型は日本，朝鮮半島，中国などの温帯地域でさいばいされ，1.5～1.9cmぐらいの短粒種で，インド型はインド，ビルマ，タイなどでさいばいされ，2.5cmぐらいの長粒種で，炒めて食べるのに適しています．

ごはんをたく

① 米(カップ3)をよく洗い(p.92料理メモ参照)，水切りをよくするために中心をあけてザルにあげる．30分ぐらいおいておく．

② なべに米，水(カップ3$\frac{1}{3}$)を入れて火にかける．沸騰するまで強火で5分ぐらい，湯気が出てきたら中火で5分ぐらいかけてたく．

③ 弱火にして10～15分ぐらいしたら，10秒ほど強火にする(なべの中の余分な水分を取り除き，ごはんをおいしくするため)．火を止め，10分ぐらい蒸す．

④ 蒸し終わったら，なべの内側を水でぬらしたしゃもじでひと回りさせ，なべとごはんを離す．ごはんを切るようにしゃもじを入れてかきまぜる．ふきんをかけ，フタをしておく．

【そば】

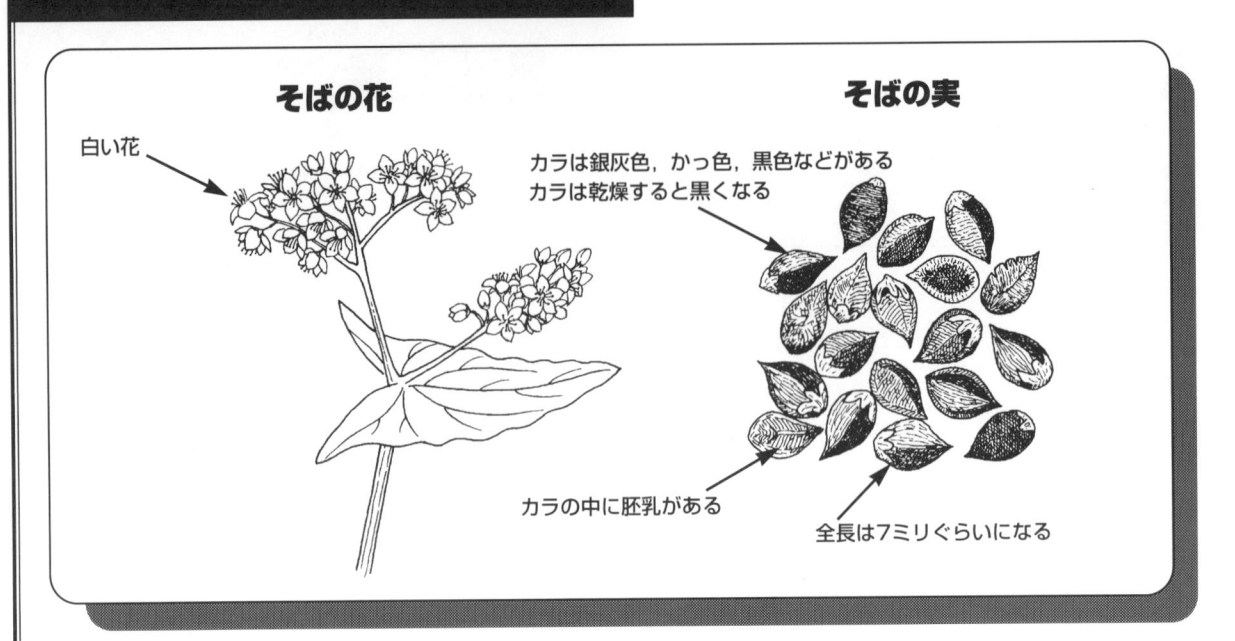

そばの花
- 白い花
- カラは銀灰色，かっ色，黒色などがある
- カラは乾燥すると黒くなる

そばの実
- カラの中に胚乳がある
- 全長は7ミリぐらいになる

選び方のポイント

- 長野県のそば粉がよい．
- 産地により，そばの割合であるそば粉と小麦粉の割合が異なり，そば粉：小麦粉＝8：2に近いものがよい．
- そば粉は保存食ではあるが，賞味期限をよく確かめる．

栄養価

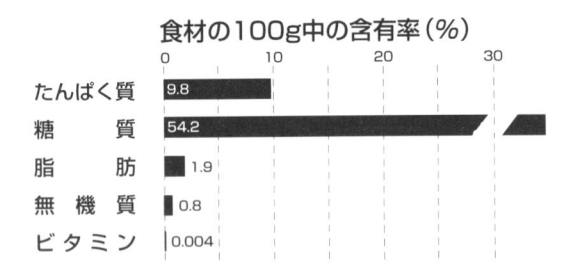

食材の100g中の含有率（％）

成分	含有率
たんぱく質	9.8
糖質	54.2
脂肪	1.9
無機質	0.8
ビタミン	0.004

栄養の特徴

主成分は糖質．細胞膜を強くするルチンを含んでいる．

料理メモ

- そばは実の中の胚乳をそば粉にし，小麦粉と合わせ，水を加えてうすくのばして作る．細く切ったものがそばめん．
- そば粉が多いほうがおいしいが，つなぎの小麦粉が少ないとそばを作るのがむずかしく，技術を要するので，最近ではそば粉の割合が少なくなっている．
- そばを作ることを「そばを打つ」という．
- そばをゆでて（右参照），そばつゆにつけて食べたり，煮こんで食べる．
- 乾燥めんのひとり分は100gを目安にする．ゆでると250gぐらいになる．生めん，ゆでめんは250gぐらい．
- そば粉と合わせるものによって，茶そば，よもぎそば，こんにゃくそば，ゆずそばなどがある．

旬

夏そばは6月～8月ごろ，秋そばは9月～11月ごろが旬．

原産地

中央アジアが原産．長野県，宮崎県，北海道などでさいばいされている．

　タデ科の1～2年草．古くからさいばいされ，日本へは中国，朝鮮半島を経て，8世紀ごろに伝わったとされています．

　夏そばと秋そばにわけられ，秋そばのほうが多くさいばいされています．生育期間は60～70日と短く，冷涼な気候の地域でさいばいされています．実のカラを除いた中の胚乳には澱粉（でんぷん）が多く含まれ，そば粉に加工し，めんにして食べます．

　夏，秋に咲くそばの花は白くとてもきれいなので，そばで有名な長野県に行った時には，あたり一面に咲くそば畑の花を一度は見ておくとよいでしょう．

そばをゆでる

① そばをゆでる時は大きいなべにたっぷりの水を入れて沸騰させる．

② 乾燥めんのそば（ひとり分＝100g）をほぐして湯の中に入れる．さいばしでよくかきまぜる．
ほぐして入れないとめんがくっついてしまう．

③ 6分ぐらいゆでたら，1～2本食べてみる．やわらかく，こしがあるぐらいでザルにあげる．冷水で洗い流し，ぬめりを取り除き，水気を切る．
洗い流す．水気を切る．

④ 盆ザルにもりつけ，小口切りにしたねぎ（$\frac{1}{4}$本）の薬味，そばつゆ（だし汁：しょうゆ：みりん＝6～8：1：1）をつけて食べる．好みで，せん切りにしたのりをかけてもよい．
せん切りにしたのり（松葉のり）／盆ザル／薬味／そばつゆ

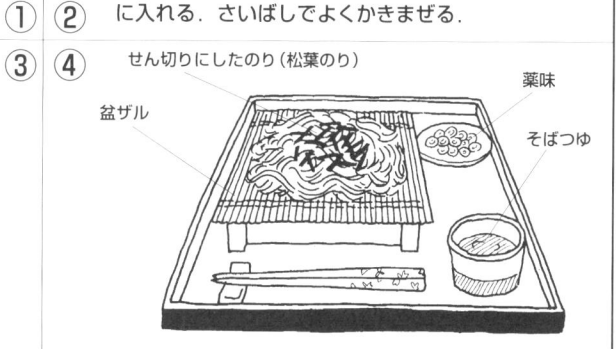

【牛乳】

牛乳

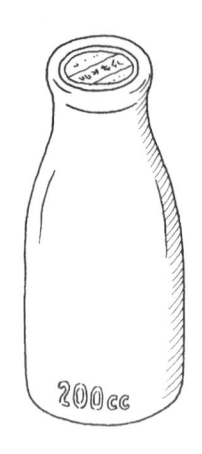

選び方のポイント

- 賞味期限を確かめる．
- 開封したら，はやめに使うか飲み，冷蔵庫で保存する．
- 古くなると脂肪が分離し，ドロドロしてくる．

栄養価

食材の100g中の含有率（%）

	0　　　10　　　20　　　30
たんぱく質	3.2
糖　　質	5.0
脂　　肪	3.0
無 機 質	0.8
ビタミン	0.0004

栄養の特徴

糖質には乳糖が含まれ，腸内の正常細菌の繁殖を助け，カルシウム，マグネシウムのなどの吸収作用をよくする．

料理メモ

- そのまま飲んでもよいが，ホットミルクにしたり，砂糖などを加えたミルクセーキ(p.11参照)にしてもおいしい．
- 牛乳からチーズ(右参照)を作ってみるのも楽しい．
- ホワイトソースなどにしてもよい．
- 魚，肉のレバーなどを調理する時には，調理の前に牛乳につけておくと生ぐさみが消える．
- 牛乳は酸味が加わるとかたまるので，調理に使う時は牛乳を先に加熱してから，少しずつ酸味を加えるとよい．
- 60度以上で長く加熱すると，脂肪とたんぱく質がくっつき，膜ができる．
- 冷たい牛乳を一気に飲むと，胃に負担をかけてしまうので注意をする．

生産地

インドでは古くから飲まれ，お釈迦さまも大好きだったといわれている．日本では北海道，岩手県，千葉県などで生産され，ヨーロッパ各地で生産されている．

うしの乳（ちち）を加工した乳製品です．牛乳は食品衛生法の分類によって，牛乳，加工乳，乳飲料にわけられます．

牛乳は生乳を均質化し，殺菌処理をし，乳脂肪3％以上，無脂乳固形8％以上にしたものです．加工乳は生乳，牛乳，脱脂粉乳（牛乳から乳脂肪を除いたもの）を原料にし，牛乳より成分を濃くしたり，うすくしたものです．乳飲料は牛乳などにコーヒ，果汁などを加えたものです．

牛乳は低温で殺菌した低温殺菌乳，乳脂肪の量によって，濃厚牛乳，低脂肪乳，無脂肪乳，長期保存（60日間）できるロングライフ牛乳にわけられます．

カルシウムの補給源として，1日1杯は飲んで欲しい食品です．

カッテージチーズを作る

① なべに牛乳（500cc）を入れて火にかける．沸騰する直前に火を止め，40度ぐらいに冷ます．

② レモン汁（50cc）を加え，木じゃくしで，透明な液体と白いかたまりにわかれるまで，ゆっくりとかき回す．

③ ボールの上に盆ザルをおき，その上にぬらしてしぼったさらし布を広げ，上から②を流し入れる．

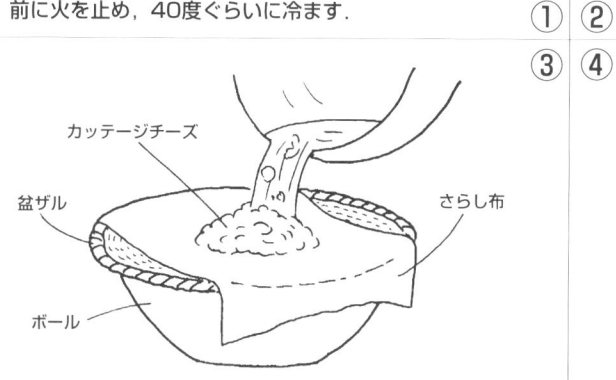

④ さらし布でつつみ，水分をしぼり出す．きつくしぼりすぎると舌ざわりが悪くなる．時間がある時はつつんださらし布をつるし，自然に水分が落ちるのを待つとよい．80gぐらいのカッテージチーズができる．

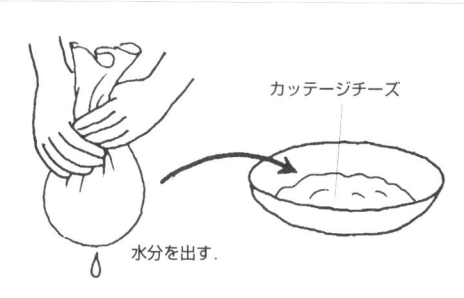

【チーズ】

ナチュラルチーズ / **プロセスチーズ**

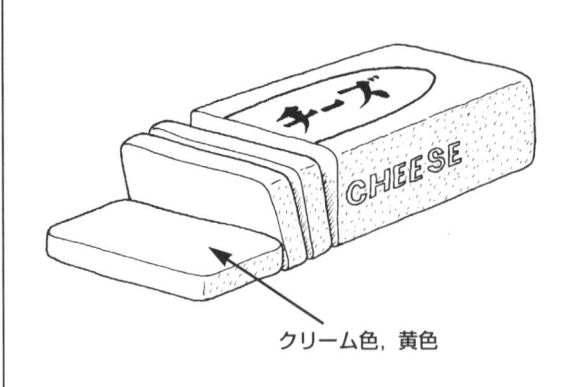

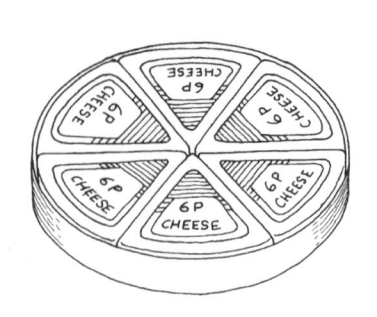

クリーム色，黄色

選び方のポイント

- さまざまな種類があり，使用目的に応じた選び方をする．
- ナチュラルチーズは生ものなので，はやめに使い，あまり多く買わない．
- プロセスチーズは保存が効く．
- 保存する時は断面が空気にふれないようにし，冷蔵庫で保存する．
- 賞味期限を確かめる．

栄養価

食材の100g中の含有率（％）

成分	含有率
たんぱく質	22.7
糖質	1.3
脂肪	26.0
無機質	5.0
ビタミン	0.002

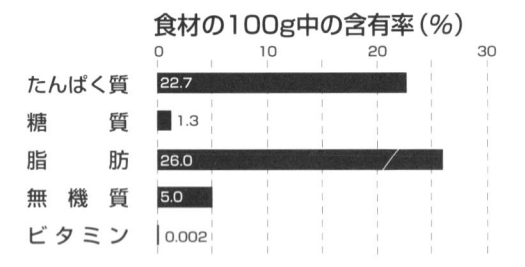

栄養の特徴

グラフはプロセスチーズのものだが，たんぱく質，脂肪を多く含んでいる．

料理メモ

- ゴーダはフォンデュ，グラタン，オムレツなどに使うとよい．
- エダムはうす切りにしてそのまま食べるとよい．
- 白カビで熟成されるブリー，カマンベールはそのまま食べたり，クラッカーなどにつけて食べるとよい．
- マリボーはうす切りにしてそのまま食べたり，ピザなどに使うとよい．
- エメンタールはフォンデュ，グラタンなどに使うとよい．
- グリュイエールはワインを加えてフォンデュ，パイなどに使うとよい．
- パルメザンはパスタなどに使うとよい．
- カッテージはサラダ，オードブル，お菓子などにするとよい．

生産地

古代のアラビア地域で作られたのがはじまりとされる．日本では北海道などで多く生産されている．多くの輸入品があり，ゴーダ，エダムはオランダ，ブリー，カマンベールはフランス，マリボーはデンマーク，エメンタール，グリュイエールはスイス，パルメザン，モッツァレラはイタリア，チェダーはイギリスで生産されている．

牛乳，ひつじ，やぎなどの乳（ちち）のたんぱく質，脂肪をかためた乳製品です．ナチュラルチーズとプロセスチーズにわけられます．

ナチュラルチーズの多くは，牛乳に乳酸菌を加えて酸を生成し，凝固剤でかため，熟成させたものです．中には白かび，青かびなどを加えて独特の味とかおりがする種類もあります．世界中で500～800種類ぐらいはあるといわれ，製造方法，かたさによって，軟質（ブリー，カマンベール，モッツァレラなど），半硬質（マリボーなど），硬質（ゴーダ，エダム，エメンタール，グリュイエール，チェダーなど），超硬質（パルメザンなど）にわけられます．

プロセスチーズはナチュラルチーズを加熱処理したもので，保存が効きます．

ピザ風パン

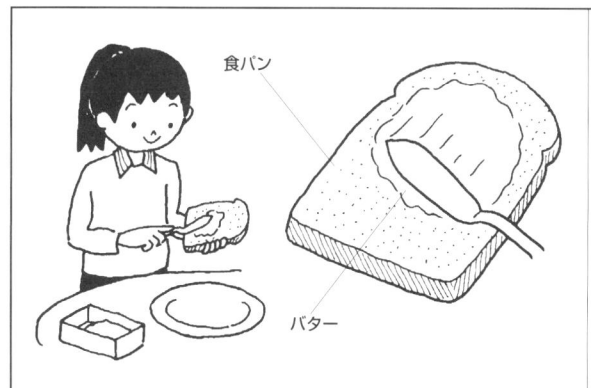

① 食パン（1枚）にバター（大1）をうすくぬる．

② トマトソース（大1）をバターの上にうすくぬり，ソーセージ（3～4枚），サラミソーセージ（3～4枚），たまねぎ（20g）のうす切り，ピーマン（3～4個）の輪切り，ピザ用チーズ（20g）をのせる．

③ オーブントースターに入れ，5分ぐらいかけてこんがりと焼く．

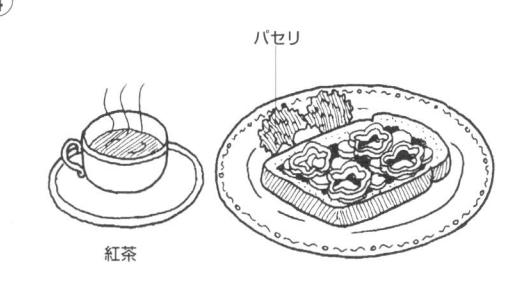

④ 皿にもり，パセリ（1枝），紅茶などといっしょに食べる．

【バター】

バター

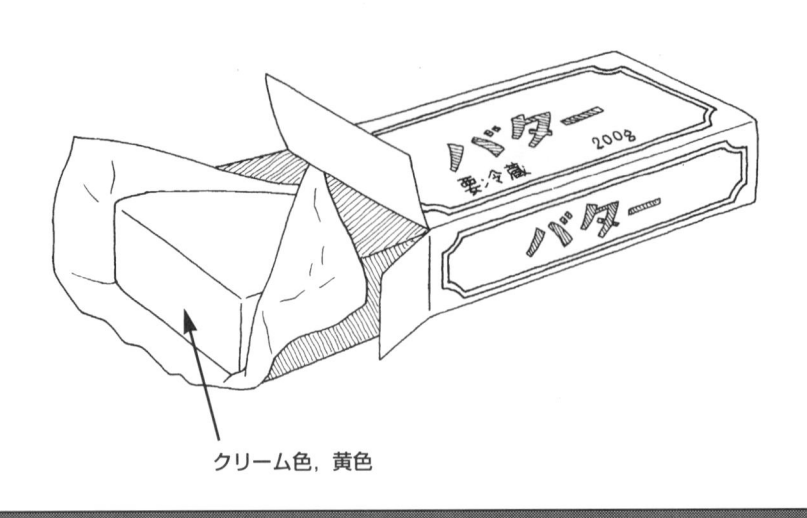

クリーム色, 黄色

選び方のポイント

- 賞味期限を確かめる.
- 保存する時は断面が空気にふれないようにし, 冷蔵庫で保存する.
- はやめに使う.

栄養価

食材の100g中の含有率(%)

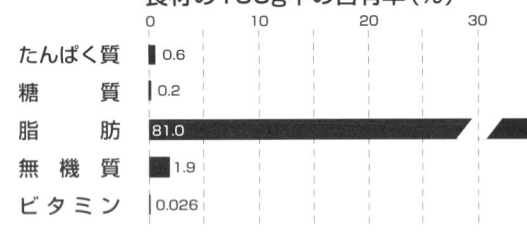

たんぱく質	0.6
糖　　質	0.2
脂　　肪	81.0
無 機 質	1.9
ビタミン	0.026

栄養の特徴

主成分は脂肪. ビタミンAを比較的多く含んでいる.

料理メモ

- バターの表面が黄色くなってきたら酸化しているので, その部分は取り除く.
- 塩分を含んだバターは, 強火だとすぐに焦げるので, 弱火で熱する.
- バターが溶けると脂肪と水に分離してしまい, 冷やしてももとの状態にはならないので, 使う分だけを切り取るようにする.
- 加塩非発酵バターが一般的で, 食パンにぬったりして食べるとよい.
- 発酵バターはかおりがよいので, 風味を生かし, 魚貝や肉のバター焼きなどに使われる.
- 無塩非発酵バターはお菓子, 製パンなどに使うとよい.
- バターを作ってみてもよい(右参照).

生産地

紀元前ごろにインドで作られたのがはじまりとされ，旧約聖書に記述がある．日本では北海道，岩手県などで生産され，スイス，フランスなどでも多く生産されている．

牛乳の中の脂肪（動物性油脂）を分離してからかため，ねりあげた乳製品です．

脂肪を乳酸菌によって発酵させて作る発酵バターと発酵させない非発酵バターがあり，さらに，それぞれに食塩（1〜2％）を加え，家庭用に使われる加塩バターと食塩を加えない業務用に使われる無塩バターがあります．そのほか，製造後に空気を送りこんで泡だて，お菓子などに使われるホイップドバターがあります．日本では加塩非発酵バターが市場に多く出回っています．

植物性油脂から作られるマーガリンもあります．

バターの作り方

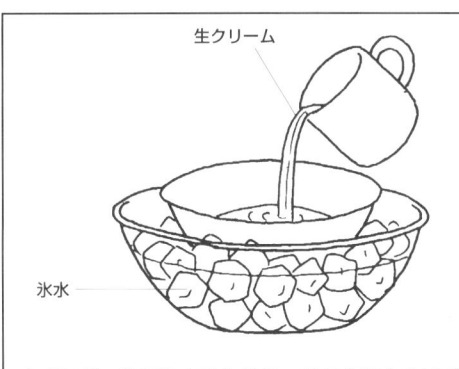

① 大きいボールに氷水を入れる．その上に小さいボールをのせ，生クリーム（200cc）を入れる．

② 生クリームがかたくなるまで泡だて器でよくかきまぜる．

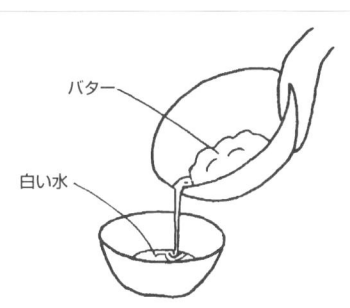

③ さらにかきまぜていくと，白い水が出てくるので，出てきたら別のボールにすてる．水分が出なくなるまでかきまぜる．残ったものがバター．

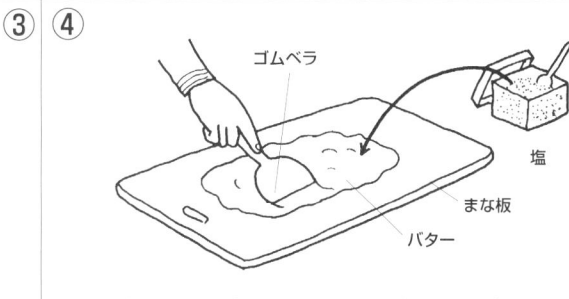

④ バターをまな板の上にのせる．少量の塩を加え，ゴムベラやパレットナイフを使ってうすくのばしてねる．ツヤが出るまで繰り返す．100gぐらいの加塩バターができる．塩を加えなければ無塩バター．

【ヨーグルト】

ヨーグルト

選び方のポイント

- 賞味期限を確かめる．
- 開封したら，はやめに使うか食べきってしまう．
- 冷蔵庫で保存する．

栄養価

食材の100g中の含有率(%)

	0　　　10　　　20　　　30
たんぱく質	4.8
糖　　質	5.0
脂　　肪	3.0
無 機 質	0.8
ビタミン	

栄養の特徴

たんぱく質，カルシウム，ビタミンAを比較的多く含んでいる．

料理メモ

- プレーンヨーグルト（右参照）はそのまま食べてもよいが，ジャム，ジュースなどと合わせたり，マヨネーズとあえてサラダのドレッシングにしたり，カレーに加えるとよい．
- 果物と相性がよいので，いろいろな果物と合わせて食べるとよい．
- 酸味を生かし，牛乳のかわりにお菓子に入れるとおいしい．
- 魚，肉を調理する時には，調理の前にヨーグルトにつけておくと生ぐさみが消える．
- ヨーグルトと生クリームをまぜ合わせ，クリームチーズを作ることができる．
- ヨーグルトと牛乳にはちみつをまぜ合わせたラッシーは，カレーによく合う．

生産地

モンゴルの遊牧民が偶然に発見したのがはじまりとされる．日本では北海道，岩手県などで生産され，ブルガリア，インドなどでも多く生産されている．

牛乳，脱脂乳などに乳酸菌，酵母などを培養して発酵させた乳製品です．インドでは「酪」（らく）といわれ，古くから飲まれています．

ヨーグルトには，無糖ヨーグルトであるプレーンヨーグルト（ナチュラルヨーグルト）と果汁，果肉などを加えた果糖ヨーグルト（フレーバーヨーグルト）があります．プレーンヨーグルトが調理に多く使われます．

ヨーグルトは形状によって，液状にして飲むヨーグルト（液状ヨーグルト），プリンのようなハードヨーグルト，やわらかいソフトヨーグルト，冷凍したフローズンヨーグルトなどにわけられます．

プレーンヨーグルトを作る

① なべに牛乳（500cc）を入れて火にかける．40度ぐらいまであたためる．

② 火を止めたら市販のプレーンヨーグルト（100cc）を少しずつ加え，木じゃくしを使ってよくかきまぜる．

③ 熱湯消毒したポットや密封容器の中に入れ，40度ぐらいに保温し，3～4時間おいておくと醗酵する．

④ 冷蔵庫で冷やしてから食べる．

旬の一覧（果物類・種実，豆類・卵類・穀物類）

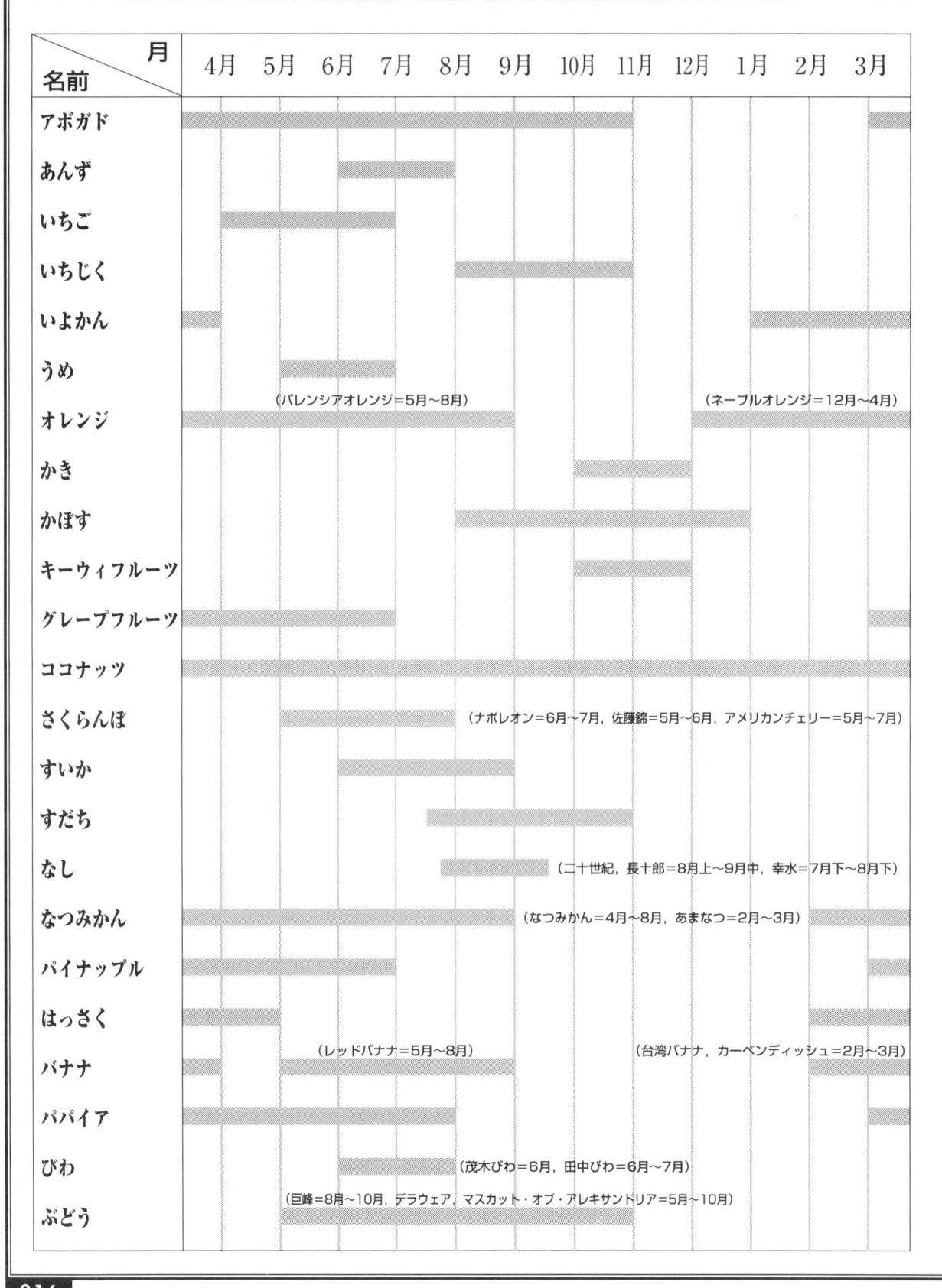

名前 \ 月	4月	5月	6月	7月	8月	9月	10月	11月	12月	1月	2月	3月
アボガド	●	●	●	●	●	●	●	●	●	●	●	●
あんず			●	●								
いちご	●	●	●									
いちじく					●	●	●	●				
いよかん	●									●	●	●
うめ			●									
オレンジ	●	●	●	●	●	●	●	●	●	●	●	●
（バレンシアオレンジ＝5月～8月）　（ネーブルオレンジ＝12月～4月）											
かき							●	●				
かぼす					●	●	●					
キーウィフルーツ							●	●				
グレープフルーツ	●	●	●	●								●
ココナッツ	●	●	●	●	●	●	●	●	●	●	●	●
さくらんぼ		●	●	●								
（ナポレオン＝6月～7月，佐藤錦＝5月～6月，アメリカンチェリー＝5月～7月）											
すいか			●	●	●							
すだち					●	●	●					
なし					●	●						
（二十世紀，長十郎＝8月上～9月中，幸水＝7月下～8月下）											
なつみかん	●	●	●	●	●						●	●
（なつみかん＝4月～8月，あまなつ＝2月～3月）											
パイナップル	●	●	●	●	●							●
はっさく	●	●								●	●	●
バナナ	●	●	●	●	●	●	●	●	●	●	●	●
（レッドバナナ＝5月～8月）　（台湾バナナ，カーベンディッシュ＝2月～3月）											
パパイア	●	●	●	●	●							●
びわ			●	●								
（茂木びわ＝6月，田中びわ＝6月～7月）											
ぶどう				●	●	●	●					
（巨峰＝8月～10月，デラウェア，マスカット・オブ・アレキサンドリア＝5月～10月）											

● 旬がわかりにくくなった私たちの生活．季節を感じさせてくれる果物類・種実，豆類・卵類・穀物類の旬の一覧．

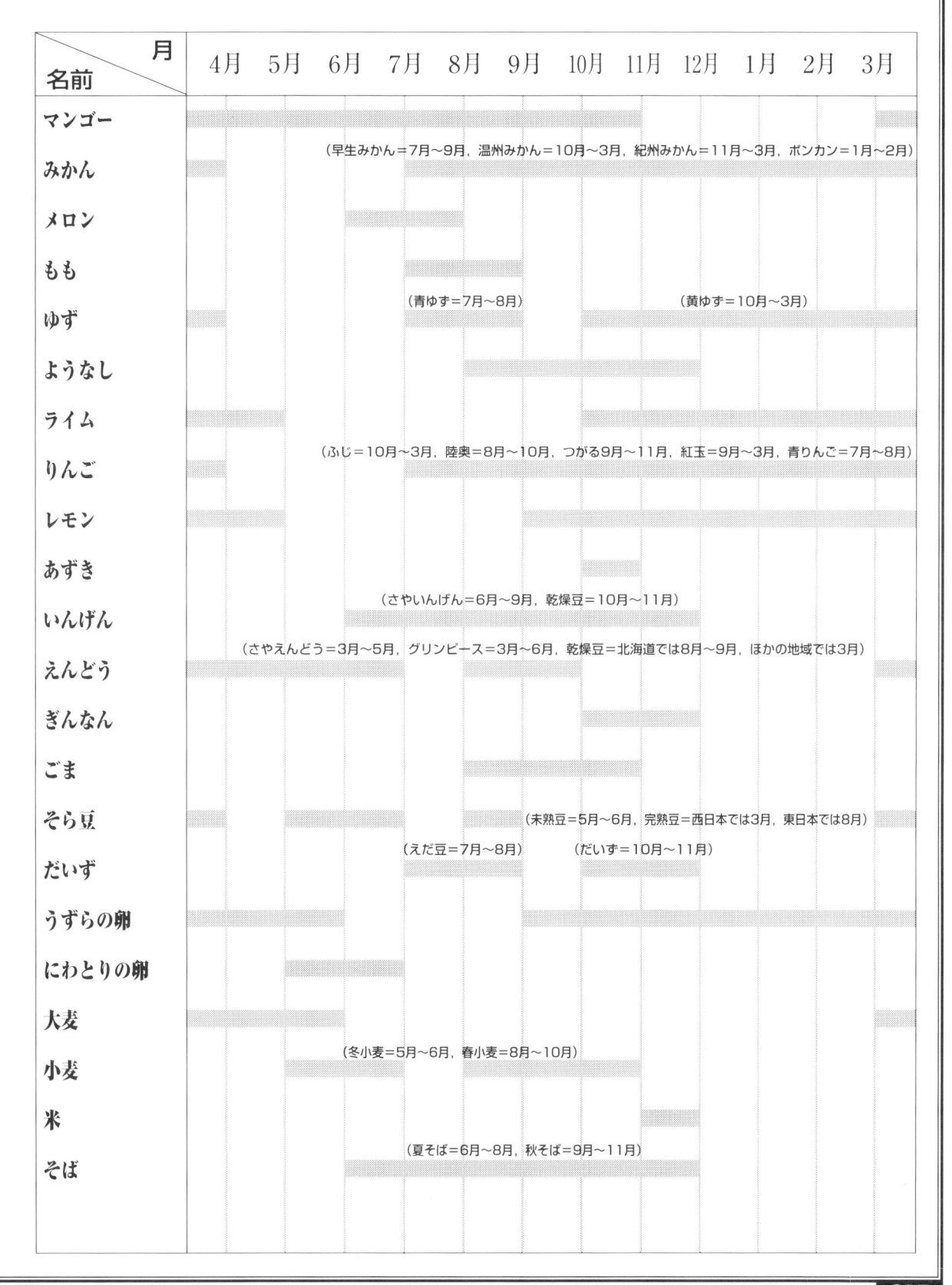

名前＼月	4月	5月	6月	7月	8月	9月	10月	11月	12月	1月	2月	3月
マンゴー	▨	▨	▨	▨								▨
みかん				(早生みかん＝7月～9月，温州みかん＝10月～3月，紀州みかん＝11月～3月，ポンカン＝1月～2月)								
メロン			▨	▨	▨							
もも				▨	▨	▨						
ゆず				(青ゆず＝7月～8月)			(黄ゆず＝10月～3月)					
ようなし					▨	▨	▨					
ライム						▨	▨	▨				
りんご				(ふじ＝10月～3月，陸奥＝8月～10月，つがる9月～11月，紅玉＝9月～3月，青りんご＝7月～8月)								
レモン							▨	▨	▨			
あずき							▨	▨				
いんげん			(さやいんげん＝6月～9月，乾燥豆＝10月～11月)									
えんどう			(さやえんどう＝3月～5月，グリンピース＝3月～6月，乾燥豆＝北海道では8月～9月，ほかの地域では3月)									
ぎんなん							▨	▨				
ごま						▨	▨					
そら豆				(未熟豆＝5月～6月，完熟豆＝西日本では3月，東日本では8月)								
だいず				(えだ豆＝7月～8月)			(だいず＝10月～11月)					
うずらの卵	▨	▨										▨
にわとりの卵		▨	▨									
大麦		▨	▨									▨
小麦			(冬小麦＝5月～6月，春小麦＝8月～10月)									
米							▨	▨	▨			
そば			(夏そば＝6月～8月，秋そば＝9月～11月)									

知っておきたい料理のマメ知識

No.1 MEMO　かつおだし

　良質のかつおぶし（鰹節）は乾燥状態がよく、たたくとカチンと音がするものを選ぶのがよいが、現在は削りがつおが多くなっている．パック詰めのものは使用後、きっちりとしめて保存しないと、かおり、風味が落ちやすいので注意が必要．だしをとる時はなべに水（カップ6）を沸騰させ、削りがつお（20～40g）を入れて、ふき出してきたら火を止め、1～2分おいてこす．これが、すまし汁に使う「いちばんだし」．

No.2 MEMO　こんぶだし

　良質のこんぶにはマンニットといわれる白い粉がついている．こんぶだしをとる時は、乾いたふきんで軽くこんぶの表面をふく．なべに水（カップ5）、こんぶ（10～20g）を入れて、30分ぐらいつけておいてから火にかけ、沸騰直前にこんぶを取り出す．
　こんぶを水につけすぎるとぬめりが出てくるので、つけすぎないこと、味を逃がさないために沸騰させないことがこんぶだしをとる時のコツ．

No.3 MEMO　煮干しだし

　煮干しは銀白色で、形がととのって、よく乾燥し、脂肪の浮き出ていないものがよいものとされている．
　はらわたを取り、さっと洗った煮干し（20g～40g）をなべの水（カップ5）に20分ぐらいつけてから火にかけ、煮たったら弱火で5～6分ぐらい煮てからこす．だしがおいしくとれたら、ねぎなどの好みの野菜をきざんで入れ、みそを加えてみそ汁にする．
　関西地方では煮干しのことを「いりこ」という．

No.4 MEMO　鶏ガラスープ

　鶏ガラとは鶏の肉を取り除いた後の骨のこと．鶏ガラは30分ぐらい水につけてからブツ切りにし、ザルにあけ、熱湯をかけて油ぬきをし、水洗いで血などを取り除く．なべに水（カップ7～10）、鶏ガラ（2羽）を入れ、煮たったら弱火にし、中国料理にはしょうがの皮、ねぎの葉を入れ、西洋料理にはセロリ、たまねぎ、パセリの軸などの香味野菜（ミルポア）を入れる．アクを取りながら、1時間ぐらい静かに煮てからこす．

No.5 MEMO　コンソメスープ

　フランス語で澄んだスープのことをいうが、正式にはポタージュクレールという．
　なべの中に、鶏ガラ、魚類のアラ、脂肪の少ない肉、香味野菜、香辛料、卵白、冷水を加え、よくまぜる．アクを取りながら、弱火で1～2時間ぐらい煮こんで味とかおりをつけたものがブイヨン．これを冷まし、浮いた脂などをきれいに取り除き、澄んだ状態にしたものがコンソメスープ．

No.6 MEMO　砂糖

　甘味料のひとつ．さとうきび、さとうだいこんなどの植物を原料とする．砂糖の成分の多くがショ糖で、体内に吸収されてエネルギー源となる．砂糖1gで4キロカロリーのエネルギーになるといわれる．
　煮ものなどに砂糖をはじめに加えると、食材に甘味がしみこみ、食材がやわらかくなる．調味料を入れる順番は、さ、し、す、せ（さ＝砂糖、し＝塩、す＝酢、せ＝しょうゆ）という用語が伝えられている．

No.7 MEMO　塩

　塩化ナトリウムを主成分とし、生理的にも必要な物質で、最も古くからある調味料．海水、岩塩などから食用に精製した白い結晶で、一般に食塩ともいう．
　古くから日本では清めのものとして使われたり、給料（サラリー）は塩（ソルト）に由来し、塩が金銭と同じぐらい大切なものであったことを示している．
　調理では、味つけや塩の脱水性を利用し、漬けもの、塩もみなどに利用される．

No.8 MEMO　こしょう

　香辛料の中でも特に親しまれ、種類は黒こしょう（ブラックペッパー）、白こしょう（ホワイトペッパー）を用途にわけて使う．
　主産国は熱帯地方のインド、フィリピン、ブラジルなどで、乾燥させたこしょうの実が日本に輸入され、日本で加工し、ビン詰めなどにして売られている．
　こしょうは、西洋料理、中国料理には欠かせない香辛料で、防腐効果もある．

知っているようで知らない，だし，スープ，調味料，油など…，
よく使うものだから，しっかりとおぼえておこう！

No.9 MEMO　濃い口しょうゆ

東日本でふつうに使われるしょうゆのこと．やわらかく蒸し煮にしただいずと煎ってくだいた小麦にこうじ（麹）をつけたものに，塩水を加えて発酵熟成させ，もろみを作る．このもろみをしぼった液に火入れしたものが濃い口しょうゆになる．

日本料理には欠かせない液体調味料だが，近年は欧米でも「ソイソース」という名で浸透し，多く使われるようになっている．ソイはだいずの意味．

No.10 MEMO　うす口しょうゆ

濃い口しょうゆと同じようにして作るが，小麦と塩水の量が多いので，色がうすく，塩味が濃いしょうゆのことをいう．少量でしょうゆの風味と塩味をつけることができるので，素材の味を生かし，だしの風味をきかす関西料理によく使われる．

色がうすいので，うす口しょうゆというが，実際の塩分はふつうのしょうゆより濃いので，塩分に注意をする．

No.11 MEMO　たまりじょうゆ

小麦と塩水を多く使って作られるうす口しょうゆに対し，たまりじょうゆはだいずを多く使って作られる．そのため，ふつうのしょうゆより色が濃く，とろりとしていて，濃厚な風味と深いコクがある．

中国料理でよく使われる．煮ものなどの調理に塩味をあまりつけないで，しょうゆの色と風味をつけたい時，またカレーなどの隠し味にすると効果的なしょうゆである．

No.12 MEMO　食酢

一般に酢といわれるもの．酢酸（さくさん）菌の働きでアルコールを酢酸に変えたものが食酢で，日本では米，中国ではもち米，欧州ではぶどう，イギリス，ドイツでは麦芽を原料にして作られる．

穀物から作られる米酢，麦芽酢は甘味とコクがあり，果実から作られるぶどう酢，りんご酢はシャープな酸味が特徴となっている．今はやりのバルサミコも食酢である．

No.13 MEMO　みりん

日本独特のアルコール飲料．純米製の焼酎か純アルコールに，蒸したもち米とこうじを加えて，糖化熟成させたものが本みりん．約14％のアルコール分を含んでいる．

本みりんは濃厚な甘味とコクがあり，煮ものなどに使うと煮くずれをふせぐことができる．本みりんの類似品にはアルコールを含まないみりん風調味料，塩分を含む醗酵調味料がある．

No.14 MEMO　酒

酒は和風料理，西洋料理，中国料理のどの料理にも欠かせないもので，日本料理では米から作る清酒，中国料理にはもち米から作る紹興酒（ショウコウシュ）が，西洋料理にはぶどう酒が使われる．

酒には，そのかおりで食材のくさみをカバーする力があるので，肉，魚料理によく使われる．牛肉の赤ワイン煮，魚の酒蒸しなどは，酒を使ったおなじみの料理である．

No.15 MEMO　小麦粉

小麦をくだいて粉にし，ふすま（小麦の皮）を取り除いたものが小麦粉である．たんぱく質の含有量によってわけられ，たんぱく質の含有量が多い順に強力粉，中力粉，薄力粉となる．

薄力粉は調理，お菓子などによく使われ，中力粉はうどんのめんを作る時などに使われる．強力粉はピザ，パスタの生地などにするとよい．また，薄力粉と強力粉をまぜて使うこともある．

No.16 MEMO　片栗粉

本来は片栗という野草の根から採取した澱粉（でんぷん）のことをいうが，残念なことに生産量がとても少なくなってしまい，ほとんどがじゃがいもの澱粉を利用している．

片栗粉は水を加えて加熱するととろみが出るので，中国料理のあんかけのとろみとして多く使われ，水溶き片栗粉として調理ではよく使われる．日本料理のおすましなどにも使われる．

No.17 MEMO パン粉

　パンを粉状にしたもの．市販品にはよく乾燥していてきめの細かいもの，半乾きできめのあらいもの，半乾きでフレーク状のものがある．
　生パン粉は，2～3日たったパンをおろし器で軽くこすっておろすかミキサーにかけ，家庭で使うたびに作るとよい．
　肉，魚などにパン粉をつけて揚げる調理，ハンバーグなどに使われる．

No.18 MEMO 七味

　古くから家庭の常備香辛料とされ，唐辛子，黒ごま，あさの実，さんしょうの粉，ちんぴ（陳皮），青のり，あるいはしそ，けしの実の7種類が混合されたもの．唐辛子は干したものを丸ごと臼でひき，赤唐辛子粉（赤粉）と黒煎りの焼き唐辛子粉の2種類を使う．ちんぴはみかんの皮を干して粉にしたもの．唐辛子の混合割合で大辛，中辛，小辛とあり，一般には唐辛子が50～60％ぐらい含まれる中辛が多く使われている．

No.19 MEMO さんしょう（山椒）

　日本に古くからある香辛料．さんしょうの木はミカン科に属する落葉樹で，葉，果実ともに独特のから味とかおりがある．これは，シトロネラール，ゲラニオールなどの成分からなる．
　さんしょうの果実を粉末にしたものは，七味唐辛子の材料となる．うなぎ，焼き鳥の脱臭に使い，若葉は吸いものの吸い口（吸いものにそえてかおりを加える）に使うほか，実をつくだ煮などに使う．

No.20 MEMO シナモン（桂皮，肉桂）

　クスノキ科の常緑樹．葉，枝，根部に独特のかおりを持ち，樹皮を粉末にしてスパイスとして利用する．
　甘いかおりがするものによく合うため，ケーキ，クッキー，プディングなどに使われる．甘いフルーツのかおりともよく合い，りんごジャム，シロップ煮などに使われる．「シナモンスティック」といわれる原形の棒状のものもあり，シナモンティー，シナモンコーヒーに使われる．

No.21 MEMO サラダ油

　生野菜などの調理に使われる精製食用油．サラダ油は淡い色で風味がよく，低温で保存しても，くもったり，グリセリドの結晶が出ず，保存中に変質の起こらないものでなければならない．
　サラダ油には，綿実油（めんじつゆ），米油，だいず油，ナタネ油，コーン油，サフラワー油などがあり，これらはどれも，高度に精製し，低温処理工程をほどこしたもので，最もすぐれた食用油．

No.22 MEMO ラード

　ぶたから取れる脂肪で，本来はぶたの腎臓から取った固形の脂肪．今日では，ぶたの枝肉の脂肪組織（皮下，腎臓周囲，腹腔肉，内臓の脂肪など）から得られるものをラードといっている．
　純正ラードは100％ぶたの脂だが，調整ラードはぶたの脂を主体とし，ほかの脂肪を混合したもの．ちなみにうしの脂肪はヘットという．

No.23 MEMO ゴマ油

　主産国はインド，中国，スーダン，メキシコなどで，特有のにおいと濃い色をしたゴマ油は，ごまの種を煎ってからしぼったもの．淡い色のゴマ油は，においはあまりなく，ごまを生のままでしぼったもの．
　食用ゴマ油，ごま調合油などの種類があり，てんぷら油や調味油として使われる．
　ゴマ油には，抗酸化性物質であるセザモールが含まれ，ほかの油脂とくらべても比較的酸化がおきにくい．

No.24 MEMO オリーブ油

　地中海沿岸諸国の代表的な調理用油．主産国はギリシャ，イタリア，スペイン，ポルトガルなどで，日本では香川県小豆島で少量生産されているが，ほとんど輸入されたものが使われている．
　サラダのドレッシング，ピザ，揚げ油に使われるほか，サーディンなどの油漬け用などに使われている．最近日本でも消費量が増えている．
　おもな脂肪酸はオレイン酸75％，リノール酸10％．

No.25 MEMO　マヨネーズ

　マヨネーズは油を主材料とし，酢，食塩，香辛料を卵黄で乳化したソース．卵黄を使ったフレンチタイプと全卵を使ったアメリカンタイプがある．

　マヨネーズは振動を与えたり，30度以上の場所や凍結するような冷たい場所におくと，分離しやすいので注意が必要．

　マヨネーズをベースにして，タルタルソースやオーロラソースを作ることができる．

No.26 MEMO　トマトピューレ／トマトペースト／トマトケチャップ

　トマトピューレは加工用のトマトを煮て，裏ごして濃縮したもの．トマトペーストはトマトピューレを2分の1に濃縮したもの．トマト・ケチャップはトマトピューレに食塩，酢などの調味料と各種香辛料を加えて，濃縮したもの．

　これらを使ってトマトソースを作り，スパゲッティソース，ピザソース，シチューなどのベースに使うことができる．

No.27 MEMO　ウースターソース

　ウースターソースの原料は野菜類（たまねぎ，にんじん，トマト，セロリなど），香味料（クローブ，ナツメグ，シナモン，タイムなど），辛味料（唐辛子，こしょう，しょうがなど），調味料（砂糖，塩，酸など），着色料（カラメル）などである．

　ウースターソースは日本ではできあがった料理にかけることが多いが，外国では料理の途中に調味料としても使う．

No.28 MEMO　豆板醤（トウバンジャン）

　唐辛子みそのこと．豆板醤はそら豆の胚乳（はいにゅう）と唐辛子を原料として作ったもので，独特のから味とかおりがあり，別名を辣椒醤（ラジアオジアン）ともいう．

　中国の揚子江流域の各地で作られ，安慶で作られるものが最も有名である．

　中国料理の中の四川料理では，炒めもの，煮こみなどに調味料としてよく使われる．

No.29 MEMO　カキ油（オイスターソース）

　中国から来た調味料．カキ油は蠣油（ハオユウ），オイスターソースともいわれ，ビン詰め，缶詰めで市販されている．

　生がきを塩水につけて発酵させ，上澄液を取ったもので，独特の風味とコクがある．中国料理の人気が高まるにつれ，一般家庭でも多く使われるようになり，煮こみ，炒めものなどの調味料として欠かせなくなっている．

No.30 MEMO　鶏油（ジイユウ）

　中国から来た調味料．鶏の脂身をボールに入れ，ねぎ，しょうがを少量加えて，蒸し器に入れて蒸し，溶かした後の上澄液をさらに冷凍し，表面にかたまったあざやかな黄色の部分から採取した油．

　日本の食卓にはあまり普及していないが，炒め料理のかおりづけとしてよく使う．保存する時は冷凍または冷蔵しておくとよい．

No.31 MEMO　ラー油

　中国から来た調味料．赤唐辛子を植物油で加熱し，から味と赤い色を油に溶かし出したもの．一般家庭でも欠かせない調味料で，ギョウザ，前菜，めん料理などに使われる．

　家庭で自家製のラー油を作る場合は，なべにゴマ油と赤唐辛子を入れて火にかけ，油が熱くなって煙が出てきたら，火から離し，冷ませばよい．ビンなどに詰めて保存しておく．

No.32 MEMO　ナムプラー

　タイ料理に使われる魚貝類を醗酵して作った液体調味料．魚貝類をくだいてから塩を加え，半年〜1年ぐらいつけこむ．内臓に含まれる自己消化酵素と耐塩性微生物が生産する酵素により，魚貝類のたんぱく質を分解し，うま味を生成させたもの．液状になったものをこして使う．独特の風味があり，料理にうま味と塩味をつけてくれる．ベトナムではニョクマムといわれている．

かいせつ

果物のこと

果物は果の物, つまり, 木に実る果実のことをいいます. 果物は花のどの部分が食べられる実(果肉)になるのかによって分類されます.

仁果(にんか)類：花托(かたく)が食べられるグループで, りんご, なしなどが含まれます.

準仁果(じゅんにんか)類：子房(しぼう)が食べられるグループで, かき, カンキツ類などが含まれます.

核果(かくか)類：中心にある種のまわりの内果皮(ないかひ)がかたいカラになり, そのまわりの中果皮(ちゅうかひ)が食べられるグループで, うめ, あんず, ももなどが含まれます.

堅果(けんか)類：実は食べられないが, 種が食べられるナッツ類のグループで, ぎんなん, くるみ, くりなどが含まれます.

漿果(しょうか)類：実, 種が小さく, 果汁を多く含むグループで, ぶどう, いちご, いちじくなどが含まれます (図①参照).

堅果類は水分の含有量が少なく, たんぱく質, 脂肪を比較的多く含みます. これは, 芽を出す時のエネルギーになるものです. もちろん, 人間が食べた時にはエネルギーになります. それ以外の果物は, 8割以上が水分ですが, 糖分(甘味の成分), 有機酸(酸味の成分)を含んでいて甘酸っぱく, そのもの自体がおいしい味を持ち, 野菜のように調味料などで味を補う必要がありません. そのため, おかずとして食卓に並べられることはほとんどありません. また, ペクチンという食物繊維を含み, 整腸作用があります (図②参照).

食材の旬がなくなりつつある今日ですが, 果物にはまだまだ旬が残っています. 季節ごとに季節を感じることができる果物を食べましょう.

豆のこと

豆にはたんぱく質と脂肪を多く含むものと, 澱粉(でんぷん)を多く含むものの2種類にわかれます. たんぱく質と脂肪を多く含む豆には, だい

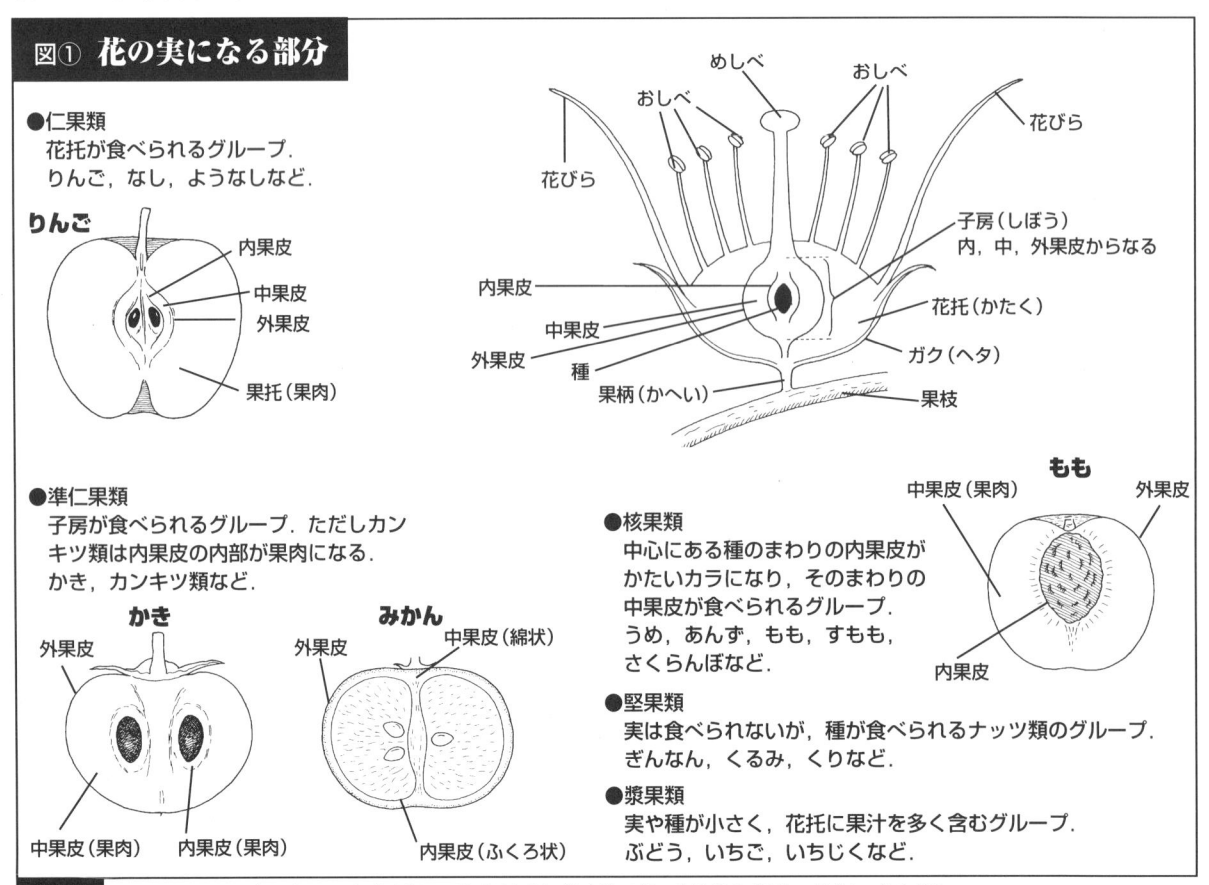

図① 花の実になる部分

●**仁果類**
花托が食べられるグループ.
りんご, なし, ようなしなど.

●**準仁果類**
子房が食べられるグループ. ただしカンキツ類は内果皮の内部が果肉になる.
かき, カンキツ類など.

●**核果類**
中心にある種のまわりの内果皮がかたいカラになり, そのまわりの中果皮が食べられるグループ.
うめ, あんず, もも, すもも, さくらんぼなど.

●**堅果類**
実は食べられないが, 種が食べられるナッツ類のグループ.
ぎんなん, くるみ, くりなど.

●**漿果類**
実や種が小さく, 花托に果汁を多く含むグループ.
ぶどう, いちご, いちじくなど.

参考文献：日本食品辞典 医師薬出版／原色果実図鑑 保育社／新・食品辞典(果物, 種実) 真珠書院

図② 食物繊維の種類と働き

- 植物性
  - 水に溶けないもの —— セルロース(細胞壁)
  - 水に溶けるもの —— ペクチン(果物)
    - グルコマンナン(こんにゃく)
    - アルギン酸(海藻)
    - マンナン(やまのいも)
    - ガラクタン(さといも)
    - イヌリン(きくいも)
    - キチン(きのこ)
- 動物性
  - キチン(えび,かに,いなご)
  - コラーゲン=ゼラチン(食肉,魚の骨,皮)

- ●腸の中の有害物をからだの外へ出す.(大腸ガンの予防)
- ●コレステロール値を下げる.
- ●Na(ナトリウム)の吸収を阻害する.(高血圧の予防)
- ●血糖値が急に高くなるのを抑える.(糖尿病の予防)
- ●肥満を防止する.

＊食物繊維を摂取しすぎるとビタミン類,ミネラルの吸収を阻害するので注意をする.

ずとらっかせいがあり,それ以外のいんげん豆,実えんどう,そら豆などは,澱粉を多く含む豆のグループに入ります.特に,だいずはみそやしょうゆ,納豆,とうふなどの原料となり,わが国の食習慣から切っても切り離せない深いつながりがあります.畑の肉などともいわれており,良質の植物性たんぱく質を豊富に含んだ健康食品です.

卵のこと

一般的に卵というと,にわとりの卵をさしますが,うずら,あひるの卵なども食材となります.卵には良質のたんぱく質を豊富に含み(元来,たんぱく質のたんぱくとは卵の白身のことであった),ほかの食品に含まれるたんぱく質と比べてもひけをとりません.卵は栄養的に優れ,経済的(価格がほぼ一定)にも優れ,食品界の優等生です.しかし,黄身にはコレステロールが比較的多く含まれ,また卵による食中毒が増えてきています.食べ方には注意が必要な食品でもあります.

牛乳,乳製品のこと

牛乳,乳製品にはカルシウムが多く含まれ,吸収率がとてもよいので,優れたカルシウム源でもあります.多くの日本人はカルシウムが不足しているといわれますが,日本料理に牛乳,乳製品が組み合わせにくいことが大きく起因しているともいわれています.かつて,大陸から仏教が伝わる以前の日本(飛鳥時代)では,牛乳とだし汁を合わせた煮汁の中に肉,野菜を煮て食べる料理のほか,蘇(そ),醍醐(だいご)といった,バター,ヨーグルトのような牛乳の加工品が食べられていたといわれ,当時の食習慣が現代まで続いていれば,カルシウム不足がそれほど問題にはならなかったことでしょう.これからはもっと牛乳,乳製品を見直したいものです.

穀物のこと

穀物は澱粉を主成分とするので,一度に多くを摂取することができ,保存もしやすく,味も淡泊なので,主食として世界各地で食べられています.わが国では米を主食としています.米つぶの中で栄養的に優れているのは胚芽(はいが)で,胚芽が残るように工夫をして精米されます.小麦を使ったパンでも胚芽の入ったものがあります.大麦は米に比べて食物繊維が多く,そばには細胞膜を強くする成分が含まれています.

よい献立

からだによい献立とは何か? 多くのことが挙げられますが,食材の旬を知り,食材の性質を知った上で献立を決めること,そして楽しく献立を考えることだと思います.献立を考えるゆとりが旬の食材の中に調味料のように溶けこみ,季節感のある食材が食卓に並ぶ,私たちの食生活を豊かにしてくれるはずです.

あとがきにかえて

食育基本法が成立

2005年6月10日，食育基本法が成立し，子どもの「食」に関する教育に，国や自治体が積極的に取り組むことが定められました．子どもたちが「食」への理解を深めるための体験や，伝統的な食文化を学ぶことなどを推進し，生涯にわたり健全な食生活が実現することを目指しています．子どもたちに対する食育は，心身の成長および人格の形成に大きな影響を及ぼし，豊かな人間性を育んでいく基礎とされています．

栄養についての知識や，調理技術の社会的普及などによって，子どもたちの身体がめざましい発達をとげてきたことは喜ばしいことです．しかし，近年，家庭での食事のしつけ，栄養のバランス，食品に対する衛生知識などがおろそかになってきたこともまた，事実です．

本来は家庭で教えていた，偏食をさせない，正しく箸を持つ，食事のマナーを身につける，といった基本的な「食」のしつけを，学校にまかせてしまいました．今，国をあげて，総合的かつ計画的な食の教育への取り組みが始まっています．

明るい未来へ
きちんとした食の教育を

1903年に村井弦斎が書いた『食道楽』（新人物往来社刊）には，「小児には，徳育よりも，知育よりも，体育よりも，食育が先」と記されております．「食」に対する関心は，明治時代から始まっていました．

私たち赤堀学園も，明治15年から百余年にわたり，わが国の料理・調理・栄養教育の一端を担ってきました．その知見から考えましても，21世紀に生き，成長する子どもたちがさらに健康で幸せな日々をおくるために，今とりわけ必要なのは「食育」だと確信しています．

1　旬（しゅん）を学ぶ

食材が一番おいしく，たくさんとれる時期を「旬」といいます．この時期は，食材が一番栄養豊かな時期です．

野菜や果物を選ぶ時，私たちはまず「旬はいつかな？」と思います．しかし，今はハウス栽培や輸入によって，一年中ほとんどの野菜や果物が店頭に並びます．

日本の国は，豊かな四季があります．四季を再認識し，移り変わっていく自然に心を向けましょう．春には竹の子ごはん，夏には流しそうめん，秋には松茸ごはん，冬には暖かい鍋物など，数え切れない旬の料理があります．

旬を大切にし，豊かな食生活を育み，子どもと一緒に料理を作り，楽しさを覚えてもらいたいと思います．

2　身近な食材を学ぶ

身近な食材の基礎知識を学ぶことは，「食」の安全を確保するためにも，自分の「食」のあり方を考えるためにも大切なことです．

＜魚＞

子どもたちの魚離れの話題が多く取り上げられています．魚の姿を覚え，旬を覚え，おいしい調理法や栄養的な価値を教えることが必要です．

＜牛肉・豚肉・鶏肉＞

私たちの人体組織の構成で，最も基本的な栄養素であるたんぱく質です．

＜貝類＞

貝類は，食生活に深くかかわってきたなじみ深い食材です．鮮度が命の貝類は，産卵期を避けて調理し，砂の吐かせ方などの基本も知っておきましょう．

＜豆類＞

乾物となって長期保存もききます．大豆・い

んげん豆などは，一晩水につけて戻し，翌日そのまま柔らかくなるまで煮て，蒸らし，調味料を加えていただきます．

<小麦・米・そば類>

米は私たち日本人の主食です．とぎ方，水加減など，おいしいごはんの炊き方をマスターしましょう．

<卵>

からだに必要な栄養素を多く含みます．卵黄にはコレステロールを比較的多く含むことや，食中毒の原因になることなどを知って調理しましょう．

<牛乳>

バター・チーズ・ヨーグルトなど，カルシウムをとることができます．そのままいただくだけでなく，調味料としてさまざまな料理と組み合わせて使うことを覚えましょう．

3 正しい食の知識を学ぶ

野菜・米を作る農業体験を通じて，土壌づくりの大切さや食材の育て方を学びましょう．日本は四方海に囲まれています．日本の魚の生態や漁業についても関心を持ちましょう．

地球環境の変化，加工食品の増大，バイオテクノロジーの進展などによって，これからの私たちの食生活は，大きく変容するかもしれません．だからこそ，幼い頃から食と食材に興味を持ち，おいしいものを作り，食べる喜びを知り，健康な生活を送るための食の基礎的な知識を育てたいと切に思います．

4 自然の恵みを感じる

私たちの身のまわりは，すべて自然からの恩恵で成り立っています．「食」を通して，深く感謝の心を持ち，人々が健康で豊かな日々を過ごされるように願っています．

5 おふくろの味を大切に

最近は，「おふくろの味」を知らない子どもたちが増えています．母が作ってくれた，おむすびのぬくもり，お味噌汁の香り，肉じゃがの優しい湯気など家庭でしか味わえないあたたかさがあります．あわただしい生活のなかでも，一品でも手作りの料理を食卓に並べましょう．

子どもの"おいしい！"という笑顔は，何ものにも変えられません．明るい未来のために，家族の"おいしい！"という一言が，食育に対する賛歌だと考えています．

おわりに

この本には，150種の食材の「旬」「原産地」「選び方」「栄養価」「栄養の特徴」子どもと作れる「簡単な料理」がイラストでわかりやすくまとめられています．食材や料理の作り方を，子どもと一緒に読み，体験させることで，生きた食の基礎知識が身につくことでしょう．

1997年に，『イラスト版食材の本』（全3巻）で刊行いたしました．多くのみなさまからご好評を戴きましたが，品切れとなっておりました．

この度，食育に対する新たな社会意識の高まりに応え，合本にして再び世に送り出します．

幼稚園，保育園，学校，社会教育の現場や，家庭での食教育のテキストになれば幸いです．

最後になりますが，本書の出版に際し，合同出版の上野良治様，坂上美樹様，イラストの深見春夫様をはじめ，赤堀学園の多くの方々に，厚く御礼申し上げます．

赤堀栄養専門学校

校長　赤堀　永子

● 赤堀栄養専門学校（学校法人　赤堀学園）

　1882年（明治15年）、赤堀峯翁によって日本橋に赤堀割烹教場が創立され、多くの婦女子に調理法を教えた。以来、愛と知と和の精神をモットーに百十余年にわたり、わが国における料理・調理・栄養教育の普及・発展に寄与してきた。
　昭和35年、学校法人赤堀学園となり、栄養士、調理師の養成に携わり、多くの優れた人材を社会に送り出してきた。とりわけ、調理法、食材の研究に豊富な実績とデータを持っている。監修者の赤堀永子学校長は、赤堀の料理の精神を継承する直系者で、学生の教育指導にあたるとともに、料理研究、執筆活動に精力的な活動を行っている。

● 連絡先
〒171-0031　東京都豊島区目白3-1-31
TEL 03(3953)2251〜4　FAX 03(3954)4464
http://www.akahori.ac.jp/

● 執筆者
赤堀　永子　赤堀栄養専門学校校長
本瀬恵理子　赤堀栄養専門学校副校長
細川寿美子　赤堀栄養専門学校事業部長
町田　順一　赤堀栄養専門学校助教授

● イラスト　　深見春夫
● 編集・レイアウト　　（有）ハング

イラスト版 食材図鑑
子どもとマスターする [旬] [栄養] [調理法]

2005年11月10日　第1刷発行
2007年 9 月20日　第3刷発行
監　修　赤堀永子
編　著　赤堀栄養専門学校
発行者　上野良治
発行所　合同出版株式会社
　　　　〒101-0051　東京都千代田区神田神保町1-28
　　　　TEL 03(3294)3506
　　　　振替00180-9-65422
印刷・製本　光陽メディア

● 刊行図書リストを無料送呈いたします。
● 落丁乱丁の際はお取り替えいたします。

本書の無断複写・転訳載は、法律で認められている場合を除き、著作権及び出版社の権利の侵害にあたります。あらかじめ小社あてに承諾を求めてください。

©赤堀栄養専門学校　2005年 ISBN978-4-7726-0347-8 NDC596 257×182